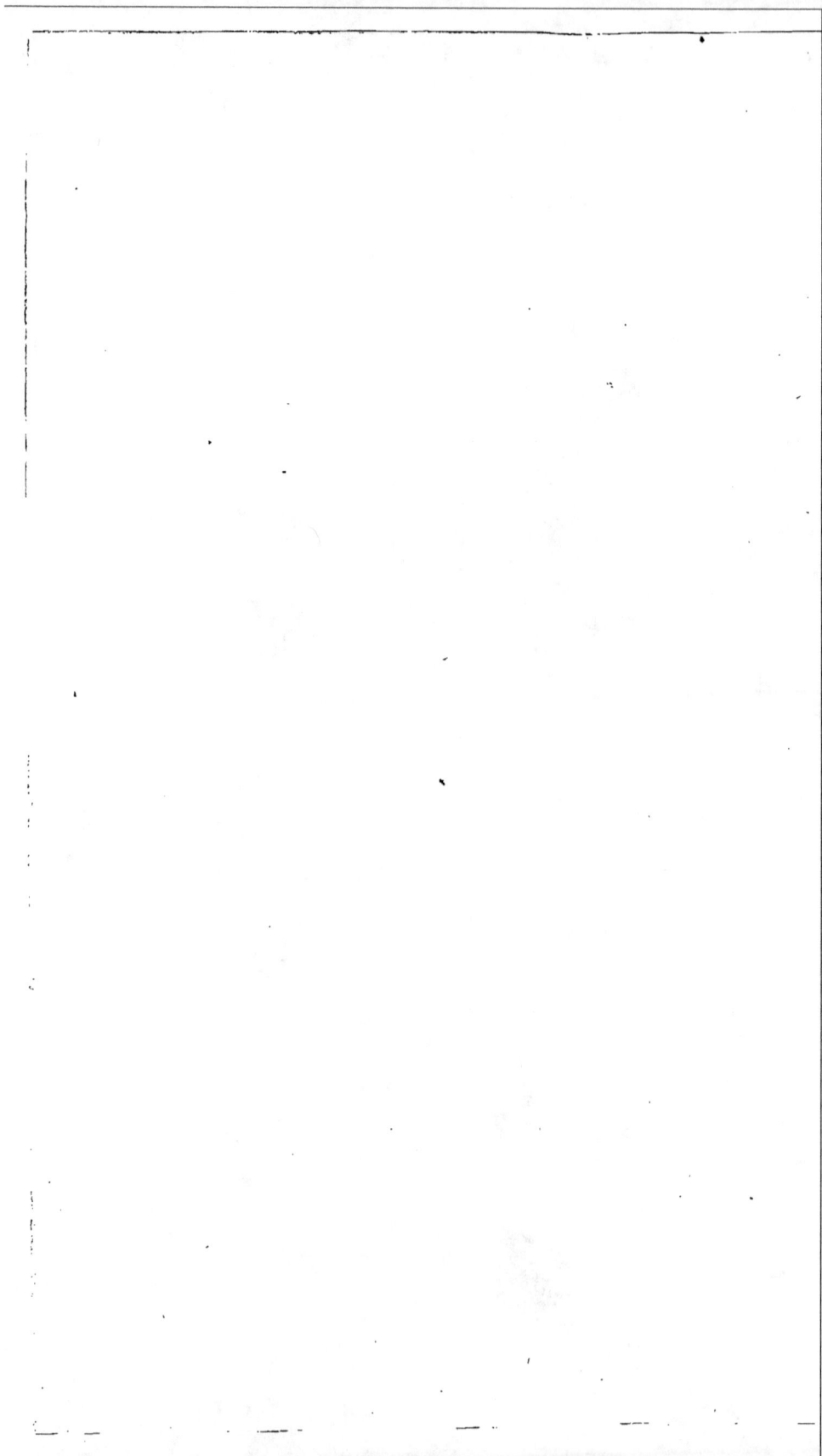

SOUVENIRS MILITAIRES

DU

GÉNÉRAL BARON HULOT

BARON HULOT

JACQUES-LOUIS

GÉNÉRAL D'ARTILLERIE

COMMANDEUR DE LA LÉGION D'HONNEUR

CHEVALIER DE SAINT-LOUIS

1773-1843

PUBLICATION DU SPECTATEUR MILITAIRE

SOUVENIRS MILITAIRES

DU

BARON HULOT

(JACQUES-LOUIS)

GÉNÉRAL D'ARTILLERIE

1773-1843.

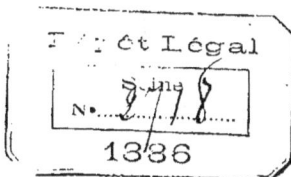

« Des Hulot la rare valeur,
« Du temps ne craint plus les approches.
. . . . »

Romancero de Champagne,
T. II. CHANTS POPULAIRES.

PARIS

A LA DIRECTION DU SPECTATEUR MILITAIRE

39, RUE DE GRENELLE-SAINT-GERMAIN, 39

—

1886

Tous droits réservés.

PRÉFACE

Le nom de Hulot qui figure sur l'Arc de triomphe (côté nord, colonne Vichery), a été illustré par un certain nombre d'officiers de la période Révolution-Empire, et il nous paraît indispensable, en livrant ces *Souvenirs* à la publicité, de dégager la personnalité de leur auteur, ce que nous ne pouvons mieux faire qu'en offrant au lecteur un aperçu des états de service de ceux de ces officiers qui sont parvenus au grades supérieurs de l'armée.

Trois généraux barons Hulot, ont figuré dans les Annuaires de la fin de l'Empire et de la Restauration : le général Hulot, baron de l'Empire, depuis comte Hulot d'Osery (Étienne-Hélène-*Constant*), beau-frère du général Moreau (Victor) et fils de Mme Hulot, cette créole, amie de Joséphine, dont il est question dans le cinquième volume des *Salons de Paris* et dans le tome IV des *Mémoires de Bourrienne*[1]; le général baron Hulot (*Étienne*), dit Hulot de Mazerny, l'aide de camp de Soult, l'illustre commandant des tirailleurs du Pô et l'organisateur des chasseurs d'Orléans ; et enfin, le général baron Hulot (Jacques-*Louis*), natif de Charleville, l'auteur des présents *Souvenirs*, connu dans l'histoire pour sa belle conduite au siège de Lille (1815), où il commandait l'artillerie et le génie de la place et de la citadelle, comme colonel du 6e régiment d'artillerie à pied. Bien que les familles de ces trois officiers, issues de la même région, remontent vraisemblablement à une origine commune, les deux généraux ardennais seulement avaient conservé entre eux des liens de parenté.

Le général Hulot d'Osery, de parents originaires de Metz, naquit le 11 juin 1783, à l'Île de France où son père exerçait les fonctions de trésorier principal de la marine et des colonies. Engagé volontaire aux hussards-gardes du général en chef de l'armée du Rhin en septembre 1799, il passa sous-lieutenant au 5e dragons en juillet 1800 et fut presque aussitôt nommé aide de camp du général en chef Victor Moreau, son beau-frère, qui le nomma lieutenant six mois après. Il fit la campagne de 1804 à l'armée des Côtes de l'Océan et

1. On trouvera encore l'historique des relations de la famille Hulot d'Osery avec la famille Bonaparte, dans les ouvrages suivants : Desmarets. *Témoignages historiques, ou quinze ans de haute police sous Napoléon Ier*, page 113 ; J. Aubenas. *Histoire de Joséphine*, tome II, pages 84 et 222 ; Mme Campan. *Lettres*, tome Ier, pages 47 et 114 ; baron de Menneval. *Souvenirs historiques*, tome III, page 57 ; Thibaudeau. *Mémoires sur le Consulat*, page 323 ; *Mémorial de Sainte-Hélène*, tome Ier, page 260 et passim ; tome II, page 92.

celles de 1806 et 1807, à la Grande-Armée. Capitaine et membre de la Légion d'honneur en 1806, il
était chef d'escadrons et officier de la Légion d'honneur
à 24 ans. En 1808 on le retrouve en Allemagne et, le
22 mai 1809, il reçoit, à Essling, une blessure au bras
droit qui nécessite l'amputation et le condamne à un
repos forcé de deux ans; certains biographes font remonter cette blessure à Austerlitz, sans justifier leur opinion par aucun témoignage, ce qui nous autorise à nous
en tenir au texte de la copie des états de service de cet
officier-général, fournie par le ministère de la guerre.

En avril 1811, le général Hulot d'Osery commande
le Hagelsberg à Dantzig et, la même année, il passe
adjudant-commandant. Il fait la campagne de 1812
à la Grande-Armée, est mis en retraite par un décret
du 7 janvier 1814 et passe au service de la Russie
en qualité de général-major de cavalerie, le 1er avril de
la même année; mais il rentre presque aussitôt au
service de la France avec le grade de maréchal de
camp (août 1814), est placé en disponibilité dans le
mois de janvier 1815, puis nommé adjoint à l'inspection
générale de cavalerie dans les 1re et 21e divisions militaires (avril 1816) et enfin mis en non activité en 1817.

A deux reprises différentes, le général Hulot d'Osery
fut rendu à l'activité et successivement replacé dans la
position de retraite, et il est permis de s'expliquer ces
alternatives d'activité et de repos par les sept blessures
consignées dans les brillants états de service de cet
officier[1]. En 1815, il avait reçu la croix de chevalier de
Saint-Louis; en 1817, il obtint celle de commandeur

1. Parmi lesquelles la perte d'un œil.

de la Légion d'honneur et, deux ans après, le gouvernement l'envoyait en Russie avec une mission extraordinaire. Une ordonnance royale de mai 1825 le plaça dans le cadre de retraite avec le titre de lieutenant-général honoraire. En 1831, il fut encore retiré de cette position pour se voir replacer comme maréchal-de-camp disponible dans le cadre d'activité de l'état-major général, et ce ne fut qu'en 1837 qu'il fut définitivement pourvu de sa pension de retraite; il mourut le 26 janvier 1852.

Le général baron Hulot d'Osery (Constant) fut créé comte le 2 mai 1816, alors qu'il remplissait les fonctions de secrétaire général de la grande chancellerie de la Légion d'honneur (1815 à 1817[1]). A ce titre, il figura, en 1816, parmi les juges du général baron Ameil qui fut condamné par coutumace à la peine de mort.

En 1817, il fut nommé administrateur général des canaux du Midi, d'Orléans et du Loing. Nous ajouterons, pour ne rien omettre des articles publiés à l'époque sur sa personne, que c'est lui qui passa pour avoir provoqué en duel le maréchal Soult, lequel avait, comme ministre de la guerre, signé sa mise à la retraite, Cette provocation aurait attiré au général Hulot la fameuse réponse humoristique du maréchal : « Vous n'y pensez pas, général, vous oubliez que je ne me bats plus qu'à coups de canon[2] ». Nous n'insisterons pas sur ce racontage de l'époque qui a fourni un chapitre célèbre à Balzac pour ses *Parents pauvres*, mais nous

1. Voir les *Fastes de la Légion d'honneur*, tome 1er, page 145.
2. Voir l'histoire anecdotique du duel d'Ém. Colombey.

renverrons le lecteur curieux d'épisodes historiques au
Moniteur universel du 11 février 1833, page 343, où
se trouve relatée, dans tous ses détails, l'histoire de la
provocation adressée par le général Hulot d'Osery, au
fils du maréchal Soult, le marquis de Dalmatie.

Nous aurons complété le résumé du dossier Hulot
d'Osery, quand nous aurons rappelé qu'il fut l'objet de
deux dotations de la part de Napoléon Ier, une de
4,000 fr., sur les biens réservés en Hanovre, accompagnée du titre de baron, par décret du 15 août 1809,
et une autre de 2,000 fr., sur ceux de Bayreuth, datée
du 3 décembre de la même année; cette mention de
détail a son importance pour les lecteurs soucieux de
l'étude des caractères historiques par l'interprétation
des faits. On a souvent répété, en effet, que Napoléon Ier
avait la rancune facile, et qu'il ne surmontait pas aisé-
ment ses antipathies : or, après cette analyse que nous
venons de faire des états de service du général Hulot
d'Osery, on est forcé de reconnaître que l'Empereur ne
reporta pas sur lui, *du moins jusqu'en 1810*, les rancunes vivaces qu'il nourrissait contre sa mère et contre
son beau-frère Moreau, et qu'il sut lui tenir compte de
ses services et de ses blessures, en dépit des griefs plus
ou moins légitimes qu'il entretenait contre sa famille.
Ajoutons que la date de cette dotation confirme bien
celle de son amputation, indiquée par la copie officielle
de ses états de service, et donne tort à ceux de ses biographes qui l'ont placée à la bataille d'Austerlitz.

Le roi Louis XVIII, signa le 24 mai 1818, son con-
trat de mariage avec Mademoiselle Eugénie-Dinah
Winnifrith de Moracin, d'origine créole. Cette dame
mourut à Paris en 1877, à l'âge de 81 ans.

Le 4 août 1830, le général Hulot d'Osery, fut nommé
commandant supérieur des départements du Calvados,
de l'Orne et de la Manche, et ce commandement lui valut aussitôt la délicate mission d'escorter Charles X et
la famille royale jusqu'à Cherbourg. Muni d'ordres
écrits du nouveau gouvernement, il dirigea ce triste
pélerinage avec quatre commissaires (parmi lesquels
M. de la Pommeraye, député du Calvados), et assura le
départ des exilés, qu'il fit monter en rade de Cherbourg, sur deux navires américains frétés spécialement pour les transporter en Angleterre

Il y a lieu d'indiquer ici, pour éviter toute confusion
entre les trois généraux Hulot, qu'il s'agit du général
Hulot d'Osery et non des deux autres, dans le texte
de l'*Histoire d'Henri V*, par Alexandre de Saint-Albin
(chap. III. De Rambouillet à Cherbourg). Quant au
texte lui-même et au rôle attribué au général Hulot
d'Osery, par l'historien des derniers jours de la légitimité, nous en garantissons d'autant moins l'exactitude,
que certains détails, tels que l'apparition des bandes
organisées sur le passage des illustres fugitifs, l'attitude du 64e de ligne, à l'entrée de Charles X à Cherbourg, etc., n'ont pas été mentionnés par les récits
contemporains. Toutefois Louis Blanc, dans son *Histoire
de dix ans* (tome I, chap. x), s'est empressé d'accepter
dans ses principaux détails, la version légitimiste, qu'il
a reproduite sans citer la source où il puisait. Il ne pouvait manquer une si belle occasion de mettre en scène,
dans un mauvais rôle, l'un de ces généraux d'armée,
qui paraissent lui être moins sympathiques encore
que les ministres des gouvernements monarchiques.

Il n'y a évidemment pas lieu de s'étonner du procédé
dans un ouvrage qui est la glorification du peuple
et de ses luttes contre le pouvoir représenté en dernier ressort par la force armée et ses chefs directs ;
mais il nous est impossible de ne pas placer ici une
observation de critique historique. Pourquoi l'auteur
de cet ouvrage n'a-t-il pas jugé à propos de distinguer
le général Hulot d'Osery, commandant les troupes de
la Manche, au moment du départ de Charles X, et le
général Hulot, dont il est question plus tard à l'occasion des troubles de Grenoble ?

Si l'auteur de l'*Histoire de dix ans* ne confond pas
lui-même ces deux personnages, ce qui aurait le droit
de surprendre de la part d'un écrivain aussi prodigue
de détails, aussi entier dans ses jugements, du moins
dédaigne-t-il d'indiquer cette distinction à ses lecteurs.
Peu lui importe, semble-t-il, que l'on confonde ces deux
personnages historiques, le beau-frère du général
Moreau et le héros de Hanau ! Il lui suffit de présenter
par deux fois, un général Hulot, jouant d'abord le rôle
odieux d'*agent provocateur*, et devenant ensuite l'objet
d'une disgrâce pour sa *conduite maladroite* durant les
émeutes de Grenoble. Que le lecteur dégage lui-même
les personnalités, et retrouve, s'il peut, dans les Hulot,
de l'*Histoire de dix ans* : ici, l'aide-de-camp de Soult,
le divisionnaire de Ligny, et là, le comte d'Osery, l'administrateur général des canaux d'Orléans et du Midi,
l'ancien secrétaire-général de la Grande Chancellerie. N'est-ce pas là une singulière façon d'écrire l'histoire ?

Deux frères du général Hulot d'Osery firent, comme
lui, leur carrière dans l'armée :

Victor-André-Gurit Hulot, et non pas Gurit-Hulot, frère aîné du génédal Hulot d'Osery, cité dans les *Fasies de la Légion d'honneur*, comme capitaine de frégate, et nommé en 1804 membre de l'ordre de la Légion d'honneur, mourut à Tours, le 14 novembre 1809, des suites de fièvres contractées à Flessingue ; il était alors capitaine de vaisseau.

Le plus jeune des trois frères : André-Furcy Hulot de Chamberlac, s'engagea à l'âge de dix-neuf ans, le 10 octobre 1808, dans le 7ᵉ régiment de chasseurs à cheval, où son frère était alors chef d'escadrons. Il est fait mention de lui dans le *Moniteur universel* et dans les *Victoires et Conquêtes*, comme s'étant distingué en 1823, dans le grade de chef d'escadrons, au combat d'*El puerto del Mirabete*. Il figure au *Moniteur universel* de 1826, comme chevalier de Saint-Louis. Officier de la Légion-d'honneur, il est encore inscrit dans l'Annuaire de 1828 comme chef d'escadrons au 7ᵉ régiment de chasseurs et dans celui de 1838, comme lieutenant-colonel au 13ᵉ régiment de la même arme. Retraité dans ce grade, le 7 janvier 1839, il mourut à Commercy, le 18 du même mois.

Le général Hulot d'Osery eut deux fils :

L'aîné, A.-Victor-Eugène Hulot d'Osery, né en 1819, sorti de l'École Polytechnique et de l'École des Mines, faisait partie de la mission scientifique de M. de Castelnau, dans l'Amérique du sud [1], lorsqu'il fut assassiné

1. Voir l'ouvrage de M. F. de Castelnau, intitulé : *Expédition dans les parties centrales de l'Amérique du sud*, exécutée par ordre du gouvernement français, pendant les années 1843 à 1847, Paris, 1851, 6 volumes et un atlas.

par ses guides, en 1846, à Jusamara, sur le Maragnon (frontière du Pérou) .

Le second fils du général, Jean-Baptiste-Etienne-Constant, était le contre-amiral Hulot d'Osery, que la marine française a perdu en 1878 [1].

Le général baron Hulot, dit Hulot de Mazerny, l'illustre commandant des tirailleurs du Pô, est le plus connu des trois généraux homonymes ; il est plusieurs fois cité dans les bulletins de la Grande-Armée, et l'histoire a attaché son nom à la création des chasseurs d'Orléans ; c'est lui qui au moment de la défection du général de Bourmont, en 1815, prit momentanément la direction du corps commandé par ce général [2].

La biographie du baron Hulot de Mazerny, la plus mouvementée, à coup sûr, et la plus brillante des trois, est aussi la seule qui soit consignée avec quelques détails dans les recueils spéciaux.

Le baron Hulot (Etienne), naquit le 15 février 1774, à Mazerny près d'Omont (Ardennes). Élevé par son oncle maternel, l'abbé Braidy, ecclésiastique d'un rare mérite et très instruit, il termina ses études classiques au collège de Reims. Il y faisait sa philosophie, et se destinait au barreau, lorsque la Convention décréta la levée des 300,000 hommes.

Incorporé le 1er avril 1793, comme volontaire dans

(1) Voir la biographie du contre-amiral Hulot d'Osery, par le capitaine de vaisseau O. Desnouy, dans la *Revue maritime et coloniale* de 1878, et celle publiée par le comte C. de Mouy dans le *Correspondant* du 10 octobre 1881, page 146.

2. Voir l'article Bourmont dans la *Biographie des hommes du jour*, de G. Sarrut et Saint-Edme.

le bataillon des chasseurs de Reims (future 13e demi-brigade, puis 25e d'infanterie légère), il fait ses premières armes à l'armée de la Moselle, passe avec son bataillon à l'armée de Sambre-et-Meuse, et se distingue comme sergent-major faisant fonctions d'adjudant à Altenkirchen, où il enlève à la tête d'un fort détachement, le cimetière dans lequel était retranchée l'extrême gauche de l'armée ennemie, puis tourne les Autrichiens, et contribue à faire mettre bas les armes au régiment de Jordis : ce fait d'armes vaut à son auteur le grade de sous-lieutenant.

En 1799, dans les défilés du Haut-Danube, il se rend maître du pont de l'Ostrach par une charge impétueuse et assure la retraite d'un détachement français coupé par l'ennemi. Cette action où il reçoit sa première blessure, attire l'attention du général Soult qui se l'attache avec le titre d'officier d'ordonnance.

En Suisse, il se rend de sa personne, seul et sans armes, au milieu d'une réunion de révoltés qui refusaient de recevoir nos parlementaires ; il les adjure, en allemand, de ne pas s'exposer au courroux de Masséna en rallumant la guerre ; il réussit et son dévouement prévient un conflit sanglant.

A Monte-Creto, dans une sortie effectuée par la garnison de Gènes, le 23 floréal an VIII, 'e général Soult tombe grièvement blessé. A ce spectacle les troupes ébranlées hésitent, l'ennemi survient et détermine la retraite. Le lieutenant Hulot rallie à la hâte quelques grenadiers du 2e de ligne, enlève Soult sous une grêle de balles et tente les efforts les plus désespérés pour le sauver, jusqu'au moment où cette poignée de braves, épuisée, décimée, entourée, est obligée de mettre bas les

armes. Prisonnier à Alexandrie, Marengo le rend à la
liberté; en rentrant à l'armée, il reçoit ses épaulettes
de capitaine des mains de Masséna, qui a appris sa conduite en Italie. Il reprend alors sa place auprès de Soult.

Décoré le 7 août 1804, de la main de l'Empereur, et
nommé chef de bataillon à la suite de la capitulation
d'Ulm, il reçoit de Napoléon Ier, la mission d'organiser le
bataillon des tirailleurs du Pô[1] qui s'illustre sous son
commandement aux avant-gardes de la Grande-Armée.
Il conduit cette nouvelle troupe disciplinée et électrisée
par lui, à Vienne et, de là, en Moravie. Son bataillon,
la veille d'Austerlitz, tient la tête des défilés sur la position de Sokolnitz, que les Russes essaient de tourner.
Hulot les culbute à la baïonnette et rentre sur sa posi-

---

1. A la vérité, ce bataillon existait déjà, mais il était dans un tel
état de délabrement, si piteusement commandé et faisait une si triste
figure dans une revue passée sous les murs d'Ulm par l'Empereur,
que celui-ci, se tournant brusquement vers le maréchal Soult dans les
troupes duquel comptait ce bataillon, lui demanda s'il connaissait un
officier supérieur d'assez d'expérience et de bonne volonté pour entreprendre efficacement sa réorganisation : « Sire, j'ai votre affaire,
dit le maréchal, en désignant l'un de ces aides de camp, récemment
promu chef de bataillon, prenez Hulot. » Napoléon qui connaissait et
appréciait l'activité et l'entrain de l'aide de camp de Soult, fit néanmoins des objections dont la principale était basée sur la jeunesse de
cet officier. Soult insista, faisant ressortir les services du commandant Hulot en Suisse et en Italie, et appuyant sur cette circonstance
que son aide de camp parlait l'idiome des soldats de ce bataillon. Cette
considération fit cesser les hésitations de Napoléon : « Soit ! nous le
verrons à l'œuvre, » dit-il, et le commandant Hulot prit possession
de son nouveau commandement. Quelques semaines plus tard, l'Empereur repassant ce bataillon en revue, ne put s'empêcher de mani-
fester son étonnement et sa satisfaction à l'aspect de la bonne tenue
et de la transformation de cette troupe. Non-seulement l'aide de
camp du maréchal Soult avait changé la physionomie du bataillon,
mais il en avait aussi modifié l'esprit et s'était rendu populaire parmi
ces Italiens auxquels il parlait leur langue et pour lesquels il avait
réussi à organiser de temps à autre des distributions de *polenta*.

tion définitivement dégagée. Démonté et blessé, il reste
à son poste et prend part aux diverses actions de cette
mémorable journée. Son bataillon est cité au bulletin
de la Grande-Armée et lui-même reçoit la croix d'officier de la Légion d'honneur.

Il retourne, comme aide de camp, près du maréchal
Soult, conservant le commandement de son bataillon
qu'il dirige et administre jusqu'en 1807, et dans l'intervalle, fait la campagne de Prusse de 1806, à la tête de
ses tirailleurs avec lesquels il se distingue à la bataille
de Lubeck.

De nouveau cité avec son bataillon au bulletin de la
Grande-Armée, il reçoit du général Menou, commandant
général des départements au delà des Alpes et gouverneur général de la Haute-Italie, une lettre de félicitations
datée du 25 novembre 1806 et un exemplaire de la proclamation adressée par ce général aux compatriotes de
ses soldats.

Dans la même campagne, à la tête de son bataillon
qui fait partie de la division d'avant-garde, il a la jambe
cassée par un coup de feu, le 7 février 1807, au moment où il s'empare, à la baïonnette, du pont de Preus-
sisch-Eylau.

Nous devons à l'obligeance des fils du général Hulot
de Mazerny communication d'une lettre écrite par lui au
général Tholozé, collaborateur du colonel Langlois pour
la création d'un Panorama militaire à Paris. Cette lettre,
datée du 15 mars 1847, donne d'abord la description
de l'uniforme et de l'armement des tirailleurs du Pô
et des chasseurs Corses qui marchaient sous les ordres
du commandant Hulot, en tête de la division Legrand,

le 6 février 1807, à la bataille de Hoff (sujet du Panorama), et le lendemain 7, à Eylau. Puis elle donne le
détail du choc initial des troupes ennemies, dans la
première de ces deux affaires. Nous avons pensé que
le lecteur nous saurait gré de lui offrir le texte de ce
passage aussi attrayant que patriotique et qui rectifie
une erreur de Thiers, consistant à attribuer aux tirailleurs Corses un fait d'armes dont l'honneur revient
exclusivement aux tirailleurs du Pô [1].

«... Le prince Murat avait pris les devants pour poursuivre les Russes sur Hoff, avec plusieurs divisions de
cavalerie, tandis que la division Legrand (mon bataillon formait sa tête de colonne), suivait les troupes
du prince, dont les trains d'artillerie et autres impédimenta tenaient au moins deux lieues de route.

« L'avant-garde du prince arrivant sur le plateau, en
arrière de Hoff, trouva l'arrière-garde ennemie postée
dans une attitude défensive, au centre d'un terrain
boisé et accidenté. Force fut de faire halte et d'attendre
l'infanterie qu'on vint requérir au galop. Les Corses
privés de chef depuis la promotion d'Ornano, sont
alors mis sous mes ordres et, avec mes Piémontais,
nous nous faufilons au milieu des chevaux et au travers
de toutes ces entraves. A chaque instant surviennent
de nouveaux aides-de-camp pour presser notre marche;
enfin après deux ou trois heures d'efforts acharnés,
nous arrivons jusqu'à l'avant-garde qui maintient
l'ennemi à coups de carabines, fatigués, épuisés par

1. Voir le texte complet de la lettre du général Hulot au général
Tholozé, dans le *Spectateur militaire* de 1883.

tous les obstacles qu'il nous a fallu surmonter. A peine ai-je pu former une compagnie, que je la jette en avant. Rien ne donne des jambes aux bons soldats comme le bruit de la fusillade, aussi mes braves arrivent-ils plus tôt que je ne les attendais, et bientôt le gros du bataillon débouche derrière les fifres et les tambours et débusque les cosaques et quelques groupes de fantassins ennemis. Notre intervention provoque un mouvement plus accentué de la part des Russes, c'était prévu, mais les Corses se faisaient attendre. Voilà tout mon bataillon engagé et nous commençions à avoir fort à faire, lorsqu'enfin apparaît la tête de colonne du bataillon Corse.

« Je le porte aussitôt sur les bois de sapins, à notre droite, où se rassemblait beaucoup d'infanterie. Celle-ci déborde par leur droite les Corses, qui se retirent après une légère résistance; les voilà séparés de moi, tandis que l'infanterie russe nous canarde en face et à droite.

« A ce moment, fort heureusement, un brave chef d'escadrons de dragons charge vigoureusement et à fond l'infanterie ennemie de notre droite et nous dégage; le combat se trouve ainsi rétabli en notre faveur. Tout mon bataillon était alors déployé en tirailleurs, moins une compagnie de garde au drapeau, lorsque, tout à coup, je vois arriver au galop, en face de nous, plusieurs escadrons de cavalerie russe.

« Par bonheur, cette cavalerie était encore à distance, j'avais une minute devant moi et j'en profite pour faire battre et jouer le rappel, rallier mes braves enfants autour de moi, leur recommander de ne tirer qu'au nez des chevaux, commander au premier rang : *Croisez la baïonnette*, et aux autres : *Apprêtez les armes.* La charge arrive à moins de vingt pas et nous tourne le dos : le premier rang, à ce mouvement, tire et abat quelques cavaliers, mais les autres conservent leur feu.

« Sur ces entrefaites, la division Legrand entrait en ligne.... Vous savez le reste aussi bien que moi. Dans cette action rapide, beaucoup de mes braves compagnons avaient été mis hors de combat : personnellement, j'en avais été quitte pour un cheval tué sous moi. Je fus moins heureux le lendemain.

« Si le colonel Langlois trouve ma narration digne d'occuper son pinceau, je lui en serai moins obligé pour moi que pour mes Piémontais qui n'ont pas été flattés par M. Thiers.

«Cet historien a été également mal renseigné sur la position des troupes à la bataille d'Austerlitz. Il fait tenir l'extrême droite de l'armée par les Corses qui étaient, je crois, avec le 26e léger, à gauche du château de Sokolnitz, vers Kobelnitz, tandis que j'occupais avec mon bataillon, le défilé du château de Sokolnitz.

« C'est là qu'à la rentrée de la reconnaissance de cavalerie, la veille de la bataille, j'ai été engagé sérieusement, pour favoriser le passage de ce défilé formant la tête du village de Sokolnitz. Je maintins mes avant-postes en avant de ce village, par un combat de nuit continuel, après avoir échelonné des postes sur tout le cours du ruisseau jusqu'à Telnitz et au delà de Menitz.

« A deux heures du matin, le général Legrand m'envoya son aide-de-camp pour me donner l'ordre de placer le 4ᵉ bataillon du 3ᵉ de ligne entre Sokolnitz et Ménitz, à l'effet d'occuper la ligne même de mes avant-postes. A peine ce brave régiment fut-il posté que les attaques ennemies commencèrent.

« Dans cette nuit, j'ai reçu trois fois l'ordre de replier mes postes de Sokolnitz et de Ménitz; deux fois de la part du général Margaron, auquel je fis dire, une première fois par mon adjudant-major, que je tenais bon sans danger d'être forcé, et la seconde fois, que n'étant pas placé directement sous son commandement, il n'était pas de mon devoir d'exécuter ses ordres; enfin, la troisième fois par le général Savary qui avait été envoyé par l'Empereur pour savoir ce que signifiait la fusillade qu'il entendait. Ce général n'étant pas arrivé jusqu'à moi pour me donner l'ordre de me retirer, et moi-même n'osant pas quitter ma troupe, je lui envoyai un officier intelligent qui lui fit part des motifs qui me faisaient désirer le maintien de mes positions. Il m'approuva et j'ai lieu de croire que c'est par suite du rapport du général Savary à l'Empereur, que le 3ᵉ d'infanterie me fut envoyé pour renforcer la ligne de mes postes, avec son centre à Telnitz. Telle est la vérité sur ces circonstancs mal interprétées par M. Thiers.... »

Signé : « Lieutenant-Général baron HULOT. »

Reprenons notre résumé biographique.

Le 9 juin 1808, le commandant Hulot est nommé par l'Empereur colonel aide de camp du maréchal Soult qu'il accompagne en Espagne. En 1809, il assiste au combat

de la Corogne, entre en Portugal, se trouve à la prise
d'Oporto et à la glorieuse retraite du corps de Soult,
de Guimaraens à Orense, enfin, à Ocaña.

En 1810, il fait la campagne d'Andalousie et en 1811,
celle d'Estramadure où on le retrouve à la prise d'Oli-
vença et de Badajoz. Sous les murs de cette ville, à la
bataille de la Gebora (10 mars), il fait mettre bas les armes
à plusieurs bataillons espagnols et le 14 juin, le général
en chef de l'armée d'Espagne lui confie une brigade
d'infanterie qu'il commande un an, jusqu'au décret du 9
août 1812 qui lui confère le grade de général de brigade.

Il quitte l'Espagne le 20 juin 1813 avec l'ordre de
Napoléon de se rendre à la Grande-Armée pour y
prendre le commandement de la brigade d'avant-garde
du 4e corps (général Bertrand). A Dennevitz, engagé
l'un des premiers, ses bataillons combattent les derniers
sous les yeux de Ney qui rallie sur lui les lanciers po
lonais. Blessé encore une fois d'un coup de feu à la
jambe, il reste à son poste, bat en retraite lentement et
assure la retraite de toute l'artillerie du corps d'armée.

Au combat de Wartembourg, il mérite les éloges des
généraux Morand et Bertrand pour les dispositions de
défense du village, qui lui permettent de rester maître
de la position jusqu'au signal de la retraite ; puis il l'éva-
cue dans le plus grand ordre sous un feu meurtrier.

A Leipzig, sa brigade repousse avec succès les
attaques de l'ennemi dirigées contre le faubourg de
Lindenau ; quelques jours plus tard, en avant de Frey-
burg, avec un millier d'hommes sans artillerie, il tient
tête à un ennemi bien supérieur en nombre et pourvu
de canons ; il parvient à couvrir et garder le pont sur
l'Unstruth, par lequel l'armée effectue sa retraite.

HULOT   *b*

Le 31 octobre, il se signala par un dernier trait de dévouement devant Hanau, et peut-être son sang-froid et sa bravoure épargnèrent-ils, dans cette occasion, un désastre à l'armée. Cette ville était occupé par la division italienne et couverte entre le Mayn et la Kinsig par une ligne dont la brigade Hulot tenait la droite, à un quart de lieue de la ville, en avant et sur la rive droite de la Kinsig. Les troupes harassées reprenaient haleine, lorsque vers midi le général de Wrède pénètre dans Hanau, culbute les Italiens, traverse la ville et vient jeter ses avant-postes sur le pont de la Kinsig. Ce mouvement rompait l'armée française en deux et compromettait la retraite des corps placés à l'est de Hulot. La brigade Hulot prend les armes à la hâte, charge l'ennemi sous un feu à bout portant qui lui met moitié de son monde hors de combat, déblaie le pont, rouvre la communication, refoule les Bavarois dans la ville[1], nettoie la rive gauche de la Kinsig et prend les positions qui assurent la retraite de toute l'armée. Le général Hulot y eut pour son compte un bras fracassé et un cheval tué sous lui; son aide-de-camp et compatriote, le capitaine Jacquemart, y reçut deux blessures graves.

Fait baron de l'Empire après Bautzen, l'Empereur le nomme commandeur de la Légion d'honneur le 19 novembre 1813. Le 19 mars 1808, l'Empereur lui avait déjà accordé, dans le royaume de Westphalie, un majorat du revenu de 2,000 francs sur le domaine de Hardenhausen, situé dans le canton de Warburg, département de la Fulda; les lettres-patentes de cheva-

---

1. La balle qui atteignit le général de Wrède partit d'un groupe de tirailleurs auxquels le général Hulot indiqua lui-même la cible vivante formée par le nombreux état-major qui était massé autour du prince bavarois.

lier de l'Empire lui avaient été délivrées à la date du 31 janvier 1810.

La Restauration trouve le général Hulot retiré à Mézières; Louis XVIII lui confirme le titre de baron et lui fait remettre par le duc de Berry, le 23 septembre 1814, le brevet de chevalier de Saint-Louis. Le duc de Dalmatie, ministre de la guerre, réclame alors les services de son ancien aide-de-camp et lui fait accepter le commandement du département de la Meuse.

Aux Cent Jours, le général Hulot fut appelé par Napoléon au commandement d'une division du 4e corps d'armée (général Gérard après la défection de Bourmont), et l'Empereur lui conféra en même temps le grade de général de division; mais les événements ne permirent pas que les pièces officielles de cette nomination fussent établies et le nouveau gouvernement refusa de confirmer la dernière promotion de divisionnaire faite par Napoléon Ier.

A la bataille de Ligny, il se maintint à l'extrême droite de l'armée, dans la position de Sombreffe, avec les 5,000 hommes de sa division, contre des forces quadruples, et, après les affaires de Wavres, revenu avec son corps sous les murs de Paris, il prit part aux derniers combats qui s'y livrèrent, entre autres à ceux de Versailles-Rocquencourt, dans lequel le général Exelmans battit une dernière fois les Prussiens. Le surlendemain du jour où la cavalerie française s'illustrait à Rocquencourt, sous les ordres d'Exelmans, le général Hulot de Mazerny, à la tête de la division de Bourmont dont il avait gardé le commandement, tenait tête à l'infanterie prussienne dans le parc et le château d'Issy qu'il avait rapidement mis en état de défense, et il ve_

nait de faire mettre bas les armes à une brigade prussienne quand arriva la nouvelle de la capitulation [1].
Ce fut le dernier acte militaire de l'Empire. Arrivé au delà de la Loire, le général Hulot y reçut la
triste mission de licencier sa division (la 13ᵉ de l'armée
de la Loire), et à la suite de cette opération fut lui-même
mis en non activité ; mais dès 1819, le général Gouvion-
Saint-Cyr l'employait comme inspecteur de l'infanterie
et le nommait, l'année suivante, au commandement de
la 1ʳᵉ subdivision de l'armée de Lyon.

En 1821, le général Hulot, alors inspecteur général
de l'infanterie, est admis une première fois dans le
cadre de réserve et nommé en 1825 lieutenant-général
honoraire.

Il habitait Nancy lorsque éclata la révolution de
1830 ; sur l'offre du préfet et les instances des autorités
de la ville, il accepta le commandement supérieur
des gardes nationales de la Meurthe, réorganisa cette
milice, et fut assez heureux pour rétablir, sans effu-
sion de sang, l'ordre un instant compromis dans Nancy.
Il est alors chargé de l'inspection des treize régiments stationnés dans les places de l'Est, et fait partie
de la Commission réunie pour élaborer le projet d'ordonnance, sur l'organisation du cadre des officiers généraux.

Nommé définitivement général de division, le 27

---

1. On trouve le récit des combats de Velisy-Rocquencourt dans le
13ᵉ volume des *Victoires et Conquêtes* (page 365 de l'édition Panckoucke, 1836). On y trouve aussi un résumé du combat de Sèvres du
2 juillet, mais aucune autre mention de l'affaire du 3 juillet où se tirèrent les derniers coups de fusil de l'épopée impériale, que cette ligne
banale : « Le 3 juillet, les Prussiens recommençaient de faibles attaques sur les deux ponts de Sèvres, quand l'armistice qui venait de
se conclure mit fin aux hostilités... » Il nous semble que le glorieux
fait d'armes du général Hulot de Mazerny, accompli dans un pareil
moment, méritait mieux que cette phrase obscure et insignifiante !

février 1831, il est successivement chargé du commandement de la division de Lyon et de l'organisation d'une division militaire à Clermont-Ferrand. Il
se rend de là à l'armée de Belgique, mais à la fin de
1831, il est rappelé à Lyon où le gouvernement désirait
placer à la tête de la force publique, un chef ferme et
habile, conciliant et juste. Sur sa demande [1], il prend
dans le courant de 1832, le commandement de la division de Metz, qu'il conserve jusqu'en 1834. A cette

1. On lit dans l'*Histoire de dix ans* (chap. IV, tome III), déjà citée à
propos de la précédente notice : « Le lieutenant-général Hulot, qui
avait donné l'ordre de faire partir de Grenoble le 35ᵉ, dut partir pour
Metz, où les honneurs du commandement couvrirent sa disgrâce... »
    La thèse soutenue dans ce chapitre par le brillant historien, c'est-à-
dire le procès du ministère Casimir-Périer, exigeait le blâme des actes
du général Hulot, et la disgrâce infligée à sa personne, mais cette
phrase très littéraire couvre mal une erreur historique qu'il eût été
facile à Louis Blanc de corriger, s'il se fut donné la peine de s'éclairer
au ministère de la guerre ou auprès de quelque général comtempo-
rain du baron Hulot. Il eut appris en effet que le commandant de la
division de Lyon ne fut pas blâmé au sujet des ordres d'évacuation
qu'il avait envoyés sur des renseignements précipités et peut-être
exagérés, mais qu'il n'avait pas le temps de contrôler. Les honneurs
du nouveau commandement qui lui fut accordé n'avaient nullement
pour but de couvrir une disgrâce; ils étaient au contraire le résultat
d'une permutation à l'amiable, négociée bien antérieurement aux
émeutes par le général Hulot, dont les graves blessures reçues au
champ d'honneur (Eylau et Hanau), se ressentaient du climat brumeux et humide de Lyon à l'arrière saison. Il se faisait, en outre,
une fête de se rapprocher de Nancy, où il s'était fixé, dès l'année
1823, avec sa famille, pour y retrouver plusieurs de ses amis et
anciens compagnons d'armes, notamment l'illustre général Drouot.
    D'ailleurs, ce passage de l'*Histoire de dix ans* s'accorde mal avec le
suivant que nous copions quatre pages plus loin :
    « L'irritation était aussi grande (le 9 mai) que dans les journées
des 11 et 12 mars : le général Delort (le permutant du général Hulot),
fut obligé de consigner, comme l'avait fait le général Saint-Clair, le
35ᵉ dans ses casernes dont des soldats des autres régiments (*sic*) durent
garder les avenues. La municipalité écrivit sur-le-champ au ministère, une lettre énergique, déclarant que si le 35ᵉ n'était pas immédia-

date, il rentre dans l'inspection générale [d'infanterie,
et ne cesse plus d'y être employé jusqu'en 1842.

Ce fut en 1839, que l'ancien volontaire du bataillon
de chasseurs de Reims, fut chargé de créer et d'organiser le 1er bataillon des chasseurs d'Orléans ou de
Vincennes, la souche de nos bataillons de chasseurs à
pied ; ce fut du reste le dernier acte de la magnifique
carrière militaire du général Hulot de Mazerny. Placé
dans la section de réserve du cadre de l'état-major général, le 16 février 1842, il y fut maintenu jusqu'à la
révolution de février 1848.

Dans les dernières années de sa carrière militaire, il
donna à ses contemporains un exemple remarquable de
modestie et de désintéressement en refusant la pairie
et le ministère de la guerre que lui offrit au nom du roi,
le maréchal Soult. En vertu de l'arrêté du 8 juin 1848,
qui supprimait le cadre de réserve, il fut alors mis
à la retraite, après avoir glorieusement servi son pays
pendant plus de 50 années de sa vie, et comptant avec
ses campagnes un total général de services de 71 ans.

tement éloigné, elle était déterminée à donner sa démission. Il fallait
un terme à cette cruelle situation. Le 20 mai, le 35e quitte Grenoble
pour la seconde et dernière fois. »

A la suite de cet alinéa, il semble que, pour faire acte d'impartialité,
l'historien eut dû ajouter une phrase analogue à celle-ci : « Ce départ
définitif du 35e, constituait une éclatante justification des mesures
prises par le général Hulot au début de ces regrettables évènements;
c'était une sanction accordée par le ministère à sa sagesse et à son
expérience. » Il est vrai que cette constatation ébranlait un des arguments de la thèse anti-ministérielle, outre qu'elle s'accordait mal avec
l'hypothèse de la disgrâce du général Hulot, devenue un fait historique sous la plume de l'écrivain systématiquement hostile aux généraux auxquels incombe fatalement la tâche ingrate de prévenir ou de
réprimer les colères et les excès du peuple, dont cet historien s'est
constitué le défenseur et l'apologiste.

Deux ans après, le 23 septembre 1850, il succombait, frappé par une attaque d'apoplexie foudroyante, dans sa 77ᵉ année. Ami du général Drouot, son ancien compagnon d'armes, comme lui, retiré à Nancy, ce fut lui que cet illustre général fit appeler à son lit de mort ; ce fut lui que Drouot chargea d'annoncer sa fin au roi Louis-Philippe, au ministre de la guerre, et de leur dire les vœux qu'il formait à ses derniers moments pour la prospérité et le bonheur de la France.

Le général Hulot de Mazerny était grand-officier de la Légion d'honneur depuis 1834, époque à laquelle il reçut ses deux dernières blessures à Metz, dans une émeute qu'il réussit à apaiser. Son biographe résume son éloge en une phrase aussi juste que belle : « La vie de ce vaillant guerrier, dit-il, a été un constant exemple d'abnégation personnelle et de dévouement à ses devoirs ; d'un désintéressement absolu, il rentra chez lui les mains pures et sans avoir augmenté son modeste patrimoine. »

Retiré d'abord en 1817 à Donchery (Ardennes) ¹, le général Hulot s'y était marié avec Mˡˡᵉ Guiot, fille d'un trésorier principal des armées sous Louis XVI, qui perdit sa place comme tant d'autres à cette époque, après avoir été remboursé en *assignats* de toutes ses avances au Trésor, et dont le fils aîné, le colonel Guiot, est mort à l'armée d'Afrique où il était chef d'état-major du gouverneur général comte Drouet d'Erlon.

---

1. Un rapprochement s'impose ici à notre esprit. Donchery, cette petite ville choisie comme séjour de retraite par le héros des ponts d'Eylau et de Hanau est situé à une portée de canon de la place de Sedan. C'est par le pont de Donchery que s'effectua le passage de l'armée du prince Frédéric de Prusse et sa jonction avec celle du roi de Saxe. La cavalerie prussienne traversa la ville et le pont pendant la nuit du 31 août au 1ᵉʳ septembre avec autant de tranquillité qu'elle

Les trois fils du général *Etienne* Hulot servirent le pays et marchèrent sur les traces de leur père : l'aîné, Pierre-Gustave, a été retraité comme officier supérieur d'état-major ; le second, Henry, est inspecteur-général des finances ; et le troisième, Etienne, après avoir été successivement capitaine aux tirailleurs algériens, chef de bataillon aux voltigeurs de la garde, officier d'ordonnance de l'Empereur Napoléon III et lieutenant colonel à l'armée de Metz, commandait encore, il n'y a pas longtemps, un régiment de l'armée territoriale.

Pour la rédaction de cette notice nous nous sommes servi de divers documents : 1° d'une copie des états de service du général Hulot de Mazerny, délivrée par le ministère de la guerre ; 2° d'un article nécrologique signé d'Adelswaerd, représentant du peuple, extrait du *Moniteur universel* du 18 octobre 1850 et qu'on

passe aujourd'hui les ponts de Dresde ou de Berlin, les jours de parade ou de manœuvres, et bivouaqua sur la rive droite dans la plaine de Vrigne-Meuse. L'artillerie, appuyée par deux divisions d'infanterie de la troisième armée, suivit dans la matinée et fit l'ascension du sentier du Sugnon sans apercevoir une baïonnette française et sans entendre ronfler un seul boulet des batteries du rempart ou de celles du 7e corps français établi sur la position Illy-Saint-Menges.

Quant à l'infanterie du 4e corps (le 6e était en arrière vers Vendresse), le prince royal la tenait massée en vue du pont de Donchery dans les plis de terrain des collines situées derrière le village du Fresnois, à cinq kilomètres de la place. Il attendait là l'éventualité de notre retraite sur Mézières, auquel cas l'armée française défilant avec ses canons et ses bagages sur la petite route de Vrigne-aux-Bois (on prétend que c'était le plan du général Ducrot), eut été prise comme entre deux portes ; mais l'épisode de l'échange de panache entre les généraux en chef de l'armée française lui enleva cette satisfaction. Lorsqu'un historien sérieusement impartial, entreprendra d'écrire le récit authentique de ces deux lamentables journées, récit qui n'existe sincère que par fragments dans les nombreuses relations françaises et allemandes, presque toutes rédigées au lendemain des événements dans un but de dénigrement, d'apologie ou

trouvera à la Bibliothèque nationale sous l'indication L
N ^{27} n° 9985 ; 3° des souvenirs du général, recueillis de
sa bouche par ses trois fils.

Compatriote de l'auteur des *Souvenirs*, et descendant, en outre, d'une même souche, le baron Hulot de
Mazerny entretint toujours avec son homonyme, pendant les périodes de disponibilité qui le ramenaient à
Donchery, un commerce d'amitié que l'instruction
première de ces deux officiers, et les sérieuses qualités de leur esprit et de leur caractère, ne firent que
resserrer avec l'âge et qui resta vivace jusqu'à la mort
du baron Hulot de Charleville [1].

de justification, il devra se donner la peine de venir étudier le ter
rain et recueillir les dépositions des témoins oculaires. Ces témoins
existent : je citerai le capitaine de douanes de Charleville qui en apprenant l'arrivée de l'Empereur à Sedan, était bravement parti avec
quelques douaniers pour se mettre à la disposition du quartier général. Arrivé le 31 août, dans la soirée, au croisement des routes, en
vue du pont de Donchery, et n'apercevant aucun poste français sur
ce point stratégique capital, il s'arrêta, envoyant un douanier demander des instructions à Sedan. Sur ces entrefaites la nuit survint,
l'officier de douanes assista à cet effrayant passage que personne ne
soupçonnait dans Sedan et renonçant à trouver le mot de l'énigme,
profita des dernières ombres de la nuit, pour se retirer par Vrigne-
aux-Bois et Ville-sur-Meuse. L'abandon, l'oubli ou l'ignorance du pont
de Donchery par l'armée française, c'est la caractéristique de la bataille de Sedan. Ce fait seul n'assurait-il pas fatalement le triomphe
de l'armée prusienne ? Les mânes du général Hulot ont dû, cette nuit
là, tressaillir de honte et de douleur !

1. Les deux généraux compatriotes, qui se trouvaient réunis à Reims
comme étudiants, au début de la Révolution, se rencontrèrent de nouveau à différentes époques de leur carrière militaire et en particulier
en 1809, à l'armée du Portugal, où le colonel Hulot de Mazerny, était
le 1er aide de camp du maréchal Soult, et où le chef de bataillon Hulot
de Charleville commandait l'artillerie de la 3e division (général Delaborde). Nous trouvons ces deux officiers supérieurs, cités côte à côte
dans un ouvrage publié à Paris en 1827, sous le titre : « Souvenirs
d'un Militaire des armées françaises, dites de Portugal, » et attribué

Il nous reste à parler de ce dernier qui est l'auteur de l'autobiographie que nous offrons aujourd'hui au public; mais pour ne pas anticiper sur le texte du manuscrit, nous nous bornerons à un résumé succinct, qui suffira, nous l'espérons, pour fixer d'une façon rapide la part de gloire qui lui revient en propre, dans l'illustration de l'un des noms les plus populaires de la Grande-Armée.

Le baron Hulot (Jacques-*Louis*), le second des quatre fils de Jean-Louis Hulot, sieur du Maipas, directeur (échevin) des villes d'Arches et Charleville (Ardennes), naquit dans cette dernière ville, le 22 avril 1773. Il fit ses premières armes dans les bataillons des volontaires de 1792, et entra à l'Ecole d'artillerie de Châlons, dont il sortit élève sous-lieutenant, en 1794, pour se rendre au siège de Maëstricht, comme attaché à l'état-major du général d'artillerie Bonnard. Il assista au blocus de Mayence, comme second-lieutenant, attaché au général d'artillerie Dieudé, puis, sur sa demande, rentra à sa compagnie, la 13e du 6e régiment d'artillerie à pied, qu'il suivit dans ses déplacements à Paris et au Havre. Attaché à la flotille d'expé-

---

au capitaine d'Illens, adjudant-major au 17e léger. Après la prise d'Oporto, la division Delaborde part en avant et se voit arrêtée à Amarante par l'armée de Sylveira, fortement retranchée derrière le pont de la Tamega, dans le faubourg de Villaréal et sur les hauteurs qui dominent cette position. Une première tentative de passage est repoussée avec perte. Le général Delaborde décide l'établissement d'un pont de chevalet, qui ne réussit pas. Alors arrive le capitaine du génie Bouchard, qui propose un plan; ici nous laissons la parole à l'auteur de l'ouvrage cité plus haut : « Ce plan rencontra beaucoup d'oppositions et fut l'objet de vifs débats. Lorsqu'il était de la plus grande importance d'agir avec célérité, on perdait un temps pré-

dition de la Manche, et chargé du matériel sur les bâtiments de guerre, il se trouva au combat du
8 avril 1798, dans la baie de Caen, à plusieurs affaires
qui suivirent et à l'attaque des îles de St-Marcouf, le
7 mai suivant. A Cherbourg et à Granville, il servit
sous le général Decaen, et commanda quelque temps
l'artillerie de cette dernière place. Nommé capitaine en
second, au mois d'avril 1803, il fut employé à l'arsenal
de Rennes, jusqu'à la fin de cette même année, et successivement adjoint au général d'artillerie Dorsenne,
puis aux premiers inspecteurs-généraux Marmont et
Songis. Il partit le 13 août 1805 de Boulogne pour
Strasbourg, chargé d'activer la levée des chevaux dans
les départements voisins, d'étudier l'établissement des
ponts près de Lauterbourg et Spire, prendre connaissance du matériel des maréchaux Ney et Soult, qui
pouvait y être déjà rassemblé, et pousser ses informations jusqu'à Mayence; enfin, établir au polygone tout

cieux à des discussions prolongées. Ce ne fut que le 29 avril, que
le colonel Hulot, aide de camp du maréchal, arrivé du quartier-général (d'Oporto), décida que le projet était bon, et l'appuya auprès
du général Delaborde.... » Ce fut donc au colonel Hulot (Etienne),
qu'on dut l'exécution du plan du capitaine Bouchard, qui donna lieu
à l'un des plus beaux faits d'armes de la campagne, et la réussite fut
due en partie au concours intelligent et énergique de notre artillerie,
dirigée par le commandant Hulot (Jacques-Louis), comme nous l'indique le même ouvrage, à la page 217 : « Le chef de bataillon d'artillerie Hulot et le capitaine Bouchard furent désignés par le général Delaborde, comme ayant rendu de très grands services.... »
Ajoutons que le frère du commandant Hulot, alors capitaine au même
régiment que lui, faisait également partie de cette armée de Portugal, qui voyait ainsi réunis sous ses drapeaux, trois des quatre
Hulot de cette notice. C'est donc par erreur, que le colonel Hulot,
aide de camp de Soult, figure au *Moniteur* du 4 octobre 1850, comme
assistant à la bataille de Wagram. En 1809, le colonel d'infanterie
Hulot était à l'armée de la Péninsule. Ici encore il y a confusion
entre cet officier supérieur et le chef d'escadrons Hulot d'Osery.

le parc qui se rassemblait à Strasbourg. Ces missions remplies, le capitaine Hulot passa le Rhin avec l'Empereur, et assista aux affaires d'Ulm et à la bataille d'Austerlitz. Employé au cours de cette campagne à l'état-major général, il fut ensuite chargé de plusieurs missions, entr'autres celle du premier armement de Brünn et du Spiegelberg, de l'approvisionnement du parc du maréchal Mortier, au moment de la bataille de Krems, et de la composition de plusieurs mémoires sur les places frontières de Dalmatie, de Bosnie et de Croatie.

Nommé capitaine en premier en octobre 1806, il reçut la croix de la Légion d'honneur au mois de mai de la même année et passa tour à tour avec son nouveau grade, d'abord au camp de Pontivy, ensuite à l'armée d'observation de la Gironde, comme commandant l'artillerie de la division Delaborde, puis à l'armée de Portugal où il commanda, sous les ordres de Junot, l'artillerie de la 1re division et ensuite celle de Lisbonne et de ses forts. Après la bataille de Viméïro, il fut embarqué à Lisbonne le 2 septembre 1808 et débarqué le 26 octobre suivant à Bayonne, après s'être signalé par un acte de sang-froid et d'énergie qu'on trouvera relaté en son lieu et place dans le texte des *Souvenirs*. Envoyé aussitôt son débarquement au siège de Saragosse, il y fut blessé d'un coup de feu à la ceinture dans les circonstances que le lecteur lira également plus loin, et fut nommé chef de bataillon à l'état-major particulier de l'artillerie après ce siège meurtrier (29 avril 1809). De Saragosse il partit en poste pour aller commander l'artillerie de la 1re division de l'armée d'observation de l'Elbe, sous les ordres de

Junot. Au siège d'Astorga (1810), il obtint la croix d'officier de la Légion d'honneur et passa ensuite à l'armée de Portugal pour y remplir les fonctions de chef d'état-major de l'artillerie.

Le commandant Hulot exerça ces fonctions aux sièges de Ciudad-Rodrigo et d'Alméïda et pendant la retraite de la troisième campagne de Portugal. Après la fusion de tous les corps de cette armée (1811), il commanda l'artillerie de la 5e division (général Maucune), assista au déblocus de Badajoz et à la poursuite des Anglais au delà de Ciudad-Rodrigo.

En 1812, il prit, sous les ordres du général Lemoine, le commandement de l'artillerie de la place de Wesel et y fut chargé d'assurer l'approvisionnement d'artillerie d'une fraction de la Grande-Armée et spécialement de la place de Magdebourg.

Nommé lieutenant-colonel le 14 février 1813 et colonel le 8 janvier 1814, il assista, sous les ordres du général Decaen, au blocus et à l'attaque d'Anvers, où il commandait en chef l'artillerie. Au retour des Bourbons, il reçut la croix de chevalier de Saint-Louis.

Pendant les Cent Jours, il commanda l'artillerie de la place de Lille et reçut, des mains du duc de Berry, une épée d'honneur que la municipalité lui offrit à l'issue du siège, en reconnaissance des services qu'il avait rendus à la ville et au pays, en empêchant durant ces trois mois, sous l'œil jaloux de l'étranger, toute collision entre les habitants et la garnison, de sentiments politiques fort opposés, et, finalement, en proposant le premier de reconnaître Louis XVIII comme roi de France. Cette intervention du commandant de l'artillerie de Lille fut, depuis, jugée différemment par des historiens de partis contraires ; plusieurs d'entre eux, influencés par les passions du moment, voulurent prêter à cet acte d'intelligent patriotisme de vulgaires mobiles d'intérêt politique et personnel. Les notes du général Hulot nous ont fourni la preuve qu'il avait, avant de lancer sa proposition, calculé la portée de sa démarche et pesé toutes les conséquences de l'acte important qu'il provoquait. La coalition rêvait en effet de faire de Lille la place d'armes des Pays-Bas contre la France ; un retard de vingt-quatre heures dans le changement du drapeau hissé sur la citadelle, lui permettait de faire le siège de la place et peut-être de réaliser son rêve. L'inspiration du colonel Hulot sauva la situation et étouffa en germes les convoitises de l'ennemi. Ce fut peut-être cet éclair de patriotique prévoyance qui sauva le boulevard de notre frontière septentrionale.

Nommé baron par une ordonnance royale du 19 mars 1817 et commandeur de la Légion d'honneur le 1er mai 1823 [1], il quitta, quelques semaines plus tard, le commandement du 6e d'artillerie pour la direction de Valenciennes. Sur sa demande motivée par l'affaiblissement de sa santé, il fut admis à la retraite du grade de maréchal de camp, le 7 avril 1824. Il reçut sa nomination dans ce grade le 21 du même mois et quitta le service le 16 juin suivant, après trente-trois années de services consécutifs et dix-huit campagnes [2].

---

1. C'est par erreur qu'un recueil biographique a fixé sa nomination au 1er mai 1821.

2. Voir le *Bulletin des Lois* du 4 juin 1824 (n° 668 bis) qui contient l'ordonnance du 7 avril et porte le total de ses services, à cette date à 50 ans, 11 mois, 2 jours.

C'est cet officier général, auteur des *Souvenirs*, qui
est le héros du formidable lapsus cité par M. Lorédan
Larchey dans sa Revue anecdotique du *Monde illustré*
(1866). Le général X... de qui il tenait l'historiette,
était sans doute son père, le général de division d'artillerie Larchey (François-Étienne), que l'armée a
perdu le 18 mars 1881. Voici le résumé de l'anecdote :

Pour fêter le baptême du duc de Bordeaux, le colonel Hulot, qui commandait le 6e régiment et la place
de La Fère, avait réuni dans un banquet l'état-major
et les autorités, et, à leur tête, le maréchal de camp
baron Corda. Au dessert, le colonel, se levant, porta
un toast retentissant... « au roi de Rome! » Ne sachant
à quoi attribuer le silence glacial qui accueillait sa
motion ultra-séditieuse, le colonel revint bravement à
la charge, sans tenir compte de la tentative que faisait
le baron Corda pour le tirer de sa distraction : « Allons, Messieurs, s'écria-t-il, à la santé du roi de Rome !
Vive le roi de Rome! » Le silence devenant plus solennel que jamais, le baron Hulot comprit enfin le motif
de la stupeur peinte sur tous les visages de ses invités
et, s'exagérant la portée et les conséquences de sa mé-
prise, il quitta précipitamment la réunion, en proie à
une agitation d'esprit qu'aggravait une circonstance
révélée par l'anecdotier : le baron Corda passait pour
avoir conservé des attaches bonapartistes. Jusque là,
l'anecdote est authentique, mais la suite, c'est-à-dire
le projet de suicide, nous n'en avons trouvé trace ni
dans les traditions de la famille, ni dans les manuscrits ou la correspondance du général, et nous sommes
forcés de constater que cette résolution est en contradiction absolue avec les notions les plus rigides du de-

voir militaire et les principes de philosophie chrétienne
sur lesquels on verra que le baron Hulot s'est toujours
fait un honneur de régler sa conduite. Qu'à la suite de
ce malencontreux épisode, le héros involontaire de
cette aventure semi-tragique, semi-comique, succombant à un accès de misanthropie, ait recherché la solitude et tenté quelque démarche pour changer de résidence, c'est assez vraisemblable ; mais entre cette
attitude et une résolution de suicide, il y a un abîme
et nous n'avons rien trouvé qui justifiât cette assertion.
En revanche, la fin de l'anecdote est aussi authentique
que son début. La cour et le ministère eurent le bon
goût de prendre le fameux toast pour ce qu'il était,
c'est-à-dire pour un *lapsus*, et la duchesse de Berry,
se rendant en pèlerinage d'actions de grâces à N.-D. de
Liesse et traversant La Fère, fit écrire au colonel Hulot,
par son chevalier d'honneur, le lieutenant-général
comte de Nantouillet, une lettre dans laquelle, regrettant de ne pas l'avoir trouvé à la tête de son régiment,
elle l'invitait gracieusement à dissiper son chagrin au
sujet d'un qui proquo sans conséquence.

Ce qui prouve, du reste, que M. Lorédan Larchey
avait puisé son récit à une source sérieuse[1], c'est qu'il
indique bien la vraie cause des préoccupations sous
l'empire desquelles se trouvait ce jour-là le baron
Hulot. On était alors à la veille de l'ouverture des débats de la conspiration Maziau tramée dans son propre
régiment et dénoncée au mois d'août 1820 par un officier de santé du corps, le chirurgien-major Guiraud.
Cet évènement avait profondément attristé le colonel

---

1. Le général Larchey fit lui-même partie des cadres du 6e régi-
giment d'artillerie.

Hulot, qui avait fait, comme on le verra plus loin, ses premières armes et une grande partie de sa carrière dans le 6° régiment. Il commandait au moment de la conspiration, ce corps, depuis si longtemps l'objet de son affection et de sa sollicitude. On s'explique dès lors les préoccupations qui accablaient l'esprit du colonel à la veille d'une audience de la Cour des pairs dans laquelle il était appelé à comparaître comme principal témoin. L'incident du toast n'était d'ailleurs pas fait pour ramener le calme dans son esprit, et sa santé, déjà ébranlée par les privations et les fatigues de ses laborieuses campagnes, subit le contre-coup de cette double secousse ; il éprouva des accidents nerveux qui le détournèrent un moment d'assister à la séance pour laquelle il était convoqué, ce qui occasionna, avant son arrivée à cette séance même où il dut se traîner à grand'peine, des réflexions injustes et malveillantes, lancées par un pair jaloux de faire un étalage maladroit de son zèle courtisanesque, à propos d'un complot bonapartiste. On peut voir le compte-rendu des débats de cette affaire au *Moniteur universel* du 25 mai 1821 et au numéro du 22 novembre suivant pour l'audience du 21.

En terminant cette notice sommaire de la carrière des trois généraux Hulot, il y a lieu, pour aider la mémoire du lecteur, de faire ressortir les principaux points de divergence de leurs états de service. Le général Hulot de Mazerny parvint seul au grade effectif de lieutenant-général. Le général Hulot d'Osery quitta le service sous la Restauration comme général de brigade,

avec le titre de lieutenant-général honoraire (23 mai
1825); mais en se faisant replacer, le 22 mars 1831, dans
le cadre d'activité avec le grade de maréchal de camp
disponible, il perdit naturellement ce titre qu'il ne devait plus retrouver par la suite. Enfin, le général Hulot de Charleville, celui qui nous intéresse spécialement, se retira avec le grade de maréchal de camp. Une
seconde remarque peut trouver sa place ici : les trois
généraux Hulot furent nommés barons, les deux premiers par l'Empire et le troisième par la Restauration,
mais le général Hulot d'Osery n'est connu que sous son
titre de comte, concédé par Louis XVIII. Il peut être également utile de signaler ce dernier détail que le général
Hulot d'Osery appartenait à l'arme de la cavalerie, le
lieutenant-général à l'arme de l'infanterie, et l'auteur
des *Souvenirs* à l'arme de l'artillerie : à cette époque,
on restait en effet cantonné dans la spécialité de son
arme jusqu'au jour où l'on recevait le commandement
d'un corps; les aides de camp et les officiers d'ordonnance étaient eux-mêmes employés de préférence par
les généraux en chef, dans des missions ou des commandements intérimaires en rapport avec les aptitu-
des de leur arme spéciale. Les nécessités de la tactique
contemporaine appelleront désormais les officiers généraux à exercer des commandements dans des armes
différentes, suivant les circonstances et la volonté de
leurs chefs; il n'en fut pas ainsi durant les guerres de
la Révolution et de l'Empire.

Après avoir reconstitué suffisamment, du moins
nous l'espérons, la personnalité si bien tranchée dans
l'histoire, des trois généraux Hulot, il nous paraît né-

cessaire, pour prévenir toute confusion, de toucher un mot du jeune frère de l'écrivain, officier d'artillerie comme lui et qui occupe lui-même une place méritée dans la plupart des recueils biographiques; il arrêta volontairement sa carrière au grade de lieutenant-colonel.

Jean-Gaspard Hulot de Collart, né à Charleville, le 12 août 1780, entra le 21 décembre 1796 à l'École polytechnique d'où il passa sous-lieutenant à celle d'artillerie de Châlons, le 16 mai 1800. A sa sortie de cette école, le 22 décembre suivant, il entra comme lieutenant en second au 3e régiment d'artillerie à pied. Lieutenant en premier d'une compagnie d'ouvriers d'artillerie, il passa capitaine en second dans le régiment de son frère en 1807. Employé à la manufacture d'armes de Liège en 1809, il prit, avec le grade de capitaine en premier, le commandement de la 15e compagnie d'ouvriers d'artillerie en 1812. Cette compagnie était attachée à la Grande-Armée, qu'il suivit avec le grade de chef de bataillon d'artillerie (1813) jusqu'à la fin de la campagne de France. Mis en non activité le 1er novembre 1814, le commandant Hulot fut replacé à la direction d'artillerie de Mézières et nommé, pendant les Cent Jours, adjoint à l'état-major du corps d'observation de Valenciennes. La Restauration l'envoya commander l'artillerie du département du Cher, et, de Bourges, il passa comme sous-directeur à Cherbourg en 1816. Il entra en 1820 avec son grade de chef de bataillon au régiment de La Fère (1er régiment d'artillerie à pied), qu'il quitta un instant, mais où il rentra en novembre 1823, après avoir exercé dans l'intervalle les fonctions de sous-

directeur du parc de siège de l'armée des Pyrénées.
Nommé directeur d'artillerie à la Martinique, il resta
aux colonies de 1825 à 1830. A cette époque, il fut désigné pour la place de sous-directeur d'artillerie à
Grenoble, mais, ne voulant pas servir un nouveau gouvernement, il demanda à faire valoir ses droits à la
retraite et obtint la faculté de se retirer dans ses foyers,
avec un congé en expectative de retraite. Celle-ci lui fut
accordée avec le grade de lieutenant-colonel, par une
ordonnance du 15 février 1832, après une carrière de
trente-cinq années de service, dont les deux tiers en
campagne : un an au corps d'observation de la Gironde,
trois au camp de Boulogne, un an à l'armée de Dalmatie, deux ans en Portugal, six ans à la Grande-Armée, etc ; il avait séjourné huit mois sur les pontons de
la Corogne, de 1808 à 1809. Chevalier de la Légion
d'honneur de 1814 et chevalier de Saint-Louis de 1818,
il avait reçu pendant l'expédition d'Espagne de 1823
les croix d'officier de la Légion d'honneur et de chevalier de Saint-Ferdinand d'Espagne (2me classe).

Le colonel Hulot avait épousé en 1827, à Fort-de-
France (Martinique), Charlotte-Julie-Elisabeth de Collart, arrière-petite-fille et dernier rejeton de François de
Collart, l'un des plus illustres fondateurs de notre colo-
nisation aux Antilles [1]. Il eut de ce mariage plusieurs
filles et un fils, aujourd'hui l'unique descendant mâle des
quatres frères volontaires aux armées de 1792.

C'est à l'obligeante amitié de ce fils, le baron Jules
Hulot de Collart, que nous devons la communication des

---

1. Le nom de cette famille a été légalement relevé et réuni à celui
de Hulot, suivant le désir de sa dernière héritière, par un décret en
date du 26 février 1874, inséré au *Bulletin des Lois*.

manuscrits du général Hulot, son oncle, et c'est à ses intelligentes et laborieuses recherches que nous sommes redevables de la meilleure part des documents renfermés dans cette introduction.

Nous ne pouvons mieux faire connaître à nos lecteurs le lieutenant-colonel Hulot qu'en mettant sous leurs yeux une note ajoutée à l'appui d'un état de proposition pour la Légion d'honneur, daté du 30 juillet 1814 et signé du général Hugo (le père de Victor Hugo et d'Abel Hugo, auteur de la *France Militaire*), qui était à cette époque, commandant supérieur de la place de Thionville :

« La manière distinguée dont M. le chef de bataillon Hulot s'est comporté pendant le blocus, lui a mérité mon estime particulière et m'a déterminé à le proposer pour la décoration de la Légion d'honneur. C'est à l'activité du détachement commandé par ce brave officier, toujours prêchant d'exemple, que j'ai dû l'avantage de me voir promptement en état de résistance lors de l'invasion du territoire ancien du royaume. Je ne parlerai pas des talents de M. Hulot, son grade en est la preuve dans l'arme savante où il sert ; mais je dirai qu'il en relève beaucoup l'éclat par sa conduite modeste et son exellente moralité. »

« Thionville, le 30 juillet 1814. »

« Le maréchal de camp, commandant supérieur,

Signé : « HUGO. »

Le lieutenant-colonel Hulot mourut le 3 septembre 1854, dans son pays natal, d'une maladie de cœur contractée pendant son séjour aux colonies.

Voilà donc un officier supérieur instruit, actif, intel-

ligent, pourvu de brillants états de service, qui, après
avoir épuisé les chances de l'emploi en campagne pendant tout l'Empire, trouve encore moyen de faire ensuite la dernière guerre d'Espagne et un séjour dangereux et épuisant aux colonies pendant cinq longues
années ; cet officier qui a conquis à la moitié de sa carrière le grade d'officier supérieur, se trouve tout à coup
cristallisé dans ce grade pendant seize années de services hors ligne, et la fin de la Restauration arrive sans
qu'un seul des ministres de la guerre qui se sont succédé pendant cette période, ait trouvé une seconde épaulette pour faire contrepoids à cette première, si noblement acquise ! Il faut noter que cet officier n'a, au point
de vue des idées nouvelles, aucun vice rédhibitoire; il est
allié à une famille célèbre dans les fastes militaires de la
monarchie et porte lui-même un nom illustré sur tous
les champs de bataille de l'Empire : il n'y a donc aucune
prévention contre lui, aucun grief, et cependant, après
une longue et glorieuse carrière employée entièrement
au service de sa patrie, il regagne ses foyers avec une
épaulette vieille de seize ans ! Est-il besoin, après cet
exemple qui ne fut pas une exception à l'époque [1], d'aller
chercher bien loin et à grands renforts de rhétorique,
les causes du désaccord qui éclatèrent alors, et ont éclaté
si souvent depuis, entre la nation et le gouvernement ?
Qui oserait affirmer que cette plaie du favoritisme n'a
pas contribué à nos désastres de 1870 ? Qui oserait soutenir que nous sommes débarrassés aujourd'hui de ce
fléau dans l'armée et dans l'administration ?

---

1. Le maréchal Vaillant qui servait dans l'arme du génie, ne passa
chef de bataillon, eu 1826, qu'après 14 ans de grade de capitaine.

Nous ne citerons que pour mémoire plusieurs homo-nymes contemporains des généraux Hulot.

Un Jean-Baptiste Hulot, que l'auteur de la biographie ardennaise croit originaire d'Avançon, capitaine d'artillerie près l'école militaire de Saint-Cyr, chef de bataillon en 1807, chevalier de la Légion d'honneur en 1808, sous-directeur à Dieppe en 1809, publia une *Instruction sur le service de l'artillerie à l'usage des élèves de l'École spéciale militaire.*

Les *Fastes de la Légion d'honneur* mentionnent un Antoine Hulot, lieutenant d'infanterie à l'armée de Portugal; un capitaine Hulot qui, chargé en l'an IX de s'emparer de la position de Storä, dans le Tyrol, fit 800 prisonniers (v. le *Moniteur universel*, p. 430); enfin, un Pierre Hulot, adjudant de cavalerie, qui subit un long martyre sur les pontons espagnols et anglais et prit sa retraite en 1815 : c'était encore un ardennais.

Henri-Louis Hulot, né à Avenay (Marne), en 1757, professeur de théologie, forcé d'émigrer pendant la Terreur, puis curé d'Attigny et vicaire général de l'archevêque de Reims, mourut en 1820, laissant des ouvrages estimés (Feller et Boulliot lui ont consacré une notice importante); c'était un cousin germain du général Hulot de Mazerny [1].

---

1. Nous n'avons pas pu nous séparer ici de l'abbé Boulliot qui se trouve en désaccord avec S. Lieutaud, l'auteur des *Recherches sur les personnages nés en Champagne, etc.*, Paris, Rapilly, 1856. Faissault (Ardennes), que celui-ci indique à tort pour le lieu de naissance de l'abbé Hulot, était la localité où ses biens se trouvaient situés en 1793 mais Lieutaud corrige Boulliot, quant à la date inexacte de 1754.

Mathieu Hulot, né à Saint-Marcel, près Mézières, le
15 novembre 1788, d'abord vicaire de Charleville,
nommé curé d'Yvois-Carignan, en 1828, publia également
de nombreux écrits fort appréciés (V. la *France
littéraire*).

Enfin, l'introducteur des timbres-poste, en 1848,
M. A. Hulot, graveur général adjoint à la monnaie,
officier de la Légion d'honneur, qui fut directeur de la
fabrication des timbres du 1er janvier 1849 jusqu'à l'é-
poque où l'Etat confia cette fourniture à la Banque
(1876), et qui reçut, à l'Exposition universelle de 1855,
la grande médaille d'honneur pour application de l'élec-
tricité à la gravure, paraît se rattacher à la souche des
Hulot ardennais.

Il serait intéressant de rapprocher les Hulot de Balzac,
de ceux de l'histoire, et de rechercher avec quelque détail la genèse de la famille Hulot des *Chouans* et
des *Parents pauvres*, mais cette recherche nous en-
traînerait au delà des limites d'une simple préface.

A nos yeux, Balzac a indignement exploité ce nom
triplement illustre de nos annales militaires contem-
poraines, pour se créer un certificat de romancier historique à bon marché. Il a recueilli dans les journaux de
son temps, deux ou trois faits divers se rapportant à ce
nom populaire à l'époque et spécialement la provocation
du général Hulot d'Osery au ministre de la guerre, maréchal Soult, ou à son fils, le marquis de Dalmatie,
provocation dont il a fait un titre de chapitre à sensation dans la *Cousine Bette;* il a charpenté son in-

trigue sur la base de la vieille camaraderie du général Hulot de Mazerny avec ce même maréchal Soult,
et il a complété le relief historique de son ouvrage,
en prêtant à son héros un fait d'armes célèbre de la
campagne de 1809, tiré des états de service du général
Legrand.

Le reste de la *Cousine Bette* est de pure invention ;
le roman historique, suivant le procédé de Balzac, n'est
qu'une fiction ; notre histoire nationale y est traitée
avec le sans-gêne le plus regrettable et dans un esprit
absolument anti-patriotique ; la preuve en est dans la
vogue que les œuvres du célèbre romancier ont ob-
tenue dès le jour de leur apparition dans les pays
étrangers, surtout chez les peuples qui ont conservé
contre la France la haine la plus vivace. Les étrangers
se plaisent à étudier la France et à juger les Français,
d'après ces caricatures de notre histoire, d'après ces
tableaux calomniateurs de notre société, que nous leur
présentons nous-mêmes depuis cinquante ans, comme
des chefs-d'œuvres d'observation et d'exactitude historique.

Balzac, à la vérité, ne donne pas un vilain rôle à son
général Hulot, mais il lui inflige une parenté avilis-
sante. Le type ignoble de son baron Hulot, l'ordonnateur
en chef de Napoléon, est une création de pure fantaisie
et nous n'en n'avons retrouvé aucune trace dans l'histoire ; il est sorti tout armé, c'est-à-dire avec tous ses
vices et toutes ses lâchetés, du cerveau tristement fécond
du grand romancier.

Quant aux *Chouans*, il nous suffira de dire qu'aucun des quatre Hulot, n'a figuré dans les guerres de
l'ouest. Si donc quelque lecteur fanatique du génie de

Balzac, ouvrait cet ouvrage dans l'espoir d'y retrouver le chef de demi-brigade des *Chouans* ou le maréchal Hulot des *Parents pauvres*, nous le prévenons charitablement qu'il s'expose à une amère déception, notre héros n'ayant absolument rien de commun avec celui de la *Comédie humaine*.

Pourquoi, nous dira-t-on, les généraux Hulot ont-ils toléré l'abus que le romancier a fait de leur nom, et ne l'ont-ils pas mis lui-même en demeure d'arrêter cette indigne exploitation? Qu'on se reporte à la date de publication de la *Cousine Bette*, et l'on aura l'explication de ce silence. L'ouvrage ne parut en volume qu'à la veille de la révolution de 1848; or, à cette époque, l'auteur des *Souvenirs* était mort, et les trois autres Hulot vivaient dans une retraite profonde, luttant contre les infirmités précoces que de nombreuses blessures, les fatigues et les privations de quarante années de service leur avaient procurées et qui ne devaient pas tarder à les conduire au tombeau.

Ces considérations nous autorisent à avoir pleine confiance dans le témoignage de leurs descendants qui nous affirment que ces officiers n'ont pas eu connaissance du roman de Balzac. Nous parlons ici à la fois au nom des trois familles homonymes dont nous avons eu l'honneur de provoquer l'opinion sur ce point spécial, et nous sommes en mesure d'affirmer nous-même qu'il faut repousser l'hypothèse du dédain ou de l'indifférence des généraux Hulot et de leurs proches, à l'égard du procédé malhonnête de Balzac, dédain qui a été accepté trop légèrement par un grand nombre de publicistes, à la suite du procès Zola-Duverdy.

Les représentants actuels de ce nom glorieux n'ont pas eu recours aux tribunaux, parce que les *Parents pauvres* ne sont tombés entre leurs mains qu'à une époque, où plusieurs éditions des œuvres de Balzac avaient déjà paru ; il était donc bien tard pour entamer un procès dont l'issue, faute de précédents, eût été absolument incertaine, et eût eu pour première conséquence d'augmenter le scandale qu'ils auraient désiré détruire ; mais loin d'être indifférents au procédé cavalier de l'auteur de la *Comédie humaine*, ils regrettent unanimement, et tout officier de l'armée françoise regrettera avec eux, que parmi les ministres de la guerre en fonction à l'époque de la publication, il ne s'en soit pas trouvé un qui jugeât à propos de sauvegarder le prestige de notre armée, et de forcer Balzac à choisir ses types en dehors du cadre de nos états-majors.

Nous n'avons qu'un mot à ajouter au sujet de l'historique de ces *Souvenirs* qui est des plus simples. Le général Hulot, en prenant sa retraite, ne se relâcha pas des habitudes de travail auxquelles il était fidèle depuis son enfance ; il se plongea dans l'étude de l'histoire de France dont il tira la matière d'un manuscrit fort intéressant auquel il n'eut malheureusement pas le temps de mettre la dernière main. Pour se délasser de ce travail de recherches et d'érudition, il entreprit l'étude rétrospective de sa longue et glorieuse carrière militaire ; mais comme la modestie excessive de son caractère [1]

---

1. Cette vertu qui lui était commune avec son homonyme des Ardennes, Hulot de Mazerny, explique pourquoi il est si rarement fait mention d'eux dans les volumes des *Victoires et Conquêtes* et dans les nombreux ouvrages qui se sont inspirés de cette publication.

lui défendait de songer à une publication de librairie,
il rédigea dans un style familier, ses *Souvenirs* à
l'adresse de ses proches, de ses amis et de ses compatriotes de la région où il avait été élevé et instruit.
D'après ses dernières volontés, une copie de son manuscrit devait être déposée à la bibliothèque de Charleville, son pays natal, et une seconde copie à la bibliothèque de l'académie de Reims, ville dans laquelle il
avait terminé ses études.

Le manuscrit de la bibliothèque de Charleville faillit
disparaître dans l'incendie de 1876 qui dévora une partie des richesses de ce dépôt bibliographique provin-
cial. Grâce à la vigilance et au sang-froid de l'adjudant-
major du 91e de ligne, le capitaine Juffé, qui reconnut
à la suite d'une première alerte, que le feu, supposé
éteint, couvait encore dans une partie de l'établissement
et se préparait à consommer son œuvre; grâce au zèle du
maire, M. Pelgé, et au dévouement des sapeurs-pompiers,
le désastre fut conjuré, et la meilleure part des trésors de
la bibliothèque, y compris le manuscrit qui fait l'objet
de cette publication, fut heureusement sauvée. Ces deux
exemplaires de la bibliothèque de Charleville et de
l'académie de Reims sont deux témoins irréfutables de
l'authenticité de ces *Souvenirs*. Ils constituent un précieux certificat d'origine pour le document que nous
livrons à la publicité. Tout lecteur sceptique pourra
s'y reporter et constater par lui-même que notre texte
est la reproduction rigoureusement exacte du manuscrit sorti de la plume du général Hulot. Notre tâche s'est
bornée à la traduction en langage moderne, de quelques formules vieillies, et à l'élagage de quelques para-
graphes dénués de tout intérêt pour le public; nous

avons scrupuleusement respecté le fond et même, autant
que possible, la bonhomie du style, le parfum de l'époque qui font le charme de ces pages et constituent leur
meilleur caractère de véracité et d'authenticité.

Il n'est pas inutile de faire remarquer que l'auteur
du manuscrit n'a joué aucun rôle politique et n'a été
attaché de près ou de loin à aucun personnage en vue.
Comme on le verra dans le cours de l'ouvrage, il a su
garder son indépendance et sa liberté d'appréciation
pendant toute sa carrière et jusqu'à sa mort, aussi son
jugement n'a-t-il subi l'influence d'aucun parti, d'aucune coterie. Toujours fidèle aux traditions les plus
pures de l'honneur militaire, il a marché d'un pas
ferme dans le sentier du devoir, se consacrant aux travaux de perfectionnement de son arme, observant les
hommes et les choses et notant tout avec une indulgente philosophie. Il partagea ses affections entre sa
famille et son régiment, et ses loisirs, entre les occupations du métier et ses études favorites. Rentré dans
la vie privée, il se concilia aussitôt le respect et l'amitié de ses concitoyens, et la tradition locale nous a conservé les témoignages d'estime et les regrets de toute
la population ardennaise et rémoise qui l'accompagnèrent à sa dernière demeure.

Cette esquisse de la vie et du caractère du général
Hulot serait incomplète si nous n'ajoutions qu'à l'exemple du général Hulot de Mazerny, l'auteur des *Souvenirs* quitta le service, les mains absolument nettes et
sans autre profit matériel que la maigre pension de maréchal-de-camp.

Au lendemain de nos désastres de 1870-71, il nous a paru qu'il y avait peut-être un devoir de patriotisme à remplir en extrayant ces intéressants et utiles mémoires d'une obscure bibliothèque de province, pour leur donner la place distinguée qu'ils méritent d'occuper dans nos archives militaires : la famille du général qui a conservé les traditions de son chef vénéré, n'a pas hésité à entrer dans nos vues et, comme nous l'avons dit ailleurs, a généreusement remis entre nos mains tous les documents qui pouvaient faciliter notre tâche.

Telle est l'histoire de cette publication : nous ne doutons pas que nos camarades de l'armée et tous les patriotes qui accordent aujourd'hui aux choses militaires l'attention et l'intérêt que la nation leur a trop longtemps refusés, partageront notre manière de voir et accueilleront les *Souvenirs militaires* du général baron Hulot avec le respect et la sympathie qui sont dus à un document d'une loyauté, d'une impartialité parfaites et qui est rempli de ces enseignements et de ces sentiments généreux que l'on se plaît en ce moment à recueillir et à vulgariser pour avancer l'œuvre salutaire de notre réorganisation.

Charleville, 1er juillet 1882.

E. B.
Ancien officier de cavalerie.

SOUVENIRS MILITAIRES

DU

GÉNÉRAL BARON J.-L. HULOT

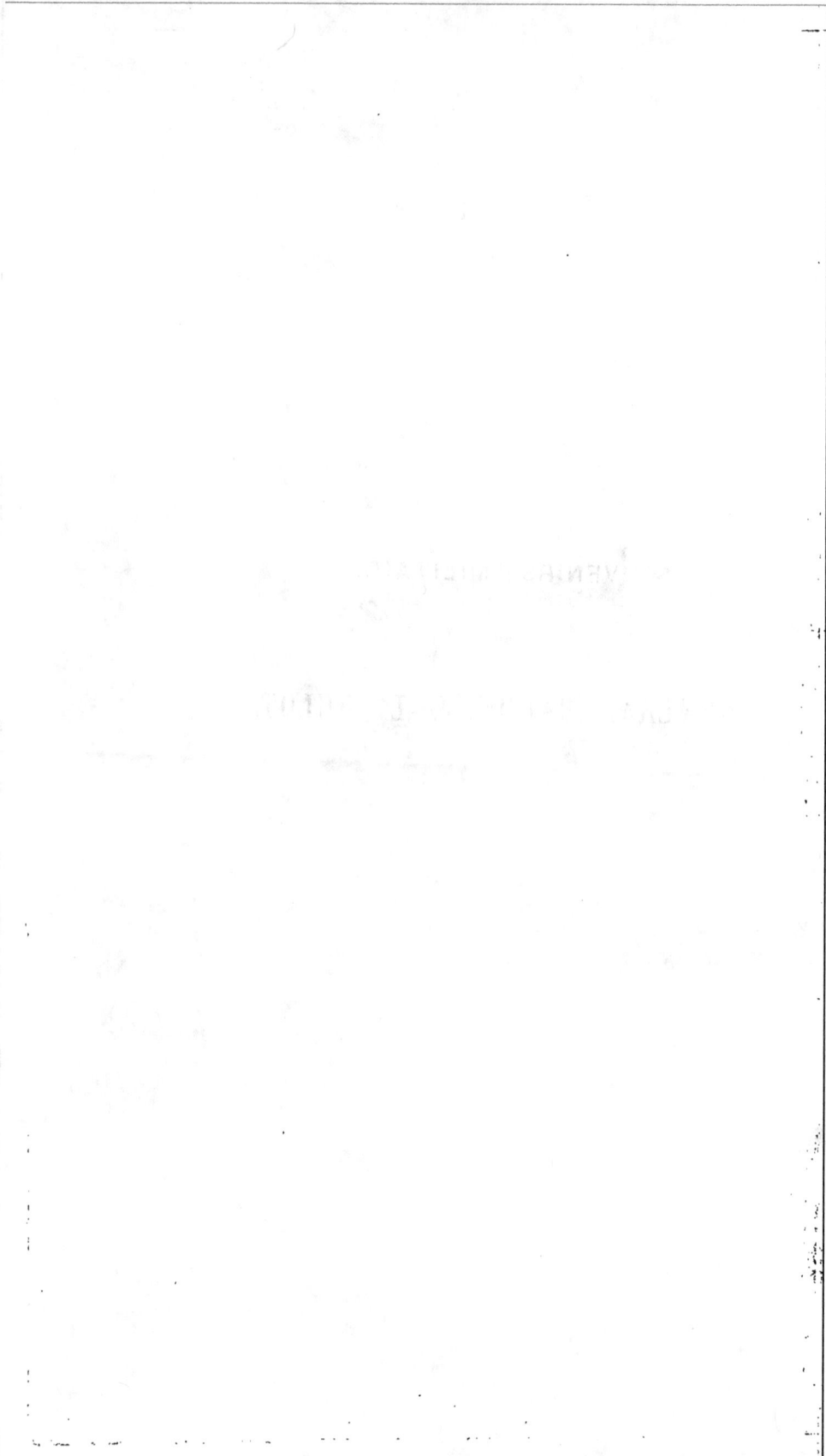

CHAPITRE PREMIER

ANNÉES D'ENFANCE. — ÉTUDES ÉLÉMENTAIRES, SECON-
DAIRES ET SPÉCIALES. — PREMIÈRES RÉQUISITIONS.

Après avoir payé mon tribut à la patrie et à la société, j'entre sans regret dans l'âge des souvenirs et des
méditations. Puisse l'état de ma santé, ébranlée par
les longs et durs travaux de ma carrière et par les orages des temps, ne pas me priver trop tôt[1], dans ma retraite, des restes de mémoire qui sont, avec le jugement et les lumières de l'esprit, les seules ressources
de l'hiver de la vie !

Je naquis le 22 avril 1773, à Charleville (Ardennes),
de parents respectables et qui jouissaient de l'estime
générale, mais dont la fortune était médiocre. A sa
mort, mon père occupait un des premiers postes de la

1. Les pressentiments du général Hulot au sujet de sa fin prochaine
ne le trompaient malheureusement pas : il a laissé sur l'artillerie et
sur l'histoire de France des manuscrits fort intéressants, auxquels il
n'eut pas le temps de mettre la dernière main.

magistrature municipale, celui de directeur (échevin) de Charleville. Mon père et ma mère, qui avaient de nombreuses charges de famille, me mirent en nourrice à la campagne, suivant l'usage du temps et du pays, et, à mon retour en ville, me confièrent à des personnes qui faisaient profession de garder et d'occuper les enfants en bas âge, durant la plus grande partie de la journée. Ai-je besoin de dire qu'on ne trouvait pas là les soins et les caresses de la famille, pas plus que chez les nourriciers du village?

A six ans, on me fit suivre les cours des écoles chrétiennes où la jeunesse de l'époque se dégrossissait et où nous retrouvions l'esprit et les saines traditions de la maison paternelle, bien que ces écoles ne fussent pas tenues alors comme elles le sont aujourd'hui[1]. J'avais à peine dix ans, quand on me mit en pleine pension au collège. C'était trop tôt : de toutes mes facultés, la mémoire seule était assez développée. J'apprenais sans les comprendre les rudiments de la grammaire à la suite desquels on me faisait faire des applications, me poussant toujours en avant, comme si je possédais bien ces principes.

Ce ne fut qu'en troisième, dans cette classe où l'imagination s'éveille, où l'esprit commence à s'affranchir des règles, que je pris goût à l'étude et obtins quelques succès. Toutefois, en dépit du premier rang que je parvins à conquérir, et dont je ne m'éloignai guère par la suite, du moins pour la récitation et pour la composition française, je restai toujours un médiocre humaniste. Cependant j'avais doublé une classe.

1. Le général Hulot commença son autobiographie en 1825.

A ce propos, qu'il me soit permis de glisser ici une réflexion. Je doute que les services publics ainsi que les arts et les sciences gagnent à ce que le gouvernement n'admette dans ses écoles que des élèves précoces. Je suis persuadé qu'en reculant de deux ans l'époque de l'admissibilité, les sujets seraient généralement moins énervés et beaucoup plus propres, sous les rapports physiques et intellectuels, à fournir les diverses carrières auxquelles ils se destinent.

A l'issue de ma rhétorique, j'avais dépassé ma seizième année. A cette époque (1790), nous étions sortis des exercices de mémoire et d'imagination. Nous devenions hommes ou plutôt nous croyions l'être, et quels hommes ? Des Grecs et des Romains ! Par une maladroite distribution de nos études, à peine connaissions-nous la France ! C'était en s'abreuvant aux sources étrangères et républicaines que se trempaient notre esprit et notre âme toujours en émigration sur les rives du Tibre et de l'Eurotas et ce fut au milieu de cette fréquentation des héros de la Grèce et de Rome que vinrent jusqu'au fond des Ardennes nous éblouir les éclairs précurseurs de l'orage révolutionnaire.

Ces premières étincelles n'eussent peut-être pas causé le rapide et vaste embrasement dont nous ressentons encore les effets lointains, si elles n'eussent trouvé dans la génération adulte de la nation, les aliments favorables qui devaient les exciter et les propager. Il est permis de se demander si les abus administratifs et la routine sociale n'ont pas été les causes premières et l'origine véritable de ces bouleversements dont on n'a pas su apprécier et arrêter les dangereux débuts. Les ravages causés dans notre société française n'eus-

sent-ils pas été évités ou atténués et la révolution pré-
venue, si on avait su donner aux princes de la maison
de France ainsi qu'à leurs sujets, une éducation et une
instruction plus nationales et moins routinières?

Notre atmosphère une fois embrasée, les éclairs de la
tempête pénètrent partout : dans les cités et les campagnes, dans les asiles les plus solitaires et les mieux
gardés et jusque dans l'enceinte de nos collèges. La
bannière de la première fédération promenée de Paris
dans tous les départements produisit dans le nôtre
l'effet d'un conducteur électrique. Déjà les meneurs,
dédaignant l'ombre et le mystère, s'agitaient ouverte-
ment, et s'efforçaient d'exalter les têtes de la multitude
et de gagner eux-mêmes les sommets de cette redoutable
Montagne, d'où, plus tard, furent précipités ces modernes
Icares [1].

---

1. Deux de ces Icares de province sortaient du même département
que le général Hulot. Tous deux, après avoir joué un rôle secondaire
dans le drame révolutionnaire furent, en effet, précipités du même
sommet, le Ministère de la Guerre ; mais ils ne furent pas, comme tant
d'autres, broyés dans leur chute. Ils purent mettre leur vie en sûreté
et trouvèrent un asile dans leur pays natal où ils se consacrèrent à
l'étude de la politique spéculative et de la philosophie.

C'étaient : Dubois de Crancé (natif de Charleville), l'inventeur de la
conscription et du service obligatoire, et le suisse Pache, maire de Paris
en 1793 et, comme Robespierre, surnommé l'Incorruptible... probablement par lui-même et par ses amis. Ce Pache, compatriote de Marat
et ami de Danton et de Robespierre, échappa au sort des Terroristes
en choisissant un moment opportun pour disparaître de la scène politique et se réfugier dans le bourg de Thin-le-Moustier, situé à quelques
kilomètres de Charleville. Il reparut un instant sur la scène politique
comme adepte de la faction de Babeuf qui rêvait le partage des terres
et des fortunes ; cette fois encore, il eut l'adresse de disparaître à
temps et d'échapper à la sentence de mort ou de proscription qui atteignit les babouvistes. Il vécut très vieux à Thin-le-Moustier où la tradition le représente comme ayant mené une existence solitaire et
morose , presque farouche , mais nullement incorruptible, car

Hélas ! Quelques jeunes téméraires de nos condiciples ont partagé ce rôle funeste et ce malheureux sort ! A cette époque, on épuisait sur la jeunesse des écoles tous les moyens de séduction, malgré les efforts et la résistance énergique mais impuissante des maîtres, des magistrats et des parents : congés multipliés, députations mutuelles de collèges voisins, invitations, ordres des clubs ; bientôt, tout devint prétexte à distraction, excitation, enivrement. Et, pour développer et accentuer la crise, on renvoya nos professeurs que, pour ma part, je regrettai sincèrement, surtout le digne et excellent abbé Cherpin.

Peu de temps après le changement de ceux-ci, ma mère m'envoya à Reims pour y commencer mes études supérieures : c'était en 1791. Cette première absence me coûta beaucoup, et la distance me parut bien longue. Déjà j'avais perdu mon père dont la mort fut pour moi le premier chagrin : le premier, mais non le moins cruel de mon existence. Ce fut l'occasion d'un deuil général pour ma ville natale et je ne doute pas

il consacra les liasses d'assignats gagnées dans ses quelques mois de ministère et de mairie de Paris, à acquérir les biens de l'ancien prieuré de Thin, réunis en dernier lieu au domaine de l'archevéché de Reims pour le grand séminaire. Or, au moment où il négocia cette intelligente opération, les assignats avaient perdu les trois quarts de leur valeur nominale, ce qui nous autorise à dire qu'il solda cette magnifique acquisition en monnaie de sans-culotte. Son prestige d'ancien ministre de la Terreur et d'ancien chef de la Commune parisienne rendit une valeur idéale à ce papier méprisé et discrédité. Pache écrivait beaucoup et prêchait aux paysans de son entourage les doctrines du jacobinisme. Il ne paraît pas toutefois qu'il ait cherché à y joindre des notions de patriotisme, car, en 1870, les *mobilisés* du canton de Signy-l'Abbaye rappelés par le gouvernement de la Défense nationale, s'empressèrent de quitter leurs foyers pour se rendre à

que les anciens de Charleville aient conservé le souvenir de cette triste date [1].

Je ne tardai pas à contracter à Reims la nostalgie
du pays : dans cette plate et monotone partie de la
Champagne, mon cerveau était hanté par les visions des
bois, des vallons et des prairies de mon enfance. Heureusement que les graves et arides études de la philosophie s'imposèrent peu à peu à mon esprit et finirent
par absorber mon temps et mes facultés. Tous les anciens
professeurs de l'Université de Reims avaient été également remplacés, et les illusions du plus ardent libéralisme envahissaient nos programmes philosophiques, si
favorables aux théories des idéologues. La logique et
la métaphysique auxquelles je me livrai tout entier

l'armée du Nord, excepté ceux de Thin qui restèrent chez eux.
Outre ces deux ministres de la guerre, le département des Ardennes
fournit deux généraux en chef aux armées de la République : le général Dumerbion, prédécesseur de Bonaparte dans le commandement
de l'armée d'Italie et le général René Moreaux, l'ami de Hoche et de
Jourdan, le commandant en chef de l'armée de la Moselle, dont le *Spec-
ateur militaire* a publié la biographie dans ses livraisons de Mai et
in 1852. 2ᵉ Série. Tome III.

1. Jean-Louis Hulot, sieur du Maipas, né le 19 septembre 1741, élu
directeur d'Arches et Charleville le 6 mai 1782, mourut âgé de moins
de quarante-trois ans, le 4 août 1784. Il avait épousé à Maubert-Fon-
taine, le 25 janvier 1866, Marie-Madeleine Morigny de Saint-Yves,
sœur de Jean-François, receveur des aides à Compiègne, et petite-
nièce de Pierre de Saint-Yves, peintre d'histoire, membre de l'Académie de peinture en 1708, et de Charles de Saint-Yves, célèbre laza-
riste qui s'adonna exclusivement au traitement des maladies des
yeux. (V. Lépine, *Histoire de Rocroi*, et Boulliot.)

Jean-Louis Hulot avait pour père, Louis Hulot, frère d'Antoine Simon, savant religieux bernardin de l'abbaye d'Elan, né en 1712, l'un
et l'autre fils de Jean Hulot, de Saint-Marcel-les-Clavy, qui vint rési-
der à Charleville en 1690; et il avait pour mère Alexisse Pétré, sœur
de Charles Pétré, directeur de Charleville (1722-1790), et ascendant
des familles Tisseron, Regnault, de Taurines, Hubert, Bouchon-Gar-
nier et Tirman.

éblouirent et troublèrent bientôt ma raison, au lieu de
l'éclairer et de la développer en l'exerçant. Je m'égarai
dans un fatras de syllogismes, dans un abîme d'abstrac-
tions.

Privé de guide dans ce dédale d'études subtiles,
je ne trouvai sur ma route qu'embarras et doute;
non ce doute, commencement de la sagesse, lueur
de la vérité; mais un sec et pénible scepticisme, qui
vous laisse flottant, sans phare ni boussole, au milieu des ténèbres. Toujours discutant et ergotant, je
m'empêtrais de plus en plus dans une forêt d'épineux
sophismes. Un épais brouillard envahissait mon intelligence et obscurcissait jusqu'aux consolantes notions de la religion de mes ancêtres. Je m'épuisais
dans la vaine poursuite d'une vérité idéale et fugitive.
Dans cette confusion de systèmes trompeurs, dans cette
gymnastique continuelle de l'esprit, j'aurais fini par
perdre la raison, si le temps des vacances ne m'avait
rendu à ma mère et à mes traditions de famille. Toutefois, il est juste de noter ici que ces agitations et ces
luttes de l'Université avaient eu l'avantage de détourner notre pensée des luttes et des troubles politiques
du dehors.

Le spectacle de la douleur et des appréhensions de ma
mère me rappela aux réalités de la situation, et je pris
sincèrement ma part de son chagrin et de ses angoisses.
Il me fallut la quitter trop tôt pour retourner à Reims
où je consacrai l'année 1792 à l'étude de la morale.
Cette section de la philosophie qu'on intitulait la doc-
trine des mœurs, qui devait être la science de la conduite de notre vie et de nos actions et qui devait purger

notre raison des erreurs de l'imagination et des sens, se transforma tout à coup pour nous en une science toute d'actualité : l'étude de l'*Ordre du jour* et de la *Déclaration des droits de l'homme et du citoyen*, telle qu'elle était décrétée par l'Assemblée nationale et telle que notre professeur la délayait et la commentait, sous les auspices de la *Patrie* et de la *Liberté*, dont les noms s'étalaient pompeusement sur nos textes et sur nos cahiers. Ces grands mots flattaient notre imagination tournée vers l'antique et notre esprit philosophique. La *Souveraineté du peuple*, dont nous allions devenir partie intégrante, nous faisait regretter de n'être pas majeurs, tandis que notre inexpérience nous cachait les défauts de ces brillantes théories. A cette époque, du reste, je commençais à soupçonner déjà le vide de ces doctrines plus séduisantes que sincères, à travers les conversations sensées auxquelles je prenais part dans une maison rémoise dont les hôtes avaient bien voulu se souvenir en ma faveur des relations qu'ils avaient entretenues jadis avec ma famille.

Sur ces entrefaites, j'avais quitté l'Université, mais j'étais resté à Reims pour y commencer mon cours de mathémathiques et de dessin. Aux premières vacances de ce cours, je me préparais à aller jouir de mon congé à Charleville, lorsque le canon recommença à retentir sur nos collines. A ce bruit nouveau pour mes oreilles, mais avec lequel j'eus si souvent, depuis, l'occasion de me familiariser, une réquisition m'envoya avec trois ou quatre cents de mes compatriotes à la défense de Philippeville, cette vedette de la République, que l'ennemi menaçait et qui se trouvait prise au dépourvu.

En route, une alerte nous arrêta court dans le bois

qui sépare Mariembourg de Philippeville et, tant bien
que mal, nous nous mîmes en bataille, assez embarrassés, pour la plupart, de charger des armes qu'on
nous avait livrées sans prendre la précaution de nous
en enseigner le maniement. Mais, plus heureux que
nos voisins les Sedanais, qui, aussi inexpérimentés que
nous, perdirent sur un autre point, dans la direction
de Bouillon, une centaine des leurs, nous parvînmes
sains et saufs à notre destination. C'est là que, sans en
avoir conscience, je fis mes premières armes, que pour
la première fois j'assistai à des escarmouches et fis
connaissance avec les gardes, les factions, les bivouacs,
le pain de munition, la paille de couchage et les mystères de l'exercice. Nous ne nous fîmes pas prier, du
reste, pour rejoindre nos foyers, quand des bataillons
mieux organisés vinrent nous relever à Philippeville.

Ma mère nous attendait avec impatience, car elle n'a-
vait conservé auprès d'elle que ma sœur et mon plus
jeune frère, les trois aînés faisant partie du détachement de guerre. Au retour de cette mémorable campagne, nous trouvâmes à Charleville un bataillon des
environs de Paris qui, peu de jours après, signala sa
présence dans nos murs par le meurtre du commandant de la manufacture d'armes [1]. Ce crime fut consommé avec tant de précipitation que les habitants n'en
eurent connaissance que lorsqu'il était trop tard pour
le conjurer; toutefois, la consternation et l'indignation

---

1. Cet établissement, distrait de sa destination première, peut se
voir encore aujourd'hui à Charleville, dans la rue de Flandres. Le commandant de la manufacture d'armes était le lieutenant-colonel d'artillerie Juchereau. On trouvera la relation détaillée de ce sinistre épisode
à la date du 4 septembre dans l'*Histoire de Charleville*, du professeur
Jean Hubert (Paris, Dumoulin, 1854).

profonde de la population troublèrent les auteurs de ce
forfait, qui prirent le premier prétexte venu pour nous
expédier en détachement vers Sedan. Bientôt, cependant, ces misérables reçurent leur feuille de route pour
Rethel et l'on nous rappela dans nos foyers attristés
par leur séjour. Quant à moi, navré de pareils spectacles et dégoûté de ces prises d'armes forcées, je résolus
avec un de mes amis de chercher un refuge et un emploi à l'armée.

Nous la joignîmes à Grandpré où elle était aux prises
avec les Prussiens dont les bataillons débordaient en
Champagne. Après quelques affaires plus ou moins
sanglantes dont nous fûmes témoins, nous suivîmes
une division qui se dirigeait vers Vouziers, tandis que le
gros de notre armée rétrogradait sur Sainte-Menehould.

A Vouziers, je vis le combat dans lequel fut tué le prince
de Ligne [1] et à la suite duquel nous regagnâmes le
quartier général au camp de la Lune, après avoir successivement campé à Rethel, Reims, Châlons et Fresne.

Au bivouac de Châlons, établi près l'allée des Mari-
niers, sur les bords de la Marne, j'étais étendu dans ma
tente, rêvant de mon pays et de ma famille et méditant
sur les tristes débuts de ma carrière, lorsque des clameurs et des vociférations parties du sein de la ville me
rappelèrent au triste sentiment de la réalité. Hélas!
c'était encore un signal d'émeute, encore des cris de
mort! Les camps français n'étaient donc pas eux-mêmes à

---

1. Charles, fils aîné du héros de la guerre de Sept ans, l'illustre
feld-maréchal prince de Ligne. Le texte des souvenirs du général
Hulot semble indiquer qu'il appartenait alors lui-même au corps du
général Chazot qui enleva à la baïonnette les retranchements du défilé
de la Croix-au-Bois, occupés par le prince de Ligne et qui fut refoulé
deux heures après par les Autrichiens de Clerfayt.

l'abri de ces scènes sanglantes? Il est vrai que les armées
proprement dites ne se sont jamais déshonorées par des
crimes de ce genre. Il s'agissait toujours de ces bataillons mobiles, ou plutôt de ces hordes de bandits, l'écume
de Paris et de ses environs qui avaient vomi leurs flots
indisciplinés sur la ville de Châlons où ils venaient d'as-
sassiner le lieutenant-colonel du régiment de Vexin[1]. Ce
régiment appartenait à notre division toute composée
d'excellents corps anciens et nouveaux. Pour arracher
le plus tôt possible ses soldats au contact de ces brigands,
notre général nous fit lever le camp au milieu de la
nuit, dans le plus grand silence. Mais quelques retar-
dataires ayant mis imprudemment le feu à leur paille
de campement, le camp de Saint-Michel qui renfermait
quinze à vingt-mille de ces fédérés, se croit attaqué et
perdu. Il court aux armes en criant à la trahison et,
dans le plus grand désordre, se répand à notre suite, à
travers la campagne. C'est ainsi que Châlons fut débar-
rassé de leur présence, et bientôt les généraux Kellermann
et Dumouriez tirèrent parti de ces bandes, en les puri-
fiant au feu de l'ennemi. Ils les purgèrent, en leur tirant
du sang, suivant l'énergique expression de Duguesclin[2].

1. Il se nommait Imonnier. On trouve, page 425 de l'*Histoire de
Châlons-sur-Marne* par L. Barbat, le récit de ce tragique événement,
arrivé le 21 septembre 1792.

2. Le témoignage du général Hulot, dans cette question qui a gardé
le privilège de passionner une certaine classe d'écrivains français, ne
saurait être, croyons-nous, suspecté par personne, et, pour tout lecteur
impartial, ce témoignage ajoute à son cachet de véracité, le mérite de
la vraisemblance. D'un trait de plume, cet officier renverse l'échafau-
dage des arguments de tous les historiens particularistes qui, sous
prétexte de faire de l'histoire nationale, fouillent incessamment les
archives pour en extraire des théories anti-monarchiques ou anti-ré-
publicaines, suivant les besoins de la thèse qui sert d'évangile à leur
congrégation.

Arrivés sur les hauteurs de Valmy et de la Lune, les privations de toute espèce, les maladies et surtout la dyssenterie minèrent nos armées comme celle de l'ennemi. Celui-ci, après la canonnade du 20 septembre 1792 et, sans doute, par suite du désaccord qui est le dissolvant habituel des coalitions, dessina son mouvement de retraite : les Prussiens, par Verdun où Kellermann les suivit, et le corps des émigrés vers le Chesne, poursuivi par Dumouriez avec lequel nous marchions.

J'étais tellement affaibli que je serais resté enterré dans les boues de l'Argonne, si je n'avais trouvé, avec

D'après les uns, tout ce que les armées de la Révolution renfermaient de bons éléments, venait de l'ancien régime ; leurs succès doivent être attribués exclusivement aux soldats et aux généraux de Louis XVI : pour eux, les volontaires ne faisaient qu'un avec les fédérés ; ils n'ont été, pour Dumouriez, Jourdan et Kellermann, qu'une source d'embarras et de complications, et ils n'ont porté à la frontière que des brandons de discorde et des semences de trahison.

D'après les autres, la France fut exclusivement sauvée à cette date critique, par les fédérés parisiens et marseillais, par des soldats de vingt-quatre heures et des généraux nommés à l'élection, et ces éléments improvisés ont seuls fait reculer l'invasion et sauvé le pays.

Avec le général Hulot, qui a vécu au milieu des volontaires et des fédérés, nous rentrons dans une appréciation saine et modérée de cette période confuse et nous pouvons appliquer à son jugement le bénéfice de l'axiome : *in medio veritas*. Il nous montre qu'il ne faut pas confondre *volontaire* avec *fédéré*, et qu'il y a lieu, en outre, d'établir une distinction entre les fédérés-bandits de la première heure, et les fédérés régénérés par Dumouriez et Kellermann.

Le texte des souvenirs du général Hulot nous aide également à trancher la question non moins controversée des états-majors de la première République, et il nous indique que les éléments supérieurs des armées-frontières étaient aussi peu homogènes que les effectifs de la troupe. On verra plus loin, par les portraits à la plume que le général Hulot nous trace de ses premiers chefs et de ses premiers camarades de régiment, que l'on retrouvait du haut en bas de l'échelle hiérarchique, l'éclectisme bizarre signalé par l'histoire dans la galerie des généraux de cette période. A côté des Biron, des Dampierre et des Rochambeau, on vit en effet surgir des officiers engagés d'hier, et promus par un vote de leurs camarades : Brune, Suchet, Augereau,

mon ami Jacquemart, une charrette qui nous ramena
dans notre ville natale. Là, je dis adieu à l'armée pour
quelque temps et je rompis pour toujours avec mon administration, car je ne me sentais aucune espèce de vocation

Colbert, Gérard, Joubert l'étudiant en droit, Lannes le teinturier de
Lectoure, Reynier l'ingénieur des ponts et chaussées, et tant d'autres
que l'invasion arracha à leurs foyers, ou qui saisirent dans l'abolition
des privilèges l'occasion de se créer une carrière sur les champs de
bataille.

Entre ces deux catégories, se place celle des anciens soldats et bas-
officiers de l'armée royale qui n'auraient jamais franchi la barrière
sans les événements de 89. Ces éléments composaient un bon tiers
des volontaires; ils apportèrent dans les armées de la Révolution l'esprit militaire, les sentiments d'honneur et de discipline qui triomphèrent de l'insubordination et de l'immoralité des fédérés: Ney, sous-
officier de colonel-général et fils d'un vétéran de Rosbach ; Soult,
simple caporal en 89, après cinq années de service; Masséna et René
Moreaux qui, à cette date, étaient retournés en congé dans leurs foyers;
Jourdan, camarade de Moreaux au régiment d'Auxerrois, pendant la
guerre d'Amérique; Hoche, sous-officier aux gardes-françaises d'où
sortaient également Hulin et Lefebvre, le futur brigadier de Menou,
en Egypte.

Sont-ce là des généraux formés dans l'armée royale, ou doit-on les
classer parmi les produits de la Révolution? Qu'importe à ceux qui,
à l'exemple du général Hulot, étudient l'histoire au point de vue purement patriotique ? Ils ne tiennent pas à découvrir dans quelle proportion mathématique le génie de Carnot, la volonté implacable des
membres de la Convention, la haine de l'étranger et l'indignation
causée par l'insolent factum du prussien Brunswick, enfin, le désir de
se soustraire au spectacle de nos discordes civiles, ont envoyé de
bataillons à la frontière. Il leur suffit de constater que l'improvisation
de ces bataillons n'est pas une légende, que l'amalgame des éléments
disparates dont ils étaient composés a acquis, peu à peu, une cohésion
suffisante pour opposer une digue efficace à l'envahisseur, et que la
France a dû à ces soldats et à ces officiers de toutes provenances, d'entrer pour quelques années en possession de ses frontières naturelles.

Tel est l'enseignement qui se dégage des souvenirs que nous livrons
à la publicité : on y retrouve partout cet esprit de tact, de modération et de désintéressement patriotique qui a fait la réputation des
Mémoires de Lecourbe, de Pelet, de Rapp, du général Foy, de Fervel
et de quelques autres contemporains du baron Hulot; esprit salutaire
et national qui contraste avec la partialité systématique des publica-
tions du même genre accumulées depuis la dernière guerre. Pour n'en

pour cette sorte de service [1]. En revanche, j'en avais une très prononcée pour l'étude des mathématiques dans laquelle il me tardait de me replonger et de me perfectionner.

A peine rétabli, je retournai à Reims et rentrai aussitôt dans mon humble et laborieuse cellule où je me remis à l'étude avec plus d'ardeur que jamais, dans la compagnie d'un ami et compatriote, M. Maucomble, aujourd'hui général [2]. L'hiver comme l'été, nous nous levions à trois heures pour prendre l'ardoise ou le crayon et nous ne les quittions jamais avant dix heures du soir. Nous ne nous permettions ni congés ni distractions, pas même au sein de l'aimable famille de mes anciens correspondants que je ne visitais plus que de loin en loin ; aussi nos progrès répondaient-ils à notre

citer qu'un seul exemple, combien, parmi les nombreux écrivains de cette désastreuse campagne de 1870, s'en trouve-t-il qui aient accordé un égal tribut d'éloges au dévouement des zouaves pontificaux du général de Sonis, à Patay, à la belle conduite de la garde impériale à Gravelotte et à l'énergique attitude des mobiles de Crémer, à Nuits et à Chênebier ?

Les amateurs de détails épisodiques sur les volontaires de 92, trouveront deux pièces fort intéressantes sur ce sujet dans un ouvrage de M. Hubert Colin, intitulé : *Biographies et chroniques populaires du département des Ardennes.* (A Vouziers, chez Auguste Lapie. — 1859--60.)

1. La correspondance du général Hulot ne contient aucun passage qui ait pu nous indiquer la nature de l'emploi qu'il occupait à l'armée de Dumouriez. Etait-il attaché comme secrétaire au bureau d'un général ou d'un commissaire aux armées, ou bien suivait-il l'armée comme employé d'un service administratif ? C'est ce qu'il nous a été impossible de découvrir.

2. Maucomble (le chevalier), élève du génie militaire, passe dans la cavalerie; chef d'escadrons en 1801, aux Antilles, colonel en 1810, général de brigade en 1813; fils d'un chevalier de Saint-Louis, officier au régiment de Royal-Lorraine cavalerie. (Barbot de la Trésorière, *Annales*, p. 53).

travail et nous avions l'espoir fondé d'obtenir les premiers prix au prochain concours. Mais, hélas ! nous comptions sans les orages du temps et le calme dont nous jouissions ne pouvait durer bien longtemps. De sinistres édits nous avertirent bientôt qu'il était temps de partir, si nous voulions échapper à une nouvelle réquisition. Il fallut, bon gré mal gré, abandonner nos fructueuses et attrayantes études, en même temps que nos rêves de succès et de couronnes, il fallut prendre congé de nos savants et dignes professeurs, au premier rang desquels mes souvenirs placent l'excellent M. Lallemant [1] et nous regagnâmes à la hâte nos bois et nos coteaux ; nous faisions ainsi l'application d'un proverbe vulgaire : la crainte de la pluie nous poussait dans la rivière. A peine arrivé sur nos frontières, j'y retrouvai mon mousquet et ma giberne, et l'on me remit en route, le jour même du mariage de ma sœur.

Me voilà donc encore une fois volontaire malgré moi, et dirigé par des officiers d'occasion, avec trois cents de mes compatriotes aussi exercés que moi et d'aussi bonne volonté, sur la ligne défensive établie entre Cari-

---

1. Lallemant (Nicolas), naquit à Renwez, près Charleville, le 26 avril 1739. Il succéda en 1764 à l'abbé Jurain, dans la chaire de mathématiques transcendantes au collège de Reims, chaire fondée par Lévesque de Pouilly et à laquelle l'Académie des sciences nommait, après un concours ; il occupa ce poste pendant 32 ans. Il fut examinateur pour l'admission dans le génie, l'artillerie et les ponts et chaussées ; fit partie de la Société d'agriculture, sciences et arts de Châlons-sur-Marne ; enfin devint doyen d'âge et de professorat dans le corps enseignant. Il envoya plusieurs mémoires sur différentes branches des mathématiques à l'Académie des sciences et cette savante compagnie avait résolu de les publier, mais la Révolution empêcha l'exécution de ce projet. L'abbé Lallemant mourut à Paris le 11 octobre 1829, à 90 ans. (Biographie ardennaise de l'abbé Boulliot et Biographie générale des champenois célèbres de Letillois).

gnan et Montmédy. Nous y prîmes nos cantonnements.
Depuis plus de six semaines, j'y rongeais mon frein,
regrettant un temps précieux inutilement perdu, car,
dans cette situation nous n'étions bons à rien, lorsque
la Providence vint à mon secours et fit naître l'occasion
après laquelle je soupirais et sur laquelle je ne comptais
plus.

Un jour que j'étais placé en faction sur le pont du
village de Linay, j'arrête, suivant ma consigne, un
jeune voyageur en uniforme militaire et lui demande son
passeport. Nous avions à peine échangé une phrase que
nous nous reconnaissions : c'était un de mes condisciples de Reims, volontaire comme moi, mais qui se trouvait détaché sur un autre point de la frontière. Il allait,
profitant d'un ordre qui venait de paraître et qui n'était
pas parvenu à notre connaissance, subir son examen
de mathématiques pour entrer, s'il était jugé admissi-
ble, à l'école d'un corps spécial. Je n'eus pas de peine à
le déterminer à attendre la descente de la garde pour
m'accompagner, muni de l'ordre qui avait motivé sa
mise en route, chez mon commandant qui m'autorisa
à profiter du même ordre pour aller subir l'examen. Je
partis donc, plein de joie et d'espérance pour le quartier
de l'état-major général où l'on avait établi un jury provisoire d'examen. J'y fus trouvé capable et l'on me déli-
vra avec mon certificat d'aptitude, la permission d'aller
me présenter à l'Ecole d'artillerie, qui était l'arme pour
laquelle j'avais opté.

Parvenu au comble de mes vœux, je pris sur-le-champ
la route des Ardennes, pour donner à ma mère et à
toute ma famille le baiser d'espérance, et le lendemain,
je m'acheminai sur Châlons où, sans me donner le temps

de repasser mes auteurs, je demandai à subir immédiatement mon examen, en exhibant le certificat que je
rapportais de l'armée. Je le subissais en tremblant, cet
interrogatoire[1] qui devait décider du sort de ma vie, et
quand il fut terminé, j'étais inquiet et mécontent de moi.

Néanmoins, peu de temps après, je reçus à Charleville
un pli ministériel qui m'annonçait que, par ordonnance du 19 mars 1794, j'étais admis en qualité d'élève
sous-lieutenant dans le corps d'artillerie à l'Ecole de
Châlons-sur-Marne, où j'avais le 22e rang de la promotion, forte de 70 élèves[2]. On peut juger de la joie immense que produisit cette lettre au sein de ma famille.
Je remerciai le ciel et me jetai dans les bras de ma
mère. Enfin! à l'âge de 21 ans, j'avais un état honorable, digne de mes efforts et des vœux de ma famille.
Mon éducation était terminée et j'allais être jeté dans
les hasards du monde, abandonné à moi-même après
quelques mois d'un stage d'études militaires.

1. Dans les notes laissées par le général Hulot, on voit que cet
examen roulait principalement sur les matières contenues dans le
cours de Bossut : le dessin y tenait en outre une place importante.

2. Sur l'Ecole d'artillerie de Châlons-sur-Marne, on peut consulter la
brochure imprimée à Vitry-le-François, en 1877, sous le titre : *Pages
d'histoire sur le département de la Marne et pays limitrophes* (1778-
1814), par Arthur Benoit.

CHAPITRE II

En mars 1794, j'entrai à l'École d'artillerie de Châlons-sur-Marne. La promotion se composait d'une
soixantaine d'élèves sous-lieutenants, parmi lesquels
une douzaine qui avait déjà servi fut immédiatement
dirigée sur les corps. Mes épaulettes et mon uniforme
me flattaient beaucoup, mais je sentais les obligations
qu'ils m'imposaient et j'appréciais mon insuffisance;
c'est pourquoi je redoublai d'efforts pour acquérir les
connaissances qui me manquaient. Entre les cours
journaliers de mathématiques, de fortification, de dessin, d'escrime, les manœuvres et exercices pratiques, je prenais chaque jour, à mes frais, des leçons
particulières. Aussi n'étais-je distrait ni par la politique, quoique nous fussions au fort de l'orage révolu-

tionnaire, ni par les jeux et les plaisirs auxquels se
vouaient bon nombre de nos camarades qui semblaient
se faire un mérite de leur peu d'application.

Néanmoins, la plus parfaite union régnait entre
nous, et, pour mon compte, je me liai particulièrement avec les trois élèves qui me convenaient le plus.
Tous quatre, dans nos moments de loisirs, nous parcourions les environs, et, mêlant l'utile à l'agréable,
nous consacrions nos promenades à faire des levers
de terrains, des plans d'attaque et de défense, à dessi-
ner des études d'arbres et des paysages, et, dans ces
excursions, la campagne nous apparaissait plus riante,
la végétation plus riche et le temps trop court pour nos
occupations.

Un soir, en rentrant pour l'appel, le colonel nous
demanda si nos bottes étaient graissées et si nos porte-
manteaux étaient préparés. Il venait déjà de recevoir
l'ordre d'envoyer des élèves à l'armée. Tous ambi-
tionnaient de voir leur nom sur la liste de départ,
mais il n'en fallait que vingt-quatre et je fus flatté
de compter moi-même parmi les élus; j'eus en même
temps la satisfaction de voir mes trois camarades intimes figurer sur la même liste.

Je ne veux pas sortir de cette école qui, en dehors
de la rigueur des temps, m'a laissé des regrets sincères,
sans noter le souvenir de quelques-unes des circonstances qui m'ont le plus frappé dans cette courte station de mon existence. Quoique les misérables fédérés
que j'avais entrevus à Châlons, deux années auparavant, fussent bien loin de là pour le moment, cette
ville partageait le sort de toute la France, et souffrait

encore beaucoup de la tourmente politique. Le baromètre des clubs marquait toujours tempête et si l'on y ménageait le personnel de l'école, c'est que notre titre de futurs défenseurs du pays nous rendait inviolables. Toutefois, ils réussirent à faire destituer plusieurs de nos camarades appartenant à l'aristocratie, mais cette mesure fut heureusement rapportée à la mort de Robespierre.

L'un des membres de l'état-major de l'école réussit, en faisant parade d'un civisme exagéré, à échapper à la proscription, malgré le vice originel de sa naissance. Dans ses belles protestations, type des héroïques platitudes de l'époque, il alla jusqu'à se faire, *proprio motu*, notre organe et notre porte-voix en sacrifiant à sa tranquillité personnelle notre appétit beaucoup plus vigoureux que notre républicanisme. Dans un discours pompeux, il déclara sérieusement à la Société populaire, que les élèves d'artillerie, pleins de sollicitude pour leurs frères, les sans-culottes nécessiteux, leur offraient la moitié de leur ration de pain. Cette étrange générosité répugnait, je le répète, autant à notre esprit qu'à notre estomac; aussi, fûmes-nous extraordinairement vexés, quand nous l'apprîmes, et d'autant plus que la ration entière nous suffisait à peine en ces jours de disette où l'on ne trouvait pas de pain à acheter.

Malgré la violence de la crise et les clameurs des clubs, ou plutôt à cause de ces clameurs, nous n'étions nullement à la hauteur de la situation et notre attitude, sous tous les rapports, jurait avec celle de la population. Elle occasionna même d'assez fréquents duels qui eussent été plus nombreux encore si l'on n'eût

eu la prudence de nous consigner au quartier. Dans
ces occasions, il n'y avait aucun reproche à nous faire,
au sujet d'une susceptibilité martiale qui était fondée,
mais il n'en était pas de même pour les combats particuliers entre camarades, qui avaient trop souvent lieu
pour des bagatelles, pour des riens, et la vie de ces jeunes gens, l'espérance et la joie de tant d'honnêtes familles, fut bien des fois compromise, même entre amis
intimes, pour des enfantillages.

Suivant un ridicule et dangereux usage, renouvelé
sans doute des beaux jours du don Quichottisme, un
tribunal dont les membres choisis dans nos rangs
étaient présidés, sous le nom de *Chef de calotte*, par
le plus ancien de la promotion (ce n'était pas toujours le plus sage), appelait de toutes les affaires où le
prétendu honneur du corps pouvait être compromis.
Je n'ai jamais comparu devant ce chatouilleux tribunal, ni siégé parmi ses membres, mais j'ai remarqué que les sentences irrévocables de cette très-
respectable et très-susceptible inquisition, étaient presque toujours dictées par la fantaisie et l'inexpérience
et j'en ai conclu qu'il était fort imprudent, à cet âge,
de se laisser juger par ses pairs.

Dans les derniers jours de septembre 1794, je quittai
l'École de Châlons avec vingt-trois de mes camarades,
après avoir embrassé ceux qui y restaient, à leur grand
regret. Pour nos débuts, nous étions appelés à concourir au siège de Maëstricht, avec notre grade de sous-
lieutenant, et l'on nous employa d'abord au rassemble-
ment du matériel d'artillerie. En conséquence, dès
notre arrivée à Reims, on nous divisa en deux brigades

dont l'une fut dirigée sur Maubeuge et l'autre sur Givet. Le sort me désigna pour cette dernière avec mes trois amis que j'eus le plaisir de présenter à ma mère, en passant à Charleville.

Au bout de quelques jours je partis, moi sixième, de Givet pour Namur, où arrivait, par la Meuse et la Sambre, le matériel de siège, au fur et à mesure qu'il était expédié des points d'embarquement. De là, il filait sur Maëstricht où bientôt mes trois camarades de prédilection et moi, nous nous rendîmes, ayant changé de destination avec d'autres pour ne pas être séparés.

Cette place était déjà cernée par nos troupes. Le général Bonnard qui commandait l'artillerie de l'attaque du faubourg de Wich, sur la rive droite de la Meuse, nous attacha à son état-major et nous fit loger chez lui, au château de Lumel, à une lieue de Maëstricht.

Jour et nuit nous étions sur pied, tant pour suivre les travaux du parc et ceux de construction des gabions et saucissons, que pour accompagner le général dans ses reconnaissances, ou pour nous occuper avec lui sur la carte et les plans dont nous faisions aussi des copies.

Une grande partie du matériel étant prêt, on fixa la date de l'ouverture de la tranchée, à la nuit du 23 au 24 octobre. Cette nuit arrivée, nous assistâmes au défilé silencieux des nombreux travailleurs chargés chacun de leurs armes, de leur outil et d'une fascine, puis nous vînmes souper avec le général Bernadotte, commandant en chef de notre attaque.

Il était minuit quand on se sépara en se félicitant de n'avoir entendu retentir aucun coup de canon : ce silence

était éloquent pour nous, puisqu'il accusait la fausse
sécurité de la place, le progrès des travaux et la conservation de nos soldats. Le jour seul, en éclairant ces travaux, attira le feu de l'ennemi qui s'ouvrit aussitôt et
se poursuivit avec furie jusqu'à la fin du siège. Déjà je
suivais le général d'artillerie et le commandant du
génie dans la tranchée, que nous parcourions le dos
courbé, pour choisir, déterminer et masquer l'emplacement des premières batteries. Après cette opération
délicate vint le travail plus dangereux du tracé et de
la construction des batteries. Le soir arrivé, à la tête
d'un détachement d'artillerie, que nous laissâmes dans
la tranchée, je m'avançai au delà avec les officiers que
je secondais, et, à découvert, sous le feu de la place,
nous traçâmes la fameuse batterie de la Convention,
dont la construction fut immédiatement commencée
par tous les canonniers du détachement. L'étendue
et la puissance de cette batterie lui attirèrent une grêle
de bombes, d'obus et de boulets de la place assiégée.
C'est là que j'eus l'occasion de remarquer qu'il était
aussi dangereux que nuisible pour le service, de réunir
autant de bouches à feu dans la même batterie et d'y
placer des mortiers avec des canons.

Le lendemain, dans l'après-midi, lorsqu'avec un de
mes collègues, je faisais établir les plates-formes de
cette batterie, dont le coffre ou parapet n'était encore
qu'à demi-hauteur, un boulet de gros calibre vint rico-
cher sur ce coffre et nous aveugler de la poussière de
son sillon : « Encore un brutal de passé », s'écriaient
gaiement nos canonniers dans cette obscurité. Hélas!
nous ne soupçonnions pas combien le passage de ce
projectile nous coûtait cher ! Quand la poussière se fut

dissipée, nous aperçûmes mon ami et deux canonniers étendus sur les travaux, baignés dans leur sang et tous trois frappés mortellement. Ce boulet ayant rencontré des pierres sur le parapet les avait transformées en une funeste mitraille, accident trop fréquent et trop peu évité, quoiqu'il soit évitable, sinon devant les places, du moins sur leurs remparts et ouvrages passagers, quand on en construit ou répare les parapets. Mon général, aussitôt informé de ce triste accident, m'envoya l'ordre de faire transporter et d'accompagner Salle, de Pont-à-Mousson (c'était le nom et le pays de mon malheureux camarade), à son quartier où il expira quelques heures après, dans les douleurs du trépan.

Je ne discontinuais pas mes fonctions d'adjoint du général Bonnard, combinées avec celles d'officier de troupe et de parc, et ces doubles fonctions ajoutées à nos travaux d'instruction nous astreignaient à un service des plus actifs qui ne parvenait pas cependant à me distraire de la perte cruelle que je venais de faire. Bientôt nos batteries de la première parallèle purent répondre à celles de la place avec d'autant plus de succès que la principale, celle de la Convention, tirait à boulets rouges.

Maëstricht était en feu et la garnison cherchait en vain à arrêter les ravages de l'incendie et à faire taire notre artillerie. Le 4 novembre, la seconde parallèle était commencée et j'y faisais les mêmes reconnaissances que dans la première, quand la place se rendit après cinq jours de feu et onze jours de tranchée ouverte.

Nous assistâmes au défilé de la garnison qu'on désarma sur les glacis et nous vîmes passer cette file de chariots qui, sous leur toile discrète et respectée par la générosité bien juste de nos généraux et de nos soldats, dérobaient un grand nombre d'émigrés français aux regards soupçonneux et à la vengeance de nos représentants. L'évacuation terminée, je fus logé en ville chez un officier d'artillerie hollandais qu'un de nos boulets avait blessé et fait amputer d'un membre. Cet étranger était, comme Salle, le meilleur et le plus aimable des hommes. Il ne me reprocha pas plus sa blessure que je ne lui reprochai la mort de mon ami, mais quelles tristes réflexions ne me suggéra pas ce rapprochement!

Les rapports rendus sur la conduite des élèves d'artillerie durant ce siège, furent si avantageux que le Comité de Salut public, par ordonnance du 13 novembre 1794, nous accorda le grade de seconds-lieutenants.

Après la reddition de Maëstricht, je fus envoyé en mission sur les bords du Rhin, où déjà une multitude de soldats succombaient au froid excessif de ce funeste hiver; ensuite avec mes deux derniers camarades de prédilection, nous prîmes nos cantonnements à Juliers, petite place sur la Roër.

Les travaux du siège, exécutés par de mauvais temps, dépassèrent nos forces; ils nous épuisèrent à ce point que mes deux amis tombèrent malades à la fois et suivirent de bien près leur camarade Salle, au tombeau. C'étaient Beaussier, d'Angers et Thoury, de Châlons-sur-Marne. De sorte qu'en moins de trois mois, après notre sortie de l'école, j'avais perdu mes trois camarades intimes, ceux que je venais de présenter à ma mère et qui, à plusieurs reprises avaient, ainsi que moi, fait changer leur destination pour éviter une séparation. Je survivais seul, mais je n'aurais pas tardé à les rejoindre, sans la prévoyante sollicitude du général en chef d'artillerie qui m'appela à Aix-la-Chapelle : la salubrité de ce nouveau séjour et l'agréable rencontre que j'y fis de quelques autres compagnons d'école, me rattachèrent à la vie, en retardant l'explosion de la maladie dont je portais aussi le germe.

Bien des années après le siège de Maëstricht, j'ai été fort surpris de lire dans un ouvrage militaire dont le titre promettait des relations historiques et par conséquent impartiales[1], qu'à l'armée de Sambre-et-Meuse, un représentant du peuple, contrarié des retards apportés aux opérations par l'artillerie, avait couru en personne à nos arsenaux et fait expédier lui-même le matériel si impatiemment attendu. Ainsi, pour flatter

---

1. *Victoires et Conquêtes*, tome II, chap. VIII.

« ... Des 200 bouches à feu demandées par le général Marescot, onze seulement étaient arrivées le 18 octobre et le général Bollemont déclare n'avoir aucune nouvelle de 180 qu'il attendait. A ce triste aveu, qui démontrait toute l'insuffisance des moyens à employer et en même temps la négligence qui existait à cette époque dans les différentes branches du service militaire, le représentant Gillet-Laumont partit en poste pour aller lui-même accélérer l'arrivée des pièces..... »

Voir pour le siège de Charleroy le chap. I du même volume. Les auteurs de cet ouvrage ne parlent pas, à cette occasion, du représentant Gillet, mais seulement de Saint-Just et de Lebas. Ils rejettent sur Saint-Just, *cet homme féroce qui ne se montra jamais à la tranchée*, la mort du capitaine Méras, fusillé séance tenante dans la batterie qu'il venait de faire construire. Le général Hatry, commandant les troupes du siège, le général de Bollemont, commandant l'artillerie, et le commandant Marescot, chef du génie, ayant fait des représentations au sujet de cet arrêt sauvage et stupide, Saint-Just les accusa de complicité et envoya l'ordre de les fusiller sur-le-champ au général Jourdan qui, au péril de sa vie, résista aux volontés du lâche conventionnel.

l'amour-propre d'un orgueilleux proconsul, cet écrivain s'abaisse à calomnier une arme entière. Cette ridicule affirmation nous a rappelé le mot déjà ancien :
« toujours l'artillerie prolonge », que Guibert relève
avec une légitime ironie, contre les hommes inexpérimentés qui l'avaient prononcé sérieusement. L'ouvrage que nous citons, aurait dit la vérité, s'il avait
rapporté que dans un siège précédent (celui de Char-
leroi), ce même représentant avait fait fusiller un brave
et ancien capitaine d'artillerie, dont la batterie était en
retard par la faute de ce proconsul qui avait fait précipiter le siège, sans s'inquiéter si les outils et le matériel nécessaires pouvaient arriver et être distribués dans
les délais fixés par lui arbitrairement. Ce qui peint le
mieux cette triste époque où la terreur régnait jusque
dans les camps, c'est le silence gardé, malgré leur indignation, par les militaires de tous grades, en présence de ces tyrans proconsulaires.

Et, puisque l'occasion s'en présente, je voudrais
éclairer l'opinion de mes concitoyens sur l'arme
dans laquelle j'ai servi si longtemps et sur laquelle
j'aurai si souvent à m'étendre dans le cours de ces
Souvenirs. Quoique l'artillerie comprenne dans ses diverses branches et applications toutes les hautes connaissances théoriques et pratiques de l'art militaire,
elle comporte en même temps, tant de détails et de
soins matériels, souvent minutieux et toujours indispensables, que son service est le plus complexe, le plus
laborieux et aussi le plus ingrat de tous les services
de l'armée. Trop d'officiers d'autres armes, même des
généraux, n'aiment l'artillerie que sur le champ de bataille; ailleurs, elle les embarrasse. Aussi, ai-je entendu

plusieurs fois dire à quelques-uns de nos chefs les plus distingués, entr'autres à MM. de la Riboissière et de Sénarmont, que jamais leurs fils ne serviraient dans l'artillerie. C'est cependant l'arme qui, proportionnellement, a fourni, depuis la Révolution, le plus de maréchaux de France : et nous ne parlons ni de Pichegru, ni de Bonaparte.

CHAPITRE III

SECOND - LIEUTENANT D'ARTILLERIE. — BLOCUS DE
MAYENCE. — ARMÉES DU RHIN — ARMÉES DE SAMBRE-
ET- MEUSE. — ARMÉE DU NORD.

Le 22 avril 1795, vingt-deuxième anniversaire de
ma naissance, je reçus l'ordre de me rendre à l'armée
du Rhin. Mon heureuse étoile me fit passer par Charleville où j'avais obtenu la permission de faire un séjour
simple de 48 heures, mais le soir même de mon arrivée, les symptômes de la fièvre putride qui avait enlevé mes deux camarades à Juliers, se déclarèrent chez
moi avec tant de violence que bientôt l'on désespéra
de ma vie. Le dévouement et les soins vigilants de ma
mère purent seuls me sauver.

Pendant ma convalescence, je fus témoin du jugement et de l'exécution de sept à huit jacobins exaltés
auxquels beaucoup de familles honnêtes du pays avaient

à reprocher la mort de leur chef ou d'un de leurs membres[1]. Trois de mes anciens condisciples de collège figu-
raient parmi ces malheureux; le fanatisme politique
les aveuglait tellement, qu'ils montèrent d'un pied léger
les degrés de l'échafaud où ils croyaient trouver la
palme du martyre patriotique. Hélas ! que n'avaient-ils
choisi pour servir leur pays, la même carrière que moi !

Je me remis en route pour Mayence dans le mois de
juin ; j'avais repris mes forces et le temps était beau.
Aussi, je cheminais gaiement à pied, portant dans
mon havre-sac mes épaulettes et tout mon bagage, car
je n'étais pas riche.

Je me rappellerai toujours avec reconnaissance, qu'entre Thionville et Luxembourg et à mi-chemin de ces
deux villes, je rencontrai un chef de bataillon d'artillerie, voyageant à cheval par étapes ; il voulut absolument
me débarrasser de mon sac qu'il ne me rendit qu'en
entrant dans Luxembourg, où il devait occuper des
fonctions de son grade. C'est sans doute, en partie, à
cette heureuse rencontre que j'ai dû les nombreux témoignages de bienveillance dont, par la suite, j'ai été
honoré pendant plus de douze ans par l'illustre chef qui
m'allégea si obligeamment sur ma route ; c'était M. de
Sénarmont[2] dont la mort devant Cadix fut pleurée par

1. Sur un arrêté du Comité de Salut public, les citoyens Mogue,
Vassant, Durège, Crin (médecin à l'hôpital de Mézières) et six de
leurs complices furent traduits devant le tribunal criminel du département (président, Féart; accusateur public, Pauffin-Tiercelet) et con-
damnés à mort le 27 messidor, an III. Le représentant Charles Dela-
croix qui venait de succéder à Levasseur, fut chargé de l'exécution
du décret. — *Histoire de Charleville*, par J. Hubert.

2. Alexandre-Antoine Hureau de Sénarmont, né en 1769, mort en
1810. On a dit de lui qu'il fut le *Condé de l'Artillerie* par son intelligente audace, et le *Bayard* par ses vertus et sa probité.

toute l'armée et surtout par l'artillerie. Général de division, il y commandait son arme au premier corps, sous les ordres du maréchal Victor. Cette perte a été l'une des plus douloureuses que j'aie faites après celles de mes proches.

A Sierk, je m'embarquai sur la Moselle que je descendis jusqu'à son embouchure dans le Rhin ; je trouvai tant de ressemblance entre les bords de cette rivière et ceux de la Meuse, qu'il me semblait toujours être dans mon pays ; il en fut tout autrement à Coblentz : la chute des eaux françaises de la Moselle dans les eaux mixtes du Rhin, me rappela au sentiment de la situation en me forçant à m'arrêter devant cette puissante barrière qui nous séparait de l'émigration.

En remontant le Rhin, sur la rive gauche, je distinguais de l'autre côté, nos concitoyens au milieu des troupes allemandes. Nos canons respectifs pouvaient facilement croiser leurs feux par dessus le fleuve, mais en ce moment ils restaient muets et il semblait qu'un souffle patriotique parcourut la vallée, étendant sur les deux rives sa bienfaisante influence. Le fleuve, de Coblentz à Bingen, est resserré entre des roches escarpées et pittoresques : à chaque pas, des ruines de châteaux forts couronnent les sommets, et rappellent l'antagonisme des riverains à l'époque de la féodalité. Seul et pensif, je suivis la route qui serpente parallèlement au fleuve, au fond de cette vallée historique dont nous augmentions chaque jour la triste célébrité.

Le 5 août, j'aperçus les remparts de Mayence, place importante que nos troupes cernaient sur la rive gauche du fleuve. Le général qui commandait l'artillerie de l'armée de blocus m'employa à son état-major auquel était attaché le capitaine Marmont, ex-aide-de-camp du général Bonaparte, alors en disgrâce, et me fit loger près de lui au bourg d'Oberinghem. Pendant mon séjour sous Mayence, je partageai, peu de temps, il est vrai, avec cette armée, la privation de vivres et les chaleurs accablantes d'un été exceptionnel. Le soldat arrachait sur pied les épis à peine jaunissants, il les broyait entre deux pierres et en faisait une bouillie dont il se nourrissait. C'est à la suite de ces causes d'affaiblissement que nos troupes furent attaquées et obligées d'abandonner leurs lignes dont la construction et la conservation leur avaient coûté tant de peines et de fatigues. Mais je n'avais pas attendu cet évènement pour me remettre en route à destination de la 13ᵉ compagnie du 6ᵉ régiment d'artillerie à pied, dans laquelle le ministre m'avait placé avec mon grade. Cette compagnie faisait partie de l'armée du Nord et se trouvait alors à Malines, en Belgique. J'avais donc repris mon sac pour retourner sur mes pas [1].

A Coblentz, le canon d'Ehrenbreisten me fit lever avant le jour et précipita mon départ. La forteresse tirait sur des ponts volants qui, de la Moselle, entraient dans le Rhin pour servir au passage de ce fleuve sous Wissenthur, en deçà d'Andernack; je le descendis jusque là et m'y arrêtai deux jours, retenu par l'occasion qui s'offrait à moi de m'instruire, et par la rencontre de plusieurs de mes camarades de promotion, parmi

1. Le sac au dos pour les officiers non montés des troupes opérant en première ligne : encore une conception du général de Moltke qui se réduit à un règlement emprunté par lui aux armées de la Révolution et de l'Empire.   E. B.

lesquels, le capitaine Tirlet qui était chargé de jeter le pont. Je fus aussi témoin de la terrible canonnade que nous dirigions sur l'île située entre Wissenthur et Neuvied, afin de la faire évacuer par l'ennemi et de nous en emparer. Neuvied eut beaucoup à souffrir, parce que les Autrichiens avaient établi des batteries dans les rues. Je me souviens que l'une d'elles nous envoya un obus au beau milieu de notre salle à manger, à l'instant où nous allions nous mettre à table, nous obligeant d'emporter le reste de la vaisselle avec notre *fricot* hors du village, sur le gazon.

De ce point, je gagnai Bonn et Cologne, puis je revis les lugubres places de Juliers et de Maëstricht et après avoir traversé Liège et Louvain, j'arrivai à Malines. J'y trouvai en effet ma compagnie et trois camarades de l'accueil et de la physionomie desquels je ne puis me féliciter ici, sans blesser la vérité et sans fausser la ressemblance de portraits qui méritent d'être crayonnés, parce qu'ils représentent une époque. Les deux capitaines (il y en avait un de 1re et un de 2e classe dans chaque compagnie) et le premier-lieutenant étaient d'anciens *caporaux* qui, par suite des prodigieux avancements occasionnés par les vides de l'émigration et par l'insuffisance ou l'abstention des élèves, avaient achevé de remplir les vacances d'officiers, trop nombreuses pour les sous-officiers. Ces derniers étaient généralement capables de passer officiers; beaucoup même, par leurs moyens, leur instruction et leur expérience, pouvaient prétendre aux grades supérieurs et y faire bonne figure, comme il est arrivé pour la plupart de ceux qui les ont obtenus. Quant à la majorité des anciens caporaux, leurs galons de laine auraient dû être leur bâton de maréchal. Cependant, leur ambition ne se limitait pas à l'épaulette de lieutenant, pas même à celle de capitaine. Autant par la crainte d'être dépassés par des jeunes gens de plus grande espérance, que par un faux républicanisme basé sur l'intérêt personnel, ces vieux caporaux devenus officiers comme on devient aveugle, par accident, voyaient avec la plus grande répugnance les rares élèves qui arrivaient encore des écoles.

Les sous-officiers et les canonniers eux-mêmes, non moins impatients d'obtenir un avancement jusqu'alors prodigué sans contrôle, partageaient ces dispositions, Aussi, mon début dans les compagnies ne fût-il ni flatteur, ni encourageant; j'eus le droit de regretter les états-majors. Cependant, et quoique souvent alors et depuis, on me proposa d'y servir, je me refusai toujours, malgré les avantages attachés à cette position sous le rapport de l'avancement et du bienêtre, à quitter ma compagnie et à permettre que ces propositions fussent transformées en ordres. Et j'eus la bonne fortune, en saisissant toutes les occasions favorables, d'humaniser mes méfiants camarades, d'arriver à forcer leur estime et à me concilier l'affection des sous-officiers et des canonniers.

CHAPITRE IV

ARMÉE DE L'INTÉRIEUR. — PARIS. — LE HAVRE.

Le 30 septembre 1795, deux compagnies du 6ᵉ régiment d'artillerie, et parmi elles la mienne, reçurent l'ordre de se rendre en toute hâte à Paris. Cette destination me contrariait beaucoup car l'horizon politique de la France me paraissait encore bien chargé. Du reste, mes pressentiments n'étaient que trop fondés ; l'orage éclata et creva sur la capitale avant notre arrivée, et le bruit du canon frappa nos oreilles dès notre entrée à Pont-Saint-Maxence. Heureusement nous n'entrâmes à Paris que dans la soirée du 14 vendémiaire (4 octobre); la consternation et la crainte avaient succédé au tumulte et au combat de la veille. Le général Bonaparte s'était remis en selle et avait rappelé ses aides-de-camp autour de sa personne.

Dans ce changement de garnison, il m'arriva une

aventure qui a avancé mon expérience et m'a doué
d'une certaine dose de circonspection pour l'avenir.
Nous arrivions à Valenciennes où nous devions coucher : pendant que je dînais à l'auberge du *Canard*,
à une table d'hôte assez nombreuse, deux canonniers
de mon détachement, mais non de ma compagnie,
vinrent boire à une table de la même salle. Bientôt
allumés, pour employer l'expression consacrée, ils se
mirent à chanter d'un façon bruyante et sur des paroles
indécentes, ce qui me blessa au vif; mais, en dépit
de ma jeunesse, je savais apprécier les difficultés du
temps et me contentai de précipiter mon repas pour
quitter la place et battre sagement en retraite. Malheureusement, deux officiers de cavalerie, d'un âge et d'un
grade de beaucoup supérieurs aux miens, m'ayant
stimulé par leurs plaintes proférées de façon à arriver
à l'oreille des canonniers, je crus devoir faire taire ces
derniers. Ils me répondirent qu'ils me reconnaissaient
pour leur officier, mais que n'insultant personne et
payant leur écot, ils étaient libres de se conduire à
l'auberge comme ils l'entendaient. Mon amour-propre
se trouvant excité par ce refus et par les apartés des
deux colonels [1], mes voisins de table, j'ordonnai de
nouveau aux canonniers de cesser leurs chants ou
d'aller boire ailleurs.

Ces hommes étaient d'anciens militaires, comme on
en recevait trop alors dans l'artillerie; extraits des
rangs de l'infanterie où ils brillaient par leur belle

---

1. Dans le brouillon du manuscrit conservé par le neveu du général Hulot, on peut encore lire cette parenthèse, malgré les ratures
qui la couvrent : « dont l'un, m'a-t-on dit depuis, était le fameux
Saint-Georges. »

prestance, mais qu'ils déshonoraient par leur incon-
duite; ils persistèrent dans leur refus, réclamant pour
le temps qu'ils passaient hors du service le bénéfice de
la liberté et de l'égalité, mots magiques dont le prestige fut assez puissant pour faire déguerpir mes deux
chefs naguère si chatouilleux.

Ne pouvant mettre dehors ces deux mutins, je courus
réquisitionner le poste voisin qui était composé de canonniers de la garde nationale. Ces braves me suivirent, mais au lieu de s'emparer des ivrognes, ils se mirent à boire avec eux et j'apostrophai vainement
l'officier qui les commandait. Cependant le peuple
s'ameutait à la porte de l'auberge et bientôt ma voix
fut couverte par les cris d'une foule malveillante qui
me lançait les épithètes d'aristocrate, muscadin, etc.
Je refusai de me laisser intimider et, traversant ce ras-
semblement qui emboîta aussitôt mon pas, je me rendis
chez le général auquel j'exposai l'incident, en invo-
quant son intervention; mais, hélas! ce vieillard inti-
midé par la présence et les murmures de ma turbulente
escorte, se hâta de me congédier en m'infligeant un
blâme.

Si l'insolence de la populace m'avait révolté, la pusil-
lanimité des chefs militaires mit le comble à ma mauvaise humeur, et fendant de nouveau cette foule menaçante, je rentrai, non sans danger, chez mes hôtes qui
ne cachèrent pas leur épouvante à la vue du cortège
que je ramenai à leur porte; toutefois, la manifestation,
faute d'aliments, se dissipa d'elle-même pendant la
nuit. Le lendemain matin, aussitôt que notre colonne
eut quitté la ville, je fis saisir les deux tapageurs qui
achevèrent la route comme prisonniers et, à notre ar-

rivée à Paris, je les traduisis devant un conseil de discipline : à ma grande satisfaction, les membres de ce
tribunal militaire eurent le courage, malgré les circonstances défavorables, de leur décerner une condamnation à deux mois de prison,

La capitale, alors soumise à un état de siége des plus
rigoureux, était plongée dans la consternation. Des pa-
trouilles nombreuses circulaient dans toutes les rues
et des canons étaient braqués sur les quais, sur les
places et dans l'axe des promenades. Ma compagnie fut
campée au jardin des Tuileries, au pied du palais et à
proximité d'un parc d'artillerie qu'on avait installé autour du grand bassin. Les salles de spectacle étaient
devenues des arènes de combat pour les partis qui se
disputaient le pouvoir; une fraction du public demandait aux acteurs la *Marseillaise*, pendant qu'une fraction hostile réclamait à grands cris le *Réveil du
peuple*; on se battait au parterre, dans les loges, jusque
sur la scène; les combattants ne se séparaient que
lorsque l'avertissement de la *générale* annonçait l'arrivée d'un détachement de troupes. Le sinistre aspect
sous lequel m'apparaissait la capitale, que je visitais
pour la première fois, m'en rendait le séjour insupportable et il me tardait de m'en éloigner,

Au bout d'un mois, cependant, le calme commença à
renaître et ma compagnie fut transférée du camp des
Tuileries dans les cantonnements de l'Ecole militaire
près du grand parc d'artillerie établi dans le Champ de
Mars. C'est à l'occasion de ce mouvement que je fis ma
première rencontre avec le général Bonaparte qui commandait à Paris l'armée dite de l'*Intérieur*. Nos logements n'étaient pas prêts, les canonniers qui croquaient

le marmot depuis longtemps, exposés à une bise âpre et à une pluie glaciale, avaient eu permission de rompre leurs rangs et de se promener. Ils s'étaient éparpillés sur la surface du Champ de Mars, s'agitant pour se réchauffer et murmurant à haute voix de ces retards, lorsque Bonaparte survient au galop et demande le commandant du détachement. J'étais resté seul au dehors avec la troupe, je me présentai : « Pourquoi ces canonniers ne sont-ils pas logés? » me demande-t-il. — « Je l'ignore, mon général. » Aussitôt il met pied à terre, et me donnant l'ordre de l'accompagner, il entre à l'Ecole militaire dont il parcourt les corridors et les chambres en me faisant écrire avec de la craie, sur chaque porte, le numéro de la compagnie accompagné de celui de l'escouade à y loger [1], puis il remonte à cheval en me lançant cette phrase : « Votre chef d'état-major va avoir de mes nouvelles. » En effet, le lendemain matin, tandis que nous allions rendre une visite de corps au Directoire qui venait d'être installé, nous reçumes de nombreux reproches, très injustement formulés par cet officier supérieur outré d'avoir reçu un mois d'arrêts du général Bonaparte.

Notre service à Paris se réduisait à peu de chose : quelques instructions pratiques, des parades et la garde montante avec nos pièces au Directoire, aux Tuileries, aux Chambres, à l'Ecole militaire et au

1. *Nil sub sole novum !* C'est ce que faisaient en 1870 les officiers et sous-officiers d'avant-garde des colonnes prussiennes au grand ébahissement des citadins et des paysans français, qui prenaient cette application des procédés de Bonaparte pour une simplification inventée par le général de Moltke. Ce qui donne, une fois de plus, raison au paradoxe connu : « Napoléon III a été battu en 1870 par Napoléon Ier.

Champ de Mars. Je profitais des loisirs de cette vie maussade pour compléter mon instruction, et suivre les cours qui s'ouvraient à un établissement devenu fameux, à juste titre, sous le nom d'Ecole polytechnique. Malgré le vif intérêt que je prenais à ces instructions données par les plus habiles professeurs de l'Europe [1], je rencontrai à la fois trop de distractions et d'entraves sur le pavé de Paris pour me plaire dans cette garnison si enviée. J'avais pourtant reçu, ainsi que plusieurs officiers du génie, des lettres du ministère qui m'attachaient à cette école; mais je me faisais un scrupule, exagéré sans doute, de ne point partager le service de ma compagnie avec mes trois vieux camarades qui ne manquaient jamais de me demander si j'avais une pelle et une pioche quand je leur disais que j'allais travailler. Nous vivions de nos modiques rations, car nous ne recevions par mois que la modeste somme de *huit francs* en numéraire : il est vrai qu'on ajoutait à cette monnaie roulante un appoint de sept à huit mille francs en papier, qui nous aurait permis de nous rendre tout au plus trois ou quatre fois chez un restaurateur et de là au théâtre, si nous n'avions préféré nous abstenir de ces passe-temps, retenus par cette considération que nos besoins devaient passer avant nos plaisirs.

Enfin, à ma grande satisfaction, en avril 1796, ma

---

1. Les professeurs de l'Ecole polytechnique nommés par la Convention (loi du 1er septembre 1795) furent : Lagrange, Monge, Berthollet, Chaptal, Prony, Hachette, Fourcroy, Vauquelin et Guyton-Morveau. Les élèves au nombre de 350 devaient recevoir une indemnité annuelle de 1,200 fr. En 1804, Napoléon Ier changea l'organisation de cette institution.

compagnie qui était la 13ᵉ du 6ᵉ d'artillerie, quitta
Paris pour se rendre au Havre-de-Grâce où elle entra
dans les cadres de l'armée d'Angleterre. Ce déplace-
ment ne me fit pas perdre la société de mes douce-
reux compagnons dont le moule original a dû être
brisé à leur départ du régiment, car je n'en ai pas rencontré d'autres éditions dans ma carrière. Leur physique, leur âge, tout, jusqu'à leurs noms, avait un caractère à part : ils sont morts sans postérité. L'un était
un ivrogne consommé, à trogne beaucoup plus accusée
que la raison : quand il lui arrivait de ne pouvoir supporter son vin dans la rue, les canonniers lui rendaient le service que les enfants de Noë rendaient à
leur père et me rapportaient ses épaulettes et son épée.
Une anecdote peindra le particulier. Un jour qu'il passait sur le pont de Cherbourg, le vent emporta son
chapeau dans le bassin. Voilà le camarade furieux ; il
met flamberge au vent et, prenant une pose héroïque,
il apostrophe le ciel en ces termes : « Coquin de bon
Dieu, descends si tu as du cœur, etc. » Le reste du
monologue était dans le même style que ce début, et
l'on juge si ces scènes attiraient des spectateurs ! Le
second, à la mine rébarbative, au ton maussade et aux
manières brusques, jurait continuellement et ne se
déridait jamais : d'ailleurs bon diable et ayant de la
conduite, son abord seul était redoutable. Quant au
troisième, c'était une marmotte à deux pieds, bâillant
quand il ne dormait pas, mais cette situation lui était
tellement familière qu'on était souvent obligé de le
réveiller dans le service; jamais je n'ai rencontré
d'être plus pesant, plus insensible et plus apathique.
Je me souviens toujours que dans une étape et par une

forte averse, marchant près d'un caisson sur lequel il
avait jeté son manteau, il se laissa mouiller jusqu'aux
os, sans sortir de sa torpeur que respectèrent mali-
cieusement ses canonniers. Telle fut ma société pendant six ans. Naturellement, ce piquant triumvirat
n'était pas toujours d'accord : le bourru tançait à chaque instant l'ivrogne et le dormeur; celui-ci se fâchait
d'être réveillé par le second qui voulait tirer l'épée
contre l'un et l'autre. C'est à moi que revenait toujours le rôle de témoin ou du moins de conciliateur,
mais quand je voulais travailler, j'étais obligé de dis-
simuler et de me dérober.

En nous rendant de Paris au Havre, nous fûmes logés tous les quatre à Yvetot, dans la même auberge.
A peine étions-nous parvenus au premier étage où
étaient situées nos chambres, que j'entendis fermer à
clef la porte de notre corridor. Je ne laissai pas d'être
surpris du procédé et je m'empressai d'en demander
la raison, en me levant le premier le lendemain matin.
La réponse fut si impertinente mais en même temps
si naïve que je ne jugeai pas à propos de m'en fâcher,
me contentant d'en rire et de recommander qu'on
s'abstînt de la répéter à mes camarades qui ne l'eûs-
sent pas prise aussi philosophiquement que moi.

A une lieue du Havre, le spectacle de la Seine que
nous retrouvions vers Harfleur, beaucoup plus large
et plus agitée, nous annonça les approches de la mer et
bientôt en effet, nous aperçûmes cette plaine sans limite, image de l'éternité. C'était la première fois qu'il
m'était donné d'admirer ce tableau solennel : j'avoue-
rai mon étonnement à la vue d'une ville bâtie sur les

bords de la mer, presqu'au niveau des flots ; il me semblait que cet océan dont les colères sont si redoutables eût dû avoir des barrières en rapport avec sa profondeur, une ceinture de hautes falaises capables d'arrêter ses débordements et je me représentais les fleuves et les rivières s'y précipitant par une pente rapide et bruyante. Quelle est la force qui contient ces énormes masses liquides si imposantes et si souvent furieuses ? Qui les empêche, dans le rapide et continuel mouvement, de se combiner en un jour de tempête avec les cataractes du ciel pour occasionner un nouveau déluge ? Sans doute la main du Créateur qui, sur cette plage comme aux antipodes, comme à toutes les issues de cet immense siphon, a posé ces sublimes lois de l'équilibre, symbole matériel de la confraternité universelle qui devrait régler les relations réciproques des peuples. Ce fut sous l'empire de ces idées que j'allai, dès mon arrivée, me faire inscrire au cours d'hydrographie et je ne cessai de le fréquenter pendant toute la durée de mon séjour au Havre, je m'y occupai aussi de divers mémoires ainsi que de l'historique du pays [1].

1. Nous nous sommes gardés de toucher aux réflexions philosophiques semées çà et là dans les pages du manuscrit ; elles nous ont paru peindre à merveille la tournure d'esprit de la jeune génération élevée pendant cette rude époque de transition entre Louis XVI et la Révolution, époque qui n'est pas sans analogie avec celle que nous traversons.

Le général Hulot, doué comme on le voit dans ses Mémoires et dans sa Correspondance, d'un caractère sérieux, d'un esprit tourné vers l'étude et l'observation, avait reçu dans toute sa pureté l'éducation de province, éducation libérale, studieuse, pratique, mais exempte des idées matérialistes. Les principes de morale chrétienne et d'inflexible probité, puisés au sein d'une famille de magistrats municipaux, furent confirmés chez lui dans les écoles primaires des

En parcourant les rues et les quais de ce célèbre
port de commerce, le charmant épisode de Bernardin
de Saint-Pierre se présenta naturellement à mon esprit : je voyais la Seine fuyant éperdue devant Neptune
fougueusement épris de ses charmes et soutenue par
sa fidèle compagne, la Hève, non moins effrayée
qu'elle. Dans un autre ordre d'idées, je m'intéressais
aux calculs et aux découvertes de l'ingénieur Lam-
blardie sur l'action des vagues contre les hautes falaises d'entre Seine et Somme. J'étudiais la superpo-
sition des couches rocheuses dans ces murailles naturelles, l'immense accumulation des galets provenant
de ces incessantes dégradations, les efforts croissants
des causes destructives pour combler nos ports et nos
rivières ; enfin l'inutilité de l'endiguement par les
épis[1] et la supériorité du système des écluses de

frères et dans les cours des collèges, confiés alors au clergé savant
et spécialement aux membres de l'Oratoire.
On verra par la suite que le général Hulot ne se départit jamais de
ces sentiments et de ces principes pendant tout le cours de sa carrière. Tel nous le voyons, sortant de l'école de Châlons, tel il mourut au sein de sa famille en 1843.
Les états-majors de la Révolution et de l'Empire se recrutèrent en
grande partie dans cette classe de la jeunesse studieuse du règne
de Louis XVI. Moreau (Victor), Drouot, Joubert, Davoust et tant
d'autres débutèrent comme le général Hulot et son frère d'armes
de Mazerny.
Nous devons donc respecter les passages du manuscrit dont la
forme peut paraître surannée et tant soit peu pédagogique, lorsqu'on se place au point de vue des mœurs littéraires de notre époque. La vérité historique avant tout.

1. Depuis l'époque où le général Hulot rédigeait ses *Souvenirs*,
l'expérience a montré, en revanche, la puissance de l'endiguement
par les plantations. Pour n'en citer qu'un exemple, tout le monde
connait les merveilleux résultats obtenus par ce procédé sur les
côtes du Golfe de Gascogne.

chasse. C'est ainsi que je reconnus dans ces alluvions, les premières pierres de fondation du Havre et que je pressentis dans les digues qui les arrêtent depuis la construction de la ville, la cause d'un futur débouché ouvert aux eaux de la mer : ces eaux tendent, en effet, à faire de la cité une île, en se réunissant à celles de la Seine par les faubourgs. Ce beau fleuve qui semble destiné à faire de Paris ou de Rouen, la Londres de la France, attend que la main de l'homme, si puissante dans notre riche et industrieuse patrie, le débarrasse des bancs de sables mouvants qui l'encombrent à son embouchure, ou qu'elle creuse des canaux pour suppléer aux portions de son cours non navigables [1].

Quoique l'armée réunie sur les côtes n'eût encore de son organisation définitive que son nom d'armée d'Angleterre, déjà l'on faisait des essais d'artifices incendiaires et des constructions de bateaux propres à servir à cette armée future. L'actif et audacieux Sydney Smith croisait sur cette côte dont il entravait et parfois suspendait absolument le commerce ; à plusieurs reprises, il avait tenté d'incendier les constructions du port par des débarquements nocturnes ou par des bombardements de jour. Une certaine nuit, après un copieux dîner à l'anglaise, il forma le projet d'enlever un bâtiment qui était amarré à l'entrée du chenal.

1. Sans vouloir diminuer en rien la gloire de M. de Lesseps, il nous sera permis de regretter que l'illustre ingénieur, avant d'ouvrir les passages internationaux de Suez et de Panama, qui serviront surtout les intérêts anglais et américains, n'ait pas été tenté par la perspective d'œuvres exclusivement françaises, telles que la création d'un grand canal du Midi, du canal de Carentan, ou la réalisation du projet national de Paris ou Rouen port de mer.

L'opération réussit d'abord et déjà il emmenait sa proie, mais les cris et les coups de pistolet de l'équipage ayant donné l'alerte, nous fûmes bientôt en action à nos batteries qui, dans les ténèbres, tirèrent à peu près au hasard. Cependant, la marée montante et les courants mal calculés ou oubliés dans la fumée du rhum, avaient jeté le commodore dans la Seine d'où il cherchait vainement à regagner le large. Les premières clartés du jour nous permirent bientôt de diriger nos coups; des canonnières sortirent du port et Sydney fut obligé d'amener avec sa prise. Il fut aussitôt conduit à la prison du Temple à Paris, d'où il ne tarda guère à s'échapper à l'aide d'un passe-partout d'or. A quelque temps de là, il reparut à Saint-Jean-d'Acre qu'il défendit victorieusement contre Bonaparte, de concert avec Phélippeaux [1] officier d'artillerie émigré, ancien camarade d'école militaire du général français. La disparition de l'infatigable commandant du vaisseau anglais, *le Tigre*, amena une période de tranquillité sur les côtes de la Manche.

C'est vers cette époque que je fus envoyé à Rouen pour y présider, comme officier d'artillerie, un examen

---

1. Antoine le Picart de Phélippeaux, né à Angles (Vienne) le 1er avril 1768, fit ses études à Pontlevoy et fut admis, le 29 septembre 1781, à l'Ecole militaire de Brienne où il se trouva camarade de Bonaparte. Emigré en 1791, il figura d'abord dans le cadres de l'armée de Condé qu'il quitta pour aller prendre du service en Angleterre. Il défendit la ville de Saint-Jean-d'Acre contre Bonaparte et mourut à la fin de ce siège célèbre où le futur empereur subit son premier échec.

Phélippeaux était un arrière petit-neveu de Madeleine de Bremond d'Ars-Bossée, mère de François de Collart, colonel-général des milices de la Martinique (1661-1720).

qui avait pour objet l'admission dans notre corps d'un
certain nombre d'élèves en mathématiques. Un capitaine de l'arme, employé aux ateliers d'Evreux, vint
aussi à ce concours dont je lui remis la présidence.
J'eus la satisfaction d'y voir réussir un de mes canonniers, nommé Courbon, auquel je donnais des leçons
et qui fut le seul élu pour quatre départements.

De retour au Havre, je rentrai dans le cadre de mes
occupations habituelles et sentis le besoin de couper de
quelques distractions mes heures de service et d'études; mais au lieu de chercher ces distractions dans des
relations banales de société, où un jeune officier bien
élevé achève son éducation, en s'efforçant de plaire à
tout le monde sans s'attacher sérieusement à personne,
je commis l'imprudence de consacrer mes heures de
liberté à la famille qui me fournissait un logement.
J'aurais dû prévoir cependant les conséquences de
mon étourderie : mon hôtesse et sa fille finirent par
me considérer comme un prétendant et me traitèrent
comme tel ; un moment de faiblesse eut brisé ma carrière et changé le cours de ma destinée, mais je m'a-
rêtai à temps et dès que j'eus constaté le péril, je me
hâtai de me dégager le plus honorablement possible
de ce pas difficile. Combien de jeunes officiers, pour
n'avoir pas su éviter de pareilles occasions, ont sa-
crifié leur avenir et empoisonné leur existence !

CHAPITRE V

ARMÉE D'ANGLETERRE. — EXPÉDITION MARITIME. — CHERBOURG. — CAPITAINE EN SECOND.[1]

L'organisation de l'armée d'Angleterre remonte à l'année 1797; des régiments furent envoyés sur les côtes de la Manche où l'on avait rassemblé, dans les ports du Havre et de Cherbourg, de nouveaux bateaux plats dits *Musquein*, du nom de l'inventeur, officier de la marine suédoise. Ces bateaux très légers portaient en proue une pièce de quatre qu'on pouvait débarquer sur affût, et en poupe, une pièce plus forte ou un obusier fixe. Ces frêles embarcations non pontées et

---

1. Il y aurait une étude bien intéressante à faire sur les vignettes gravées en tête des pièces de service qui accompagnent le manuscrit du général Hulot.

Jusqu'en germinal an III (avril 1795) les beaux-arts sont dans le marasme; la République, toute à la politique, est coiffée jusqu'aux oreilles d'un bonnet phrygien parfaitement disgracieux; c'est une véritable tricoteuse de Théroigne.

chargées de soldats qu'on exerçait à ramer, étaient destinées à braver la colossale marine de l'Angleterre, ou
plutôt, on espérait, en profitant d'un calme qui la para-

Une lettre de service signée du contre-amiral Lacrosse et contre-
signée Gréban, adjudant de la flottille, est ornée d'une République
moins renfrognée. Debout sur un piédestal formé d'une triple meule
de moulin, elle a la main droite appuyée sur un faisceau d'armes,
les cheveux au vent, et le bonnet phrygien rejeté sur la pointe de la
lance qu'elle tient dans la main gauche. Cette vignette, déjà mieux
dessinée et gravée que la précédente, est datée du 17 mai 1798. En
janvier 1802, changement de décor sur une lettre de service signée du
colonel de Champrouet. La République, victorieuse au dehors et affran-
chie de la guerre civile à l'intérieur, est assise sur un fût de colonne
et tient un globe dans la main gauche. Le reste, comme en 1798.

En mai 1803, nous trouvons une nouvelle modification dans une
lettre de service signée du ministre de la guerre Berthier, au nom
du premier consul. La formule sacramentelle est définitivement violée :
« Liberté, Egalité, » mais plus de Fraternité. La République, sortie
des saturnales du Directoire, a replacé son bonnet sur sa tête. Toujours assise, elle tient un gouvernail dans la main droite, une couronne de lauriers dans la gauche. Sur le socle, on lit : « Bonaparte,
premier consul de la République. »

Le 31 janvier 1804, nous remarquons la lettre de nomination du lieutenant Hulot au grade de capitaine, sous la signature de Berthier. Les
beaux-arts renaissent ; l'en-tête se compose d'une jolie vignette fine-
ment gravée et pour la première fois avouée par l'artiste : « B. Roger,
sc. an XI. » La République a le chef recouvert d'un énorme casque,
sur lequel se pavane un coq gigantesque. Elle tient, dans la main
droite une épée à deux tranchants, et une couronne de lauriers dans
la gauche.

C'est donc le Consulat qui a préparé l'emblème de la dynastie
de 1830. Mais ce volatile, si malmené jadis par César, n'obtint
pas les suffrages du premier consul qui s'en défit brutalement,
comme en fait foi la *France militaire* d'A. Hugo. — p. 239 du 3e volume :

« Napoléon portait dans les choses les plus simples en apparence le
cachet de son esprit. Lorsqu'il s'agit de choisir les armes de l'Empire,
on en délibéra en sa présence dans le Conseil d'Etat. Les uns proposaient le *lion*, roi des animaux ; ceux-ci, les *abeilles d'or* des Méro-
vingiens ; d'autres, le *coq gaulois*. L'Empereur prit la parole : « Votre
coq, dit-il, est un animal qui vit sur le fumier et se laisse manger
par le renard. Je n'en veux pas. Prenons *l'aigle*, c'est l'oiseau qui
porte la foudre et qui regarde le soleil en face. Les aigles françaises
sauront se faire respecter comme les aigles romaines. »

lyserait, naviguer impunément à l'aviron et atteindre, hors de sa portée, les points de débarquement.

Nous faisions en petit à Cherbourg et au Havre ce qu'on projetait en grand dans le Pas-de-Calais où il ne s'agissait de rien moins que de l'envahissement de la Grande-Bretagne. Plus modeste de notre côté, on n'y avait encore en vue que la conquête des îles Saint-Marcouf, groupe de rochers arides, gisant à deux lieues du fort de la Hougue Saint-Vaast, sur la côte de Normandie, entre Barfleur et Isigny. Ces rochers, jusqu'alors abandonnés à cause de leur stérilité et du manque d'eau douce, avaient été, dès le début de cette guerre, occupés et armés par les Anglais, comme centre d'espionnage et de correspondance avec les mécontents de l'intérieur et en même temps, comme postes très favorables pour entraver le cabotage et favoriser la contrebande.

Dans les premiers mois de l'année 1798, on embarqua au Havre, sur une cinquantaine de ces bateaux-*Musquein* et sur une douzaine de canonnières, le 4ᵉ régiment d'infanterie de ligne, un bataillon étranger, et nos deux compagnies d'artillerie de ligne. Le troisième régiment d'infanterie légère et d'autres compagnies d'artillerie furent embarqués à Cherbourg, sur une semblable flotille qui devait se joindre à la nôtre dans la rade de la Hougue. Le 7 avril, dans l'après-midi et par un temps superbe, nous sortîmes du por du Havre et défilâmes triomphalement devant toute la population rassemblée sur les jetées. A peine avions-nous tendu les voiles et gagné le milieu de l'embouchure de la Seine, que nous découvrîmes au large une frégate anglaise qui, après nous avoir reconnus et observés pendant deux heures, s'éloigna et disparut à l'horizon.

Installé à bord du lougre *le Vengeur* que montait le commandant d'une division de bateaux, je me trouvais fier d'affronter à mon tour l'élément témoin des exploits de nos grands navigateurs. A la vérité, notre nacelle ne semblait pas devoir être appelée à d'aussi glorieuses destinées et encore moins à d'aussi lointains voyages; à peine laissait-elle une légère trace sur la surface polie où elle glissait; la mer était parfaitement calme et nous serrions la côte au sud de la Seine. Le soleil baissait à notre droite et descendait peu à peu dans les eaux qui perdirent subitement leur brillante coloration lorsque fut englouti le dernier segment de son disque doré: la pureté de l'air et l'absence de nuages nous présageaient pour le lendemain un réveil aussi favorable. Nous profitâmes des demi-clartés du crépuscule pour jeter l'ancre et mouiller, tandis que la voûte céleste se couvrait d'étoiles et que, sous nos pieds, la mer réfléchissait comme dans un miroir cette poétique illumination. Assis sur le banc de quart, auprès de l'officier de service, je passai sans fermer l'œil une nuit aussi courte que délicieuse ; malheureusement, notre mouillage était trop près de la côte qui nous barrait l'Orient et la falaise nous empêcha de jouir le lendemain, d'un lever de soleil digne du couchant de la veille et de la solennité du jour : c'était la fête de Pâques.

Profitant de la brise du matin, nous nous remîmes en route, et, pour obtenir plus de vent dans nos voiles, nous nous hasardâmes un peu vers la pleine mer, alors entièrement déserte. Nous voguions très lentement quand, sur les 2 heures de l'après-midi, on si-

gnala du pont du vaisseau-commandant, trois voiles à
l'ouest. Je sondai aussitôt l'horizon avec ma lunette et
ne découvris rien dans le premier moment, mais au
bout de quelques instants, j'aperçus des points qui
grossissaient à vue d'œil : la flottille se prépara aussitôt
au combat en se rapprochant de la côte ; il y avait encore trois ou quatre lieues à parcourir pour gagner la
baie et le port de Sallenelles, à l'embouchure de l'Orne et
deux lieues de la ville de Caen ; malheureusement le
vent manquait et nous n'avancions qu'à la rame.

Les trois points signalés ne tardèrent pas à grandir,
à se rapprocher et furent enfin reconnus pour être deux
frégates et un vaisseau anglais qui profitaient de la
brise du large pour cingler sur notre flottille.

Sans suspendre notre marche, nous prîmes, au signal du branle-bas, notre ordre de combat. Entre 5 et
6 heures, les navires ennemis, toutes voiles dehors et
presque à portée de canon, fondirent sur nos frêles embarcations comme trois vautours sur une volée de pigeons, le vaisseau de haut-bord continuant de courir
vers notre centre, tandis que les deux frégates se séparaient de lui pour se porter sur nos ailes, l'un à droite
et l'autre à gauche. Pour répondre à cette manœuvre,
notre ligne s'embosse, nous abattons nos mâts et nous
commençons le feu. Les Anglais ne tardent pas à nous
donner la réplique et, deux heures durant, la terre et
la mer répercutent les détonations de plus de 150 pièces de gros calibre. A la chute du jour, on s'aperçoit
tout à coup que la frégate qui battait notre flanc droit
venait de toucher et était en détresse. Cet incident sou-
lève un hurrah général sur tout le front de notre ligne,
notre feu redouble dans cette direction et l'ordre est

donné à ma division de marcher à l'abordage. Elle lève à l'instant ses ancres et mon lougre, se dirigeant seul à la voile, prend la tête de la colonne et conduit sur la frégate les bateaux qui le suivent à la rame.

On ne distinguait plus alors que nos feux, la frégate échouée ayant prudemment cessé de tirer. L'obscurité la dérobait à nos yeux et les courants contrariaient la direction et l'ensemble de notre marche. Néanmoins, mon lougre, se croyant suivi, allait toujours de l'avant et il finit par atteindre la frégate, mais il n'était accompagné que de quelques bateaux. L'ennemi, se voyant découvert, se mit en devoir de vendre chèrement sa vie, comme un tigre blessé qui fait tête à la meute. Trop faibles pour résister aux bordées à boulets et à balles qu'il nous prodiguait, nous dûmes nous éloigner en cherchant à rallier la division. Mais nous nous perdîmes dans les ténèbres et, pendant plus de deux heures, nous errâmes dans un cercle de feux tirés tant de nos bâtiments que de ceux de l'ennemi. Par un bonheur qu'on pourrait qualifier d'invraisemblable, sur les milliers de boulets qui frisèrent notre frêle bordage, pas un ne le toucha : un seul eut suffi pour nous couler ; nous ne reçûmes que des paquets de mitraille qui mirent nos voiles hors de service.

Le jour vint éclairer nos exploits ou plutôt notre désordre ; la frégate échouée la veille avait été remise à flot par la seconde et toutes deux rejoignaient le vaisseau qui s'éloignait dans l'Ouest, ce qui nous fit présumer que l'ennemi avait beaucoup plus souffert que nous ; en réalité, nous fûmes étonnés du peu d'importance de nos pertes. Nous nous disposions en conséquence à poursuivre notre route, lorsque ce même na-

vire, que nous avions vu si endommagé, virant subitement de bord vint nous arrêter court au premier cap
que la flottille s'apprêtait à doubler ; il fallut rétrograder bon gré mal gré et chercher un refuge dans la rivière de l'Orne, à Sallenelles. Les troupes y débarquèrent
et gagnèrent par terre le port de Saint-Vaast-la-Hougue
où les bateaux et canonnières arrivèrent successivement, peu de temps après, en suivant la côte au plus
près.

Ce port était désigné comme point de ralliement des
bâtiments destinés à l'attaque des îles Saint-Marcouf [1],
et la flottille de Cherbourg s'y trouvait déjà rendue à
destination avec ses troupes de débarquement. Les Anglais, ne pouvant plus douter du but de ces mouvements de concentration, complétaient les moyens de
défense de ces îlots et renforçaient leur croisière sur
ces côtes.

Le 6 mai, l'attaque fut résolue pour le lendemain, au
point du jour. En conséquence, toutes les troupes furent embarquées le soir même et les bateaux furent
immédiatement dirigés sur les îles. La nuit, quoique
obscure, était belle et très chaude et la mer calme,
mais malheureusement trop phosphorescente. Chaque
coup d'aviron, chaque mouvement du gouvernail semblait produire une gerbe lumineuse et l'on aurait pu
suivre de fort loin notre sillage, brillant dans l'épaisseur des ténèbres. Néanmoins, à 3 heures du matin,
tout était encore silencieux et rien ne semblait annoncer que nous fussions arrivés à portée des îles qu'il s'a-
gissait d'aborder au point du jour avec nos bateaux

1. Ces îles constituent une importante position militaire, dans la
rade de la Hougue, arrondissement de Valogne (Manche).

plats, sous la protection du feu des canonnières. Les premières lueurs de l'aurore apparaissaient et le silence le
plus absolu régnait toujours autour de nous ; mon
lougre, *le Vengeur*, ne marchait plus en tête, il commandait la réserve des transports. Le jour nous apporta
le spectacle de la dispersion de la flotte ; les embarcations séparées les unes des autres par des courants contraires, se trouvaient pour la plupart fort éloignées des
îles. On hissa immédiatement les signaux de ralliement et de combat, mais les chances de surprise que
nous offrait l'obscurité étaient évanouies. Quelques
groupes de bateaux plats se dirigent sur les îles avec
une vitesse inégale et les canonnières se rapprochent
pour les soutenir.

Le soleil était levé depuis plus d'une heure, quand
la canonnière l'*Éclatante*, capitaine Vallet, commença
son feu à bonne distance : les Anglais ripostèrent à
l'instant par une décharge générale qui éclata comme un
coup de tonnerre ; chaque rocher paraissait en flamme.
Quelques bateaux se rapprochaient visiblement de la
côte : à leur tête, celui du capitaine Giraud qui fut
frappé et sur-le-champ coulé à fond. Sur ces entrefaites,
trois grosses voiles signalées au sud-ouest semblèrent
se gonfler et trouver assez de vent pour nous donner la
chasse. Dès lors, la flottille courant le risque d'être
coupée, l'expédition était manquée ; on fit le signal de
retraite et nous rentrâmes en rade. Nos soldats
chantaient des bouts-rimés qu'ils improvisaient et dont
le refrain était à peu près celui-ci : « *Sur cet élément
aussi perfide que malin, prenez donc des rocs, à
coups de crosse et de poings!* Ces deux derniers mots
rappelaient les noms des généraux de mer et de terre

de l'expédition. On sacrifiait ainsi la vérité à l'épi-
gramme, car l'un et l'autre de ces officiers jouissaient
d'une réputation méritée [1].

C'était le suédois Musquein qui était l'inventeur ou
plutôt l'introducteur de ces bateaux plats que nous
appelions *mesquins* et que l'armée de Boulogne traita
plus tard de *coquilles de noix* ; c'était lui qui dirigeait
l'expédition contre les îles Saint-Marcouf. Les Anglais
nous ont remis ces rochers à la paix d'Amiens et nous
les avons fortifiés, sans pouvoir, à ce que j'ai entendu
dire, y entretenir une garnison, à cause du manque
d'eau. Plus tard, à Boulogne, me rappelant les difficultés
de toutes sortes que j'avais été à même de noter dans
nos essais de débarquement sur la plage du Havre,
dans notre navigation sur une mer morte, le long d'une
côte amie et dans nos divers combats et attaques, sous
la protection de nos batteries de terre, à la faveur d'un
calme aussi propice à nos opérations que nuisible à
l'ennemi, me récapitulant ces difficultés sans nombre,
insurmontables, je ne pouvais me représenter comment
Napoléon osait confier ses destins et ceux de la France
à un matériel de guerre aussi misérable ; comment il
osait hasarder ces frêles embarcations loin des côtes de
France, les exposer à des coups de vent, à une tempête,
aux dangers aléatoires d'un abordage sur une rive

---

1. Le contre-amiral Lacrosse, célèbre par son brillant combat du
13 janvier 1797, en vue de la baie d'Audierne, au retour de l'expédition d'Irlande. On trouve le récit des aventures du vaisseau *les
Droits de l'Homme*, qu'il commandait ce jour-là, dans l'*Histoire de la
Marine française* de Léon Guérin, et dans la *France militaire*,
d'A. Hugo.
Le général de brigade Point, tué en 1799, sur le champ de bataille
à l'âge de quarante ans.

ennemie, hérissée d'ouvrages défensifs, d'artillerie et de troupes, et enfin à la rencontre d'une escadre ou d'une division de haut-bord! Il me semblait que les naufrages, les avaries et les pertes de toute espèce que ces bateaux ont éprouvées, soit dans leur station en rade, soit dans leurs essais de sortie, en dépit d'immenses et ruineuses précautions, étaient bien faits pour dissiper les projets du génie le plus ambitieux [1].

Bénie soit l'étoile qui conduisit Bonaparte à Auster- litz, si réellement, à Boulogne, il a jamais pensé à atta- quer l'Angleterre! Et pourtant, hélas! sa belle et bonne armée n'a-t-elle pas, un peu plus tard, dans cette autre direction poussée trop loin, trouvé, au milieu des neiges de la Russie, le sort malheureux qu'elle évitait en s'éloignant de la mer! Les eaux de la Manche n'eussent pas été aussi funestes que les flammes de Moscou, et cette désastreuse campagne n'aurait sans doute pas eu lieu si le débarquement projeté contre la Grande-Bre- tagne eût été tenté.

César, le modèle de Napoléon, a exécuté cette tenta- tive plusieurs fois sur les mêmes points, mais les temps et les choses différaient encore plus que la fortune de ces deux hommes extraordinaires, émules de gloire et victimes de la même passion. Leur fortune différa, puisque le général romain, toujours vainqueur en Eu-

---

1. Ce sentiment a dû être partagé depuis par bon nombre de con- temporains du général Hulot, car les auteurs des *Victoires et con- quêtes*, ont eux-mêmes jugé à propos de glisser sur ces tentatives téméraires pour ne pas dire insensées, se contentant d'enregistrer « la terreur que paraissaient imprimer les préparatifs formidables d'une descente même sur le sol de la Grande-Bretagne... » (V. la *Troisième Coalition*, 8ᵉ volume).

rope comme en Afrique, vint tomber sous les coups de son Sénat, tandis que le héros français brûla ses lauriers en Égypte, les gela en Russie et s'en alla périr lentement dans une île étrangère. Les circonstances ne différaient pas moins : quand César entreprit la conquête de la Bretagne, il n'avait à redouter ni l'effet de l'artillerie, ni la suprématie maritime de la puissance qu'il attaquait; ses navires étaient à l'épreuve des coups de mer ordinaires et de l'armement en usage à son époque. Et cependant, c'est dans ces expéditions qu'il éprouva le plus de difficulté et de résistance; il ne réussit même qu'au cours de sa troisième tentative, grâce à la défection d'un des partis insulaires. On m'objectera peut-être que Bonaparte, sans les malheureux combats de Villeneuve, aurait pu, avec ses escadres réunies, distraire, contenir et même battre les bâtiments anglais, puis protéger la traversée et le débarquement de la flottille. Je n'en crois rien : ces formidables armements contre l'Angleterre rappelaient trop fidèlement l'Invincible Armada de Philippe II pour laisser espérer d'autres résultats. Il fallait des illusions bien robustes pour rêver un succès chimérique, en considérant la situation de notre marine réduite à une impuissante valeur personnelle et la puissance de l'Angleterre qui commandait plus solidement et aussi despotiquement sur mer que Napoléon sur terre. D'ailleurs, que fût devenue notre armée après son débarquement dans un pays unanimement exaspéré contre nous et dont la population eût su que nous étions privés de toute communication avec la France? Toutefois, malgré ma constante conviction de l'impossibilité où se trouvait l'Empereur d'envahir directement la Grande-Bretagne, je suis loin de penser que cette entreprise tentée par une armée française ne pourra jamais réussir. Mais il faudra pour cela que notre matériel et notre personnel de mer soient l'objet d'une réforme sérieuse, que nos officiers et matelots soient exercés soigneusement; qu'on munisse les escadres de l'expédition et les navires de transport, de force chaloupes de débarquement, qu'on multiplie les démonstrations sur les côtes ennemies, qu'on se ménage des partisans sur quelques unes comme aujourd'hui en Irlande et qu'on ne les aborde qu'en tenant toujours la mer avec des escadres d'observation et de communication. Cette réforme exige une longue période de paix et de grandes dépenses. A l'heure où je relis et coordonne ces *Souvenirs*, en 1842, ces résultats sont atteints en partie, je le constate avec joie.

Les chefs de notre expédition de la Hougue voulurent renouveler l'attaque des îles Saint-Marcouf, mais ils reçurent contre-ordre et durent renvoyer la flotille et les troupes dans les ports de la Manche. Les Anglais mis au courant de tous nos projets par leurs espions, vinrent bombarder nos bateaux dans la rade de la Hougue, avant qu'ils n'en fussent sortis, et commettre des hostilités sur divers points de nos côtes. Enfin, en août 1798, l'expédition d'Egypte, à laquelle notre gouvernement prétendait faire diversion en attiran l'attention de l'Angleterre vers l'Ouest, cessa d'être un mystère pour personne; dès lors, le gouvernement britannique porta son attention ailleurs, et nos flotilles purent séjourner en toute sécurité dans leurs abris.

Ma compagnie fut quelque temps cantonnée dans le

petit port de Barfleur [1] ; de là, elle fut envoyée à Cherbourg où nous arrivâmes au commencement de l'année 1799 et où, tout en continuant à faire partie de l'armée d'Angleterre, nous passâmes deux années dans le calme, l'obscurité et l'étude. Chaque trimestre, nos compagnies d'artillerie de ligne alternaient entre elles pour fournir la garnison des trois superbes forts de cette ville qui semble avoir tiré son nom des énormes sommes d'argent jetées dans sa rade et sur les côtes qui l'embrassent. Des montagnes de granit ont été déplacées, tant pour former sa digue noyée à la surface que pour élever les formidables batteries à triples étages qui appuient ses issues latérales et protégent son centre.

Depuis mon départ de Cherbourg, un port de guerre et un grand bassin ont été creusés dans le roc sur ce

---

1. Parmi les ordres de service et les lettres du général Hulot, collectionnées par son neveu, le baron Hulot de Collart, nous avons trouvé des pièces offrant un intérêt historique considérable et qui, presque toutes, mériteraient les honneurs de la publication. La page suivante est extraite d'une lettre adressée de Barfleur à sa famille par le lieutenant Hulot, le 3 fructidor an VI (20 août 1798). Elle prouve que le niveau égalitaire de la Révolution n'avait pas pénétré avec le même succès dans toutes les parties de la France ; les archéologues y retrouveront, en outre, la description d'une coutume qui a fourni aux auteurs des *Cloches de Corneville* l'une des scènes les plus originales de leur pièce.

« ..... Quelquefois pour me promener, je vais dans les foires des bourgs voisins. Là, je vois un spectacle qui ne se rencontre pas dans notre pays et qui me rappelle la traite des nègres. A côté des bestiaux à vendre, se trouve un foule d'hommes et de femmes portant chacun un bouquet à la main. Ces fleurs, qui ne devraient être que le symbole de la joie et de la liberté, annoncent que celui qui le porte est à vendre. Un fermier se présente et demande : « Combien le bouquet ? — Cinquante écus. — Trop cher ! — Quarante écus. — Je le prends. » Et l'homme ou la femme est au fermier... »

saillant de la côte de Normandie, que Vauban appelait l'auberge de la Manche. Mais combien il manque encore de travaux et combien encore de dépenses néces- saires pour compléter le système de défense et les vastes projets qu'a inspirés cette admirable position stratégique ! Du côté de la terre, le terrain est nu et ouvert aux feux plongeants que l'ennemi établirait sur les hauteurs couronnant la place, le port et les bassins, dans le cas d'un débarquement qu'il effectue rait sans peine à l'isthme du Cotentin. Toutes ces crêtes inégales et détachées à bonne portée l'une de l'autre, devraient être couronnées de forts, suscep- tibles d'une assez longue défense et s'appuyant, au sud, à la forteresse de Querqueville et, au nord, à celle que réclame la position du Becquet. Les forts actuels de la place demandent eux-mêmes une fortification meilleure et mieux défilée.

Une idée qui s'est présentée à mon esprit, chaque fois que j'ai visité cette région la carte à la main, et qui me séduit plus que jamais aujourd'hui, c'est celle de creuser un canal militaire et commercial qui cou- perait la presqu'île du Cotentin à son isthme, vers les Veys, près d'Isigny, et qui irait déboucher vis-à-vis les îles de Jersey. La place de Carentan, parfaitement située, et quelques forts qu'on établirait sur des em- placements choisis, formeraient la gorge de cette vaste place d'armes, de ce camp retranché où la France, avec une garnison composée en grande partie de marins, pourrait, en pleine sécurité, établir ses prin- cipaux ateliers de construction et en imposer à l'An- gleterre plus efficacement que par ses flotilles, voire même ses ports d'armements de Brest et de la Méditerranée, si faciles à bloquer, si difficiles à rallier [1].

Je suis persuadé que l'exécution de ce projet rendrait Cherbourg redoutable aux flottes ennemies, diminuerait l'outrecuidance de leurs amiraux, nous permettrait souvent de prévenir leurs hostilités, de venger les excès qu'ils commettent sur nos côtes et de leur reprendre les îles de Jersey, Guernesey et Aurigny qui appartiennent naturellement à la France. Une fois rentrés en possession de ces îles, nous redevenons seuls maîtres de la mer comprise entre elles et la côte défendue par les places de Saint-Malo, de Granville, de Cherbourg et de la Hougue, ce qui nous constitue une vaste rade de manœuvre pour former nos marins et pour exercer nos officiers de mer aux grandes évolutions navales, trop longtemps ou plutôt toujours négligées durant les périodes de guerre.

1. Il est inutile de faire ressortir combien l'application du projet du général Hulot eut facilité l'œuvre de la défense nationale en 1870, en offrant, au lendemain des désastres de Forbach et de Reischoffen, un point de ralliement et de ravitaillement aux bataillons de mobiles et de mobilisés de l'Ouest.

L'intendance et l'artillerie appuyées sur la marine eussent pu y travailler en toute sécurité à la réorganisation du matériel, et les conscrits y eussent rapidement acquis l'instruction nécessaire avec l'aide des troupes de débarquement de la flotte et des débris de l'armée de Sedan qui furent immobilisés en Normandie pendant toute la durée de la guerre (12e régiment de chasseurs, corps des francs-tireurs Mocquard, etc.).

L'existence de cette magnifique place d'armes eut empêché le gouvernement de Tours de concevoir l'idée de la malheureuse diversion du général Bourbaki dans l'Est, et lui eut nécessairement inspiré le plan d'une jonction de l'armée de Cherbourg avec l'une des deux armées du Nord ou de la Loire, en vue d'une action commune et énergique dans le rayon de Paris. Qu'il nous soit permis de regretter que personne n'ait songé à attribuer à la réalisation de ce projet patriotique une fraction des 7 milliards votés par le parlement pour des travaux de canalisation ou de chemins de fer d'intérêt local, dont les résultats futurs sont absolument hypothétiques !

Des trois forts qui, avec la place de Cherbourg, composaient ma garnison, le plus triste, celui de l'île Pelée, était mon poste préféré, surtout en hiver. Bâti sur un roc que la mer assiège et bat éternellement, ce fort étroit mais très élevé m'offrait une retraite on ne peut plus propice à l'étude et au recueillement. J'y trouvais dans les nuits calmes, un observatoire unique pour l'application de mes lectures astronomiques et, dans les jours de tempête, un vaste amphithéâtre du haut duquel j'assistais aux grands combats de la nature et aux luttes des malheureux navires qui m'offraient trop souvent le spectacle de leur impuissance. Dans l'intervalle de ces imposants sujets de contemplation et de méditation, je m'occupais de l'étude de l'histoire universelle que je résumais avec Anquetil. Mais je m'aperçus bientôt qu'il faut trop souvent relire ces arides pièces chronologiques, pour les graver dans sa mémoire. Mes récréations étaient, outre la musique, les jeux d'échecs et de tric-trac.

Ce fort servait de prison d'État et l'on ne pouvait mieux choisir pour éviter les évasions. Il renfermait à cette époque une douzaine de détenus d'origine et de caractères bien différents et entre autres, le vendéen Commartin, le fédéraliste Barrère et les babouvistes Germain et Bonaroty. Ces personnages composaient une société ardente et orageuse dont il fallait fréquemment séparer les membres : le malheur les avait rapprochés sans éteindre leur rancunes, et la rigueur de leur situation ne les empêchait pas de se déchirer entre eux.

Malgré le mélancolique aspect de ce triste séjour, je ne m'y ennuyais pas, j'y trouvais la 'pleine satisfaction de mes goûts pour la solitude, et, plusieurs fois, pour y rester, je changeai mon tour de détachement en ville avec des camarades toujours fort empressés à me rendre ce service. J'étais heureux par comparaison ; je jouissais de la liberté au sein d'un calme parfait, dans une prison au centre de la tempête ; autour de moi, l'orage grondait ; c'était la guerre sur terre et sur mer, l'ouragan soufflait partout, excepté dans ma cellule et dans nos casemates où le bronze reposait tranquille. Mais la voix secrète du patriotisme et de la gloire me sollicitait vers un théâtre plus digne de mon uniforme et de mon âge ; j'étais à mon poste, il est vrai, mais je commençais à croire avec les journaux qui pénétraient jusqu'à moi, que je perdais mon temps, tandis que mes camarades l'employaient plus activement et plus glorieusement.

Enfin, le 16 janvier 1802, je reçus subitement un ordre de départ qui me fit bondir de joie, dans la persuasion où j'étais qu'il serait suivi d'une feuille de route pour l'armée. C'était une fausse joie ; on m'envoyait tout simplement commander l'artillerie de Granville et de son arrondissement, et, peu de mois après, ma compagnie vint m'y rejoindre pour désarmer les batteries, à la suite de la paix d'Amiens, cette paix si courte et pourtant réclamée avec tant d'impatience et accueillie avec tant de bonheur par ces populations normandes. A Granville, ainsi que dans toutes mes stations de quelque durée, je travaillais à rassembler tous les documents relatifs à la statistique, aux origines et à l'histoire de la place et du pays. Je reconnaissais les points stratégiques et les postes militaires, je les étudiais au point de vue de l'attaque et de la défense, puis, je composais un mémoire dans lequel j'exposais ces renseignements avec les développements qu'ils me suggéraient. Ces occupations ajoutées à mon service journalier, me rendaient intéressantes toutes mes stations, quelques tristes qu'elles fussent par elles-mêmes. C'est à Granville, que par suite d'un travail épuratoire dans le corps de l'artillerie [1], je perdis mes trois vieux camarades mis en bloc à la retraite. Le capitaine Lafitte, élève de Châlons dans la promotion qui précédait la mienne, vint prendre le commandement de notre compagnie; malheureusement, ce jeune et aimable officier dut bientôt s'embarquer pour suivre l'expédition du général Leclerc. Je le conduisais par mer jusqu'à Saint-Malo, lorsqu'un coup de vent nous fit échouer sur le rocher de Cancale, sinistre présage du sort qui l'attendait à Saint-Domingue où il périt avec son frère et tant d'autres de nos compatriotes.

La mer n'étant pas tenable lors de mon retour de Saint-Malo à Granville, je fis une vingtaine de lieues par terre pour regagner ce dernier port que l'on peut atteindre en quelques heures, sur un bâtiment, par un temps favorable. Je traversai Dol, Pontorson et Avranches, côtoyant cette baie de Cancale, célèbre par la rapidité de son flux et surtout par la présence du Mont-Saint-Michel, fort et prison d'État. Du rivage, on aperçoit ce pittoresque rocher émergeant des eaux basses comme un vaisseau chargé de voiles qui fait de vains efforts pour se remettre à flot. En rentrant à Granville j'eus la satisfaction d'y trouver le nouveau colonel de

1. Travail préparé et exécuté par le général Berthier, ministre de la guerre.

mon régiment, M. de Sénarmont, cet excellent et digne chef que j'avais rencontré pour la première fois, près de Luxembourg, sept ans auparavant. J'appris de sa bouche que j'avais été nommé premier lieutenant d'artillerie, par ordonnance du 12 juin 1802.

Ce n'était, à la vérité, qu'un degré de gagné et non un grade, après huit années de seconde lieutenance ; mais tous mes camarades, à très peu d'exceptions près, étaient restés aussi stationnaires que moi, malgré leur instruction, leur mérite et leurs services de guerre. Cependant, aucun ne murmurait ni ne se plaignait : c'est que le temps des avancements rapides était passé et que celui des *grognards* n'était pas encore arrivé [1].

1. Ici doit trouver place un des documents les plus originaux de la collection de M. le baron Hulot de Collart. C'est une lettre du colonel P. de Champrouet, que nous nous faisons un devoir de citer intégralement, à cause de l'intérêt historique qui s'en dégage :

14e DIVISION MILITAIRE
    n° 2,997   « Cherbourg, le 1er messidor an X
DIRECTION D'ARTILLERIE   (20 juin 1802).

« P. Champrouet, chef de brigade, directeur d'artillerie, au citoyen Hulot, lieutenant de la 13e compagnie du 6e régiment d'artillerie.

« J'ai reçu, mon cher Hulot, le mémoire que vous avez bien voulu m'adresser pour assurer la défense de la place et du port de Granville. Je vous en fais bien mes remerciements, mais je n'en ferai pas grand usage et le remettrai pour l'instruction de mon successeur : car les consuls de la République ont décidé que si je ne partais pas pour ma nouvelle destination dans la République Italienne, je serais admis à ma retraite que j'ai demandée ; le ministre m'ayant écrit de lui faire connaître sans délai ma résolution définitive.

« J'avais des espérances à mon retour de Paris, que le grand faiseur détruit. Je vous envoie pour remettre vraisemblablement au capitaine Lemaire, l'instruction du ministre pour le désarmement, avec sa lettre qui en donne l'ordre. Vous pourrez mettre le citoyen Lemaire au fait des travaux de la place. Je souhaite que le service aille toujours de mieux en mieux. Quant à moi, après quarante-deux ans de service effectif et bien des campagnes de guerre qu'on ne veut

Dans tous les grades de l'armée, il y a des exceptions, comme dans les diverses phases de la guerre, il y a des occasions qui ne sont soumises ni au tour d'ancienneté, ni au rang de contrôle. Que le gouvernement ménage de l'avancement aux militaires qui, par leur mérite, font partie de ces exceptions, qu'il décore ceux dont la bravoure rencontre et saisit ces occasions, qu'il accorde cette double récompense à ceux de ces militaires qui unissent un mérite distingué à un courage éprouvé, l'armée applaudira et son moral se maintiendra ; mais le contraire aura lieu, si les grades et les décorations sont le prix du favoritisme, car « les passe-droits, suivant l'expression de Guibert, sont des coups mortels, principalement dans les corps savants. » On ne s'imagine pas le découragement qu'éprouve malgré lui, un officier capable et méritant, quand il se voit préférer, surtout pour l'avancement, un de ses cadets ayant moins de titres que lui, sous tous les rapports, et auquel il faut qu'il soumette sa volonté et ses talents ! Combien de démissions et de suicides ont eu pour cause de semblables injustices !

pas me compter, je ne puis me dispenser de me résoudre à planter les choux de mon jardin, ma santé délabrée ne me permettant pas d'entreprendre un si long voyage. Voilà le temps, voilà les hommes. et voilà les suites de la Révolution !

» Je vous salue amicalement.   « P. CHAMPROUET »

Nous ne rechercherons pas si c'est un mouvement de mauvaise humeur ou un sentiment de scepticisme et de méfiance patriotique qui ont fait tomber de la plume du colonel de Champrouet l'épithète de « grand faiseur » à l'adresse du général Bonaparte ; nous nous contenterons de faire ressortir de ce document un fait historique qui a sa valeur : l'escamotage de certaines campagnes de guerre, dans la liquidation des retraites militaires en l'an X de la première République. Il s'agit, sans aucun doute des campagnes faites sous la monarchie.

Mon nouveau grade, ou plutôt mon nouvel emploi,
me fit passer dans la 7e compagnie du même régiment
que je trouvai en grande partie réunie à Rennes, sous
les ordres directs du colonel. C'était la première fois
que nous nous trouvions, mes camarades et moi, rassemblés autour de nos drapeaux, ce qui n'a pas lieu de
surprendre quand on sait qu'en temps de guerre et
surtout dans une guerre aussi générale que la dernière, les régiments d'artillerie disséminent leurs compagnies dans les places et dans les armées et qu'il ne
reste au dépôt que les écoles et les drapeaux.

On peut difficilement se figurer la satisfaction que
nous éprouvions à nous voir réunis sous le commandement paternel d'un chef aussi affable et aussi vénéré [1],
dans une des garnisons de France les plus belles et les
plus enviées. Chacun rapportait dans cette noble et
patriotique famille et déposait sur l'autel de l'amitié,
la portion de gloire qu'il avait conquise aux quatre
coins de l'Europe, en Afrique, en Amérique et jusqu'aux Indes-Orientales. Nos conversations pendant les
repas, les promenades et partout, étaient des cours de
géographie et d'histoire militaire : ces souvenirs nous
intéressaient et nous stimulaient autant qu'ils nous
instruisaient. Dans les intervalles des manœuvres et
des exercices journaliers, nous trouvions du repos et
des distractions dans la société qui nous faisait un excellent accueil ; les promenades, le jeu, les cafés et le
spectacle nous offraient aussi leurs séductions variées ;

1. Voir le Mémoire sur le lieutenant-général de Sénarmont
(Alexandre), rédigé sur les pièces officielles du Dépôt de la guerre et
des archives, du Dépôt central de l'artillerie, sa correspondance privée et des papiers de famille, 1 vol. in-8 1846.

pour tout dire, Rennes, ma première garnison régimentaire, est aussi celle qui m'a laissé les souvenirs les plus agréables, beaucoup sans doute en raison de mon âge et des circonstances, car il y aurait ingratitude de ma part à la classer avant Lille et Douai où m'attendaient une réception aussi cordiale et d'aussi aimables relations.

Il était facile à présager que cet heureux temps ne durerait pas, mais, par grâce d'état, nous ne songions pas au lendemain. Et cependant, chaque jour, pendant nos exercices du soir, le vaguemestre remettait au colonel des dépêches que celui-ci lisait avec une figure grave et des gestes soucieux, car il était rare que le courrier ne renfermât pas le nom de quelque nouvelle victime dont la mort appelait un remplaçant à Saint-Domingue. La mortalité toujours croissante dans ce corps expéditionnaire décimait sans cesse les détachements que nous possédions à cette malheureuse armée, détachements dont nous n'étions occupés qu'à combler les vides, aussi, cette colonie coûta-t-elle bien cher au 6° régiment d'artillerie à pied ! Il est vrai que, par une triste compensation, l'avancement marchait dans notre corps en raison des pertes ; c'est ainsi que je parvins au grade de capitaine en second le 17 avril 1803, c'est-à-dire beaucoup plus tôt que je ne m'y attendais.

CHAPITRE VI

ARMÉES DE BREST ET DE BOULOGNE ; LES BRULOTS ANGLAIS. — INSTITUTION DE LA LÉGION D'HONNEUR.

Grâce aux bontés de mon colonel, en changeant de grade, je ne quittai ni son régiment, ni son école ; je fus attaché à l'arsenal de Rennes, de sorte que tout en étudiant le matériel et les constructions d'artillerie, je pus rester fidèle à mes relations et suivre les mêmes instructions que mes camarades. Dans notre arme, l'avancement roule sur tout le corps, qui se trouve composé aujourd'hui de plusieurs régiments à pied ou à cheval, d'un bataillon de pontonniers et de 14 compagnies d'ouvriers, d'artificiers et d'armuriers de l'état-major ; ce dernier corps fournit les officiers aux établissements, tels qu'arsenaux, poudreries, forges, fonderies, manufactures d'armes, places, écoles et directions. Mon grade me plaçait à l'état-major de l'arme, dont le service nous apprenait à appliquer les connaissances théoriques à la pratique du métier, de sorte qu'en rentrant dans le personnel pour commander une compagnie, le capitaine possède les connaissances nécessaires à un chef de bataillon, grade qui suit celui de capitaine-commandant ou en premier. Malheureusement, je restai à peine sept mois dans cette position avantageuse. La guerre se ralluma tout à coup entre la France et l'Angleterre, et mon ancien régiment fut disséminé sur les côtes. Une armée et une escadre se rassemblaient à Brest, en même temps que Bonaparte, alors Premier Consul à vie, se disposait à réunir à Boulogne d'immenses moyens de démonstrations contre l'Angleterre. M. de Sénarmont, nommé chef d'état-major de l'artillerie de la première de ces armées, me prit parmi ses adjoints, et je partis avec lui de Rennes pour Brest, à la fin de décembre 1803, en vertu d'un ordre ministériel, daté du 23 de ce mois.

Jamais, jusqu'alors, je n'avais vu de près un vaisseau de ligne, ni parcouru les vastes chantiers et ateliers d'un port de guerre, puisqu'au Havre et à Cherbourg, on ne construisait tout au plus que des frégates. La plus grande activité régnait à ce moment dans Brest; des milliers d'ouvriers, de manœuvres et de forçats, d'officiers, de matelots, de soldats et de curieux, circulaient et s'agitaient incessamment dans ses immenses établissements, dans ses bassins, sur ses quais et dans sa rade. D'énormes carènes en carcasse, quelques-unes flottantes ou prêtes à être lancées, d'autres mâtées et non encore armées, plusieurs en mouvement et sortant du port, enfin, une forte escadre mouillée en rade ou à la voile, sous la protection d'une côte hérissée de batteries: tel était le spectacle imposant que m'offraient la ville et la rade de Brest, et qui relevait à mes yeux

la puissance de l'homme, en me rapetissant moi-
même, et m'inspirant un sentiment d'humilité pénible
ou plutôt d'ambition impuissante à la vue de ces
grandes œuvres de mes contemporains. C'est ainsi, que
dans mes visites aux musées du Louvre et à la bibliothèque du roi, j'éprouvais moins de jouissances à l'aspect des chefs-d'œuvre de l'art et des trésors du génie
qui y sont accumulés, que de souffrances morales, en
constatant mon infériorité et mon insuffisance. Au milieu de ces tableaux, de ces livres et de toutes ces richesses artistiques, que bien des gens semblaient admirer en connaisseurs, j'étais réellement, qu'on me pardonne la comparaison, comme l'eunuque dans le sérail.[1]

1. Il est évident que nous n'acceptons que sous bénéfice d'inventaire, cette boutade du général Hulot, contre laquelle protestent sa
correspondance et les manuscrits qu'il a laissés. La vérité est que
l'auteur des *Souvenirs* était un savant, un érudit, bibliophile à ses
heures, et excellent appréciateur des choses de l'art. Si nous avons
jugé à propos de maintenir ces passages, où il affiche une si médiocre et si injuste opinion de sa personne, c'est que nous savons
pertinemment qu'il n'y a là aucune affectation d'humilité, mais l'expression très sincère d'une modestie et d'une méfiance de soi-même,
dont il ne s'est jamais départi dans tout le cours de sa carrière.

Cette modestie est, du reste, pour ceux qui recherchent les enseignements philosophiques de notre histoire nationale, la note caractéristique des héros patriotes, sortis de la grande crise de 1789-92. La
loyauté dans le caractère, une probité à toute épreuve, un profond
sentiment de camaraderie à l'égard de leurs compagnons d'armes,
la sollicitude pour le soldat, et la générosité envers les vaincus et
les populations, telles furent les vertus de ces hommes qui formè-
rent le noyau des armées de Napoléon 1er, après la mort de leurs
modèles, Marceau, La Tour d'Auvergne, Joubert, Hoche, Kléber, René
Moraux, Desaix, Dugommier, etc. A cette école appartenaient les Hulot
des Ardennes et le sympathique colonel du 6e régiment à pied,
Alexandre Hureau de Sénarmont, dont le manuscrit fait si souvent
l'éloge.

Le lecteur n'oubliera pas d'ailleurs, que le général Hulot avait
rédigé ses *Souvenirs* pour occuper les loisirs de sa retraite, et qu'il
les destinait, non pas au public, mais à sa famille et à ses amis.

Ce qui mit le comble à mon enchantement, fut la visite que je fis, en accompagnant le général en chef Augereau, à bord du vaisseau-amiral, mouillé au milieu de sa formidable escadre. Ces colosses immobiles, véritable forêt sans feuillage, attendaient notre approche dans le silence, et soudain, des milliers de pavillons de toutes nuances flottent dans les airs. A peine avons-nous eu le temps d'admirer ce spectacle qu'il se dérobe à nos yeux, dans une épaisse atmosphère de fumée et de flammes, que plus de mille bouches de feu vomissent autour de nous avec un fracas étourdissant. Il faut être militaire pour apprécier la beauté d'un pareil tableau, et je comprends tout ce qu'il a de magique et d'électrique pour le marin, dans un combat réel; je comprends surtout comment cette splendide mise en scène a le privilège d'étourdir les acteurs sur les effroyables accidents des batailles navales. A un second coup de sifflet, le vacarme de l'artillerie cessa subitement, et à ces roulements de tonnerre succéda sans transition un concert d'harmonie instrumentale, au son de laquelle nous visitâmes l'intérieur de ces citadelles flottantes. Après le repas, tous les navires déployèrent leurs voiles, manœuvrèrent et défilèrent devant nous comme des escadrons, s'il est permis de comparer les petites choses aux grandes. Quelle discipline, quelle instruction et quelle préparation il faut pour manier et pour diriger ce savant personnel et ce merveilleux matériel! D'un autre côté, quelles impressions profondes et de nature bien différente, ne produisent pas dans l'esprit du spectateur ces merveilles de l'industrie, ces immenses et admirables œuvres de la science, du travail et du génie, quand on pense

qu'un moment d'oubli d'un chef ou d'un pilote, qu'un
seul coup de vent peut les détruire et les engloutir
à jamais !

Il y avait trop à voir et à apprendre dans ce gigantesque laboratoire naval, pour que je ne cherchasse pas
à profiter des circonstances qui m'offraient une pareille
mine d'observations et d'études ; aussi, j'étais partout,
à toute heure, sur mer comme sur terre, ce qui ne
m'empêchait pas de suivre avec notre colonel, des
leçons assidues de langue anglaise, et nous nous
acharnions après la prononciation, parce que nous
voulions à tout prix, nous faire comprendre en débar-
quant en Angleterre.

Déjà Boulogne devenait le principal centre de l'activité déployée contre cet ennemi national. Ce port était le
point d'attraction générale, l'objectif de toutes les facultés, de tous les efforts de l'armée et de l'administration. Notre colonel y fut bientôt appelé et nous l'y suivîmes, ne le quittant pas plus que les satellites ne
quittent leur planète. Toutefois, je restai pour quelques
jours en arrière, remplaçant à Brest M. de Sénarmont,
jusqu'à l'arrivée de son successeur. En passant à
Rennes, le colonel inspecta et emmena une partie de
son régiment, rassemblé à cet effet ; je rejoignis la colonne sur la route de Douai. J'ai toujours eu un faible
pour les voyages de longue haleine, avec la troupe qui
vous offre la ressource d'une joyeuse compagnie, et je
me plaisais à faire à pied les deux tiers du chemin, mes
deux chevaux tenus en main derrière moi. C'est à cette
bonne habitude que je dois d'avoir conservé l'usage de
mes jambes comme dans ma jeunesse, et l'avantage de
les exercer encore fréquemment aujourd'hui (1825).

Après avoir fait séjour à Douai, nous partimes de cette ville pour nous rendre au camp de Saint-Omer, où de fréquentes courses sur les routes et canaux de l'Artois, l'étude de la langue anglaise et les détails du service constituèrent mes occupations et mes distractions. Le 6 juin de cette même année 1804, l'Empereur nous nomma : M. de Sénarmont, sous-chef, et moi, adjoint de l'état-major général d'artillerie de sa Grande Armée. En conséquence, nous rejoignîmes le quartier-général impérial à Boulogne, où nous accompagnèrent les canonniers du régiment. Dans cette ville déjà bien encombrée, le maire m'offrit un logement dans sa propre demeure, où je retrouvai par un hasard aussi singulier qu'agréable, mon plus jeune frère, qui était aussi officier d'artillerie. Au sortir de l'école polytechnique et de celle de Châlons, il avait déjà fait la campagne de l'an IX en Allemagne et suivi en Espagne l'expédition du général Leclerc.

Les hautes falaises de Boulogne étaient couvertes de troupes, et leurs barraques alignées régulièrement, pouvaient être facilement distinguées des Anglais, soit de la pleine mer, soit même de leurs côtes. Ce camp formidable se prolongeait sur une ligne de plus de 15 lieues, depuis Etaples jusqu'à Dunkerque. Des batteries, garnies de toutes espèces de bouches à feu, et des forts puissants défendaient la plage et toutes les hauteurs qui dominent le rivage ; en avant des ports étaient embossées des centaines de péniches, de bateaux plats et de canonnières formant une troisième ligne de feux. Mais autant les forces de terre me paraissaient imposantes, autant je trouvais notre marine insuffisante, quelque fût d'ailleurs le nombre des bâtiments : je me rappelais le rôle qu'ils avaient joué dans l'expédition des îles Saint-Marcouf et, dans mon excursion à Brest, j'avais apprécié le contraste que ces bâtiments rassemblés à Cherbourg, offraient avec ceux de la flotte anglaise. Si encore, nos vaisseaux avaient été en état de convoyer et de protéger ces flotilles ? Mais, hélas ! comme je crois l'avoir déjà dit, c'étaient des corps sans âme ; non, que nos marins en manquassent. tant s'en faut ; ils en avaient autant que nos soldats de terre, et ils en auraient revendu aux Anglais, mais la tempête politique et les circonstances avaient, par la rareté des expéditions maritimes, paralysé les mouvements, et affaibli l'énergie et la confiance de nos escadres.

Cependant, les préparatifs de descente s'accumulaient au nord de la Manche, quoique cette mer fut dépourvue de ports pour les gros bâtiments de guerre. Chaque jour, nous assistions de loin à de nouveaux combats ; des bateaux et des canonnières échappaient en s'abritant sous nos batteries, à la poursuite de l'ennemi, et se réfugiaient dans les bassins agrandis de Boulogne ; à chaque instant retentissait sur ces rivages, ou le canon d'une flotille attaquée par les Anglais, ou la fusillade des troupes qu'on exerçait. A la vue de ces armements et de cette agitation, l'ennemi augmentait incessamment ses moyens de défense et ses forces maritimes. Trop souvent l'impatient arbitre des destinées de la France, repoussant les observations les mieux fondées des amiraux, demandait des tours de force à ces frêles embarcations, comme il en exigeait de ses valeureux soldats, et livrait ces flotilles à des naufrages qui lui prouvaient en vain que la mer n'était pas, comme la terre, docile à ses ordres.

Dans son idée fixe de domination sur tout le continent et sur ces mers jusqu'alors rebelles à son génie, l'Empereur voulut exciter encore le courage et l'émulation de ses armées de terre et de mer. A cet effet, le 15 août 1804, le jour de sa fête, il rassembla dans le vallon que dominait son barraquement de la *Tour d'Ordre*, environ cent mille de ses soldats et de ses marins, et leur fit en personne la première distribution de cette croix magique, dont la perspective enfanta tant de héros, mais qu'aujourd'hui, on devrait moins prodiguer, par pudeur autant que par politique. Ces sortes de talismans si féconds au début, s'usent et perdent toute leur vertu, quand on cesse de les ménager. Ceux qui les ont obtenus avec justice, ne peuvent plus regarder comme une récompense digne de leurs services, ce qu'on donne à la faveur, à l'intrigue, à l'intérêt d'un parti ou d'une coterie, tandis que la privation de ces rubans devient un affront pour tous ceux qui se flattent d'y avoir droit[1]. Il est pénible de songer que de braves militaires, dignes sous tous les rapports de cette distinction honorifique, quittent tristement les drapeaux témoins de leurs faits d'armes et de leurs mérites, et rentrent en rougissant dans

1. Aujourd'hui cette privation a cessé d'être un affront. L'étoile des braves placée sur la poitrine d'un citoyen français ou d'un étranger n'intéresse plus personne en dehors du cercle des individus qui connaissent ses antécédents et ses titres. Ce n'est plus seulement, comme au temps où le général Hulot écrivait son manuscrit, la faveur, l'intrigue, l'intérêt d'une coterie qui président au choix des noms portés sur les listes, chaque année de plus en plus volumineuses. Si beaucoup de ces décorations sont la juste récompense de quelque utile découverte scientifique, de grands succès littéraires ou artistiques, de services rendus à la patrie dans l'enseignement, dans le journalisme ou l'administration, combien d'autres ont une origine absolument banale et compromettent le prestige de cette noble institution!

leurs foyers, la poitrine nue et sans autre certificat que
leurs glorieuses cicatrices. Et de quelle amertume leur
cœur ne doit-il pas être gonflé, lorsque dépouillés de
leur uniforme, et passant devant une sentinelle qui ne
s'occupe pas d'eux, ils lui voient rendre les honneurs
à des particuliers qui n'ont peut-être jamais servi,
mais dont la boutonnière est ornée de ce ruban rouge,
prodigué aux uns et injustement marchandé aux autres !
Qui empêche de créer une décoration et des honneurs
distincts pour les services civils ? Certes, je suis bien de
l'avis de cet ancien ministre, répondant à des solliciteurs
qui lui demandaient la croix de Saint-Louis : «Le roi est
toujours disposé à récompenser les services de toute nature, mais je veux que dans vingt ans on se mette aux
fenêtres pour voir passer un chevalier de l'ordre militaire ! » A coup sûr, la période exceptionnelle que nous
venons de traverser a été trop féconde en actions de
guerre, pour qu'on ait pu se montrer sans injustice
aussi avare de ces grâces ; mais en mettant dans leur
distribution plus d'équité et de sobriété, on aurait re-
haussé l'éclat de ces faveurs, exalté les dévouements
et prévenu les découragements.

Je reviens aux Anglais, qui n'étaient rien moins que
rassurés, et dont l'activité redoublait en présence de
nos préparatifs de débarquement. Parmi les inventions
qu'ils nous opposèrent à cette époque, il faut citer en
première ligne les fusées à la congreve et les terribles
brûlots qu'ils destinaient à porter l'incendie et la mort
dans nos flottilles et jusque dans nos ports. Certains
mouvements inusités de la flotte ennemie et un redoublement d'activité de sa part, avaient donné l'éveil et
fait soupçonner l'imminence d'une tentative ; aussi,

redoublions-nous de précautions, de soins et de vigilance : des ordres détaillés furent même donnés pour le
cas d'une attaque nocturne. Cette sage prévoyance porta
bientôt ses fruits. Dans la nuit du 2 au 3 octobre de la
même année, nos péniches avancées aperçurent des
masses noirâtres qui flottaient vers nos lignes ; elles
tirèrent dessus, à l'exception d'un bateau de notre
extrême droite, lequel soit qu'il se laissât entraîner par
un accès de téméraire bravoure, soit que les ordres ne
lui aient pas été communiqués, s'élança à l'abordage
d'une de ces perfides embarcations et remorqua sa
prise. Le reste des mystérieux engins s'approchant
toujours de nos lignes, les péniches se retirèrent et les
canonnières de la premières ligne firent une décharge
générale sur ces points sombres, en s'écartant aussitôt
pour les laisser passer et éviter leur contact. Ils étaient
parvenus entre nos deux première lignes et plusieurs
avaient même dépassé la seconde ligne, lorsqu'ils cre-
vèrent en projetant une lueur éclatante qui embrasa la
rade et la côte, et avec une détonation formidable qui
souleva la mer, secoua les terres environnantes et alla
briser les vitres des maisons de Boulogne.

Cet épouvantable fracas fut suivi d'un silence de
mort : notre artillerie de terre et de mer, obéissant à la
même impression suspendit son tir : chaque spectateur,
sur la rade et sur la côte, restait comme étourdi et
étonné de survivre à la catastrophe que l'on pressentait ;
nous étions sous le coup d'une angoisse poignante ; les
Anglais eux-mêmes s'abstinrent de rompre ce silence
solennel. Ils attendaient le jour, comme nous, avec une
impatience fébrile : du côté de la France, la crainte et
l'indignation agitaient les cœurs ; du côté de l'ennemi,

une joie sauvage, un espoir féroce les faisaient battre. Enfin ce jour tant désiré parut et il éclaira un spectacle qui impressionna bien différemment les deux partis, car il nous montra nos lignes mouillées en bon ordre et aussi calmes que la mer qui les portait ; mais elle s'était refermée sur les cadavres mutilés des marins et des soldats victimes de l'abordage nocturne de l'un des brûlots[1]. Ces machines infernales, leurs rouages et leurs

1. L'Angleterre n'a pas dégénéré depuis 1804, et ses ingénieurs militaires sont restés à la tête du mouvement, dans cette branche des connaissances humaines qui a pour but la destruction en grand de ses adversaires. Voici ce qu'on lisait dans les journaux du 25 novembre 1881 :

« Nous avons à enregistrer l'apparition d'un nouveau navire de « guerre construit d'après les dessins de l'amiral sir Georges Sartorius. Ce navire est à la fois un énorme bélier et un bateau-torpille « qui aura pour mission d'attaquer les vaisseaux ennemis au-dessous de la ligne de flottaison et sous leur armure. Le pont du *Po-« lyphème*, c'est le nom de ce monstre, n'est qu'à 4 pieds 1/2 au-dessus de la surface de la mer ; tout le navire est protégé par des plaques de blindage en acier. Sa longueur est de 240 pieds ; sa largeur de « 40 pieds. Il est mis en mouvement par des machines d'une force de « 5,500 chevaux, pouvant produire une vitesse de 17 nœuds à l'heure. « Le *Polyphème* va jouer contre les cuirassés le rôle des brûlots d'autrefois (nous lui souhaitons cordialement le même succès), et grâce « à lui les vaisseaux qu'il pourra approcher sauteront comme des bouteilles de champagne et, avec eux, les milliers d'hommes qu'ils « porteront dans leurs flancs. »

D'autre part, le *Bulletin de la Réunion des officiers* du 3 septembre 1881, reproduisait un article du *Times* relatant les expériences de tir opérées sous la présidence du général Collingwood, au polygone de Woolwich, par le Comité d'artillerie anglaise. Nous résumons cet intéressant document. Le canon de 100 tonnes destiné à armer les batteries de Gibraltar, Malte, Chypre et les nombreuses stations qui imposent au monde entier la suprématie maritime de l'Angleterre, est un canon long de 34 pieds anglais (0 m. 305 le pied) et large de 6 pieds 1/2 de diamètre à la culasse et de 2 pieds et demi à la bouche. La charge de poudre est fixée à 450 livres et le projectile pèse 2,000 livres. La charge de poudre est fixée à 450 livres. La pièce fut pointée sur un grand trou à moitié rempli de sable ; les projectiles s'enfoncèrent dans le sable du but à une profondeur de 60 pieds. Les membres du Comité ont calculé qu'avec ce merveilleux engin, un vaisseau possédant

chargements sont trop connus aujourd'hui pour que je
songe à les décrire, quoique j'aie été de ceux qui ont
concouru à l'examen et à l'analyse de celles qui
échouèrent sur la côte sans éclater. L'inaction prolongée
qui, de part et d'autre, succéda à cet épisode brutal
parut indiquer que les Anglais étaient rebutés de l'insuccès de ces dispendieuses et vaines tentatives, tandis
que les Français se recueillaient sous l'impression de
la catastrophe à laquelle ils venaient d'échapper.

L'hiver, avec ses rigueurs, vint prolonger cette espèce de relâche ; nous le passâmes dans le désœuvre-
ment et les plaisirs bruyants ; chacun cherchant à
s'occuper et à arranger son temps, le faisait perdre à
ses camarades : on encombrait la bibliothèque publique, les spectacles et les cafés ; les logements regorgeaient de locataires, partout on était entassé, bousculé,
ennuyé. Pour me soustraire à cette période de trouble
et d'ennui, succédant brusquement à d'actives et inces-

une cuirasse de 3 pieds d'épaisseur, serait anéanti en quelques coups,
à un mille de distance (le mille anglais vaut 1,600 m).
Voilà deux inventions qui ouvrent au genre humain de vastes per-
spectives pour les prochaines guerres et qui donnent lieu à une observation rétrospective touchant la botte secrète que le chancelier de
fer nous a lancée en 1879. Si, en effet, lord Beaconsfield qui professait à l'égard de la France, les mêmes sympathies que son noble ami
de Berlin, n'eût pas été forcé de céder la place à M. Gladstone, personne n'ignore aujourd'hui que l'Angleterre, poussée et soutenue par
l'Allemagne, lançait la fameuse proposition de désarmement général qui
arrêtait net le travail de notre réorganisation militaire. Les évènements parèrent pour nous ce coup de Jarnac, comme le czar avait
paré celui de 1875 et, en revanche, le lanceur du perfide projet fut
lancé dans l'éternité. Mais si le désarmement avait été imposé à l'Europe, il y a deux ans, ces deux magnifiques découvertes de l'artillerie
et de l'amirauté anglaises étaient peut-être perdues pour le monde
militaire. Perte à jamais regrettable pour les philanthropes anglais et
allemands !

santes occupations et livrant l'esprit et le corps désœu·
vrés aux séductions accumulées dans ce centre de ras-
semblement et à l'ardeur des sens et du tempérament,
je n'hésitai pas à solliciter un congé que j'allai passer
dans mon pays natal. En dépit des sages et salutaires
résolutions qui m'avaient fait chercher un refuge au
sein de ma famille, j'y fis une rencontre qui, en me reportant aux rêves de mon adolescence, me prouva par
le trouble qu'elle jeta subitement dans mon esprit que
l'activité et le travail étaient partout nécessaires à mon
existence, même dans cet asile tutélaire de mon enfance. Ma mère, dans sa sollicitude, craignait de me
chagriner en m'avouant que la perspective d'un mariage précipité et basé sur les impressions et illusions
d'un autre âge, ne lui était nullement sympathique.
Peut-être allai-je enchaîner ma volonté et obéir à un
sentiment qui eut pu changer le cours de ma destinée,
lorsqu'arriva le printemps de 1805, qui nous rappela
nous et nos infatigables adversaires, sur le théâtre de la
guerre. Les Anglais inaugurèrent cette entrée en campagne en lançant sur le port et sur les bassins de Boulogne une pluie de fer et de feu, renfermée dans des
fusées à la congrève : ces artifices, dans leur course
bruyante et flambante, rappelaient assez exactement les
dragons ailés des temps fabuleux ; ils étaient, en réalité, plus effrayants que dangereux. D'ailleurs, nos batteries de côtes étant armées de mortiers qui portaient à
près de 3,000 toises, tenaient les bombardes ennemies
à distance respectueuse.

Ce rugissement du léopard britannique réveilla l'aigle français qui, se dressant sur son roc, agitait ses
ailes, étendait ses serres, et, de son œil ardent, dévo-

rait le rivage ennemi. La nouvelle tentative de la flotte anglaise fut le signal de la reprise des travaux et des manœuvres qui furent poussés dès lors avec une énergie nouvelle et une activité fébrile. Napoléon assistait aux exercices et reprochait à ses régiments de ne pas fournir des feux assez nourris et assez abondants ; les colonels rejetaient la faute sur l'armement qui, selon eux, était sujet à de nombreux ratés. Sans plus d'informations, l'Empereur, assez enclin à juger précipitamment, adressa des reproches à l'artillerie qui est l'arme (je ne cesserai de le faire observer) aux dépens de laquelle toutes les autres se forgent des arguments de justification. Cependant, sur les représentations de nos chefs, Sa Majesté Impériale ordonna une *visite rigoureuse et solennelle* (telles étaient ses expressions) des fusils déposés à l'arsenal de Saint-Omer. Je faisais partie de la commission, et tous les officiers du camp de Saint-Omer, généraux et autres, étaient invités à suivre nos travaux.

Sur quarante mille fusils, nous en prîmes au hasard un certain nombre de chaque manufacture. Après un examen scrupuleux de toutes ces armes dans leur ensemble et dans chacune de leurs pièces démontées, nous fîmes subir toute une série d'épreuves au bois, au fer et à l'acier, aux ressorts et à la platine isolée d'abord, puis remontée sur le fusil ; enfin, nous fîmes tirer un bon nombre de coups avec ces armes, et aussitôt après nous renouvelâmes les épreuves avec les mêmes soins et les mêmes détails. La commission et les spectateurs témoins de ces opérations acquièrent la conviction que le reproche adressé à l'artillerie au sujet des fusils n'était pas fondé et que les fréquents ratés ne provenaient que de la négligence et de l'ignorance du soldat, par conséquent du défaut de soin qu'apportaient les sous-officiers et les officiers à lui enseigner les moyens d'entretenir, de démonter et remonter, de nettoyer et d'épingler son arme.

Toutefois, comme la poudre de mousqueterie qui alors n'était autre que la poudre à canon, était sujette à encrasser plus facilement le canon, la batterie et le bassinet, ainsi que la lumière du fusil, l'artillerie fabriqua depuis pour l'infanterie une poudre particulière, plus fine, plus grainée et plus nette ; elle diminua en même temps le calibre de la balle qui devint de 20 à la livre au lieu de 18, quoique le fusil fut du calibre 16, et cela, pour que le rétrécissement occasionné au tube du canon par l'encrassement de ses parois n'empêchât pas la cartouche d'y entrer.

Malgré ces améliorations, on vit se reproduire les mêmes plaintes : alors, sur l'invitation de plusieurs généraux, on donna à la lumière une forme plus évasée à l'extérieur, mais il survint un autre inconvénient celui d'un crachement insupportable dans le rang, ce qui détermina la commission à adopter une moyenne entre l'ancienne et la nouvelle lumière. Le comité d'artillerie rédigea aussi une instruction accompagnée de planches, à l'usage de tous les corps de l'armée qui en obtiendront un excellent résultat, tant qu'ils s'y conformeront strictement. Et, à cette occasion, qu'il me soit permis de demander s'il ne serait pas fort utile de réunir au parc de chaque corps d'armée, cinq ou six armuriers avec un caisson renfermant leurs outils et des pièces de rechange pour les armes. Une escouade d'armuriers se tiendrait au grand parc, indépendamment des détachements qu'on établirait dans les places à portée des opérations des armées.

Quelques années plus tard, on a vu paraître une invention qui semble promettre de grands avantages au point de vue des ratés et de l'accélération du feu, même par les temps de pluie ou de neige ; il s'agit de l'amorce à poudre fulminante ou de percussion. Cette invention a été soumise à nos conférences de Douay où, malgré les inconvénients qu'on trouva à son emploi dans le rang, on fut d'avis d'en armer, à titre d'essais, quelques bataillons ou quelques compagnies de voltigeurs, pendant au moins deux campagnes actives ou deux séries de petite guerre. J'ignore ce qui empêche ou retarde l'exécution de cette sage mesure. Qu'on se tienne en garde contre les prétendues améliorations ou découvertes de certains novateurs, rien de mieux ; mais celle dont il est question ici a pour elle l'expérience et l'approbation de tous les chasseurs ; et pour ce motif il nous semble qu'elle devrait être adoptée dans l'armée. Si cette invention est reconnue mauvaise, on aura obtenu une certitude, en échange d'une expérience peu dispendieuse ; si elle est bonne, au contraire, et que nous la négligions, n'est-il pas à craindre que les étrangers ne la perfectionnent et ne s'en servent contre nous?

J'avoue que nous n'avons pas dans notre armée cette espèce de troupe spécialement destinée, comme les Tyroliens, au service de tirailleurs, et pour qui cette poudre d'amorce, sans ratés, semble avoir été inventée. Nos voltigeurs et notre infanterie légère combattent aussi souvent en ligne qu'en éclaireurs ; par conséquent, le fusil à piston leur serait complètement inutile ou tout au moins incommode, s'il était reconnu qu'il ne convient pas en ligne. Mais combien la France ne gagnerait-elle pas à avoir des compagnies d'éclaireurs proprement dites, composées de montagnards habitués à la chasse comme à la course et faisant ce service spécial à la guerre[1]! Ils pourraient au besoin se grouper pour ramasser leurs feux, sans avoir besoin de serrer les files, à moins que ce ne fût pour éviter la cavalerie; dans ce cas assez rare, l'emploi de la baïonnette est préférable au tir, et l'inconvénient du crachement qui est la plus grande incommodité des amorces fulminantes disparaît.

De retour à Boulogne, après nos visites d'armes et épreuves de Saint-Omer, nous trouvâmes les troupes

1. Nous avons les chasseurs à pied qui fournissent à notre armée d'excellents *éclaireurs-tirailleurs;* il ne nous manque que les *guides-frontières* et les *chasseurs de montagne*, mais cette lacune est plus apparente que réelle, grâce au noyau déjà constitué par les brigades de douaniers et de gardes forestiers.
En 1870, on avait poussé le dédain des précautions jusqu'à néglige" le concours de ces utiles auxiliaires. Il nous souvient d'avoir vu pendant le siège de Metz, les douaniers lorrains monter la garde à la porte des magasins et ambulances établies à l'intérieur de la ville; en revanche, pendant les quinze jours de marches et contre-marches qui ont précédé les batailles de Wœrth et de Forbach, nous n'avons pas vu une seule colonne en marche ou en reconnaissance, guidée par des douaniers, des forestiers ou des gendarmes d'Alsace-Lorraine: dans notre corps, le cinquième de l'armée du Rhin, ces derniers escortaient les bagages du grand état-major. D'autre part, si le lecteur a suivi les débats du procès du maréchal Bazaine. il n'a certainement pas oublié l'instructive déposition de M. Petit, le garde-général de Sedan.
Aussi, les itinéraires des détachements et des corps de l'armée du Rhin, notamment ceux de Châlons à Sedan, resteront légendaires dans les annales de l'armée française. Aujourd'hui, si l'ennemi se présentait sur nos frontières, on pourrait déjà grouper autour du noyau expérimenté et dévoué des forestiers et des douaniers, un

encore réunies et en pleine instruction ; la plus grande
activité règnait toujours dans le port et dans la rade.
C'était des parades continuelles, des simulacres d'attaque
et de défense, des marches forcées et des changements
de bivouacs. Ce spectacle nous laissait à tous la même
impression : malheur à l'étranger qui doit être menacé et
atteint par une pareille armée ! Je ne conçois pas, du
reste, puisque le moyen le plus efficace de maintenir
la paix est d'être toujours prêts à faire la guerre, pourquoi nous n'avons pas, chaque année, pendant deux mois
d'automne, de ces camps d'instruction et de vie militaire, dans lesquels l'officier, le sous-officier, l'administrateur et le soldat apprennent réellement leur métier,
s'endurcissent aux privations et aux fatigues qui y sont

personnel actif, intelligent et bien entraîné que l'on recruterait dans
les nombreuses sociétés de tir ou de gymnastique qui fonctionnent
dans la zone frontière.

Pour ne parler que de la ville natale du général Hulot, nous trouvons
à Charleville, à côté d'une excellente société de tir organisée par des
officiers de réserve, une gymnique modèle, créée au lendemain de
l'occupation prussienne et aujourd'hui encore énergiquement dirigée
par un officier en retraite, ancien chef de bataillon au 10e de ligne, et
bien connu de l'armée de Metz pour avoir débusqué les Prussiens, de
Saint-Remy et des Tapes, à la tête des compagnies franches de sa
division, dans la journée du 7 octobre 1870.

Le commandant Dupleit a réussi, avec le concours de la municipalité
et des patriotes de Charleville, à faire construire un établissement
spécial où, depuis une dizaine d'années, la jeunesse de la ville se
façonne sous sa surveillance immédiate à tous les exercices du corps,
y compris la natation, la boxe, l'escrime et le tir à la cible. De temps
à autre il fait exécuter à ces jeunes gens des marches militaires pour
leur donner l'habitude du pas gymnastique et les familiariser avec
la topographie des environs.

Lorsque chaque ville, chaque chef-lieu de canton de la zone frontière aura sa société de tir ou de gymnique, l'administration de la
guerre pourra intervenir efficacement, en fournissant des guides, des
vivres et des billets de logement aux membres de ces sociétés, qui se
réuniraient par groupes pour faire des excursions annuelles de huit
ou dix jours, dans les centres montagneux de la frontière ou de

inhérentes, oublient le séjour des villes, apprennent à se connaître, voient leur souverain face à face et vivent avec leurs généraux? Qui empêche de rassembler dans des plaines incultes, à Lens, par exemple, les nombreuses garnisons qui couvrent la frontière historique du nord et qui renferment artillerie, génie, cavalerie et infanterie; chaque arme, après ses manœuvres de détail et d'ensemble, se réunirait aux autres pour répéter ou corriger, sur les lieux mêmes, les batailles de Lens, Bouvines, Denain, Malplaquet, Wattignies, Crécy et d'Azincourt; on effectuerait des passages de rivières à gué ou autrement, on ferait des simulacres de siège, etc. Si ces excursions dans un pays aussi riche que le nord de la France paraissent trop dispendieuses, on pourrait réunir et exercer les troupes sur des points plus arides et en partie incultes; les étrangers ne sont pas sous ce rapport, aussi économes que nous [1].

l'intérieur, depuis l'Argonne et les Vosges, jusqu'aux Cévennes et aux Pyrénées.

Ces sociétés ainsi encouragées deviendraient sans rien coûter à l'État, une pépinière nationale de sujets vigoureux et adroits pour les bataillons de chasseurs à pied. Au jour de la mobilisation, le ministre de la guerre pourrait trouver dans ces sociétés, ainsi que dans les clubs alpins, les éléments de quelques compagnies de *chasseurs de montagne*, animées d'un esprit patriotique et possédant à fond la topographie locale de nos frontières.

1. Encore une idée pratique du général Hulot, appliquée... depuis les dures expériences de la guerre de 1870. Pendant que nous perdions notre temps en parades stériles et en revues, sur le terrain fatidique de la Champagne pouilleuse, dans ce banal camp de Châlons qui avait pris peu à peu la physionomie d'un grotesque atelier de sculpture militaire, la Prusse appliquait annuellement cette idée féconde et pratique des manœuvres stratégiques en terrain varié.

Longtemps avant la guerre de 1870, cette nation besoigneuse ne reculait pas devant la dépense d'une mobilisation annuelle de corps d'armée, pourvus de leurs réserves, de leurs ambulances et de tous les services secondaires, tels que postes, télégraphes et personnel des

Le retour de Napoléon au camp, fit présumer que le signal du départ pour la grande expédition ne se ferait pas longtemps attendre. Nous étions au mois d'août ; les mouvements se multipliaient dans les ports et dans les corps d'armée ; à chaque heure, des ordonnances, des courriers, des officiers d'état-major se croisaient, portant des ordres pressés, et revenaient à toute bride au quartier impérial. Vingt fois, dans les quinze jours qui suivirent ce retour, je partis en mission à Étaples, Vimereux, Ambleteuse, Calais et Dunkerque, pour ordonner et surveiller l'embarquement de l'artillerie. Déjà les officiers se procuraient des guêtres et des havre-sacs pour le débarquement en Angleterre.

Connaissant à l'Empereur la manie des époques, chacun fixait au 15 août la date du départ, mais l'attente générale fut déçue, et cet anniversaire ne fut célébré que par une imposante revue, qui montra aux

étapes. Douze années se sont écoulées depuis le traité de Francfort, et nous n'avons pas encore su trouver l'argent nécessaire pour faire l'essai de la mobilisation complète d'un corps d'armée.

En France, plus que partout ailleurs, on dédaigne les prophètes de son pays. Il est vrai, comme compensation, que nous nous rions plus volontiers encore des avertissements qui nous viennent de l'étranger. C'est ainsi, que les brochures publiées chez Dumaine, par nos attachés militaires à Berlin, le colonel Stoffel et le capitaine Derrécagaix, n'ont attiré l'attention de personne avant la guerre de 1870 ; tandis que le canon Krupp passait inaperçu à l'Exposition de 1867, aussi bien que les enseignements renfermés dans l'ouvrage humoristique d'Hakländer, « La vie militaire en Prusse », traduite par le capitaine Lemaitre (Hachette, 1868, 4 volumes).

Ces prophéties et ces avertissements laissaient la France parfaitement insensible. Le chauvinisme, ce sentiment bête et égoïste des époques de décadence, avait tué, ou du moins paralysé notre patriotisme, et nous nous sommes trouvés désarmés à l'heure du danger. *Quos vult perdere, Jupiter dementat !*

Anglais toute l'armée française, depuis Etaples jusqu'au-delà de Calais. Le lendemain commença l'opération délicate de l'embarquement des chevaux qu'il
fallait amener à coups de fouets au bord de l'eau, et
hisser au moyen de sangles et de poulies attachées
aux mâts.

Enfin, dans les derniers jours d'août 1805, toute
l'armée se préparait à monter à bord, et plus de cent
mille hommes étaient sur le point de s'embarquer au
même signal et à la même heure. Dans ce moment solennel, nos yeux contemplaient un spectacle grandiose
et la perspective de cette aventureuse expédition ouvrait un vaste champ à notre imagination ; comme tous
nos compagnons, j'en avais pris mon parti, mais je
n'étais pas convaincu.

Et j'avais raison, car, pendant que nous guettions
encore le fameux signal, mon camarade Morazain et
moi reçûmes avec une surprise et une joie sincères,
l'ordre de partir sur-le-champ, à franc étrier, pour
Strasbourg. On nous remit d'assez fortes sommes en
papier, avec des instructions et des ordres pour faire
dans le plus bref délai, une levée d'un très grand nombre de chevaux de trait et de voitures de réquisition.

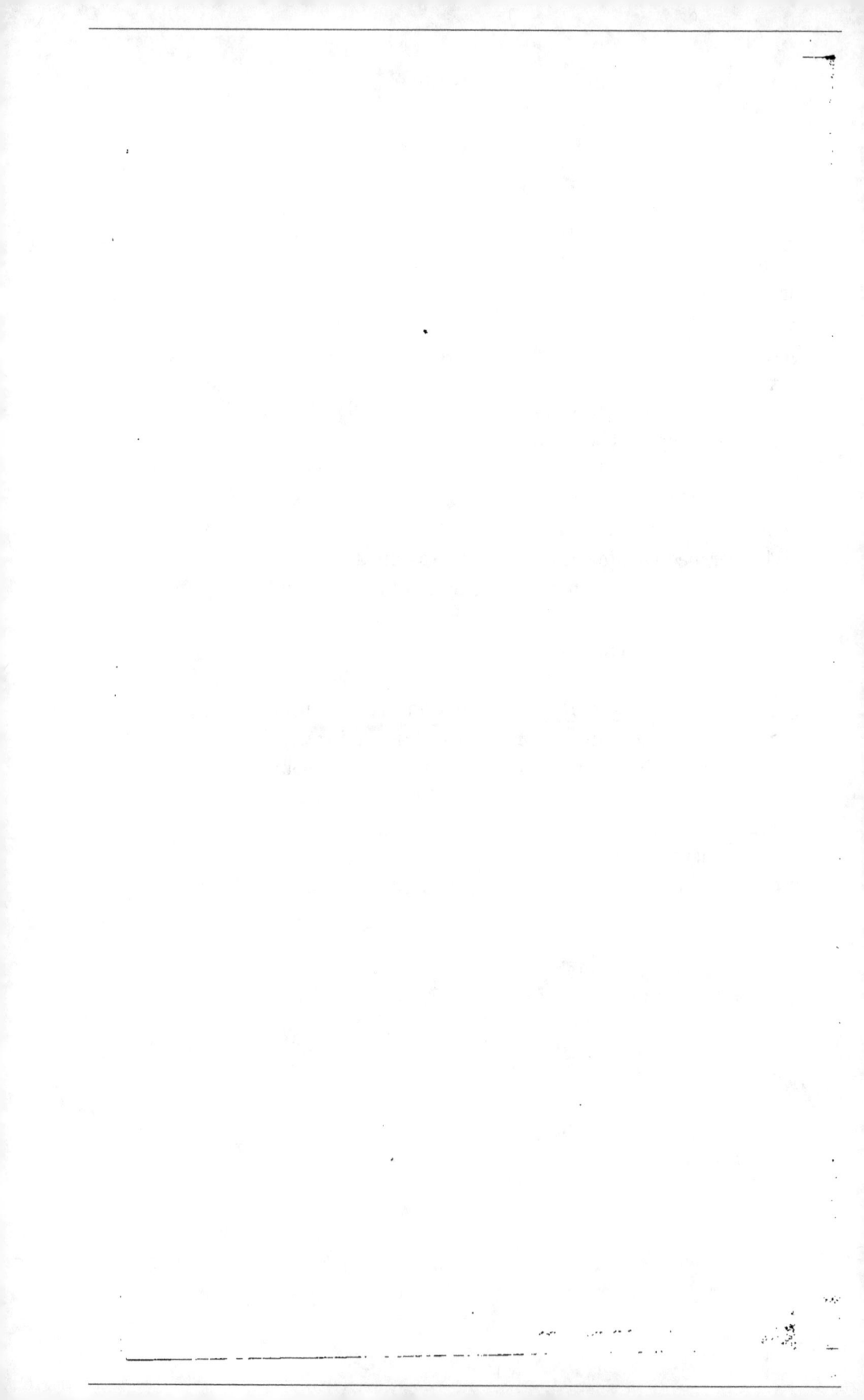

CHAPITRE VII

CAMPAGNES D'ULM ET D'AUSTERLITZ

Nous le demandons encore : à Boulogne, l'Empereur Napoléon avait-il l'intention de tenter un débarquement en Angleterre, ou bien, dans l'espoir d'amener cette nation à une paix avantageuse pour lui par de menaçantes démonstrations, préparait-il vis-à-vis d'elle le coup qu'il réservait à l'Autriche et à la Prusse également abusées ? Ce grand homme a dit lui-même depuis : « N'étant pas né sur les marches d'un trône, il me fallait de grandes conquêtes pour m'y affermir ; si j'avais été un Bourbon, je n'aurais pas eu besoin de faire tant de campagnes. » Cela est vrai, mais n'est-il pas vrai aussi que les campagnes au delà du Niémen et de la Bidassoa étaient aussi injustes qu'inutiles ? Dans tous les cas, le fossé du Pas-de-Calais a sauvé l'Angleterre et probablement changé les destinées du monde.

Presque toutes les troupes rassemblées sur les rivages de l'Océan furent successivement portées sur le Rhin. Déjà les camps d'Amiens, d'Arras et de la Hollande étaient levés, les autres furent évacués presque en même temps ; mais on ne tarda pas à y envoyer de nouvelles troupes, car Napoléon, comme Cadmus, trouvait alors et formait des soldats à la minute.

Dans ma course rapide, je ne pus consacrer, en traversant mon pays natal, que quelques instants à ma mère ; trois jours après ma sortie de Boulogne, j'étais à Strasbourg. Nous trouvâmes dans la capitale de l'Alsace de nouveaux ordres, Morazain, pour parcourir les frontières de la Suisse, et moi, pour descendre le Rhin jusqu'à Cologne, aller à Aix-la-Chapelle et revenir par Trèves. J'enfourchai donc de nouveau le bidet de poste et continuai de galoper nuit et jour, luttant contre la fatigue et le sommeil. A mon retour, par Mayence, Landau, Spire et Haguenau, je devais constater où en était la construction des ponts et l'arrivée de l'artillerie[1].

---

1. Parmi les nombreux et intéressants ordres de service que le capitaine Hulot reçut dans cette circonstance et qui portent les signatures des généraux Songis, Pernety, Faultrier, etc., nous transcrivons le suivant qui donnera au lecteur une idée de l'activité déployée dans la préparation de cette remarquable campagne :

GRANDE ARMÉE   Strasbourg, le 4 vendémiaire an xiv
　—　　　　　　　　　　　　　　　(26 septembre 1805).

Instruction pour le capitaine Hulot, adjoint à l'état-major général de l'artillerie. — Le but de votre mission est de me rapporter promptement des nouvelles certaines de l'établissement des ponts qui doivent être jetés près Lauterbourg et près Spire ; de savoir quel matériel est au premier endroit, pour le corps d'armée de M. le maréchal Ney, et au deuxième, pour celui de M. le maréchal Soult ; enfin, de connaître les opérations faites par MM. les colonels Sénarmont et Pellegrin, d'après l'instruction reçue par le sous-chef de l'état-major.

A Lauterbourg, vous verrez le général Leroux, s'il y est déjà, et

Dans les premiers jours de septembre, tout était prêt
et l'armée était réunie sur les bords du Rhin ; l'Empe-

saurez s'il lui est arrivé, outre l'artillerie qu'il avait à Haguenau, les
75 attelages haut-le-pied et les 53 voitures chargées de cartouches
qui sont parties avant-hier matin pour son corps d'armée.

Vous saurez où est le point précis de l'établissement du pont ; vous
vous y rendrez pour voir s'il est terminé et depuis quel moment, ou
s'il manque encore quelque chose ; vous m'en feriez rendre compte
en ce cas par un exprès que le commandant Bouchu, ou en son absence, l'officier chargé du pont, m'enverra.

Vous repartirez aussitôt pour Spire où vous verrez le général Lari-
boisière, s'il vous est possible, ou son directeur de parc, pour avoir
un état sommaire de ce qu'il a et de ce qui lui manque, tant en
personnel qu'en matériel et en attelages.

Vous irez ensuite au point où se fait le pont de Spire, pour voir où
en est son établissement ; si la compagnie n° 3 (capitaine Zabern) y
est arrivée ; si les bateaux du commerce et les deux bateaux d'artillerie qui y conduisent de Mayence 3,000 madriers, des poutrelles, etc.,
y sont rendus ; si les bateaux de Strasbourg y sont arrivés ; s'il y a
quelque chose de commencé pour l'établissement du pont ; à quelle
heure le capitaine peut assurer qu'il sera terminé ; enfin, vous ne
négligerez rien de ce qui peut me faire connaître exactement tout ce
qui concerne ledit pont.

Si les bateaux de Mayence n'y étaient pas arrivés, vous sauriez au
juste où ils sont et combien il leur faut d heures pour être au point
d'établissement, ainsi que les mesures prises pour accélérer leur
arrivée.

Cet objet terminé, vous irez à Landau, savoir du colonel Sénarmont ce qui est arrivé à Landau en personnel et matériel, et les
troupes ou trains partis et les convois expédiés en conséquence de
ses instructions, avec date de départ et lieu de destination.

Vous ne vous arrêterez dans chacun des endroits désignés que le
moins de moments possibles et vous repartirez aussitôt pour me
rejoindre et me rendre compte.

Le premier inspecteur général de l'artillerie, com-
mandant en chef de la Grande Armée,
Songis.

D'après les nouvelles que je reçois à l'instant de Lauterbourg, il
devient plus urgent que vous passiez d'abord par Landau, de là à
Spire et vous reviendrez par Lauterbourg. Vous expédierez de Landau
un exprès pour me faire connaître ce qui est demandé par l'instruction.

Pour le premier inspecteur général :
Le général de brigade, chef de l'état-major général de l'artillerie,
Signé : Pernety.

reur en personne se trouvait à Strasbourg. Le 1er octobre 1805, il mit en mouvement l'immense parc de réserve. M. de Sénarmont et moi reçûmes l'ordre d'assister à la sortie du polygone et au défilé sur le pont de Kehl. La première voiture s'ébranla à six heures du matin et les autres suivirent sans interruption ; quand la dernière sortit de l'enceinte, il était plus de onze heures. Mon colonel rendit compte au général en chef d'artillerie et l'Empereur se mit aussitôt en route pour passer le Rhin ; nous le suivions à cheval. Il était assez tard quand nous arrivâmes à Rastadt ; en y arrivant, je constatai que j'avais perdu ma bourse : fâcheux début d'une longue campagne ! Si je voulais tracer mon itinéraire en détail, je pourrais me contenter de reproduire celui de la marche de l'Empereur, car je ne quittai son quartier-général que pour remplir les missions dont je retracerai le souvenir. Aussi ai-je pu dans ce chapitre contrôler ma narration sur les rapports officiels.

Le second jour, nous couchâmes à Pfortzheim [1], le 3 et le 4 à Louisbourg, puis nous nous portâmes en trois marches sur le Danube, à Donawerth où se tirèrent les premiers coups de canon et de fusil. Toute l'armée pivotant ainsi sur sa droite à travers la Franconie et la Souabe, dont elle évitait les montagnes faciles à défendre, gagnait en quelques marches les derrières de l'ennemi qui se trouva dans l'obligation de se replier sur

---

1. On lit dans les premières pages de la *Cousine Bette*, de Balzac : « Ce baron Hulot s'était nommé lui-même d'Ervy, lieu de sa naissance, pour se distinguer de son frère, le célèbre général Hulot, que l'Empereur avait créé comte de Forzheim après la campagne de 1809. » Pfortzheim, ville de Souabe, au marquis de Bade-Dourlach, avec un ancien château, située sur la rivière d'Enz, à 12 lieues N.-E. de Haguenau et 11 lieues S.-O. de Heidelberg (Vosgien, 1755).

Ulm déjà tourné par nos têtes de colonne. Le 9, le quartier-général était établi au delà du Danube, à Zusmershausen. Les combats de Wertingen et de Gunzbourg, heureux préludes de nos succès futurs, venaient d'avoir lieu ; Napoléon était constamment à cheval. Le 10, nous entrâmes avec lui à Augsbourg, grande et belle ville sur le Lech.

Cependant Mack, général en chef des Autrichiens, allait bientôt être cerné avec toute son armée. La place de Memmingen, l'un de ses principaux appuis et son dernier débouché, était enlevée par le maréchal Soult qui débordait sa droite. Bernadotte, maître de Munich, lui fermait la route du Tyrol, et de l'autre côté, le général Dupont, à Albeck, avec sa seule division, résistait victorieusement à l'attaque de 25,000 Autrichiens. Le corps de Marmont et la garde impériale venaient renforcer autour d'Ulm les corps de Ney, Lannes, Soult et Murat.

Le 12, l'Empereur s'établit à Burgau où nous arrivâmes la nuit par un temps affreux. Le 15, après l'enlèvement du pont d'Elchingen par le général Ney, le quartier-impérial fut transféré dans l'abbaye de ce bourg, où, pendant cinq à six jours, nous ne vécûmes à la table du général en chef de l'artillerie que de viande de porc et de pommes de terre, sans pain. Une pluie froide et abondante tombait sans relâche, le soldat campé ou plutôt bivouaqué était dans l'eau et la boue jusqu'aux genoux. Pour nous, presque toujours à cheval, nous étions fort embarrassés à la fin du jour pour trouver un abri, car les états-majors de la garde se battaient pour la possession des plus misérables cabanes ou écuries, et malheur aux troupes de ligne qui

étaient appelées à partager les positions de la
garde !

La première fois que je traversai le pont d'Elchingen
avec notre général en chef, la cavalerie, l'infanterie et
l'artillerie se pressaient et marchaient pêle-mêle ; à
peine étions-nous sur la rive opposée, que le tablier rétabli à la hâte sur ce pont mal réparé, se détacha et entraîna avec lui de nombreuses victimes dans le Danube ;
le fleuve débordait à vue d'œil. A peine arrivés à notre
nouveau quartier, je fus commandé par un officier supérieur pour faire rétablir cette communication ; les
eaux étaient tellement hautes et répandues si avant
dans la campagne qu'elles formaient entre Elchingen
et le pont, une rivière plus large que le lit ordinaire du
Danube. L'ennemi avait retiré ou brûlé tous les bateaux
et toutes les barques ; il fallait du temps pour construire des radeaux, nos pontons et nos parcs étaient
encore loin ! Une nuit froide et humide approchait ; elle
fut la dernière pour une partie des infortunés dont nous
avions failli partager le sort ! Ces tristes épisodes ne
sont pas rares dans des campagnes aussi rapides.

L'armée autrichienne était tellement resserrée à Ulm
qu'à chaque moment ses retranchements étaient menacés
et nos troupes n'attendaient qu'un signal pour attaquer.
Elles restaient sur le qui-vive, car on pouvait croire
que l'armée ennemie tenterait de traverser nos lignes
à la baïonnette. Le prince Ferdinand et le général Werneck seuls, avec quelques corps d'infanterie et la cavalerie parvinrent à s'échapper dans la direction de Hey-
denheim et de Nuremberg, après toutefois avoir été atteints par Murat qui les dispersa et les détruisit en
grande partie à Langenau, à Neresheim et à Trochtel-

fingen [1]. Le 17 octobre, la masse des Autrichiens restée
à Ulm capitula et dût mettre bas les armes, le 25 ; la remise de la place eut même lieu le 19. Pour des motifs
évidemment tout différents, il semblait tarder autant
à Mack qu'à Napoléon d'en finir. De sorte que dès le 21
après cette rapide et prodigieuse campagne qui nous livrait 60,000 prisonniers et un matériel considérable,
l'Empereur revint à Augsbourg où nous rentrâmes à sa
suite. Cette ville ne fut point pour nous une Capoue,
car il fallait en partir le 24, pour nous rendre, il est
vrai, dans une résidence non moins agréable, à Munich, la capitale de nos alliés les Bavarois. Nous n'y
fîmes guère un plus long séjour, car les Russes approchaient et de nouvelles forces autrichiennes se concentraient sur l'Inn.

Impatient d'atteindre et de battre ces nouveaux ennemis, Napoléon utilisait fièvreusement ses loisirs de
Munich. Son activité dévorante et si féconde occupait
nuit et jour ses états-majors et particulièrement celui
de l'artillerie. Le grand parc général, composé de plus
de mille voitures dont la plupart étaient conduites par
des hommes et des chevaux de réquisition, marchait
lentement, vu le mauvais état des chemins par ces
temps de pluie persistante, et la difficulté des vivres et
des fourrages. Avant d'arriver à Donawerth, ce parc
immense avait déjà perdu beaucoup de chevaux et une
partie des conducteurs avait pris la fuite ; il fallait avant
tout suppléer à ces pertes, assurer les vivres et régula-
riser la marche.

1. Werneck fut pris avec toute l'infanterie et l'artillerie dans les
trois rencontres successives. Le prince Ferdinand échappa avec quelque cavalerie.

Indépendamment de ce parc général si embarrassant, chaque corps d'armée avait son parc particulier et chaque division, ses batteries. Tous ces rouages compliqués et cependant nécessaires, ressortaient de notre état-major général, et l'on peut juger si nous, qui en étions les adjoints, nous avions du temps à perdre. Marcher et se battre, c'est le côté facile et séduisant du métier; mais passer des nuits à écrire, quand on est harassé de fatigue et de sommeil, c'est le côté ingrat et rebutant et celui qui nous attendait chaque soir.

Toutes les troupes qui composaient la Grande Armée: la garde impériale, les Bavarois et les sept corps français, excepté celui d'Augereau, se trouvaient alors rassemblées dans l'Electorat du grand-duc de Bavière, notre fidèle allié, dont Napoléon occupait le palais. Bernadotte et Marmont poussant devant eux Kimmayer, marchaient, après avoir passé l'Inn, sur Salzbourg. Lannes, Murat et Soult se portaient sur Braunau; Davout et la garde sur Mühldorff où l'Empereur arriva le 28 août; Ney pénétrait en même temps dans le Tyrol.

Le général russe Kutusoff avait, sur ces entrefaites, rejoint les Autrichiens avec les premières troupes qu'il avait pu amener à marches forcées; mais ne jugeant pas tenable la ligne de l'Inn, il ordonna à toutes les forces confédérées dont il prit le commandement, de se retirer lentement à notre approche et de se concentrer derrière l'Enns pour laisser reposer les troupes et donner à Buxhowden le temps d'arriver. Napoléon pressait les mouvements de son armée, dans l'espoir de déjouer ces projets et de forcer la dernière barrière de Vienne avant qu'elle ne fût consolidée; malheureusement, la

mauvaise saison, les pluies persistantes et les fréquents
passages de l'ennemi avaient défoncé les chemins. Les
soldats et les chevaux toujours mouillés et transis de
froid, avaient de la peine à se tirer des boues et des
fondrières ; les voitures s'y enfonçaient et s'arrêtaient
à chaque pas. Dans cette région ingrate qui ne produit
que de lugubres forêts de sapins, l'armée trouvait difficilement les vivres et les fourrages nécessaires à sa
subsistance ; il fallait tout tirer de Munich, d'Augsbourg et d'autres contrées éloignées et déjà appauvries.

Il était urgent de remédier à cet état de choses si
embarrassant surtout pour l'artillerie : je reçus à
Mühldorff l'ordre de retourner à Donawerth, à l'effet
d'y faire établir des transports sur le Danube pour
fournir un service régulier de ce point jusqu'à Passau
et plus tard au delà de ce point, au fur et à mesure de
notre marche en avant. C'est dans cette mission rétrograde que j'eus trop souvent l'occasion de contempler
le revers de la médaille d'une armée victorieuse, décidée
à en finir dans une seule campagne. Cette armée,
s'avançant toujours au pas de course et poussant l'ennemi devant elle, sans prendre le temps d'établir des
magasins de vivres et d'habillement, des dépôts d'artillerie ou d'ambulances, sans s'occuper en un mot de
ses derrières, cette armée doit semer sur la route
qu'elle vient de parcourir le plus affreux désordre ; nul
relai, aucun moyen de communication même pour transmettre les ordres ; les officiers chargés de ce service
s'arrachaient par menace et par force le peu de chevaux de poste qu'on pouvait encore trouver. Les gîtes
d'étapes étaient dépourvus, les auberges fermées et les
campagnes dévastées ; une foule de traînards, des files

de voitures abandonnées ou embourbées, des cadavres de chevaux et souvent d'hommes encombraient les chemins et achevaient de les rendre impraticables.

Enfin, je parvins à Munich et je me rendis de là, dans le plus bref délai, à ma destination ; j'avais l'ordre de revenir à la hâte rendre compte de ma mission. Je me conformai d'autant plus volontiers à ces instructions qu'il me tardait d'exposer les désordres qui désespéraient les populations des pays occupés et compromettaient nos opérations[1]. Une guerre conduite à

---

1. Il est probable que Napoléon Ier n'ignorait pas ce qui se passait sur ses derrières, mais il était alors absorbé par la préparation de sa pointe audacieuse vers la Bohême. Procédant toujours par bonds impétueux, il lui arrivait souvent de choisir son objectif trop en dehors de son centre de gravité ; il dédaignait alors, surtout si la fortune lui souriait, comme en 1805 où elle lui donna un Mack et un Verneck pour adversaires, il dédaignait de regarder derrière lui et concentrait ses facultés sur ses têtes de colonne. D'ailleurs on sait qu'il ne lui déplaisait pas de voir ses vaisseaux brûler en Europe aussi bien qu'à Aboukir, et qu'il acceptait assez volontiers une situation qui mettait ses soldats dans la nécessité absolue de vaincre sous peine de mort ou de captivité sur les pontons ou en Sibérie. C'était une chance de plus pour l'exécution des tours de force qu'il accomplit quelque temps avec succès. Mais là était précisément le défaut de la cuirasse de ce grand capitaine : il sacrifiait toujours aux triomphes du lendemain, les prévisions lointaines et les sages garanties d'un avenir plus éloigné.

A Gumbinen, quand on lui annonce l'insuccès de la mission de Lauriston à St-Pétersbourg, il s'écrie : « La fatalité les entraîne, que les destins s'accomplissent. » Et il s'élance en avant sans regarder derrière lui, sans compter les kilomètres qui s'accumulent derrière son arrière-garde, sans même soupçonner que la date du 24 juin est bien tardive pour passer le Niémen et s'enfoncer au cœur d'une région immense, de tous temps redoutable pour ses hivers rigoureux et précoces : « Au mois de septembre, il fait aussi froid qu'en décembre en Moravie. » La remarque est de lui, dans le 18e bulletin de la campagne de Russie. Evidemment, il comptait renouveler en Russie, les coups de foudre d'Ulm et d'Austerlitz, à une distance triple cette fois, de sa base d'opération. Hélas ! c'était lui que la fatalité entraînait et il courait à Moscou, le regard fixé en avant, sans prendre

la Tartare, du moins quant à la rapidité et à la force
numérique des armées, peut réussir pendant une
campagne, dans des contrées riches et peuplées comme

le temps de jalonner sa route. Dans sa marche sur Vienne, il pouvait
du moins invoquer la circonstance atténuante de la stupéfiante capitulation de Mack, et, bientôt d'ailleurs, la surprise de Vienne justi-
fiait presque les négligences de l'arrière-garde.

Mais cette impunité même, tendait peu à peu à faire accepter
comme règle le désordre sur les derrières de l'armée, jusqu'au jour
fatal où l'oubli des précautions et le dédain de la ligne de retraite,
entraînèrent les désastres irrémédiables de la campagne de Russie,
dont l'Empire ne se releva pas.

Le colonel Rigau, dans ses *Souvenirs des guerres de l'Empire*, fixe
la première distribution de la retraite de Moscou, au 19 novembre, un
mois après le départ : « Le 19, Napoléon arrive de sa personne à
Orcha. Cette ville offrait quelques ressources à nos troupes, par les
magasins qui y étaient préparés : quelques distributions furent faites
à nos soldats exténués..... » Le colonel Rigau ne mentionne pas les
distributions de Smolensk, parce qu'elles étaient à peine commen-
cées, que, faute de précautions, les magasins de cette étape furent
pillés par les soldats et que le sinistre gaspillage des vivres qu'ils
renfermaient, priva la grande majorité des troupes de cette suprême ressource. Le commandant Labaume dans sa *Campagne de* 1812,
est plus explicite : « On ne comprenait dans les distributions que les
soldats présents aux appels, et le nombre de ceux-ci ne formait pas
la 1e partie du reste de l'armée (voilà l'explication du pillage). Dans
l'espace de deux mois, on ne fit que trois distributions, savoir : à
Smolensk, à Orcha et à Kowno. » Sur le Danube, en cas d'insuccès,
la retraite eut été incomparablement moins désastreuse; mais on
prenait dès lors la fatale habitude de négliger ses derrières.

Ce spectacle éveilla la sollicitude d'un officier qui n'avait pas en lui
l'étoffe d'un courtisan, mais qui s'inspirait d'un juste sentiment de la
discipline et des principes de l'art militaire. Malheureusement, s'il
plaisait à Napoléon de négliger ses derrières et de sacrifier parfois sa
ligne de retraite, il ne lui plaisait nullement qu'on parut s'en apercevoir et le capitaine Hulot ne tarda pas à se convaincre que le grand
homme n'aimait pas les observations et les donneurs de conseil : à
la fin de cette campagne, l'auteur des *Souvenirs* fut expédié en mission et ne fut plus rappelé aux états-majors de la Grande Armée. Pour
la seconde fois, le jeune officier manqua, nous ne dirons pas par excès
de zèle, mais par respect de son devoir professionnel, l'occasion d'assurer son avancement.

l'Italie et la France, mais encore faut-il n'avoir à redouter ni une retraite au cours de cette marche en-
vahissante, ni une insurrection de la part des nationaux : il est vrai que ce n'est qu'entre Munich et
Vienne que nous devions rencontrer un terrain d'action aussi défavorable, et d'ailleurs le Danube allait
nous offrir les ressources que cette contrée ingrate
nous refusait.

Le 8 novembre, je retrouvai l'Empereur et mon général d'artillerie à Lintz. En rejoignant le quartier-
général, j'avais eu la satisfaction de rencontrer des
gendarmes de la garde qui allaient jalonner les chemins parcourus par nos colonnes, et j'avais constaté
qu'on établissait enfin des garnisons dans les lieux
d'étape et dans les postes-relais. A la fin de ma mission, j'avais noté avec non moins d'intérêt que le général français s'était enfin décidé, tout en se portant
sur Vienne, à élever des ouvrages défensifs sur le
Lech, l'Iser et l'Inn, à l'effet de couvrir sa retraite et
de se ménager les moyens de reprendre l'offensive en
cas de revers. Ce fut pendant son séjour dans la place
forte de Braunau que Napoléon, entre les rapides succès déjà obtenus et ceux que lui présageaient les
humbles propositions des monarques du Nord, reçut
la nouvelle du désastre de Trafalgar. Il supporta le
coup avec son impassibilité habituelle et continua à
pousser Russes et Autrichiens avec la même vigueur.

A Ried, à Lambach sur la Traun, Murat les avait
culbutés et venait de traverser Lintz, capitale de la
Haute-Autriche. Lannes et Soult le suivaient et rejetaient sur l'Enns, l'ennemi en désordre ; Davout dé-
blayait la route à Steyer et Marmont éclairait l'extrême

droite et balayait le front de l'armée vers les Alpes Carniques. Les Austro-Russes effrayés ne défendirent pas la position de l'Enns et firent halte huit ou neuf lieues plus loin, sur les hauteurs d'Amstetten ; Murat les délogea promptement et entra le 7 novembre à Melck[1]. A cette nouvelle, l'Empereur d'Autriche sortit de Vienne et se sauva à Olmütz en Moravie, après avoir chargé le général Giulay de proposer de sa part une armistice à Napoléon qui reçut cet envoyé à Lintz.

Le vainqueur refusa la suspension d'armes tout en se déclarant disposé à accueillir des propositions d'arrangements plus positives. Il dirigeait en même temps le général Mortier par le pont de Lintz, sur la rive gauche du Danube, en lui confiant les divisions Dupont et Gazan, détachées du corps du maréchal Ney, avec ordre d'observer les frontières de la Bohême et d'inquiéter les Russes dans leur communication avec la Moravie. Le général Marmont marchait sur Léoben où il arriva le 12, pour ouvrir la communication avec l'armée d'Italie commandée par Masséna. Le 9, Murat atteignait Saint-Pölten, à deux journées de Vienne. Napoléon prit son quartier-général dans la superbe abbaye de Melck qui domine le Danube.

Dans leur fuite, les Russes se livraient à des désordres et à des exactions qui en provoquaient d'autres de la part de nos troupes excédées de fatigues et contrariées de ne pas trouver de vivres au bout de leurs marches forcées. Mais ce qui nous suscitait le plus d'ennuis, c'étaient les prétentions hautaines de la garde impé_

1. Melck dans l'atlas de Kiepert; Mölk dans la carte d'Allemagne de l'atlas du général Berthaut et dans le Stieler's Schul-Atlas.

riale dont le simple soldat, à l'exemple de ses chefs, se croyait beaucoup au-dessus de ses supérieurs de la ligne. Aussi l'armée entière redoutait-elle le contact de ce corps gâté par les faveurs, par l'extrême indulgence et la partialité du monarque généralissime. Cependant, pour entrer dans cette garde orgueilleuse, on n'exigeait, du soldat, que quelques années de service et un physique avantageux, de l'officier, que la connaissance de quelque camarade déjà admis lui-même par la protection d'un ami ou d'un parent. En voyant défiler ces magnifiques batteries de la garde dont les moindres voitures étaient attelées de six chevaux choisis et bien nourris, tandis que les pièces et les caissons de l'artillerie de ligne étaient péniblement traînés par quatre haridelles, souvent privées de fourrages, on était porté à se demander si toutes les charges du service devaient être supportées par cette artilllerie si choyée et si bien entretenue. Tout était dans le même rapport. Certes, il n'est pas indifférent pour une armée de posséder d'excellentes réserves et il n'est pas douteux que Jourdan et Moreau en avaient à Fleurus et à Hohenlinden quoiqu'ils n'eussent pas de garde. Je conviendrai même qu'elles sont particulièrement indispensables lorsque le souverain commande en personne, et naturellement c'est à sa garde qu'appartient ce service. Mais au moins, qu'on ne tolère pas chez elle un égoïsme et une arrogance insupportables, et que, pour elle, on ne mécontente ni ne décourage l'armée qui donne constamment, qu'on fatigue et qu'on expose sans trève ni repos.

A Enns, par exception, je vis l'Empereur se fâcher contre sa garde qui, se croyant tout permis, avait réussi à lasser sa patience. Souvent déjà, il nous était arrivé, lorsqu'à la suite d'une marche pénible, nous étions plongés dans un sommeil réparateur qui devait nous rendre des forces pour l'étape du lendemain, d'être réveillés en sursaut par la générale ou le tocsin et par les cris : *au feu! au feu!* Ce jour-là, l'Empereur fatigué de ces alertes, mit à l'ordre que désormais, tout dégât produit par un incendie allumé en dehors du combat, dans les quartiers occupés par sa garde, serait payé par elle. Depuis lors nous dormîmes, je ne dis pas plus longuement, mais du moins, plus tranquillement.

Napoléon avait en vain espéré que l'ennemi utiliserait les hauteurs de Saint-Pölten pour couvrir la capitale de l'Autriche : les Russes trompant son attente, traversèrent le Danube à Stein [1], en détruisant le pont derrière eux et les Autrichiens se replièrent sur Vienne. Le maréchal Mortier qui suivait la rive gauche du fleuve fut très surpris d'y rencontrer les Russes. Déjà, ces derniers, se voyant six contre un et maîtres des montagnes, acculaient la division Gazan au Danube et la croyait à sa discrétion. Mais la valeur et l'impétuosité de nos troupes triomphèrent du nombre et des localités; Diernstein et Loiben [2] qui semblaient devoir être le tombeau de ces modernes Spartiates, virent couronner leurs généreux efforts.

1. Petite ville de la Basse-Autriche, avec un ancien château (Vosgien).

2. Loiben, petit village près du Danube, à une demi-lieue de *Stein* et de *Diernstein*. Les Russes y sont écrasés par les manœuvres habiles et l'intrépidité des troupes aux ordres du maréchal Mortier, le 19 septembre 1805. (Table géographique des *Victoires et Conquêtes*, T. 26.)

Le 12 novembre, lendemain de cette affaire et le jour même de l'arrivée de l'Empereur à Saint-Pölten, je partis de cette ville pour aller reconnaître les besoins du maréchal Mortier en objets d'artillerie, pour les chercher et les lui fournir. Il manquait principalement de cartouches d'infanterie, d'après ce qu'il me dit à Amsdorff, sur la rive droite du fleuve qu'il venait de repasser et que j'avais remonté depuis Mautern, d'où on apercevait le champ de bataille encore fumant.

Le 14, continuant mes recherches et mes courses, je découvris sur le Danube un convoi de bateaux chargés d'artillerie : j'en détachai ceux qui portaient des munitions attendues, et je les dirigeai sur les divisions Dupont et Gazan ; ensuite je rejoignis le quartier impérial à Saint-Pölten, et, le 15, je fis mon entrée avec lui à Vienne.

Napoléon y était depuis le 13 dans la nuit ; nous croyions arriver à Paris, tant cette capitale de l'empire germanique nous semblait calme et pleine de confiance ; la milice bourgeoise y faisait un service réglé et protecteur ; ce séjour si attrayant ne nous retint qu'une nuit.

Déjà Murat était au-delà du pont du Danube dont il avait surpris le passage autant par force de caractère que par ruse de guerre [1], il gagnait la Moravie et acceptait conditionnellement à Hollabrünn des propositions offertes par l'ennemi, mais qui furent rejetées par Napoléon. Les corps des maréchaux Lannes, Soult et Davoust appuyaient la marche de Murat.

1. On trouvera dans les mémoires du général Rapp, le récit détaillé de la surprise du pont du Danube par les généraux Lanusse, Bertrand et Belliard.

Baraguay-d'Hilliers et sa division de dragons, detachés depuis les affaires d'Ulm, sur les frontières de la Bohême, approchaient de Prague ; Bernadotte, de Molck s'était dirigé sur Stein, après avoir réparé le pont, et marchait sur la Moravie, en formant l'aile gauche de notre armée.

Marmont, maître de la Haute-Styrie, avançait sur Gratz. Ney, après les brillants fait d'armes de Scharnitz et des environs d'Inspruck dans le Tyrol, opérait sa jonction avec l'armée d'Italie vers Villach et Klagenfurt.

Augereau qui, parti de Brest avec son corps d'armée, n'avait pu arriver sur le Rhin qu'après les affaires d'Ulm, s'était porté sur le Voralberg contre le général autrichien Jellachich qu'il devait rejeter sur le Tyrol. De concert avec Ney, il était parvenu à le faire capituler et marchait seul vers la Souabe.

A la nouvelle du sanglant combat de Guntersdorf, au delà de Hollabrunn, Napoléon se porta rapidement à l'avant-garde où nous joignîmes le prince Murat le 17. Les Russes précipitaient leur retraite sur Brunn, place forte de Moravie, et perdaient beaucoup d'hommes. Cependant l'Empereur Alexandre s'empressait de sortir de cette ville pour se porter avec Kutusow au-devant du corps d'armée qu'amenait Buxhoewden ; la jonction de ces deux corps s'opéra à Wischau, entre Brunn et Olmutz. On a dit qu'alors Napoléon, par égard pour Alexandre, avait, pour lui laisser le temps de se réunir au gros de son armée, ralenti sa poursuite. Nous ne nous sommes pas aperçu de ce retard gratuit et dont nous aurions pu nous repentir. On s'arrêta seulement à Brunn et un peu au-delà, mais ce ne fut pas l'effet d'une courtoisie chevaleresque.

On a dit avec plus de fondement que le Roi de Prusse avait ouvert les portes de Breslau à l'Empereur Alexandre et aux troupes russes envoyées contre nous. Napoléon n'était point homme à oublier cette infidélité aux traités, quoiqu'il l'eût provoquée lui-même à Anspach, et il s'en souvint lorsqu'il eut fini avec l'Autriche et la Russie. Au reste, l'étoile du héros français éblouissait alors ses ennemis autant qu'elle électrisait ses soldats.

Le 20 novembre, Napoléon établit son quartier impérial à Brunn, place bastionnée que je fus chargé d'armer ainsi que la forteresse de Spielberg qui la plonge à bout portant. L'une et l'autre sont situées à trois lieues d'Austerlitz. Ma mission portait en outre que je m'occuperais, sans relâche ni délai, de l'inventaire de toute l'artillerie, de l'évacuation de son excédant sur Vienne, des réapprovisionnements de nos parcs et batteries, et même de l'échange de ces dernières qui étaient dépourvues de projectiles français.

Nuit et jour j'étais sur pied. Tous les corps d'armée, dont une partie des réserves d'artillerie n'avait pu suivre la marche rapide, m'accablaient de demandes urgentes, surtout à la veille d'une bataille décisive. Le Danube qui, jusqu'à Vienne, avait suppléé aux lenteurs et difficultés des parcs, se trouvait à quarante lieues derrière nous. Heureusement, par suite de l'évacuation précipitée de cette capitale, Brunn et ses environs regorgeaient d'objets militaires, non-seulement les magasins de cette dernière place en étaient remplis, il y en avait aussi surabondamment dans les maisons particulières; dans les églises, dans les temples et les synagogues, même en rase campagne, sous des hangars de briqueteries, etc.

Parmi ces objets, se trouvaient beaucoup de matières commerçables, telles que cuivre, plomb, tôle, cuir, toile, etc., le tout de bonne prise comme appartenant à l'artillerie autrichienne ; nuls gardiens, point de registres ni d'inventaires, mais en revanche, mille acheteurs, une foule d'israélites intéressés et discrets, faisant briller l'or et l'argent. Chasser ces avides frelons, établir des gardiens et des sentinelles, poser partout des scellés, tel fut mon premier soin et je m'empressai de dresser aussitôt des inventaires et d'en remettre les copies à mon général.

L'Empereur toujours actif, était partout : à chaque instant il s'informait de nos ressources et visitait lui-même les fortifications et les magasins. Un jour il entra dans une de mes poudrières et me demanda combien elle renfermait de cartouches d'infanterie (elles convenaient à nos fusils) : « *Un million, Sire.* » — « *Comment, f...!*», répondit-il, en pirouettant avec assez d'imprudence, « *ce n'est pas un paquet par homme !* » — Alors, je priai Sa Majesté d'observer qu'il y avait, tant dans les deux places, que dans les environs, sept magasins dont chacun contenait autant de cartouches. Il se dérida et remonta à cheval en disant : « *A la bonne heure !* [1]»

1. Le général Hulot, en relisant son manuscrit, a coupé ici un paragraphe qui, sans doute, lui a paru faire longueur, mais que nous reproduisons volontiers, à cause de la phrase de Napoléon qui le termine :

« A quoi tient souvent, dans notre métier, le sort d'un officier quels que soient ses états de service? Un chef suprême et altier qui exige des réponses *ad rem*, en reçoit une précise et directe à la question qu'il adresse à un officier très subalterne. Le respect empêche celui-ci

Le temps pressait de plus en plus : l'Empereur de
Russie réuni à sa garde commandée par Constantin et
à l'armée de Buxhœwden et de Kutusow ainsi qu'au reste
des Autrichiens, avait repris de la confiance et en même
temps l'offensive. Les ordres et les demandes pleuvaient
à verse sur moi ; une infinité d'aides-de-camp et de
généraux me tombaient sur le corps ; je ne pouvais
fermer l'œil, partout il fallait du canon, des munitions,
du matériel, sur les retranchements d'Austerlitz (le
Santon), dans les corps d'armée et dans mes deux places
que les circonstances rendaient si importantes.

Le combat de Wischau venait d'avoir lieu et les deux
armées se mettaient en présence. Dans la nuit du 1ᵉʳ
au 2 décembre, jour de la fameuse bataille, la nôtre
avait les deux divisions de Bernadotte au centre, Murat
un peu en arrière à gauche, Lannes avec deux divisions
formait l'extrême gauche appuyée par la montagne

---

de dépasser les limites de la question, dans la crainte d'être arrêté
par un brusque : — *Je ne vous demande pas cela !* — Eh bien ! le
supérieur intermédiaire, blâmé et vexé, retombe à son tour sur ce
pauvre subalterne qui a trop ou trop peu parlé. Celui-ci est humilié,
éconduit et son avancement est arrêté, perdu peut-être ! Voilà ce
qui, sans doute, me serait arrivé, si l'Empereur n'eut menacé mon
général (Cette menace de l'Empereur contre le général Songis est
indiquée quelques lignes plus haut par ce passage également raturé
« ... ce n'est pas un paquet par homme : *le général Songis...* etc. »
*A ces dernières expressions, je rompis mon laconisme qui, alors n'é-
tait plus de saison*, et je priai Sa Majesté d'observer... ») Car autrement, jamais je n'eusse eu l'imprudence de dire à mon fier souverain :
— Votre Majesté qui reçoit journellement des rapports, ignore qu'elle
a sept fois plus qu'elle ne le croit, des choses les plus indispensables
à son armée. En effet, je lui faisais bénévolement ce compliment, par
l'appendice de ma réponse ; mais je ne crois pas avoir eu lieu de m'en
repentir. Cette circonstance m'en rappelle une autre où Napoléon dit
à un officier de l'arme qui le conduisait dans son établissement en
lui en parlant complaisamment : — « *Ignorez-vous que j'ai servi dix
ans dans l'artillerie ?* »

armée du Santon ; Soult avec ses trois divisions était à
la droite de la ligne. La garde impériale et les grenadiers d'Oudinot composaient la réserve. L'ennemi comptait en ligne près de cent mille hommes, nous n'en
n'avions pas quatre-vingt mille.

Enfin, le soleil d'Austerlitz, celui qui devait couronner cette brillante campagne, se leva radieux et vint
communiquer à nos membres le feu qui déjà échauf-
fait notre âme. La bataille commença vers huit heures
du matin et dura jusqu'à quatre heures du soir. Les
destins furent à peine balancés dans la matinée ; l'après
midi, nous ne combattions plus que pour assurer la
victoire. Quarante mille Russes et Autrichiens tués ou
blessés et prisonniers, un grand nombre de drapeaux,
de canons et de voitures d'artillerie en furent les trophées, indépendamment de la glorieuse paix qui la
suivit de près [1].

1. Le texte des *Souvenirs* ne renferme pas de détails sur la journée
d'Austerlitz que le général Hulot considérait sans doute comme suffisamment bien décrite dans les bulletins officiels et les relations con-
temporaines. En revanche, nous trouvons dans les papiers de la
famille la lettre qu'il écrivit à l'un de ses frères, après la bataille ;
cette lettre, rédigée sous l'impression des événements, trouve ici sa
place naturelle, et complète heureusement le texte du manuscrit :

Brünn, le 15 frimaire, an XIV.
(6 décembre 1805.)

Mon ami,

La journée du 11 frimaire est doublement heureuse pour notre
pays ; elle a vu couronner notre Empereur et, un an après, consolider
sa couronne. Les résultats de la bataille qui vient d'avoir lieu sont, on
ne peut plus avantageux Cette victoire nous assure la paix pour
longtemps avec l'Allemagne ; elle éloigne et effraie l'Empereur de
Russie ; elle fixe en notre faveur les irrésolutions apparentes de la
Prusse ; elle intimide l'Angleterre ; elle agrandit et enrichit notre
patrie.

Un armistice fut conclu et le 15 du même mois, la ligne de démarcation des armées fut arrêtée. Napoléon rentra à Vienne le 12. J'y passai près d'un mois, oubliant bien vite nos fatigues, dans un agréable logement et chez d'excellents et aimables hôtes ; leur société,

Il y avait 6 à 7 jours que l'armée française avait pris des espèces de cantonnements en conservant sa ligne de bataille dont la gauche s'appuyait à la place de Brünn et à la forteresse de Spilberg, desquelles par parenthèse, j'ai eu l'honneur de commander l'artillerie. L'ennemi avait un envoyé à Vienne qui négociait avec Talleyrand et, quoique dans une position toute militaire, on ne songeait point à être attaqué. Cependant les Russes surprirent et cernèrent la brigade de cavalerie du général Treilhard, devant la ville de Wischau. Les 9e et 10e de hussards mirent pied à terre et se débarrassèrent heureusement.

Ces deux régiments et le reste de la division, entre autres le 16e de chasseurs à cheval, ne furent pas aussi heureux deux jours après ; ils se virent fort maltraités par les Russes. Alors Bonaparte fit sortir son armée de ses cantonnements et la fit bivouaquer sur la route d'Olmütz, à trois lieues de Brünn.

L'armée ennemie composée de Russes et d'Autrichiens en fit autant. L'une et l'autre étaient fortes, chacune de 80,000 hommes, et restérent en présence pendant trois jours. Bonaparte avait pris les mesures les plus sages et les plus sûres, puisque malgré la perte immense des Russes, ni la division de grenadiers, ni aucun corps à pied de la garde ne donnèrent : ils restèrent en réserve.

A 8 heures du matin, le 11, nos colonnes s'élancèrent, la mousqueterie s'engagea avec la plus vive ardeur. Des corps de cavalerie et d'infanterie chargèrent l'ennemi et en furent chargés. A 10 heures, le canon et la mousqueterie tonnèrent d'une manière effrayante. Bonaparte apercevant alors une aile ennemie qui faiblissait, s'écria : « Ils sont perdus ! » En effet, l'Empereur de Russie qui s'était aussi aperçu du même mouvement incertain, y envoya la cavalerie de sa garde, que chargea et culbuta aussitôt la cavalerie de la garde de Bonaparte.

Bientôt l'armée ennemie fut coupée dans plusieurs endroits ; on hachait, sabrait, fusillait, canonnait et mitraillait avec fureur. Aussi le carnage fut-il épouvantable : il y a des monceaux de cadavres russes sur le champ de bataille. Un corps, entre autres, ayant mis bas les armes devant un régiment de cuirassiers et les ayant reprises quand il vit cette troupe française donner ailleurs, fut massacré sans pitié.

A 2 heures, l'ennemi était en pleine déroute. On lui prit près

les spectacles, les promenades, les visites aux monuments et établissements publics me récréaient utilement ; je m'occupais à nos bureaux ou dans le grand et magnifique arsenal de Vienne, que nous mîmes à contribution pour ceux de la France.

de 20,000 hommes; on lui en blessa furieusement et on lui en tua beaucoup, beaucoup.

Nous avons aussi à regretter un grand nombre de nos camarades, entr'autres Martinet, tué au début de l'affaire, d'un coup de boulet. Son régiment est presque réduit à rien, cependant Faynot se porte bien. Kellermann (a) est tué, trois ou quatre autres généraux sont blessés; plusieurs colonels, entr'autres celui du 14e de ligne et celui des chasseurs de la garde sont tués. J'ai vu des dragons du 10e blessés; il y en a un de Thys-la-Neuville. Le premier aide de camp de l'Empereur de Russie est tué. Tu sais que les trois Empereurs assistaient à cette bataille que, pour cela, les soldats appellent *la bataille des trois Empereurs*, mais qu'on nomme *Austerlitz*, du nom du bourg le plus voisin.

Les avantages de cette journée se font déjà sentir. François II a eu avec Napoléon une entrevue devant le front de l'armée française, à côté d'un petit feu de bivouac. Il paraît qu'ils ont décidé au moins un armistice, car notre armée va prendre ses quartiers d'hiver fort en arrière, puisque l'Empereur revient à Vienne, ainsi que la garde et la division de grenadiers. Je devrais y aller aussi puisque l'état-major général y va, mais attaché à la place et à la forteresse de Brünn qui deviennent les vedettes de l'armée française, je reste encore à 40 lieues plus loin de vous dont je voudrais pourtant bien me rapprocher. Nous croyons que ce sera bientôt. Maucomble se porte bien. Mes respects et dévouement à ma mère.   J.-L. HULOT.

(a) Maucomble, Martinet et Faynot étaient des officiers compatriotes du capitaine Hulot. Le général Kellermann survécut à ses blessures, mais en revanche, le brave général Valhubert succomba aux siennes. L'armée française perdit en outre les colonels Morland, Mazas et Bourdon. L'aide de camp du czar, le prince Repnin, fut blessé et fait prisonnier par le général Rapp en personne.

Thys-la-Neuville, aujourd'hui : La Neuville-les-Thys. Cette malheureuse commune, située à quelques kilomètres de Mézières, paya cher en 1870, un coup de fusil inoffensif tiré sur une pointe d'avant-garde prussienne par un habitant de St-Marcel, le village le plus voisin. Un bataillon fut, amené le lendemain par des officiers détachés du quartier-général de Boulzicourt; les hommes de tout âge furent enfermés dans l'église et les femmes abandonnées pendant une heure à la merci des soldats prussiens. Un procès-verbal, rédigé et signé par des magistrats et des notables de Charleville-Mézières a conservé à l'histoire le récit de cette ignoble vengeance !

La tranquillité et la confiance régnaient entre nous
et les habitants ; seulement, nos soldats se fàchaient
parfois, lorsqu'il arrivait à des Allemands de ne pas
répondre à leurs questions en français, comme si notre
langue dût se répandre avec la rapidité de nos conquêtes. Les Viennois, de leur côté, ne perdaient pas de leur
fierté nationale ; souvent ils riaient de cette impatience
française et feignaient de ne pas comprendre. Mais ce qui
indisposa réellement cette capitale au point d'occasionner des émeutes et de faire craindre un soulèvement général, fut l'enlèvement de son artillerie que
nous faisions évacuer sur nos frontières d'Alsace avec
des objets d'art [1].

Ce peuple tranquille et assez impassible jusqu'alors,
était devenu mutin et séditieux ; il semblait que nous
enlevions son *Palladium*, l'honneur de sa principale
cité ; plusieurs de nos artilleurs reçurent des coups de
pierre ; il fallut recourir à la force. Nous ne prévoyions
guère qu'avant douze ans, nous aurions à restituer
une partie de ces trophées et à éprouver dans Paris le
dépit et la répugnance bien naturels que montrait alors
la capitale de l'Autriche. Napoléon la quitta le 27 décembre, après la signature du traité de paix de Presbourg, et
se rendit à Munich. L'armée suivit ce mouvement et
rentra en Bavière.

[1], On lit dans le quatrième volume des *Trophées des armées françaises* : « Un historien a dit que tout le matériel contenu dans cet arsenal avait été transporté en France, c'est une erreur, et nous en en
donnons pour preuve cette partie d'une proclamation de l'Empereur aux Viennois : « En vous quittant, recevez comme un présent
« qui vous prouve mon estime, votre arsenal intact, que les lois de
« la guerre ont rendu ma propriété, servez-vous en pour le maintien
« de l'ordre. » Nous nous en rapportons pleinement au général Hulot
qui était employé dans cette opération et n'avait aucun intérêt à dé-
guiser la vérité.

Pour moi, je reçus avec bon nombre d'officiers d'artillerie, du génie et d'état-major, l'ordre de me rendre dans les États de Venise, lesquels, par suite des derniers arrangements politiques, devaient nous être remis par l'Autriche. Je continuai de marcher avec le quartier impérial jusqu'à Linz, et le quittai le 21 janvier 1806, me dirigeant seul avec mes chevaux et mon domestique sur le Tyrol, pour gagner Padoue. La pluie tombait à torrent et ruisselait de notre corps et de celui de nos chevaux ; cavaliers et montures suivaient mélancoliquement la route qui les éloignait de cette France si ardemment convoitée après une pareille période de fatigues et d'importants travaux. Mais à travers les ondées et la barrière des monts grisâtres qui couvraient l'horizon, j'entrevoyais les douces et paisibles vallées des Alpes, et plus loin, la riche et célèbre Italie.

Avant de pénétrer dans ces montagnes, je veux jeter un coup d'œil en arrière sur le pays que je viens de parcourir. Dans toute l'Allemagne, quel que soit la la province ou l'État, je n'ai reconnu qu'un caractère accusé, celui de la bonté et de la docilité. Il est même bien conservé à Vienne, quoique d'ordinaire la teinte nationale soit altérée dans les capitales par le concours des étrangers que ces grandes cités reçoivent continuellement. L'Allemand tient religieusement à son souverain comme à son Dieu et à sa parole [1], il est froid mais

1. Certains lecteurs en se reportant à ce que dit plus haut le général Hulot, sur la conduite déloyale du roi de Prusse avant la bataille d'Austerlitz, et en se rappelant l'adhésion de la cour et de la nation prussiennes aux doctrines de Luther, pourraient soupçonner ici la sincérité du jugement de l'auteur des *Souvenirs*. Leur étonnement cessera quand ils remarqueront que le général Hulot parle des populations comprises seulement dans le cercle d'action des descendants

constant. Les femmes ont plus de rapport avec les Françaises, elles ne sont pas moins sensibles quoique moins vives. Voilà du moins ce que j'ai cru remarquer. Il me semble aussi que l'Allemand a plus de ténacité et de profondeur que d'imagination et de goût; Copernic et Képler prouvent qu'il a du génie. Quant au sol, il y a des plaines immenses en Moravie, qui produisent du froment, moins cependant que ne le comporte leur étendue. Dans la partie de la Basse-Autriche où se trouve Vienne, on voit des sites qui ressemblent aux nôtres, mais comme dans la Haute-Autriche, il y a beaucoup de sables et de bois de sapins.

Les bords du Danube offrent des paysages variés et pittoresques. Les montagnes de la Bohême et des Alpes

des Hapsbourg, c'est-à-dire dans les régions qui constituaient l'empire d'Allemagne avant les traités de 1815. Il n'est donc nullement question de la Prusse et des Prussiens dans cette peinture du peuple allemand. Képler était natif de Magstatt (Wurtemberg); Copernic était fils d'un bourgeois de Cracovie.

Depuis 1864, une propagande aussi habile qu'intéressée représente la Prusse comme une fraction choisie, perfectionnée de la nation allemande, fraction volontairement fondue dans la grande unité patriotique. On sait ce que la Prusse a gagné à établir et à propager ce malentendu et les Allemands n'en sont plus à calculer ce qu'ils y ont perdu. En réalité, idiôme à part, la Prusse n'est allemande que depuis le jour de la création de la Confédération germanique par Napoléon Ier, et il faudrait être d'une naïveté incurable pour ne pas reconnaître que par la guerre de 1870, c'est l'Allemagne qui a été incorporée, dans la cérémonie du couronnement de Versailles, à l'empire de Prusse et non pas le royaume de Prusse à l'empire d'Allemagne. Du reste, nous en appelons aux atlas allemands imprimés à Gotha, que nous avons sous les yeux. La qualification *Deutschland* s'arrête au bassin de l'Elbe et l'étiquette *Preussen* couvre seule la région qui s'étend de l'Elbe à la Vistule. Or, ces atlas sont de 1854 ; il est donc naturel qu'un officier du premier empire porte sur *la nation allemande* une série de jugements contradictoires avec l'opinion que ses contemporains et lui-même entretenaient sur *la cour, l'armée et la nation prussiennes.*

bornent au nord et au sud l'horizon de son cours, à
une distance plus ou moins éloignée.

La Bavière, excepté la route de Vienne, la Souabe et
le pays de Bade, ainsi que la Franconie, sont riches et
fertiles, du moins dans les parties que j'ai parcourues.
Toutes ces contrées où l'on parle la même langue et où
l'on professe différentes religions, nous ont montré l'a-
sile de la bonne foi, de l'hospitalité et de la bonté. Il y
a doublement conscience à faire du tort et de la peine à
ces habitants, surtout quand il n'y a pas nécessité.

Heureusement, en les quittant, j'emportai avec les
regrets de ceux qui m'ont connu, le consolant souvenir
de n'avoir cherché qu'à diminuer le fardeau de la guerre
autant qu'il a dépendu de mon faible pouvoir. A Vienne
je fis rendre, par l'entremise du général Andréossy,
sous-chef de l'état-major général, une justice éclatante
à mon hôte qui était attaché à la cour de François II, le
gouverneur de ses enfants ayant souffert de la brutalité
soldatesque. A Melck, je contribuai à sauver du pillage
une famille des plus intéressantes. Sur les bords du Danube, je recueillis et fis porter à l'hôpital de malheureux blessés russes, qui trainaient loin des routes,
cherchant des secours et un refuge.

Escorté de ces souvenirs, je m'éloignais gaiement du
théâtre de nos hostilités. L'honnête homme embellirait
son existence, si, dès sa première jeunesse, il conservait le journal de ses actions. J'ai souvent regretté, sous
ce rapport et sous celui de l'instruction, de n'avoir pas
consacré une heure ou une demi-heure de mes nuits à
transcrire sur un album, tout ce que j'avais vu et fait
dans la journée et de n'avoir pas dessiné le croquis des

machines et des objets curieux qui m'avaient frappé.
Cette collection m'eut intéressé durant tout le cours de
ma vie, surtout dans ma retraite actuelle où je pourrais en relire tous les détails avec soin et les mettre en
ordre.

Par exemple, en reportant mes restes de mémoire
vers ces montagnes du Tyrol où je cherche les traces
de mes pas, une foule de sensations et d'idées riantes
viennent encore me toucher; mais je ne revois plus
qu'en bloc et ne goûte plus que confusément ces rémi-
niscences. Un nom, un arbre, un rocher, un ruisseau,
un hameau, me rappelleraient mille détails, des êtres,
des circonstances, des positions et des impressions,
qui, aujourd'hui échappent à mes souvenirs !

CHAPITRE VIII

TYROL. — ITALIE

Le jour où je quittai Linz et la Grande Armée, j'arrivai à Welz, petite ville où, à mon agréable surprise, je trouvai les aides-de-camp et les adjoints du général qui allait commander en chef l'artillerie, sous le digne et aimé prince Eugène, vice-roi d'Italie : c'étaient tous d'anciens camarades devenus mes collègues.

Le 26 janvier 1806, notre petite caravane alla coucher à Neumark. Le lendemain, vers midi, cheminant par un temps détestable, nous découvrîmes le bassin étroit de Salzbourg, où la Saal vient unir, sous cette ville, ses eaux à celles de la Salza. Cette dernière rivière traverse la place qui est tellement resserrée par les montagnes, qu'on a été obligé de les couper pour l'emplacement de plusieurs rues. Des rocs formidables, taillés par la main de l'homme, lui servent de remparts.

Je ne pouvais concevoir que les Autrichiens nous
eussent abandonné une pareille forteresse après un
échange de quelques coups de canon[1]. A Braunau et
au Spielberg, j'avais éprouvé la même surprise et reconnu que le gouvernement de Vienne avait mis une
bien grande imprévoyance dans ses dispositions militaires.

Nous fûmes logés et parfaitement reçus dans le château de Léopoldkronn, à un quart de lieue de la ville, au
sud, vers les montagnes. Cette position est enchante-
resse : la maison, d'une belle et commode construction
et d'une architecture élégante, est située dans une
charmante éclaircie que ferment et rétrécissent les premiers degrés des Alpes, tapissés de sapins qu'arrosent
une infinité de courants d'eaux vives, lesquelles, après
s'être promenées en tous sens à travers de riants bosquets, vont donner la vie et le mouvement aux usines
dont ce bassin est couvert. Les hautes Alpes Noriques,
entrevues dans le lointain, à la faveur des percées ménagées à cet effet, couronnent majestueusement cette
paisible et délicieuse retraite.

L'attrait de ce séjour et le gracieux accueil de ses
maîtres nous déterminèrent à y passer trois journées.
Nous en profitâmes pour visiter les salines des environs, entre autres celles de Hallein où la nature miné-

1. Après la capitulation d'Ulm, à laquelle Ney avait contribué le
premier par son terrible et glorieux combat d'Elchingen, il fut détaché dans le Tyrol avec un corps de 30,000 hommes et força l'archiduc
Jean à évacuer cette contrée. Il s'empara des forts de Scharnitz et de
Neuf-Larck et entra presque sans résistance à Innsprück, le 7 novembre, puis à Hall où il trouva des magasins immenses Poursui-
vant toujours l'archiduc, il atteignit son arrière-garde, le 17, au pied
du Brenner, et la tailla en pièces. Il entra alors en Carinthie et y
resta jusqu'à la paix de Presbourg.

ralise le sel dans des rochers souterrains qui fournissent d'abondants filons. Au fond de galeries longues et
profondes, on a pratiqué plusieurs salles, où les cristaux et matières salines tombent et se dissolvent dans
les eaux conduites et arrêtées à volonté. Quand ces
eaux sont bien saturées, on les recueille dans des chau-
dières où elles s'évaporent en précipitant leur sel.

C'est bien là que la nature est mise à contribution par
les arts, tant il y a d'usines et de machines. Pour descendre au fond des mines de sel, on nous affubla d'un
sarreau et d'un bonnet de toile blanche et l'on nous
arma chacun d'une torche allumée, ce qui, dans ces
souterrains de cristaux, nous donnait tout à fait l'air
de ministres d'un culte mystérieux. Au sortir de ces
grottes profondes, on nous invita à écrire nos noms
sur des registres qu'avaient signés beaucoup d'illustres voyageurs et même des souverains.

Le 30, nous quittâmes notre château pour nous
acheminer vers les montagnes couvertes d'une neige
éternelle. Après une heure et demie de marche, nous
touchions cette imposante barrière sans entrevoir d'issue à travers ses énormes flancs ; cependant nous découvrîmes la Saal qui en sortait, elle nous guida. Nous
fîmes deux ou trois lieues dans ces rochers et nous
nous arrêtâmes à Reichenhall[1], bourg où se trouvaient
quatre cents chasseurs bavarois. Il est construit au
milieu d'une éclaircie de bois et de rocs et arrosé par
une rivière.

---

1. Ville de Bavière à 106 kilom. E. S. E. de Munich ; salines, fabri-
ques de machines à vapeur ; 3,000 habitants. (*Dictionn. Géogr.* de
Meissas et Michelot, 1854.)

Près de Reichenhall, il y a de grands établissements dépendants des salines[1], entre autres, des appentis très élevés où l'on forme à plusieurs étages des lits de fascines. Au moyen de pompes, on fait monter dans des réservoirs suspendus au-dessus des fascines les plus hautes, les eaux des sources salines. De ces réservoirs, l'eau passe dans des rigoles percées de robinets et tombe en pluie sur les tas de fascines qui la dégagent en partie des matières terreuses et étrangères au sel. Recueillie dans des bassins inférieurs et purgée par ces distillatoires, elle se rend au fourneau évaporatif. J'avais remarqué au musée d'Augsbourg le modèle de cet appareil qui, comme l'on voit, a pour objet de ménager le combustible et de diminuer la dépense en facilitant l'évaporation et la précipitation.

Ces salines diffèrent de celles de Hallein sur la Salza, leurs eaux étant naturellement saturées de sel comme à Salins et à Dieuze en Lorraine, tandis que celles des premières ne se chargent qu'en séjournant dans les réservoirs souterrains où l'on jette les matières salines. Après ces visites, j'entrai chez mon hôte, pauvre bailli d'un pauvre bourg et le lendemain, par un assez beau temps, nous nous enfonçâmes de plus en plus dans les gorges qui se resserrent tellement, que deux voitures auraient peine à y marcher de front. D'épaisses forêts de sapins garnissent le pied de ces monts et s'éclaircissent à mesure qu'ils s'élèvent, de manière à n'offrir à mi-hauteur que quelques arbres isolés.

La neige seule en couvre les sommités, mais comme elle n'a point de prise sur les pointes aiguës,

1. Ces salines donnaient 300,000 quintaux par an.

on croit voir des obélisques encore debout, qui montrent parmi des monceaux de ruines, leurs têtes osseuses et dépouillées au-dessus du chaos de la terre. Ces montagnes sont si entassées et si rapprochées qu'il est souvent difficile de distinguer à trente pas le cours de la route ; c'est un dédale continuel dont primitivement les eaux ont tracé les détours et les issues.

Nous remontions encore la Saal ; tantôt dans un enfoncement obscur, elle roulait silencieusement sur le gazon et nous montrait un étang que jamais n'avait agité le moindre zéphyr ; tantôt on l'apercevait se précipitant avec fracas d'une hauteur effrayante à travers des débris de rochers usés par les efforts de ses eaux. Parfois, abrités de tous côtés, nous étions obligés de déboutonner nos habits, puis, tout à coup, une trouée du nord rappelait nos manteaux sur nos épaules.

Habituellement, longeant le pied des chaînes, nous avions peine à distinguer les aigles qui planaient sur les cimes ardues de ces monts ; mais, quand le sentier nous portait au-dessus de la région des sapins, nous voyions les corbeaux voler sous nos pieds et n'osions mesurer de l'œil le précipice qui bordait la direction de notre marche. En deçà et au delà de Lofer, petit village où nous eûmes une assez mauvaise couchée, nous aperçûmes les fortes positions que les Bavarois avaient enlevées aux Autrichiens dans la campagne. Là, à chaque pas, on rencontre comme dans toutes les Alpes et les Pyrénées, de ces points inexpugnables où trente hommes décidés semblent pouvoir braver des armées entières.

Le 1er février, ayant parcouru deux lieues par un temps de neige, la gorge s'élargit devant nous et

nous présenta un vallon ouvert de trois cent toises et
parsemé de maisons de bois. C'est Saint-Johann, village assez beau et surtout très favorablement placé au
débouché de deux routes. Nous logeâmes à l'auberge
principale chez un brave tyrolien, qui, à la tête d'une
compagnie de ses compatriotes, nous avait fait la guerre[1];
il nous reçut jovialement, nous fit voir la médaille
que lui avait donnée l'Empereur d'Allemagne et nous
dit qu'il aimait et estimait beaucoup plus les Français

1. Le jovial et patriote aubergiste des *Souvenirs militaires* du général Hulot amènera sans doute dans l'esprit du lecteur l'idée d'un
rapprochement avec la personnalité historique de l'aubergiste *Jean
Hoffer*. Toutefois, une phrase rayée dans le manuscrit primitif nous
défend de confondre ces deux énergiques tyroliens ; l'hôte du général
Hulot, d'après cette phrase, avait 75 ans et l'on sait que le partisan
Hoffer né en 1767, a été fusillé en 1810. Voici ce que dit de ce dernier, Cadet-Gassicourt, pharmacien de l'Etat-major général de la
Grande-Armée en 1809 : « On nous apprend la mort du chef des insur-
« gés tyroliens. Ces montagnards, fidèles à leurs anciens souverains,
« n'ont passé sous la domination du roi de Bavière, en exécution du
« traité de Presbourg qu'avec un extrême mécontentement, et l'inten-
« tion de secouer le joug à la première occasion. Dès que nous sommes
« entrés en Allemagne, ils ont pris les armes et l'on a envoyé des
« troupes contre eux ; mais ils se sont retirés dans les défilés de leurs
« montagnes où il est très difficile de les attaquer et où ils font beau-
« coup de mal en inquiétant nos convois... Leur nombre s'élève à plus
« de 20,000. Ils ont choisi pour chef un aubergiste nommé Jean Hoffer,
« homme de tête, fort doux et généralement estimé. Ce partisan s'est
« adjoint quelques pères de famille pour former son conseil. Ils ad-
« ministrent et se battent, dit-on, fort bien. Leurs tirailleurs sont
« d'une adresse extrême. S'ils ne reçoivent pas de secours de l'Au-
« triche, on croit qu'ils proclameront leur indépendance et se fédé-
« reront avec les Suisses. Ils s'indignent qu'on ait disposé d'eux sans
« leur consentement et se demandent si les peuples sont des trou-
« peaux que les rois peuvent tondre et vendre à leur gré... »
Les signataires du traité de Francfort connaissaient-ils cette page
des impressions de voyage du pharmacien de Napoléon Ier ? Ce n'est
pas probable mais on la leur eut mise sous les yeux que l'Alsace-Lorraine n'y aurait sans doute rien gagné. Les conquérants ne mettent-
ils pas toujours leurs intérêts au-dessus des dogmes de l'histoire?

que les Bavarois, quoiqu'il le fût devenu depuis la paix de Presbourg[1].

Dans une disposition d'esprit conforme au temps et au lieu, je me mis à la fenêtre avant de me coucher. Il tombait une neige abondante dont je distinguais les épais flocons à la pâle lueur de la lune. On n'entendait que les airs plaintifs du garde-nocturne

[1]. Par le traité de Presbourg (26 décembre 1806), l'Autriche céda à Napoléon, les Etats-Vénitiens pour renforcer le royaume d'Italie, le Tyrol, le pays d'Anspach et l'Inn-Viertel pour arrondir les nouveaux états de l'Electeur de Bavière, et le duché de Berg pour constituer l'apanage de Murat. Berthier eut pour sa part la principauté de Neufchâtel. L'Autriche reçut le pays de Salzbourg en échange du pays de Würtzbourg abandonné au Grand-duc de Toscane. Les Electeurs de Bavière et de Würtemberg virent leurs états érigés en royaume et le margraviat de Bade devint un grand-duché. Napoléon formait en même temps une fédération des princes du Rhin pour servir de barrière à l'ambition de l'Autriche... On sait quel parti le génie du prince de Bismark a su tirer, au moyen du Zollverein, de cette confédération des États de l'Allemagne centrale et de l'alliance des trois souverains créés par Napoléon Ier à Presbourg, aussi est-il permis de se demander si ce traité célèbre qui marque le point culminant de la gloire de Napoléon Ier n'a pas été en même temps la première origine de nos désastres de 1870.

La France n'eut pas plus de raison de se féliciter de la mort de son implacable ennemi, le ministre William Pitt, succombant quelques jours après la signature de ce traité célèbre qui renversait toutes ses combinaisons. Son éloge, fait par un orateur anglais, est connu : « Il « à su entretenir une guerre nécessaire avec le sang du continent « européen, tandis que l'Angleterre restait dans une situation à pro- « fiter des chances heureuses des coalitions sans presque se ressentir « de leurs revers. »

On espérait alors que le gouvernement anglais abandonnerait la politique du vindicatif adversaire de Napoléon Ier. Mais ce dernier et tour à tour les deux Bourbons ses successeurs, Louis-Philippe, Napoléon III et le gouvernement actuel lui-même ont eu plus d'une fois l'occasion de constater qu'en dépit de leurs avances et des sacrifices imposés à la France pour plaire aux Anglais, la formule politique de nos voisins et leur tempérament pratique n'a jamais subi de modification. Aujourd'hui encore, la conquête de Chypre et de l'Égypte et la campagne contre l'isthme de Suez ne nous ont-elles pas offert une nouvelle révélation de cette machiavélique formule ?

qui criait en allemand des chants pieux et somnifères. Je me retirai tard et mon sommeil, calme comme notre gîte d'étape, ne me quitta qu'au point du jour. C'était un dimanche ; déjà la rue, quoique couverte de deux pieds de neige, offrait un sentier frayé, parce qu'elle conduisait à l'église ; je me complaisais à voir passer ces pieux montagnards endimanchés.

Le 3 février, nous parcourûmes rapidement en traîneaux les cinq lieues qui séparent Saint-Johann de Worgel. Nous étions comme dans un lit, garantis de la neige par de bonnes couvertures et par des peaux imperméables ; mais, dans quelques endroits, cette neige était si peu épaisse et si peu gelée encore que notre traîneau la sillonnait péniblement.

Dans ce pauvre village, situé près de l'Inn, pour passer le reste du jour, nous lisions les noms des voyageurs, écrits avec des sentences sur les murs et sur les tables de l'auberge, comme si ces étrangers, en visitant ces montagnes, avaient cru visiter une chaîne des Andes. Cependant, je me souviens que ce jour-là était une fête d'église à Worgel, et que je me rendis aux vêpres de la paroisse. Toute la population y assistait avec la plus grande ferveur, les hommes séparés des femmes. Là comme dans tout le Tyrol, j'ai eu lieu de remarquer combien ce peuple a de dévotion : elle est l'effet et la cause des progrès de la civilisation qui n'a pu pénétrer qu'avec le flambeau de la religion dans ce pays âpre et sauvage, et qui n'a pu y marcher que lentement. Les missionnaires ont dû, pour apprivoiser et rassembler ces peuplades éparses dans leurs montatagnes, avoir recours à des moyens frappants et fortement expressifs ; aussi suit-on encore leurs traces à chaque pas, car on n'en fait pas beaucoup sans rencontrer ou des sculptures du Christ saignant et torturé, ou des peintures de l'enfer grossièrement exprimées.

La religion et les mœurs des Tyroliens paraissent encore empreintes des effets de ces primitives conversions. En 1806, le général des capucins était plus souverain dans ces montagnes que l'Empereur lui-même, et ses ministres pouvaient facilement soulever tout le peuple contre les ordres et les troupes du monarque. C'est probablement pour ce motif et pour ménager les populations que ce pays jouissait de beaucoup de privilèges, entre autres celui de conserver ses nombreux capucins et d'être exempt de levées pour l'armée. Les Tyroliens n'avaient qu'à garder leurs montagnes et nommaient eux-mêmes leurs chefs ; seules, quelques compagnies franches sortaient volontairement de leur pays.

Le 4, nous fîmes huit lieues pour arriver à Schwatz, petite ville sur l'Inn, non loin de Ratten. Le 5, remontant toujours la rivière, nous arrivâmes à Insprück, capitale du Tyrol allemand. Sans être considérable, cette ville est assez importante ; on est satisfait et soulagé de se trouver, après des traversées aussi âpres et aussi difficiles, dans un séjour qui offre des ressources, de la société et de l'urbanité. Nous y retrouvâmes des militaires blessés appartenant au corps du maréchal Ney.

Le lendemain de mon arrivée dans cette ville, mon domestique et celui d'un de mes camarades désertèrent, chacun avec un de nos chevaux et nos porte-manteaux, ce qui nous contraria beaucoup. La campagne, sous le rapport des finances, finissait pour moi comme elle avait commencé. Ces accidents sont assez fréquents aux armées où les officiers d'état-major, après avoir perdu, par maladie ou autrement, leur homme de confiance, sont obligés de le remplacer par le premier venu dont la moralité et les antécédents leur sont inconnus.

Je me contentai, pour continuer ma route, du seul cheval qui me restait et que je pansai moi-même. Cependant, nous étions à peine à moitié de notre voyage. Il se termina dans les mêmes conditions : toujours à peu près mêmes sites, mêmes logements et mêmes difficultés résultant des rigueurs de la saison. Parfois, il fallait séjourner, pour attendre que des corvées de montagnards eussent déblayé les chemins couverts de neige jusqu'au-dessus des jalons qui signalent leur tracé. Toutefois, quand nous eûmes gagné le versant italien, vers Brixen et Botzen, nous remarquâmes une différence sensible dans les mœurs et dans les manières des habitants, ainsi que dans la température qui devenait plus douce, tandis que le peuple et nos hôtes nous paraissaient moins hospitaliers et moins propres. Ces différences semblaient s'accroître progressivement comme le cours des eaux que nous descendions; nous suivions alors le cours de l'Adige. Le langage se modifiait aussi; c'était un mélange assez désagréable d'allemand et d'italien, et bientôt, de Trente à Roveredo, il nous fallut changer de dictionnaire. Dès ce point, les sommets des montagnes s'abaissaient, l'air était plus chaud, la végétation plus avancée et plus vivace. Enfin, le 22 février, nous étions en plein printemps, et nous entrions dans ce vaste et délicieux jardin des Hespérides, qui, malgré ses formidables barrières, a vu tant de Jasons.

Nous débouchâmes sur le plateau de Rivoli, naguère

illustré par nos armes. Là et partout, sur ce sol historique, ma pensée embrassait les âges ; le passé et le
présent se confondaient dans mon esprit, et l'Italie était
pour moi un livre rempli de grands souvenirs et de riches peintures. Bientôt j'entrai à Vérone et dans ses
arènes, digne monument de la grandeur passée de ce
pays célèbre; mais la ville, quoique assez considérable,
répondit peu dans son ensemble et dans la plupart de
ses détails à ma favorable prévention. Le cours seul,
le théâtre et le quartier des arènes m'ont satisfait.
Presque toutes les rues étroites et sales sont remplies
de pauvres et d'une hideuse populace ; dans ces cirques
superbes, où jadis plus de vingt mille spectateurs
applaudissaient aux triomphes et aux jeux des vainqueurs du monde, on ne voit plus qu'une multitude
réunie pour l'insipide *tombola*.

Je ne tardai pas à me rendre à Padoue, en passant
par Vicence. Dans cette agréable route, je traversai
des plaines à perte de vue, excepté à ma gauche, où
mes yeux étaient toujours arrêtés par la longue et haute
chaîne des Alpes. L'olivier, la vigne, le mûrier et le
froment croissent à l'envi sur le même champ, où le
riche trouve à la fois sa subsistance, sa boisson, ses
vêtements et son chauffage. Ces champs sont entre-
coupés de verts et frais pâturages, où paissent la génisse et le taureau, au milieu des fleurs et des limpides
irrigations. Les villages sont beaux et bien bâtis, mais
dans ces riches campagnes, comme dans les villes,
j'étais désagréablement étonné de voir une foule de
pauvres et de mendiants. Ce pénible contraste tient-il
au gouvernement, aux mœurs ou à la religion? En

Allemagne, je voyais moins de fortunes considérables, mais aussi beaucoup moins de misère.

Cette disparate choquante, que le voyageur observe dans la société italienne, couvre ce beau ciel et cette belle terre d'un voile importun, c'est une ombre qui mêle la tristesse à la sérénité. Dans les cités les plus florissantes, au milieu des fêtes, sur les places et les promenades, près des cafés et des spectacles, dans tous les lieux de plaisir encore plus que partout ailleurs, vous voyez étalée la plus profonde et la plus dégoutante misère. Des hommes couverts de plaies ou amputés, des groupes de femmes et d'enfants en guenilles sont étendus sur votre passage et vous tendent la main en sanglotant. D'autres pauvres, honteux et moins sales, la figure voilée, ont pour interprète de leur détresse et de leurs vœux, un écriteau en gros caractères.

Quelqu'attrait qu'eût pour moi la partie pittoresque du voyage, il m'était impossible de n'avoir pas le cœur navré. L'impression serait assurément moins vive dans un pays où le ciel aurait moins multiplié ses faveurs. Cependant, beaucoup plus que la France et l'Allemagne, l'Italie semble être le sanctuaire de cette religion catholique qui ne cesse de prêcher la charité; mais on ne peut s'y méprendre, l'Italien affecte beaucoup plus de religion qu'il n'en a réellement; chez lui, il y a plus de fard que de vérité. De là de monstrueuses et coupables anomalies.

Les habitants se montrent pieux à l'excès, ils se groupent, s'agenouillent et tombent en extase avec les apparences de la plus grande ferveur au forum, comme au temple, autour des prédicateurs; ils observent ostensiblement le jeûne, les dimanches et les moindres fêtes religieuses. Mais partout éclatent la licence et le scandale des mœurs.

A Vicence, j'ai remarqué le théâtre olympique, consacré aux réunions des savants et la fameuse église de la Madone, à un quart de lieue de la ville, sur un monticule qui domine un site pittoresque. Padoue, à quinze ou seize lieues de Vérone, est aujourd'hui une ville maussade et presque déserte, elle n'est plus, tant s'en faut, ce *Patavium* des Romains, bâti, dit-on, par le guerrier troyen Anténor, et qui pouvait armer cent vingt mille hommes. Ses arcades plus multipliées que dans le reste de l'Italie, où, comme en Espagne, elles abritent de la chaleur, donnent à cette ville peuplée de religieux, l'aspect d'un grand cloître. La principale église, dite de Saint-Antoine, est un monument curieux, principalement par ses peintures et ses sculptures. Celle de Saint-Justin et la place *del Prato-della-Valle* [1], attirent l'attention des étrangers.

Padoue ne fut pour moi qu'une courte station de repos ; peu de temps après mon arrivée, je reçus l'ordre de me rendre en Dalmatie, en qualité d'adjoint à l'état-major d'artillerie de l'armée qu'on y envoyait. Mon porte-manteau fut bientôt fait et mon dernier cheval vendu. Dès le lendemain, je descendis le canal de la Brenta, qui me conduisit à Mestre sur l'Adriatique, et de là à Venise, où je devais m'embarquer pour Zara, capitale de la Dalmatie. Je fus très content d'apprendre

1. Elle contient une île entourée d'un canal, dont les bords sont, ou du moins étaient jadis, ornés de 74 statues.

que le navire ne serait prêt que dans plusieurs semaines, parce que ce délai me donnait le temps de voir Venise-la-Superbe et ses *lagunes* autrefois si misérables.

Quand je n'aurais pas eu l'idée de la splendeur de cette cité, déjà quelque peu déchue aujourd'hui, le voyage que je venais de faire par eau depuis Padoue, me l'aurait fait deviner. Délaissant le jeu d'échecs qui occupait les passagers de toutes classes et assis sur le pont du bateau, j'admirais les riches habitations, les châteaux et les jardins, dignes décors du canal qui aboutit comme un faubourg à la métropole de l'Adriatique.

Avant de déboucher de la Brenta, je découvris la mer et les clochers de Venise. Pour jouir plus tôt et avec plus ne fruit de ce rare et curieux point de vue, je sortis du bateau qui allait descendre les écluses de Mestre.

Cette côte plate ne me présentait point, comme les falaises de la Manche, une monotone et immense plaine liquide. La reine de l'Adriatique s'élevait devant moi à une lieue et demie du rivage, et apparaissait à mes yeux étonnés, comme une forte escadre mouillée au milieu des eaux, lesquelles reflétaient les flèches de la ville, comme autant de mâts de navires. A droite et à gauche, les églises bâties sur des ilots semblaient être des vaisseaux isolés.

Il me tardait d'entrer dans cette cité amphibie, sortie comme par enchantement du sein de la mer. Cet étonnant monument de l'industrie humaine, il y a peu de siècles encore, centre de l'ancien monde, n'était primitivement qu'une station de pêcheurs et par la suite, le refuge des citadins de la plaine qui cherchaient dans

ces lagunes un asile contre les incursions des barbares.
Impatient, je sautai sur une légère gondole, et bientôt,
pénétrant dans le canal royal, principale rue de la
ville, j'éprouvai une série de sensations et de jouissances que je n'avais pas connues jusqu'alors. Ces
hauts et superbes palais, ces magnifiques édifices et ce
pont du Rialto, tous bâtis sur pilotis, attestent encore
la fécondité du commerce et du travail de ce petit
peuple. Que les contempteurs du génie de l'homme,
que les détracteurs de notre supériorité sur toutes les
créatures, comparent cette industrie avec celle des cas-
tors et des abeilles ! D'où viennent ces énormes monceaux de bois et de pierres ? Quelle masse d'efforts,
quelle constance et quel art il a fallu pour les enlever,
les extraire, les apporter, les tailler, les fixer et les
élever sur les ondes avec cette solidité et cette sy-
métrie ! Depuis, dans mes voyages au nord, j'ai fait les
mêmes réflexions à la vue des polders et des villes de
la Hollande, arrachées à la mer pour constituer l'entrepôt des richesses du nouveau monde.

Dans mon hôtel situé sur le *Canale-Grande*, dont
les eaux sont légèrement mais constamment agitées,
il m'arrivait de me croire en mer, à bord d'un navire
enchaîné par le calme ; mais quand je me promenais
sur la place St-Marc, il me semblait être à Paris, au Pa-
lais-Royal. Ses riches magasins, ses théâtres, ses musées, ses maisons de jeux et de plaisir si fréquentées,
sont bien propres à confirmer cette agréable illusion.
Rien, même dans notre capitale, n'égalait les précieuses
galeries du Palais avant qu'on ne les dévalisât en
partie, ni sa magnifique cathédrale, ni ses belles verre-
ries, ni les nombreux dépôts de peintures et de sculp-

tures, répandus dans cinquante hôtels opulents. Je
crois que c'est à la Casa Mangelini Sancti Apostoli que
j'ai vu la statue qui m'a fait le plus d'impression et de
plaisir, l'Hébé de Canova. Elle a bien reçu, celle-là, le
baiser de Pygmalion, elle vit ; l'œil admire et l'oreille
attend. Mais en visitant ces innombrables curiosités de
Venise, je faisais de tristes réflexions, chaque fois que
je passais derrière le Palais-Ducal, ancien palais des
Doges, près de ces nombreuses murailles qui rappellent les prisons jadis trop peuplées, d'un gouvernement occulte et tyrannique.

Je regrettais qu'en venant apporter la liberté à cet
Etat, que la rigidité de sa constitution et les terreurs
de l'inquisition politique comprimaient encore, nous
ne rendissions pas la vie à son commerce, à ses arts et
à sa population. Je savais bien que la découverte du
Cap de Bonne-Espérance et de l'Amérique avaient porté
les premiers et les plus sensibles coups à cette puissance maritime ; mais au moins, elle eut encore vécu
du reste de son industrie, si, comme à Hambourg et à
Francfort, on lui eût laissé les droits et les privilèges
des villes Hanséatiques. Pourquoi soumettre Venise à
l'empire d'Autriche qui la sacrifie à Trieste, ou au
royaume d'Italie qui lui préfère Livourne et Gênes,
comme la Hollande abandonne aujourd'hui Anvers
pour Amsterdam et Rotterdam ?

CHAPITRE IX

DALMATIE. — CHEVALIER DE LA LÉGION D'HONNEUR.

A la fin de mars 1806, notre navire étant prêt, je le montai avec le colonel qui allait commander l'artillerie en Dalmatie, et dont j'étais le chef d'état-major; un aide-de-camp du général Lauriston, et soixante soldats morlaques réformés s'y trouvaient aussi.

Sur l'Adriatique comme sur la mer de l'Archipel, le redoutable *siroco* soufﬂe avec violence, principalement à cette époque de l'année. Moins circonspect que jadis les marins d'Agamemnon, notre patron nous fit partir de Venise, beaucoup plus lentement que ces anciens Grecs n'étaient sortis du port d'Aulide ; mais nous ne bravâmes pas impunément ce vent dangereux. Nous n'avions pas fait quatre lieues, qu'il fallait rejeter l'ancre à Malamocco, dans les lagunes.

Ce sont des alluvions ou bancs formés par des laisses
de la mer, ou peut-être des restes de continent, que
les eaux ont minés et réduits. Plusieurs de ces lagunes
sont submergées à marée haute, car le flux et le reflux
sont sensibles dans l'Adriatique, quoique cette mer
soit beaucoup moins considérable que la Méditerranée
qui n'en a presque point, et qui communique pourtant
avec elle, comme avec le grand Océan. Ce phénomène
est un digne sujet de recherches pour les physiciens,
les astronomes et les naturalistes. Dans la Méditerranée, le courant de l'Océan est opposé à celui du
flux. [1]

On a bâti des censes, [2] des hameaux, des villages et
même des bourgs sur la majeure partie de ces lagunes :
ces établissements forment l'auréole de Venise; dans
leurs cercles se croisent en tous sens des navires et des
gondoles, qui ajoutent encore à la vie et à la beauté du
panorama. Pendant dix jours, j'eus le loisir d'en jouir,
malgré là grande et continuelle agitation de notre
transport. Enfin, nous quittâmes ce mouillage et
gagnâmes le large par un vent frais assez favorable.
Déjà nous étions au quart du golfe de Trieste, lorsque
survint un calme plat, qui détendit nos voiles à hauteur
d'Aquilée, comme pour nous donner le temps d'observer les faibles restes de cet ancien boulevard des

1. On trouve dans le dictionnaire de la Conversation, à l'article
Marées, et sous la signature de l'amiral Page, une explication assez
détaillée de ces phénomènes.

2. L'auteur des *Souvenirs* emploie ici le terme ardennais de son
temps, pour désigner les fermes ou métairies isolées : on trouve encore dans la carte d'état-major du département des Ardennes : les
Censes de Rocroy, et, près de Signy-l'Abbaye, la Cense-la-Rivière
la Vieille-Cense-Godel, etc.

Romains, détruit par Attila. Le vent se releva le soir même, et nous continuâmes notre route.

Au point du jour, nous avions devant nous la côte d'Istrie d'où sortit bientôt le soleil ; un navire approchait ; nous hissâmes le pavillon italien et nous reconnûmes un corsaire russe qui, malgré ses couleurs autrichiennes, fit feu sur nous. Quoique dépourvus d'artillerie, nous mîmes en panne et fîmes monter sur le pont tous nos soldats dalmates ; le corsaire s'éloigna. Sans doute, ces pirates n'auraient osé s'enfoncer dans l'Adriatique, surtout dans cette saison, si le port de Trieste leur eut été fermé ; mais nous ne l'occupions point, non plus que celui de Fiume, situé de l'autre côté de l'isthme de l'Istrie et les Autrichiens qui y tenaient garnison n'étaient pas pour nous des alliés fidèles.

Poussés par la brise, nous filions du câble, et les villages et les villes de la côte passaient rapidement derrière nous, mais à midi le vent fléchit et tomba de nouveau ; nous dûmes mouiller devant le port de Parenzo. A deux heures du matin il s'éleva brusquement et avec tant de violence que nous eûmes à peine le temps de lever l'ancre et de gagner un abri dans la baie de Porto-Quieto, près de Civita-Nova. Pendant huit longues journées, des bourrasques affreuses nous retinrent dans cette triste station où, pour nous désennuyer et pour éviter quelques heures de pénibles ballotements, nous débarquions et parcourions des terres incultes et rocailleuses. Aux approches de la nuit, nous regagnions notre triste couchée où nous étions trop bercés pour bien dormir. Non loin de là, paraissaient les trois mâts d'une frégate ennemie qui, dans un enfoncement de la

côte, attendait comme nous que la mer fût tenable.
Sans doute, elle ne découvrit pas notre navire caché
par une pointe de rocher, car au bout de trois jours
elle s'éloigna sans s'occuper de nous.

Échappés à ce danger, nous en courûmes bientôt un
plus grand. Nos marins et soldats valides étaient à
terre et n'avaient laissé à bord qu'un petit mousse avec
des malades, mon colonel, notre camarade et moi. La
tempête devint si forte qu'il leur fut impossible de
nous rejoindre avec le canot; nos câbles se brisèrent et
livrèrent le navire à la merci des vagues. Dans ce péril
extrême, ce ne fut qu'avec des peines infinies que nous
parvînmes à jeter l'ancre de miséricorde qui, heureusement trouva un bon fond et s'y arrêta. Enfin, le canot
put regagner le bord et nous quittâmes la côte. Ce
jour-là, nous fîmes quatorze lieues au bout desquelles
nous relâchâmes encore plus de quarante-huit heures
à Veruda, près Pola [1], que nous ne manquâmes pas
d'aller voir.

Cette petite ville est une ancienne colonie romaine
dont il reste une arène assez bien conservée, les ruines
d'un temple d'Auguste et un arc érigé à Sergius, chef
de la 29e légion. Quels contrastes offrent ces monuments dans un pareil site, dans un semblable désert,
et combien a dû éprouver de bouleversements civils et
physiques cette contrée, aujourd'hui aride et sauvage,
où jadis se plaisaient les Romains qui y bâtirent leur
Pietas-Julia, un des ancêtres de Pola !

Il nous tardait de gagner notre destination; aussi,

---

1. On tire des environs de Pola le sable qui sert à la fabrication des
glaces de Venise.

sans attendre un temps propice, nous nous remîmes
en mer et après avoir doublé le cap oriental de l'Italie,
nous nous engageâmes imprudemment dans le détroit
del Carnero, [1] entre la côte et la chaîne d'îles et d'é-
cueils qui bordent les rives de l'Illyrie jusqu'en Grèce.
Il est vrai qu'en prenant cette route dangereuse, nous
évitions les bâtiments ennemis; mais combien n'eûmes-
nous pas à nous repentir de cette témérité! Les vents
toujours puissants et contraires nous exposaient à chaque instant à être brisés contre des récifs; en vain,
nous cherchions un abri, un mouillage, l'ancre glissait
et ne pouvait mordre: nous nous abandonnâmes à la
Providence! Pendant plus de trente heures, battus par
les plus violents coups de mer, nous errâmes dans ces
parages de la mort: à peine les matelots pouvaient-ils
se tenir sur le pont et retenir le gouvernail.

Cependant nos malheureux compagnons de traversée, entassés pêle-mêle et en proie au mal de mer
dans une cale infecte, nous rendaient plus urgent le
besoin de respirer le grand air. Plusieurs Dalmates
expirèrent et furent jetés à la mer. Enfin, nous parvînmes à mouiller derrière l'île de Selve, près de celle de
Pago, à 12 lieues de Zara, destination que nous attei-
gnimes le 24 avril, après vingt-sept jours d'une traversée
qui se fait, par un temps ordinaire, en deux ou trois
jours.

— J'étais on ne peut plus échauffé par cette longue et

1. La navigation dans ces parages est très dangereuse, pendant
la saison de l'équinoxe. — Golfe de *Quarnerolo* dans l'atlas de
Vivien ; *Quarnero Cánal* dans l'atlas classique allemand de
Stieler.

pénible navigatien et par l'effet de la nourriture sèche
et salée du bord : tout excitait mon appétit quand je débarquai chez ces anciens Illyriens sortis de la Sarmatie.
Je m'imaginai, à la vue d'un costume entièrement
nouveau pour mes yeux, arriver chez un peuple vierge.
A Zara, comme dans toutes les villes des anciennes
provinces vénitiennes, les usages, les mœurs, le langage et le costume de la bonne société sont italiens.
Ceux des campagnes en diffèrent encore plus que les
paysans bretons ne diffèrent des habitants du reste de
la France.

Aussitôt notre arrivée, nous eûmes à nous occuper,
en ce qui concernait notre arme, de l'approvisionnement de l'armée et des places, de leur armement, ainsi
que de celui des côtes et des îles. A cet effet, le premier
travail était de disposer des ateliers, des arsenaux et
de trouver des matières premières, telles que métaux,
bois, soufre, charbon, salpêtres, etc., car les transports
d'Italie sont lents, difficiles et souvent arrêtés.

Après le traité de Campo-Formio du 17 octobre 1797,
la république de Venise avait cessé d'exister, et la province de Dalmatie qui lui appartenait depuis le dixième
siècle était devenue la propriété de l'empereur d'Autriche ainsi que Venise elle-même avec la majeure partie
de ses dépendances. Le traité de Lunéville, du 9 février
1801 avait confirmé ces démembrements ordonnés par la
France victorieuse. Mais Bonaparte qui, dans le cours
de ses conquêtes, avait signé le premier traité comme
général et le second comme consul-généralissime, venait, après le succès d'Austerlitz, de dicter en Empereur, à la tête de ses armées, celui de Presbourg, du

26 décembre 1805. Par suite de ce traité, l'Autriche perdait Venise, la Dalmatie, l'Italie, etc. Ces provinces faisaient partie du royaume d'Italie dont Napoléon avait pris l'antique couronne de fer; Venise et ses états devaient nous être remis six semaines après le traité de paix. Le délai était expiré sans que nos troupes eussent pu obtenir les bouches du Cattaro, dernier boulevard de la Dalmatie, aux confins de l'Albanie et au débouché de la Monténégrie. L'officier autrichien qui commandait sur ce point avait laissé entrer dans Cattaro les Russes venus de la Valachie [1], pour se réunir contre nous aux Monténégrins dont ils professent la religion (rite grec) et dont ils parlent la langue (slavone).

Ces deux peuples, surtout le second, demi-barbare, nous faisaient une guerre à mort. Les Russes mena-

---

1. D'après M. Thiers, la prise des forts de Cattaro par les Russes fut l'œuvre de la trahison d'un agent italien de l'Autriche : « Les troupes françaises chargées d'occuper la Dalmatie, s'étaient hâtées de marcher vers les bouches du Cattaro... Les Monténégrins dont l'évêque et les principaux chefs vivaient des largesses de la Russie, s'étaient fort agités en apprenant l'approche des Français et avaient appelé l'amiral (russe) Siniavin... Cet amiral, averti de l'occasion qui s'offrait d'enlever les bouches du Cattaro, s'était pressé d'embarquer quelques centaines de Russes, les avaient joints à une troupe de Monténégrins descendus de leurs montagnes et s'était présenté devant les forts. Un officier autrichien qui les occupait, et un commissaire chargé par l'Autriche de les rendre aux Français, se déclarant contraints par une force supérieure, les livrèrent aux Russes. Cette allégation d'une force supérieure n'avait rien de fondé, car il se trouvait dans les forts de Cattaro deux bataillons autrichiens très capables de les défendre, même contre une armée régulière qui aurait eu les moyens de siège dont les Russes étaient dépourvus. Cette perfidie était surtout le fait du commissaire autrichien, marquis de Ghisilieri, italien très rusé, blâmé depuis par son gouvernement et mis en jugement pour cet acte de déloyauté... » (Histoire du Consulat et de l'Empire, tome VI.)

çaient la côte et les îles, tandis que les montagnards harcelaient notre flanc droit, inquiétaient nos derrières dans cette longue et âpre lisière resserrée par les Alpes et par la mer. L'île de Curzola tomba même au pouvoir des Russes qui attaquèrent aussi celle de Lésina, mais ils échouèrent devant celle-ci et furent bientôt chassés de la première. En même temps, nous avions de fréquents et meurtriers engagements avec les Monténégrins qui décapitaient tous les prisonniers.

Le général Lauriston, envoyé par l'Empereur pour recevoir de l'Autriche les provinces et places vénitiennes, était bloqué et attaqué dans Raguse près Cattaro, avec deux ou trois régiments français et de l'artillerie ; mon frère que j'avais vu passer à Zara était avec ces troupes. C'est sur ces entrefaites que j'appris mon admission dans la Légion d'honneur, en date du 29 mai 1806. Le général Molitor[1] qui commandait en

1. Ceux de nos lecteurs qui voudraient profiter de l'excellente étude de géographie militaire contenue dans ce chapitre des *Souvenirs* du général Hulot, pour relire les détails de l'occupation de la Dalmatie en 1806, peuvent se reporter au sixième volume de M. Thiers et, mieux encore, aux second et troisième volume des *Mémoires* de Marmont, mais à la condition de contrôler les récits et surtout les appréciations de cet historien avec l'ouvrage de Laurent de l'Ardèche : *Réfutation des Mémoires du duc de Raguse* (Livre VIII, § 3). Car ces pages, comme tant d'autres du même auteur, renferment sur les faits et gestes des généraux de Lauriston et Molitor, des jugements d'une partialité évidente et qui semblent dictés, c'est l'opinion de Laurent de l'Ardèche, par le sentiment de jalousie, que venait d'éveiller en lui la nomination de ces deux généraux à la dignité de maréchal de France. Molitor fut promu au retour de la campagne d'Espagne de 1823, et Lauriston en 1821 ; quant aux *Mémoires* du duc de Raguse, les premiers volumes ont dû être composés pendant les loisirs que lui laissa la Restauration. On sait que ce gouvernement ne l'employa que trois fois : en 1817, pour apaiser les troubles de Lyon, en 1826 au couronnement de l'empereur Nicolas, et en 1830

chef dans la Dalmatie rassemblait le peu de forces dont il pouvait disposer pour dissiper celles qui menaçaient Raguse, opération critique qu'il exécuta avec autant de succès que de gloire.

Tel était dans ces contrées lointaines et difficiles l'état des choses, quand le général Marmont y arriva avec deux divisions et tout l'état-major de son corps d'armée. Dès lors, nous en devînmes les tranquilles possesseurs ; nous étions comme dans une place d'armes, destinés à pousser des reconnaissances et ensuite de forts partis jusqu'à Constantinople et même jusqu'en Perse [1]. Plusieurs de mes camarades furent à l'avance envoyés sur le Bosphore et à Téhéran ; déjà même cinq ou six cents artilleurs traversaient la Turquie quand notre ambassadeur à Constantinople, le général Sébastiani les fit rétrograder, à cause de la sédition qui déposa le sultan Sélim.

pour régler, hélas ! les destinées de la monarchie, comme il avait réglé celles de l'empire en 1814. — Nous renvoyons nos lecteurs à l'Histoire de la campagne de 1806 en Dalmatie, publiée par le général Molitor lui-même, dans le *Spectateur militaire*. Vol. VIII, 1830.

1. Cette tentative d'exécution, par la Dalmatie et la Turquie, du grand projet de Napoléon sur les Indes, se rattache à un passage intéressant du journal d'O'Méara sur le même sujet ; nous en transcrivons la partie essentielle : « L'Empereur s'est entretenu aujourd'hui avec l'amiral, de la structure et de la capacité ordinaire des vaisseaux anglais. L'amiral lui a démontré qu'un vaisseau de 74 peut prendre environ 80 tonnes d'eau de plus, au moyen de ses réservoirs ; — si j'avais su cela en 1806, dit Napoléon, j'aurais envoyé trente mille hommes dans l'Inde ; j'étais conduit par divers calculs, pour expédier un corps de cette importance ; seulement je trouvais toujours que mes troupes manqueraient d'eau pendant un mois. — Lui ayant demandé quelques renseignements sur son plan, il me dit : — Le port de Brest renfermait de 40 à 50 voiles, j'aurais placé les 30,000 soldats sur ces 40 vaisseaux, à raison de 800 par vaisseau ; 400 matelots les eussent accompagnés, j'aurais proportionné à ce nombre les bâtiments de transport ;... j'aurais fait conduire cette escadre à l'Ile de France en grande diligence. Là, elle aurait refait ses provisions, enlevé des troupes fraîches pour remplacer les malades, augmenté le

Cette révolution à l'est et des chances non moins im-
prévues à l'ouest, dans l'exécution des projets ultérieurs
de Napoléon sur l'Espagne éloignèrent indéfiniment
ceux qu'il avait conçus sur l'Asie et les Indes Orien-
tales. Ces destinations à perte de vue changèrent de
direction et moi-même, au lieu de partir pour l'Orient,
je fus bientôt conduit vers l'Occident.

Avant de sortir de la Dalmatie, revoyons avec quelques détails ce pays peu connu et où j'ai trouvé le
temps bien long malgré mes grandes occupations. La
Dalmatie a pris son nom d'un peuple guerrier Illyrien
et peut-être Sarmate qui ne fut soumis entièrement
que sous le règne d'Auguste. La partie que nous occupions forme sur la côte septentrionale de l'Adriatique,
un littoral de plus de cent lieues du Nord-Ouest au
Sud-Est, sur une largeur qui, vers Zara, est de vingt
lieues et seulement d'une à deux, vers les bouches
du Cattaro. C'est un triangle allongé dont le grand

---

contingent de 3,000 noirs organisés *bataillons coloniaux*. De là, cette
escadre se serait rendue dans l'Inde. Le débarquement se serait effectué
le plus près possible des Marattes, vos ennemis naturels. auxquels
je me serais réuni pour vous faire une guerre opiniâtre; je recevais
souvent de l'Inde des nouvelles plus récentes que vous n'en aviez en
Angleterre. Le roi de Perse était bien disposé pour nous . . . . . .
Tous les ans, je recevais aux Tuileries, des Nababs et des princes de
l'Inde, principalement des Marattes, des ambassadeurs qui me sup-
pliaient de venir les affranchir; ils s'offraient à vous expulser de
l'Inde avec 16,000 de mes vieux soldats, *avec des officiers et de l'artillerie.* Ils devaient fournir une nombreuse cavalerie et ne me demandaient en général que des officiers. La haine qu'ils vous portent est
au comble. Ces propositions me revenaient *chaque année* par différentes voies...» Le gouvernement anglais, grâce à sa police secrète, n'i-
gnorait aucune de ces circonstances; de là sa haine, pour ne pas dire
sa rage contre Napoléon et contre la France, de là les pontons, l'or
semé à pleines mains sur le continent pour soulever des coalitions, de
là les armées anglaises, d'Espagne et de Waterloo, de là enfin le
monstrueux épilogue de Sainte-Hélène! Il n'en est pas moins singu-

côté est baigné par la mer et dont le plus petit joint la
côte, vers Nona, à l'ancienne forteresse de Knin, sur la
frontière de la Croatie et de la Bosnie. Le sommet de ce
triangle est Cattaro sous la Monténégrie et près l'Albanie.

Cette province est garnie d'une quantité d'îles dont
quelques-unes assez considérables. La population n'en
était que de 239,000 habitants[1] qui, du moins ceux des
campagnes, semblent par leur taille, leur force, leur
genre de vie, leurs superstitions, leurs usages et leur
costume guerrier, confirmer la tradition qui les fait
descendre des belliqueuses et farouches Amazones.

Sans doute, cette terre avait une toute autre physionomie et beaucoup plus de ressources et d'attraits,
quand elle attira ces peuples sauvages et quand les
Romains y établirent des colonies après les avoir sub-
jugués. Aujourd'hui on dirait que des tremblements
de terre, des convulsions de la nature ont couvert de
débris des Alpes ce sol ardu et rocailleux. Mais c'est
plutôt à l'antipathie pour toute espèce d'arbres, professée par des habitants plus modernes de ces contrées,
qu'on doit cette dévastation ; ils ont abattu ces épaisses
forêts dont il est souvent question dans l'histoire et qui,
dit-on, contribuèrent non seulement aux fondations,
mais encore à tous les besoins de Venise, et notamment à la construction et à l'entretien de ses flottes.

lier de voir Napoléon Ier apprendre de la bouche d'un amiral anglais
un détail technique certainement connu de tous les ministres et des
plus infimes employés de la marine française, détail auquel furent
attachées pendant quinze ans les destinées de l'Inde et de l'Angleterre. Cette critique indirecte de l'administration du premier Empire
formulée par Napoléon Ier lui-même confirme bien les appréciations du
capitaine Hulot sur l'absolutisme de l'Empereur (vide suprà, chap. VII.

1. Elle est maintenant de 400,000 habitants environ

Après la chute de ces antiques protecteurs des champs et des habitations, les vents et les eaux ne trouvant plus de digues ni d'obstacles devant eux, se précipitèrent avec impétuosité des sommets glacés des Alpes, détruisirent et entraînèrent tout ce qui se trouvait sur leur passage, même la terre végétale dont une partie s'arrêta sur le bord de la mer [1]. Elle fournit aujourd'hui les seules productions de la Dalmatie, du vin, quelques fruits, quelques oliviers, un peu de seigle et de froment. Ces bords seuls sont assez peuplés. Les eaux vagabondes après avoir emporté les terres, ont miné et limé les rocs dépourvus de leur couche nourricière et ont fini par jeter dans le lit des rivières, les barrières qui gênaient leur course ou les efforts de leurs masses. La Cherza, la Narenta et la Cettina, autrefois navigables, sont aujourd'hui semées de blocs entassés qui, à chaque pas forment des cascades et des cataractes.

A peu de distance de la côte, les racines des Alpes sont tout à fait nues : le sol est tellement couvert d'aspérités que nos soldats isolés avaient de la peine à éviter les Monténégrins aussi légers sur ces pointes que les chamois qu'ils chassent. Le général Delgorgue

[1]. D'autres officiers de l'Empire ont rapporté des observations analogues de leurs voyages à travers les anciens continents. On connaît généralement l'opinion de certains savants émise à la suite de l'expédition de Syrie sur la transformation désastreuse de l'antique terre de Chanaan, attribuée par eux à un déboisement radical et sans contrôle, autant qu'à un état social instable; voici, concernant la Haute-Egypte, une observation climatologique moins connue, que nous rencontrons dans le dernier volume des voyages du duc de Raguse : « Saïd Hussein me parut avoir de l'intelligence; je le questionnai sur une multitude d'objets divers et parmi ses réponses, une entre autres me frappa beaucoup ; c'est que le climat de la Haute-Egypte avait changé, et qu'il avait entendu dire à son père et à son grand-père, qu'autrefois il y pleuvait et que les coteaux n'étaient pas dépouillés comme à présent. »

ayant eu, dans une reconnaissance, l'imprudence de
répandre toute sa troupe en tirailleurs, sans conserver
de réserve près de lui, ne put éviter le barbare cime-
terre de cet agile ennemi. En fuyant, son pied s'arrêta
entre deux pointes de roc et ce général fut pris et dé-
capité sur place.

Cependant on est étonné de rencontrer dans ces désertes et arides contrées des restes de monuments, témoins muets d'une ancienne population et même d'une
certaine civilisation. Sur quelques points qui ont ré-
sisté aux ravages des eaux et qui les ont détournées
par leur gisement, on voit encore quelques coins de
terre fertile ; ils ont attiré et fixé des familles auxquelles
on doit l'existence de plusieurs bourgades ou petites
villes de l'intérieur.

Mais généralement et seulement de loin en loin, le
voyageur ne rencontre pour tout abri que de misérables
huttes groupées en hameaux ou des caravansérails
élevés par les soins des gouvernements voisins. Ces
caravansérails servent aux échanges commerciaux qui
se font avec les Turcs par bêtes de somme.

Ceux-ci apportent du froment et remportent des
vins et du marasquin, liqueur fort estimée dont on
fait une grande consommation en Italie. Le fruit, duquel on la retire en Dalmatie, est une petite cerise
semblable à celle de nos bois. [1]

Les femmes des Morlacques ou campagnards Dalmates, sont assez fécondes malgré leur misère : tout en
allaitant leurs enfants, elles portent de lourds fardeaux,

---

1. Nous croyons faire plaisir au lecteur en restituant au manuscrit
le paragraphe suivant, supprimé par l'auteur, avec beaucoup d'autres, sans doute pour alléger l'ouvrage.

tandis que leurs maris marchent fièrement à leur côté,
la tête haute, les bras libres, le fusil sur l'épaule, le
poignard et le pistolet à la ceinture et n'ayant d'autres
soins que de fumer ou de souffler dans une petite flûte.
Ces hommes sont d'une haute stature, qui dépasse
souvent six pieds de France. Ils portent la moustache
et un costume hongrois assez recherché, aussi sont-ils
grands amateurs de boutons métalliques, à tel point
qu'ils dévalisaient volontiers nos soldats pour avoir
les leurs, surtout ceux de la cavalerie légère. Les femmes ont la même propension pour cette espèce de luxe
et de vol ; elles convoitent aussi les pièces de cuivre ou
des morceaux de cristaux qu'elles rendent brillants
pour les attacher à leurs tresses de cheveux. Elles ont
pour vêtements une longue chemise dont le devant peut
s'ouvrir jusqu'à la ceinture ; cette partie du costume et
le collet sont surchargés de broderies de diverses couleurs ; pardessus, elles mettent la *jacerme* ou la *giub-
bia* qui est toujours sans manches. En hiver, elles y
ajoutent la *gonella.* La jupe qui est de toute saison et
d'une couleur éclatante, est retenue par une large ceinture aussi fort apparente ; leurs bas tranchent avec
cette partie du vêtement. Quant aux hommes, ils ont
les bas en horreur. Leurs cheveux sont coupés ras et
leur tête est couverte d'une sorte de calotte ou petit
bonnet rouge. Ils tiennent tellement, hommes et femmes, à leur costume national, qu'il est passé en proverbe
chez eux que : *qui change de costume change de religion.* Le Morlacque aime à chanter, mais presque
toujours seul et sans accords. Tous les airs finissent
par des exclamations prolongées que les échos des
rochers répètent la nuit comme des gémissements

d'animaux sauvages. Ils ont quelques instruments rustiques et pastoraux, tels que le *diple*, roseau attaché à une outre; le *tambura*, espèce de mandoline à deux cordes, et surtout le *guzla*, petite basse à une seule corde de crin avec un archet. Avec ce dernier instrument, des aveugles-poètes chantent les aventures et les exploits des héros de leur pays dont ils sont les bardes. Le poète le plus célèbre de la Dalmatie est Giovanni Gondola, de Raguse: son poème de l'*Osmond second* jouit dans ces contrées, d'une certaine réputation.

Ce peuple guerrier est assez hospitalier, il a pour principe de morale de rendre les services qu'il reçoit et de faire du mal à qui lui en fait. La reconnaissance et la vengeance sont héréditaires dans ces familles dont le plus vieux (Sturchina) est le chef. Leur organisation est toute militaire : le premier du canton a le rang de colonel et peut, au premier ordre, réunir tous ces pandours armés. Nous en avons formé de bons et beaux régiments. Le général Gordon, qui depuis, a péri si malheureusement à Condé, en revenant de Gand avec Louis XVIII, avait commandé un de ces corps dans notre armée. Comme chez les anciens Grecs, on voit encore ici de ces alliances ou contrats d'amitié établis au pied des autels entre deux hommes ou deux femmes.

Les premiers se nomment *prosestri*, et les second *probretimes*, termes qui signifient demi-frères et demi-sœurs : c'est un honneur pour ces deux amis de mourir l'un pour l'autre.

Le Dalmate ne travaille guère que pour sa subsistance qui consiste particulièrement en lait de chèvre, et pour avoir son armement et sa parure militaire; voilà à peu près tous ses besoins. Cependant on voit

quelques bestiaux dans certains cantons et on pourrait
encore les multiplier davantage sur le littoral; mais,
en général, le campagnard végète et jouit comme l'Espagnol du *fàrniente*. Comme lui, il se plaît à répéter
que ses pères ont vécu ainsi.

Depuis la disparition des forêts, il n'y a plus d'ombre pendant les étés qui sont brûlants, et plus de bois de
chauffage pendant les hivers qui parfois sont rigoureux.
La température, au pied de cette chaîne des Alpes et
sur le bord de la mer, change brusquement et peut
occasionner beaucoup de maladies, surtout aux étrangers qui négligent de les prévenir par des précautions
de vêtements. Pour surcroît de désagrément, on est
incommodé dans ces tristes pays par des moucherons
qui pénètrent dans les maisons, et, au dehors, on
n'ose s'asseoir à cause des tarentules de deux espèces
et des scorpions, insectes venimeux qui y abondent.
En ville, nous passions les trois quarts de la nuit, dans
les mois les plus chauds de l'année, sous une tente devant nos logements. Les habitants dorment une partie
de la journée et ils paraissaient toujours étonnés lorsqu'ils apprenaient que les soldats français, au lieu de
faire comme eux, ne cessaient de courir les rues.

Les villes fortes de la Dalmatie sont Zara et Knin à
l'Ouest, Raguse et Cattaro à l'Est. Intermédiairement,
les forts Saint-Nicolo, Sebenico, Sing, Trau, Spalatro,
Almissa, Imolchi et Macartzka ; enfin Lezina et Corzola
sur les îles de ce nom. Nous avions aussi beaucoup de
postes et de batteries, tant dans les îles que sur le continent, tels qu'à Pago, Nona, etc .

Mes occupations ne me permirent guère que de bien

reconnaître Zara et Knin[1]; mais, chef d'état-major d'artillerie de l'armée (de Dalmatie), je recevais des rapports et des mémoires qui m'ont convaincu que les places les plus importantes sous le point de vue militaire, étaient, avec ces deux villes, Cattaro et Raguse. Excepté cette dernière qui est commandée à bout portant par les montagnes, la nature a puissamment contribué à la force de ces places. Zara doit aussi beaucoup à l'art. Bâtie à l'extrémité d'une presqu'île saillante, cette place forme un isthme dans la mer dont les eaux remplissent même ses fossés du seul côté où elle touche à la terre. La citadelle les couvre et se trouve par conséquent détachée de la place dont elle devient le point d'attaque. Aussi cette ville a-t-elle supporté des sièges assez fameux, entre autres celui de 1188, à la suite duquel les croisés français et vénitiens la détruisirent, et celui de 1343 par les Hongrois et les Teutons qui, favorisés par l'abbé du monastère de Santo-Chrysogono, y entrèrent par escalade. Aujourd'hui cette surprise serait encore possible sur le point battu par la pleine mer, si des bâtiments légers embossés sous la muraille ne l'observaient nuit et jour. Partout ailleurs Zara est bien éclairée, bastionnée et flanquée. Sa garnison doit être au moins de 4,500 hommes et son armement de 90 bouches à feu. Cependant les gros vaisseaux ne peuvent approcher de la place ni même pratiquer le principal canal de ses îles, dit du Mezzo. La population de Zara est de 4 à 5,000 âmes. On présume que cette ville fut construite par les Liburniens, peuplade venue de l'Asie, dix

---

1. Nous rétablissons pour nos lecteurs la page suivante de géographie militaire que le général Hulot avait également rayée dans son manuscrit.

siècles avant Jésus-Christ. Elle passa aux Etrusques Adrusiens quand ils prirent les îles du Carnero; par la suite, les Celtes occupèrent l'Illyrie; on conserve encore la mémoire d'Agronne, un de leurs rois, de Teuta, sa femme, et de Genzio, le dernier de ses successeurs. Les Romains s'emparèrent de ces contrées, 250 ans avant l'ère chrétienne. César-Auguste et les Empereurs protégèrent Zara connue alors sous le nom de Iadera et ensuite de Diadera. Cette ville et le pays eurent beaucoup à souffrir des Barbares du Nord; les Grecs les subjuguèrent, mais leur laissèrent leurs lois et leur gouvernement. Lors de la décadence de ce peuple, Zara ne put résister aux Croates ni aux pirates voisins; enfin dans le dixième siècle, les Vénitiens la prirent sous leur protection et, dans leur longue lutte avec les Hongrois, le roi Ladislas leur en laissa, en 1409, la tranquille possession, moyennant cent mille pièces d'or.

On trouve encore des vestiges de ces diverses époques dans des ruines disséminées autour de Zara et dans les environs, entre autres, celle d'un vaste aqueduc qui avait été restauré par Trajan, lorsqu'il marchait contre les Daces. Ces ruines se voient près de Zara, à Zara-Vecchia qui est l'ancienne Blandina ou Albamaris. Le village de Podragie, sur la route de Dernis à Knin, est le Basseria des anciens; sur cette route, on trouve au milieu des rocs un arc élégant encore bien conservé, non loin de la Chercha, sous le nom d'Archi di Romani. J'ai eu l'occasion de visiter ces restes curieux dans un voyage que je fis à Knin pour reconnaître cette place et cette frontière.

Knin est une ancienne forteresse en ruines, que sa

position limitrophe de trois grands empires : la France
(car alors elle absorbait le royaume d'Italie), l'Allemagne et la Turquie, rendait on ne peut plus intéressante. Aussi songeait-on à la rétablir. Elle est une des
clefs principales de la Dalmatie par terre ; les routes
de la Bosnie, de la Croatie et de Zara s'y rejoignent et,
quoique, percées dans les montagnes voisines (Alpes
Juliennes et Pannoniennes), ces routes soient très difficiles pour les voitures, on peut, sans un trop grand
travail, les rendre praticables par la vallée de Tisco-
vatz. Le général Marmont en a fait de plus étonnantes
en Dalmatie ; mais on dit que ces nouvelles routes ont
été bouleversées depuis notre départ, comme si les
habitants ou le gouvernement préféraient sacrifier le
commerce et la civilisation de ce pays à la crainte de
le rendre accessible à l'ennemi. Knin est situé à vingt
lieues N.-N.-E. de Zara ; on croit que c'est l'ancienne
Arduba. En l'occupant militairement nous assurions
notre retraite par terre, la seule réalisable sans une
marine supérieure. La forteresse de Knin était construite sur un rocher dont elle n'occupait que la moitié
vers le Sud ; l'autre partie qui se nomme le Mont-Spaz
ou Saint-Sauveur, en est détachée, par un large fossé
taillé dans le roc. La coupure porte le nom de Rosini.
Le rocher sur lequel reposent les ruines du fort a une
forme allongée et environ deux cent toises dans sa plus
grande dimension du Sud au Nord. Les monts Mille-
chinobarda, Wernick et Cavalle s'élèvent à la même
hauteur et enserrent le vieux fort à une portée de fusil
depuis le Nord jusqu'au S.-S.-E., en passant par
l'Ouest. La Kercha qui descend des montagnes à l'Est,
répand ses eaux dans un bassin au bas du fort ; elles y

forment un marais large et profond de l'Est à l'Ouest ;
cette rivière coule ensuite resserrée ¡entre Knin et le
mont Wernick et vient recevoir la Butinisza vis-à-vis
la coupure de Rosini à l'Ouest.

Des eaux sauvages, qui tombent de la Bosnie au Nord,
donnent naissance à la Butinisza et à ses fréquents débordements ; elle arrive en ligne droite et par un
cours précipité jusqu'au mont Spaz formant plusieurs
lits. Après avoir baigné quelque temps le pied de ce
mont, elle se jette dans la Kerka dont elle fait refluer
les eaux dans la campagne environnante. Ensuite ces
deux rivières réunies s'enfoncent dans une gorge pour
aller gagner la mer à Sebenico, port situé à environ
quinze lieues au S.-S.-O. La Kerka ou Chercha, appuyant à ces deux forts (Knin et Sebenico), aux Alpes
et à la mer, offre une excellente position pour une
armée dont les derrières seraient également assurés
par les eaux et les marais de la Zermagne, par le golfe
ou canal de la Morlaca, par les postes de Nona et la
place de Zara. Mais il faudrait faire beaucoup de réparations ou plutôt de constructions à la forteresse de
Knin, saigner une partie de ses marais et donner plus
de cours aux eaux dont l'insalubrité est très dangereuse surtout en été.

Les Turcs ont élevé les fortifications de Knin en
suivant le gisement irrégulier du rocher; les Vénitiens
qui les leur ont enlevées (il y avait alors 125 ans), y
ont ajouté encore. J'ignore quand elles furent détruites,
mais les Autrichiens se disposaient à les rétablir, lorsqu'ils ont dû nous remettre cette ancienne place. Au
pied du rocher existe la ville qui ne compte pas cent
maisons et qui renferme l'arsenal et des magasins

ruinés. Les forts de Sebenico et de Saint-Nicolo qui appuieraient à l'embouchure de la Kerka la droite de la position dont je viens de parler, sont susceptibles de réparations et peuvent être mis dans un état de défense sérieux et recevoir un bon armement. Je suis persuadé qu'à l'époque où je rédige ces *Souvenirs* (1825), les Autrichiens ne négligent pas de consolider leur possession par les précautions que j'indique [1].

Dans mes missions et mes courses, j'ai regretté de ne pouvoir aller visiter les ruines que l'on voit encore à Salona et à Spalatro, retraite de l'Empereur Dioclétien. A Zara, résidence ordinaire du quartier-général, pendant mes loisirs, j'allai quelquefois au spectacle ; quinze jours de suite on y joue les mêmes pièces et ensuite vient, dans la salle même, la fameuse *tombola* qui attire beaucoup plus de monde que l'opéra ou la comédie. Il y a des pièces qui offrent l'histoire d'une longue existence et qui entretiennent la scène pendant plusieurs mois, en consacrant quinze représentations à chaque époque de cette histoire dramatique.

Malgré mes occupations, rien dans ce triste séjour, ne pouvait un instant me faire perdre de vue ma famille et ma patrie : tous les soirs, en compagnie de quelques camarades, j'allais m'asseoir sur le plus élevé

---

1. Ici s'arrête le texte raturé de la main du général. Une note perdue dans un coin du premier manuscrit nous a donné la clef de ces suppressions. L'auteur des *Souvenirs* biffait çà et là des passages qui lui paraissaient trop techniques et pouvaient dans sa pensée, rebuter les lecteurs étrangers à la vie militaire. Aujourd'hui la nation entière passe sous les drapeaux et d'ailleurs la guerre de 1870 a réveillé en France le goût de la géographie militaire ; nous croyons donc rentrer dans les idées du général Hulot, en restituant ceux de ces textes qui nous paraissent les plus intéressants.

des rochers qui dominent la mer : là, nos lunettes braquées sur l'Adriatique, nous cherchions dans les pro-
fondeurs de l'horizon un bâtiment apportant peut être
des nouvelles de France. Si l'atmosphère plus claire
nous permettait de voir plus loin, nous sautions de
joie en découvrant quelque nouvel îlot ou rocher que
nous prenions pour un navire. Revenus de notre douce
et trop courte erreur, nous trouvions une espèce de
consolation à reconnaître parmi les nuages groupés
dans le ciel, l'image d'une montagne ou d'un site de
notre pays.

Mais en rentrant en ville, l'aspect sombre et aride de
la campagne, les têtes décharnées exposées aux portes
et affichant une justice à la turque, ne nous rappelaient
que trop à la réalité de notre exil. Cependant l'heureuse
issue de l'expédition du général Molitor, les efforts et
les procédés du général Marmont ayant affermi la possession et la tranquillité de la Dalmatie, le général Molitor et tout son état-major furent rappelés en Italie :
je reçus l'ordre de l'y accompagner. On ne peut plus satisfait, je m'embarquai avec mon colonel, le 20 octobre
1806, pour me rendre à Vienne où bientôt j'appris ma
promotion au grade de capitaine-commandant ; mais
hélas ! j'emportai le regret de laisser mon frère dans
ces tristes contrées.

CHAPITRE X

Nous arrivâmes, en deux jours, de Zara à Fiume; la garnison autrichienne nous revoyait à contre-cœur; elle s'empressa de nous annoncer qu'enfin la fortune avait été défavorable à nos armes et que les Prussiens venaient de battre complètement notre Grande-Armée. Le lendemain nous prîmes un voiturin pour traverser l'Istrie, le littoral du Frioul et le Trévisan. Jusqu'à Trieste, ce voyage par terre fut fort maussade et nos gîtes, Lippa et Materia, bien misérables. Ce pays ressemble beaucoup à l'intérieur de la Dalmatie et de la Croatie, on n'y rencontre guère que des pierres.

Nous crûmes renaître en arrivant à Trieste, beau port et ville habituellement commerçante. riche et peuplée; mais au théâtre, je fus choqué des manières peu hospitalières des militaires autrichiens qui affectaient de s'entretenir à demi-voix de nos prétendus revers que personne ni rien ne démentait jusqu'alors et je me retirai sans attendre la fin du spectacle. Après avoir visité les beaux forts construits sur la côte de cette ville ouverte des autres côtés, je continuai mon voyage.

Au delà de Trieste, vers l'Italie, la route devenait de plus en plus agréable et nos idées prenaient une teinte plus riante. Nous cheminions sur une terre couverte de nos lauriers. Les torrents de l'Isonzo, du Tagliamento et de la Piave, Montefalcone, Gradisca, Udine, Pordenone, Sacile, etc., nous les montraient encore dans toute leur fraîcheur, malgré les sinistres nouvelles des Autrichiens.

Le 29 octobre, nous séjournâmes à Palma-Nova pour y visiter les importants et beaux travaux de nos ingénieurs. Là, nous étions parmi les nôtres qui, à notre extrême satisfaction, dissipèrent les bruits inquiétants recueillis par nous à Fiume et à Trieste et nous apprirent la victoire d'Iéna.

De la ville de Trévise qui m'a paru plus grande que peuplée, nous gagnâmes bientôt Vérone. J'y trouvai réuni un nombreux personnel et un parc d'artillerie considérable; c'était le principal entrepôt, la grande école d'artillerie de l'armée d'Italie; mon colonel y fut installé en qualité de directeur du parc de campagne et je lui fus adjoint. Nous nous logeâmes au faubourg de Véronette que l'Adige sépare de la ville.

Libre dans mes soirées et parfois dans le jour, je pus à mon aise, visiter les champs de Caldiéro et d'Arcole, ainsi que tout ce qu'offre d'intéressant Vérone, cette ancienne Colonia-Augusta, patrie de Catulle, de Vitruve, de Pline et de Cornelius Nepos. Le fort qui plonge

sur la ville et que nous avions pris quelques années auparavant, était en ruines. Le théâtre avait pour moi
beaucoup d'attrait à cause de son excellente musique et
de la beauté de la salle. Malheureusement, on y joue
trop de fois de suite une même pièce, et les auditeurs,
causant dans leur loge comme dans un salon, ne prêtent
l'oreille qu'à certains morceaux et empêchent d'entendre les récitatifs. D'ailleurs, je me plaisais peu en
Italie, n'aimant ni son peuple ni ses usages et je m'en
tenais à la société de mes camarades.

Bientôt je reçus du Ministère l'avis de ma nomination, en date du 13 novembre 1805, au grade de capitaine de 1re classe, et cet avis ne tarda pas à être suivi
de l'ordre d'aller prendre sur les côtes de Bretagne le
commandement de la 15e compagnie du 6e régiment
d'artillerie à pied.

Revoir la France ! la traverser ! et, par un prompt
détour, aller embrasser ma mère, mes frères et ma
sœur : on comprend ma joie ! J'étais en route le 14 décembre au matin, trente-six heures après la réception
de mon ordre. Je ne fis que passer dans ce délicieux et
riche jardin qu'arrosent le Pô et tant de rivières illustrées par les armes et par les chants des anciens et par
les récits des modernes.

Chaque pas me rappelait un grand souvenir; mes
yeux et mon esprit réclamaient une halte entre l'Adriatique, l'Apennin et les Alpes ; mais le cœur m'appelait
au delà de ces monts dont je n'avais cessé de suivre la
longue chaîne sur un parcours de plus de deux cents
lieues. J'entrevis à Peschiera, sur le Mincio, le lac de
Guarda célébré par Virgile et Catulle, nés près de ses
bords ; je traversai la belle et malheureuse position de

Brescia (Brixia), jadis capitale des Cénomanes, dont
j'allais retrouver les ancêtres de l'autre côté de la
France. Elle fut ruinée par les Goths et brûlée par
Attila.

Je passai à Lonato et sur le pont de Lodi; là, je ne
pus me défendre de graves réflexions, en voyant les
eaux de l'Adda se précipiter vers le Pô, non loin de
l'embouchure de la Trébia qui y descend aussi rapidement par un cours opposé. Ces deux rivières et leur
réservoir commun me représentaient les marches har-
dies d'Annibal et de Napoléon qui, tous deux, avaient
suivi une de ces rivières pour soumettre l'Italie. Je ne
fis guère que traverser Milan et entrai bientôt dans le
royaume du Piémont; je passai la Sésia à Verceil. La
plaine qu'arrose cette rivière, cet antique champ où
Marius extermina les Cimbres, n'offrait plus que des
marais et des bois fangeux servant de repaires aux brigands.

Turin, cité superbe et digne porte de l'Italie, est de
toutes les villes que j'ai vues, la plus régulièrement
bâtie. Elle est grande et belle, mais alors, cette capitale, veuve de son roi et de sa cour, était triste et déserte. Les fortifications de la citadelle et des hauteurs
voisines avaient été rasées, il n'en restait plus que le
strict nécessaire pour fermer la ville. Sa position au
débouché des Alpes, sur un fleuve navigable et communiquant à travers la Lombardie à la mer Adriatique,
en fera toujours un objet de convoitise pour les partis
belligérants.

Annibal a saccagé Turin, parce que cette place refusait de se déclarer contre les Romains; César et Auguste l'ont protégée et lui ont donné leur nom. Les

Lombards, Charlemagne, des marquis de Saluces, la
France et des ducs de Savoie s'en sont emparé; le prince
Eugène l'a défendue contre nos armées en 1706.

Au sortir de Turin, je touchai aux collines qui forment les premiers échelons du Mont-Cenis; elles sont
encore verdoyantes et tiennent plus de la fertile Italie
que de l'âpreté des Alpes. Ces collines s'élèvent sensiblement jusqu'à Suze où nous arrivâmes à nuit close
et où nous restâmes plusieurs heures, auprès d'un bon
feu, à une table propre a nous bien lester pour le grand
passage du lendemain. Je regrettai de ne pouvoir visiter les restes de cette ancienne ville, autrefois le Se-
gusio de la Gaule cisalpine. Elle est située au fond
d'une vallée près le confluent de la Cenise et de la
Doire, et à l'embranchement des routes du Mont-Cenis
et du Mont-Genèvre, seules communications de la Gaule
et de l'Italie. On peut encore juger par les ruines de ses
fortifications et de ses monuments, du rôle important
que cette ville a joué anciennement. On y voit, dit-on,
bien conservé, un arc-de-triomphe érigé en l'honneur
d'Auguste par le préfet romain Cottius qui y prenait
sa résidence et qui a transmis son nom aux Alpes voisines. Dans des temps plus modernes, Barberousse réduisit en cendres la ville de Suze; en 1690 et en 1704
les Français la prirent; en 1796, ils détruisirent le
fort Labrunette.

Trois heures avant le jour, notre petite caravane
sortit avec une espèce de regret, de ce gîte, bien plus
ardemment désiré encore par les voyageurs que nous
allions rencontrer. Déjà la route était couverte de neige
qui tombait à gros flocons; nous étions dans le mois
de janvier 1807. A mesure que nous montions, le vent

et le froid devenaient plus piquants et la neige plus
épaisse. Amoncelée sur le flanc des rocs, elle rétrécissait le chemin de plus en plus. Je marchais à pied,
contemplant avec respect ces impénétrables chaos à
travers lesquels pourtant les efforts du temps et de l'art
sont parvenus à frayer un chemin.

De quelle patience et de quel courage devaient être
pourvus ces Gaulois qui, les premiers, ont franchi la
barrière des Alpes, dans l'état insurmontable où la
nature l'avait jetée ! Bellovèse, leur chef, après sa victoire en faveur des Phocéens, depuis, fondateurs de
Marseille, entreprit et exécuta ce passage vers l'an 590
avant J.-C., le 164ᵉ de Rome, pour établir ses compatriotes dans les riches plaines du Léridan, où il bâtit
Milan, Brescia et Vérone. Annibal ne passa les Alpes
que 372 ans après.

Ces réflexions et ces souvenirs me firent arriver
moins péniblement sur le plateau du Mont-Cenis, élevé
de plus de 9,000 pieds au-dessus du niveau de la mer.
Dans ce séjour des vents, des glaces et des frimas, on
est surpris et satisfait de trouver des masures, un
étang, et surtout ce vénérable monastère, sanctuaire
de l'hospitalité, de la charité et de toutes les vertus
chrétiennes. Nous y fûmes cordialement reçus et traités par les cénobites aimés de Dieu et des hommes qui
y consacrent leur existence au sauvetage et au soulagement des voyageurs.

Lorsque nous descendîmes le Mont-Cenis, nous
eûmes beaucoup plus à souffrir, marchant vent debout
et sans abri. Nous gémîmes de compassion à la vue des
groupes silencieux et grelottants de jeunes concrits,
qui gravissaient ces sommités glaciales, osant à peine

se retourner pour jeter, la plupart, un dernier adieu à l'horizon de leur patrie. Il eût passé parmi eux pour un grand imposteur, le vétéran qui leur eut dit alors qu'en 1792 leurs aînés avaient emporté à la baïonnette, des redoutes dont les restes étaient cachés sous ces neiges. Enfin, nous entrâmes à Lanslebourg, village de la Maurienne; il s'y trouvait des ingénieurs des ponts et chaussées qui attendaient le retour des beaux jours pour continuer de travailler à la route Napoléonienne[1].

Là, au pied des Alpes, j'entrai dans la malle-poste d'où je ne descendis guère qu'au fond des Ardennes. Croyant que j'y serais plus tôt rendu par le Comté et la Lorraine que par le Lyonnais et la Bourgogne, de Chambéry je me dirigeai sur Genève et le Jura. En suivant cette route, j'espérais au moins apercevoir quelques-uns de ces sites, quelques-unes de ces eaux dont Jean-Jacques Rousseau m'avait donné l'avant-goût dans

---

1. Cette route Napoléonienne ne fut pas le seul témoignage de la sollicitude de l'Empereur et des vues qu'il entretenait sur les destinées futures de la Gaule cisalpine. Le chapitre des fragments de la campagne d'Italie, dans le *Mémorial de Sainte-Hélène*, nous montre son génie tourné vers cette branche du progrès si admirablement cultivée par M. de Lesseps. Mais comme ce dernier, il choisissait malheureusement un sol étranger pour y déposer le germe de ses merveilleuses conceptions :

« Savone, port de mer et place forte, se trouvait placée pour servir « tout à la fois de magasin et de point d'appui. De cette ville à la « Madone, le chemin est une chaussée ferrée de trois milles. Ce der- « nier intervalle pourrait être rendu praticable à l'artillerie en peu de « jours. A Carcari, l'on trouve des chemins de voiture qui conduisent « dans l'intérieur du Piémont et du Montferrat. Ce point était le seul « par où l'on pût entrer en Italie sans trouver de montagnes ; les « élévations du terrain y sont si peu de chose, qu'on a conçu plus « tard, sous l'Empire, le projet d'un canal qui aurait joint l'Adria- « tique à la Méditerranée, à l'aide du Pô et d'une branche de la Bor- « mida dont la source part des hauteurs qui avoisinent Savone... »

ma première jeunesse. Mais, par un fâcheux contre-
temps, un épais brouillard qui prolongeait tout le jour
les ténèbres de la nuit, me cacha le lac de Genève, le
pays de Vaux, les glaciers et les chalets de la Suisse.
Dans ma course rapide, j'éprouvais le supplice de Tan-
tale; l'atmosphère où j'avais désiré respirer n'était
alors qu'un nuage épais et importun.

Arrivé à Dôle, le défaut de communication par la
direction que je voulais suivre, m'obligea à changer
mon itinéraire et à passer par Paris, j'y arrivai le 17
avril. Je ne pus m'empêcher de courir au ministère de
la guerre où l'on me dit, sans toutefois m'empêcher de
faire une courte visite à ma mère, que j'eusse à me
rendre promptement au camp de Pontivy, en Bretagne, pour y prendre le commandement d'artillerie de
la division qu'on y rassemblait. Je remontai donc
dans la malle-poste qui me conduisit directement vers
le pays natal.

Qui pouvait savoir quand cette rare occasion se re-
présenterait? Ma mère avançait en âge[1] et ma carrière

---

1. Ces retours de sentimentalité parfaitement sincères chez l'auteur
des *Souvenirs*, sont tellement éloignés de nos mœurs actuelles, tellement en dehors de notre soi-disant supériorité philosophique d'aujourd'hui que notre premier mouvement avait été d'élaguer ce paragraphe. La réflexion nous l'a fait respecter et maintenir dans son
intégrité et dans sa touchante naïveté. Le lecteur consciencieux
y trouvera avec nous, une date historique pleine de couleur locale
et un thème de méditation sur nos désastres de 1870 et sur les
conditions de notre réorganisation militaire
Un abîme sépare le conscrit de 1800 du conscrit de 1883. L'un
sortait directement de son pays natal et de sa famille où il avait reçu
une éducation intime, basée sur le respect des anciens et l'affection
de ses proches; point ou peu d'instruction et celle-ci toujours puisée
dans un externat et sous l'œil des parents; le travail, les réunions,
les promenades, tout se passait en famille; la taverne n'était qu'une
exception; les clubs ne furent qu'un accident de l'époque révolu-

était hasardeuse. Combien, depuis le temps relativement assez court où j'avais quitté les Ardennes, avais-
je couru de chances, combien avais-je vu de choses et
éprouvé de sensations ! Mes souvenirs s'étaient bien
enrichis; mais je n'avais point à en faire les frais dans
ma famille et chez mes compatriotes : leur amitié et
leur sollicitude grossissaient à mon avantage ce que j'a-
vais fait et souffert au service de mon pays.

Tant que ma mère a vécu, plus heureux que les
triomphateurs romains, j'étais au comble de mes désirs, quand je pouvais venir déposer à ses pieds l'hommage de mes travaux et de mes succès. Un sourire,
une larme d'attendrissement de sa part étaient ma

tionnaire, comme les sociétés secrètes ; le conscrit de cette époque
arrivait tout façonné à l'esprit de corps, tout imprégné du sentiment
de la discipline. L'autre, le nôtre, arrive au dépôt, saturé d'indépendance et affranchi, depuis des années, des traditions religieuses et
de l'existence de famille, qui, jadis, assouplissaient les caractères et
contenaient les imaginations. Interne ou externe, l'enfant vit tout le
jour loin des siens; de l'école, il passe à l'atelier, ou s'absorbe dans
la préparation de ses examens, au sein d'un cours spécial et, dès lors,
il échappe à la vie de famille pour ne plus vivre que d'une existence
personnelle ou de camaraderie Ses loisirs appartiennent, hélas,
au cercle, au café, aux réunions de courses, de jeu ou de politique;
il ne rentre dans son *home* que lorsqu'il y est sollicité par ses besoins
matériels.

Il est incontestable que notre éducation moderne, notre vie à la
vapeur, notre instruction perfectionnée et notre entraînement politique nous disposent mal au joug de la caserne et à l'abnégation des
champs de bataille : la raison, l'étude approfondie de l'histoire nationale, la crainte, sinon la haine de l'étranger nous suffiront-elles
désormais pour plier nos enfants aux exigences du service militaire
et pour nourrir notre patriotisme qui s'alimentait jadis aux sources
de la famille, de la religion et du clocher natal ? Cette page, des
souvenirs personnels du général Hulot fait ressortir ce contraste
historique et les bouffées sentimentales qui s'échappent de sa plume,
peignent son époque et donnent à sa narration un relief que nous
avons tenu à conserver, en dépit des tendances sceptiques de notre
société contemporaine.

plus douce et ¦ma plus chère récompense. De ce dernier voyage, je revenais avec l'étoile des braves et un nouveau grade. Mon émotion filiale augmentait à mesure que j'approchais de Charleville. Bien à plaindre est le militaire qui ne doit plus retrouver sa mère en rentrant chez lui avant l'âge de la retraite, ou qui, orphelin et éloigné trop jeune du pays qui l'a vu naître, reste insensible à la vue du clocher de sa ville ou de son village. Pour moi, chaque fois qu'à mes retours de l'armée, j'ai atteint les hauteurs qui couronnent le bassin de la Meuse, il m'a semblé que j'allais descendre vivant aux Champs de l'Elysée.

A ce voyage, je n'avais que huit jours à y passer : ce ne fut qu'un rapide instant. Néanmoins j'y puisai de nouvelles forces et, avec un nouvel effort et plus d'ardeur encore, je m'élançai dans la carrière; j'étais à Pontivy au commencement de l'année 1807.

CHAPITRE XI.

Déjà plusieurs régiments d'infanterie et mes deux belles compagnies d'artillerie, 15me et 16me du sixième régiment, étaient réunis au camp de Pontivy ; ils formaient une division commandée par le général Delaborde. Mes deux cents canonniers, tous hommes choisis, n'étaient cependant que des conscrits qu'il fallait exercer sans relâche, et les soldats du train étaient des prisonniers prussiens, forts et robustes, braves gens, aimant leurs chevaux, mais qui servaient avec peine hors de leur patrie [1].

1. Napoléon Ier faisait deux parts de ses prisonniers de guerre. Ceux auxquels ne répugnait pas la perspective d'entrer dans les rangs de l'armée française, étaient, d'après Fieffé (*Histoire des troupes étrangères au service de la France*), incorporés dans les corps suivants : *Régiment de la Tour-d'Auvergne*, organisé à Weissembourg en 1805 et devenu premier régiment étranger en 1811 ; *Régiment d'Isembourg*, formé à Mayence à la même date et devenu deuxième étranger en 1811 ; *Bataillon irlandais*, créé en 1803 et successivement

Je ne perdis pas de temps pour former ce personnel,
et j'eus le bonheur de réussir à ma grande satisfaction
ainsi qu'à celle des généraux, entre autres du général
Junot, premier aide-de-camp de l'Empereur, qui vint
nous inspecter, nous faire manœuvrer et tirer. De son
côté, notre général de division, excellent tacticien et
bon militaire, déployait la plus grande activité. Comme
à Boulogne, il variait nos camps, nos bivouacs, et nous
faisait faire de fréquentes petites guerres dans les
landes de la Bretagne, au milieu desquelles Pontivy
est situé.

Le général Delaborde avait la bonne habitude de ne
jamais manœuvrer sans ses batteries; aussi, officiers,
sous-officiers et même soldats d'artillerie et du train,
nous étions tellement exercés à cette application des

transformé en légion irlandaise (1809) avec 2 bataillons, en régiment
irlandais (1810) avec 5 bataillons et, finalement, en troisième étranger (1811); *Régiment de Prusse*, créé à Leipzig, le 13 novembre 1806,
et devenu quatrième étranger en 1811; enfin le *Régiment de pionniers blancs*, créé le 15 février 1806 « pour être recruté par la voie
des enrôlements et plus spécialement composé de prisonniers autrichiens qui voudraient rester en France » Ce régiment composé de
2 bataillons fut dissous en septembre 1810 et réorganisé à 5 compagnies sous le nom de *Pionniers volontaires étrangers* Trois autres
compagnies furent formées en 1811 avec les hommes provenant des
bandes de Schill et du duc de Brunswick-Œls, tombés au pouvoir des
Français pendant la campagne d'Allemagne. Ajoutons à cette rapide
nomenclature le train d'artillerie mentionné par le général Hulot et
oublié par Fieffé.

Toutefois, la majorité des prisonniers de guerre, manifestant une
légitime répugnance pour cette combinaison, l'Empereur imagina
d'en former, par le décret impérial du 23 février 1811, trente bataillons, dont quinze pour les travaux de fortifications et quinze
pour ceux des ponts et chaussées, plus huit autres pour les travaux
de la marine : « Napoléon avait voulu par ce moyen, suivant ses
propres expressions, faire tourner au bien-être des prisonniers le
produit de leur travail. » Lisez : ne pas les nourrir pour rien. Malheureusement il ne s'en tint pas là : à mesure qu'il étendait ses

mouvements de nos pièces à ceux de l'infanterie que,
sans la gêner ni la retarder, nous étions toujours en
position et au moment convenable pour la favoriser et
la soutenir. Loin de traîner, pour ainsi dire, une à une,
les bouches à feu, pour les conduire à travers les lignes,
ou colonnes, au point où elles doivent tirer, elles obéissaient simultanément, à l'instar des autres armes, au
commandement du général en chef et à ceux d'exécution de leurs officiers.

L'infanterie s'était faite à notre feu et à nos commandements sans les confondre avec les siens ; elle avait
appris à éviter nos pièces et nous secondait même
dans l'occasion. Si dans un déploiement précipité, dans
une formation de carré, etc., il arrivait qu'un attelage
masquât quelques files, celles-ci se gardaient bien,

conquêtes, il bourrait son armée de contingents étrangers et entrait
en Russie avec 150,000 Autrichiens, Prussiens, Italiens, Saxons, Ba
varois, etc. Les Polonais, les Hollandais et les Irlandais lui furent
fidèles jusqu'au bout. Quant aux autres, ils suivirent successivement
l'exemple du Prussien York (du corps Macdonald), qui donna le signal
de la désertion au retour de Moscou, en livrant la ligne du Niémen
aux Russes. Le détail de la trahison des Badois, des Saxons et des
Würtembergeois se trouve complaisamment relaté dans Butturlin et
dans Odeleben, auxquels nous renvoyons le lecteur.

En 1870, les états-majors prussiens, qui connaissaient leur histoire,
évitèrent de tomber dans la même faute que Napoléon Ier. Ils se con-
tentèrent de faire travailler les prisonniers français dans leurs arsenaux et leurs places fortes, surtout à Deutz et à Ehrenbreisten (nous
parlons en témoin oculaire), dépensèrent le moins possible pour eux,
les laissant grelotter dans leurs vêtements délabrés de Sedan et de
Metz et les nourrissant comme des forçats, à telle enseigne qu'il en
mourut en captivité 18,000 de froid, de faim et de misère, sans
compter ceux qui revinrent mourir en France, et, à la paix, nous
n'en eûmes pas moins à régler la volumineuse facture des frais et
dépenses de la *Gefangenschaft*. Ce fut tout bénéfice pour les Prussiens et désormais personne ne leur contestera dans cette branche de
l'art militaire un brevet de supériorité sur le vainqueur d'Iéna, de
Prenzlau et d'Auerstædt.

malgré la célérité du mouvement, de faire feu, et réci-
proquement. Le général Delaborde avait même ordonné
à ses officiers serre-files de détacher au besoin quelques
hommes du troisième rang pour nous aider, par exemple, pour les *à bras en avant* ou *en arrière*, dans les
mauvais terrains, car on évoluait partout [1].

1. Les relations et mémoires militaires du premier Empire se
bornent presque toujours au récit des actions de guerre ou à la narration des événements politiques. Avec les *Souvenirs* et la correspondance du général Hulot, nous nous trouvons initiés aux détails
arides de la préparation et de l'éducation du troupier ; nous y voyons
que Napoléon ne laissait ni repos ni trêve à ses cadres et à ses effectifs. Les conscrits, à peine habillés et dégrossis au dépôt, étaient dirigés vers les nombreux camps d'instruction échelonnés le long des
côtes. Ils y complètaient leur éducation militaire sous la direction
d'officiers convalescents ou nouvellement promus et, de là, partaient
pour combler les vides de la Grande Armée ou constituer de nouvelles unités. C'était un entraînement général et continu du haut en
bas de l'échelle, et cet entraînement constitua avec le génie de Napoléon, avec le dévouement de la plus grande partie de ses généraux,
avec la discipline et l'esprit d'émulation entretenus par eux dans
les rangs de la troupe, le secret des succès prodigieux de la période
heureuse du premier Empire.

« Pontivy, le 30 mai 1807....... J'ai, depuis mon arrivée ici, outre
le commandement de deux compagnies très fortes et d'un équipage
assez nombreux d'artillerie, celui de toute l'artillerie du camp, vu
l'absence presque continuelle du colonel qui en est chargé en chef.
Le train et les canonniers, presque tous conscrits, m'occupent beaucoup pour leur instruction. Depuis seulement trois mois que je suis
avec eux, je suis parvenu, à force de soins, à les rendre habiles à
tous les services de campagne.

« Je viens de retirer un heureux fruit de mes peines, lors du passage de Son Excellence le général Junot, gouverneur de Paris. Il m'a
fait manœuvrer douze bouches à feu en ligne avec tout mon parc :
pendant deux heures, j'ai commandé des évolutions à feu en sa présence, et exécuté plusieurs manœuvres qu'il m'ordonnait.

« Le gouverneur a été très satisfait ; il est venu à pied (j'étais moi-
même à cheval) me faire des compliments, provoqués encore d'un
autre côté, m'a-t-il dit, par les rapports satisfaisants des généraux
Delaborde et Boyer, sous les ordres immédiats desquels je sers en ce
moment. Le lendemain S. Exc. a assisté à nos écoles. Elle pointait

En campagne, l'artillerie ne sert pas toujours par masse ni même par batterie ; d'ailleurs, ce service est beaucoup mieux entendu et exécuté, quand son personnel est bien exercé aux détails avec une brigade et même avec un régiment. N'importe dans lequel de ces deux cas, employez deux batteries séparément, dont l'une soit servie par des artilleurs et des militaires du train, exercés comme je l'indique, et dont l'autre n'ait pour la diriger, pour la conduire et pour l'exécuter, que des officiers, sous-officiers et soldats ne possédant que l'instruction ordinaire, je parie que la première aura tiré plusieurs salves, avant que la seconde ne soit parvenue à se dégager de l'infanterie ou de la cavalerie, et à prendre position pour les soutenir, les seconder et leur frayer une brèche dans les rangs de l'ennemi.

Depuis les temps où je parle, l'artillerie française a beaucoup gagné sous le rapport de la tactique, de la célérité et de la précision de ses mouvements en ligne avec les autres armes. Ses généraux, particulièrement MM. Valée et Tirlet, ont contribué à ces progrès, en prenant des Anglais et en le perfectionnant, ce que leur train et leur matériel de campagne offrait de plus propre à concilier la légèreté et la vitesse avec la commodité et la solidité. M. le général Valée, aujourd'hui maréchal de France, a complété ce grand service en rendant, par une fusion naturelle, les canonniers à cheval à leur véritable destination, à l'amour et à la

elle-même une pièce de huit et tirait fort bien. Nos canonniers ont abattu trois fois le but et coupé le petit centre : nouveaux compliments, et dix louis pour boire aux canonniers..... » (Extrait d'une lettre du capitaine J.-L. Hulot à M. Jacquesson, chef d'escadron d'artillerie, inspecteur de la manufacture d'armes à Charleville (Ardennes.)

pratique de leur arme, réforme salutaire qui a rendu
à ce corps distingué son esprit de famille et la considération universelle [1].

Pontivy, petite cité champêtre, arrosée par les eaux
du Blavet que Napoléon voulait canaliser jusqu'à Lo-
rient, était appelée à de hautes destinées ; déjà l'Empereur lui avait donné son nom et y avait fait entreprendre de grands travaux dont quelques-uns doivent
avoir reçu leur exécution. Elle n'était point du reste
dépourvue d'agréments, même dans le temps où je m'y
trouvais : le Bois-d'Amour, nos parties de vert et de
campagne avec d'aimables familles bretonnes, m'ont
toujours fait regretter le printemps que j'ai passé à
Pontivy. Dans ce coin paisible et isolé, nous vivions
au jour le jour, tout étonnés du calme de notre situation et nous passions notre temps sans aucun souci,
mais non sans occupation. Mais le Géant du siècle
qui, à Friedland, posait sa main sur le Nord de l'Europe,
étendait alors l'autre vers les colonnes d'Hercule où il
nous préparait un nouveau théâtre d'opérations. Par
leur déclaration de guerre à la Turquie et par la révolution qu'ils avaient suscitée à Constantinople, les
Anglais ayant fait avorter les projets de Napoléon sur
leurs comptoirs des Indes, avaient tourné du même
coup ses vues vers l'Espagne et le Portugal.

Dès les premiers jours d'août 1807, les camps de
Pontivy, de Saint-Lô et autres, formés d'après ces

---

1. Le *Moniteur universel* du 21 novembre 1866, renferme une notice intéressante sur le maréchal Valée. Quant au lieutenant-général Tirlet, il prononça à la séance de la Chambre des députés, du
22 juillet 1828, un très remarquable discours sur le budget de la
guerre, relatif au matériel de l'artillerie, discours qui a été publié
en brochure.

dernières vues de l'Empereur, furent levés et leurs troupes dirigées sur les Pyrénées-Orientales. Je me mis en route par un soleil ardent, avec le personnel et le matériel d'artillerie de notre division.

Devant la Roche-Bernard, où nous devions coucher, nous ne trouvâmes qu'un bac pour traverser la rivière la Vilaine. Au premier passage, j'avais rempli ce bac avec des hommes chargés d'effectuer, sur l'autre rive, le débarquement de l'artillerie. Pendant que je m'occupais d'autre chose, deux gendarmes de la localité se jetèrent brutalement, avec leurs chevaux, sur ce bateau déjà surchargé et blessèrent des canonniers. Aussitôt que je m'aperçus de ce désordre, je tançai les deux insolents et les fis sortir du bac qui était à mon entière disposition pour toute la durée de notre passage et sur lequel ils s'étaient installés sans demander de permission à personne. A la nuit, tout le matériel étant de l'autre côté, je traversai la rivière avec le reste de mes canonniers, et je me fis conduire dans mon logement où m'accompagna M. Ledilais, mon premier lieutenant.

A peine y étions-nous entrés et parvenus au premier étage, que nous entendîmes briser un carreau de vitre et siffler une balle à nos oreilles. Avec notre lumière, nous découvrîmes l'entrée de cette balle à la fenêtre et son enfoncement dans le mur : on venait de tirer sur nous avec un fusil à vent. Notre premier mouvement fut de nous livrer à quelques recherches que nous abandonnâmes bientôt, pressés que nous étions par la faim et le sommeil. Je me contentai de faire mon rapport à un de nos généraux (le général Avril, marié précisément dans cette ville), en lui soumettant, toutefois, l'affaire des deux gendarmes auxquels j'avais fait passer la rivière avant moi.

Nous prîmes un séjour à Nantes, grande et belle ville sur la Loire. Ce fleuve dont, malheureusement, le cours est obstrué à Paimbœuf, comme celui de la Seine l'est à Quillebœuf, gêne et ralentit le commerce qu'il devrait favoriser. Ses rives pittoresques provoquent une légitime admiration, mais des souvenirs pénibles font dégénérer ce sentiment en sombre mélancolie; on n'osait encore sonder la profondeur de ces eaux qui recouvrent les ossements d'une foule de victimes de la Révolution. L'idée de ces temps désastreux et de la révocation de l'Édit du grand Henri fait encore regretter davantage cet excellent roi.

Dans cette disposition d'esprit, je traversai le Poitou, l'Aunis et la Saintonge, contrées naguère tristement célèbres sous le nom de Vendée.

Des monceaux de ruines presque fumantes encore alimentaient mes lugubres réflexions : souvent, j'interrogeais les paysans qui fouillaient ces ruines, sur les catastrophes auxquelles ils avaient eu le bonheur ou le malheur de survivre. Leurs recherches étaient vaines; à la place de leurs pénates, ils ne trouvaient que des pierres calcinées et des ossements desséchés. La nature seule, par la fertilité du sol, semblait prendre leurs maux en pitié : le spectacle du retour des moissons à Fontenay, à Niort et à Saintes fut pour nous un véritable soulagement. Dans cette dernière ville, le *Mediolanum* des Gaulois-*Santones*, je visitai l'arc-de-triomphe des Romains, encore debout sur le pont de la Charente, et les restes d'une arène et d'un aqueduc.

Le voyageur s'arrête volontiers à Blaye pour jouir de la vue du vaste confluent de la Garonne et de la Dordogne et des coteaux célèbres du Médoc. Nous traversâmes la seconde de ces rivières sur un pont volant, à Saint-André-de-Cubzac et, le lendemain, nous arrivâmes à la Bastide, sur la Garonne devant Bordeaux, qui, l'un et l'autre, attendaient encore le superbe pont qu'on y voit aujourd'hui. Rien de plus agréable que le point de vue offert par les quais élégants et réguliers de cette grande ville. J'y débarquai le 2 septembre et, sur ces bords enrichis par le commerce, je défilai avec mes batteries pour gagner, par les principales rues, le Château-Trompette où je parquai mon artillerie. Tout en admirant la salle de spectacle, les promenades de l'Intendance, le quartier des Chartrons et du Chapeau-Rouge, je cherchais, mais inutilement, la fontaine que les Gaulois ont divinisée sous le nom de *Divença*.

Cette position avantageuse au commerce, la fertilité du pays et ses vignes excellentes ont peuplé Bordeaux depuis l'époque la plus reculée. Sous le nom de *Burdigala*, c'était déjà un célèbre entrepôt sous les Gaulois-*Bituriges*; les Romains en firent celui de la deuxième Aquitaine et ils y avaient un Sénat. Depuis, saccagée et brûlée successivement par les Goths, par les Sarrasins et les Normands, cette ville s'est toujours relevée de ses ruines. Les Anglais l'ont possédée depuis 1152 jusqu'au règne de Charles VII, dans le XVe siècle. Enfin, rendu à la France, Bordeaux est devenu l'une de ses plus riches et plus florissantes cités, surtout depuis l'ouverture du canal du Languedoc qui réunit dans son port les produits du Levant à ceux de l'Amérique et de l'Europe. Mais ce port, ces maga-sins, ces quais et les ateliers étaient vides et sans mouvement quand je les vis; la guerre les rendait dé-serts, et je ne fus point surpris du mécontentement des habitants qui, avec raison, regrettaient des temps plus favorables.

A peu de distance au delà de Bordeaux et de son sol fertile, nous entrâmes dans les Landes, tristes et sté-riles plaines que la nature et la mer semblent avoir délaissées sur une étendue de plus de quarante lieues. On n'y voit que des arbres résineux dont les rares ha-bitants tirent leurs faibles ressources. Dans ces sa-bles, on se croirait à mille lieues de la France. Cepen-dant la route qui les traverse est assez fréquentée, à cause du voisinage de l'Espagne. Pour conserver cette route, on était obligé d'en établir les fondements avec des poutres transversales; à notre passage, on essayait de la paver: j'ignore si on a réussi. C'est en approchant de Bayonne que je vis pour la première fois des chê-nes-lièges dont on emploie l'écorce principalement pour faire des bouchons; Bordeaux en fait une grande con-sommation.

Le 12 septembre, nous descendîmes dans le charmant bassin de l'Adour, en longeant la citadelle qui le com-mande. A notre gauche, des côteaux boisés et fleuris récréaient nos yeux fatigués de la traversée des sables; à droite, notre vue se prolongeait sur la mer, dans le golfe de Gascogne. Devant nous, se dressaient de nou-velles Alpes, les Pyrénées, boulevard de l'Espagne que je désirais trouver aussi belle mais mieux gou-vernée que l'Italie. Nous défilâmes sur le long pont de bois du Saint-Esprit, faubourg de Bayonne, et, pour aller établir notre parc sur la route d'Espagne, nous traversâmes cette riante et populeuse ville, bientôt appelée à une célébrité dont la France se serait heureusement passé. Une partie des troupes de l'armée était déjà rassemblée et cantonnée dans les environs. De ma personne, je restai dans la ville où se trouvaient le général en chef Junot et mon général de division. Ils s'occupaient de l'organisation et de l'instruction de cette armée, dite *d'Observation de la Gironde*, dans laquelle je fus nommé commandant d'artillerie de la première division, toujours placée sour les ordres du général Delaborde[1].

La ville de Bayonne, ses environs et les habitants sont également propres à justifier les heureuses impressions que je devais à mon bon billet de logement. Le costume léger de ces habitants, leur vivacité et leur langage mêlé de français, de basque et d'espagnol, plaisent à tous les étrangers. Il en est de même du site qui offre une succession de paysages, baignés par des eaux courantes et bien ombragées. La mer qui semble s'élever dans le lointain, les Pyrénées et le coteau septentrional de l'Adour ferment ce beau bassin. Souvent je manœuvrais et tirais à boulet sur la plage unie qui, à marée basse, borde la côte dans une immense étendue. Ces exercices attiraient beaucoup de curieux, parmi lesquels, mes jeunes hôtesses qui me montrè-

1. Cette nomination à un commandement d'artillerie divisionnaire d'un jeune capitaine, tout récemment promu à la première classe de son grade, nous permet de faire remonter à la fin de la campagne de Prusse et au début de la guerre d'Espagne, la pénurie des cadres des armées impériales, particulièrement sensible dans les armes spéciales, et qui a été maintes fois signalée par les écrivains militaires des dernières années de l'empire.

rent à peu de distance de là, la *Chambre d'amour*, célèbre par le tragique dénouement dont elle fut le théâtre.

Pendant que je roucoulais ainsi au milieu de nos préparatifs de guerre, et que j'appuyais mes soupirs du bruit du canon, Napoléon, à Fontainebleau, partageait le Portugal entre le prince d'Etrurie et Godoï, prince de la Paix. Nous ne nous doutions nullement de ces jeux de la politique qui faisaient et défaisaient des souverains. Cependant, le 20 octobre, je quittai Bayonne, marchant, à la tête de mon artillerie, sur l'Espagne, avec notre armée qui ignorait comme moi ce que nous allions y faire [1].

1. Les nombreux motifs qui poussèrent Napoléon Ier vers l'Espagne et les prétextes non moins nombreux invoqués par sa diplomatie à l'appui de l'invasion de la Péninsule, se trouvent minutieusement énumérés par M. de Norvins dans le chapitre XXVIII de son *Histoire de Napoléon*. Parmi ces motifs plus ou moins subtils et plus ou moins contradictoires, on peut en relever deux que l'histoire a admis comme vraisemblables ; nous citons textuellement :

« ... Ainsi, l'exclusion des Anglais du nord de l'Europe étant complète, Napoléon tourna ses regards vers le Midi... Napoléon voulut recommencer, comme il disait, l'ouvrage de Louis XIV, en renouant avec solidité la ligue des Etats du Midi, et en plaçant des princes de sa famille à la tête de tous ces Etats... » Il y a apparence que ces jeux de la politique impériale ne sortaient pas du cercle de la famille et de l'entourage de l'Empereur. Pour l'armée et pour la nation, on disposait d'autres combinaisons également consignées dans l'ouvrage de M. de Norvins : « ... en stipulant l'envoi en Espagne de 30,000 hommes de troupes françaises, destinées *en apparence* à agir *contre le Portugal*, mais en réalité à assurer *l'invasion de la Péninsule*. Ce fut là le traité de Fontainebleau... » Et quelques lignes plus bas : « Il (Junot) ébranla son armée en répandant le bruit qu'elle faisait partie d'une expédition *préparée contre Gibraltar ;* et il la transporta en cinq jours à Alcantara... », c'est-à-dire aux portes de Lisbonne. Ainsi, d'un côté, on envahissait l'Espagne, en visant la conquête du Portugal, et, de l'autre, on envahissait le Portugal avec une armée destinée à prendre Gibraltar. Après la lecture de ce cha-

Toutefois, à mon arrivée à Saint-Jean-de-Luz, notre dernière couchée en France, je crus prudent de visiter mes caissons et tout mon matériel, pour m'assurer si mes deux batteries étaient en bon état, car à peine avais-je eu le temps de les reconnaître avant le départ.

Quelles ne furent pas ma surprise et mon indignation, lorsque je trouvai dans ces caissons une quantité considérable de tabac en poudre, qui n'avait pu y être déposé que pendant la dernière nuit ! Mon garde interdit, ne voulut répondre à aucune de mes questions ; je le cassai, le fis arrêter, et rendis compte sur·le-champ à mon général divisionnaire. J'étais certain que ni ce garde, ni aucun militaire sous mes ordres n'avaient acheté ce tabac ; d'un autre côté, en le faisant jeter de suite dans la mer qui battait le champ du parc, je me rappelai qu'en sortant de Bayonne, j'avais été sollicité par certain Matador de lui mander d'Irun, si nous avions eu la visite des douaniers au delà de la Bidassoa. Jamais je n'ai entendu reparler de cette affaire[1] qui m'a bien prouvé que certaines gens ne perdent pas de temps pour commencer leurs cupides manœu-

---

pitre de l'historien bonapartiste, on s'explique que le capitaine Hulot et ses compagnons d'armes des troupes d'invasion de la Péninsule n'aient jamais su ce qu'ils allaient faire dans cette galère.

1. Ces allusions dirigées contre des personnalités puissantes de l'administration impériale ou contre des gros fournisseurs de l'armée, reparaîtront plus loin sous la plume indignée mais discrète du général Hulot. Rappelons à cette occasion que l'Espagne était alors soumise à la rigoureuse application du blocus continental et que les contrebandiers de toutes classes assiégeaient les côtes et les frontières des contrées soumises par Napoléon à ce régime d'état de siège industriel et commercial.

vres, mais je débutais mal avec ces puissances occultes et dangereuses .

Le lendemain, après deux heures de marche, nous aperçûmes à nos pieds, du haut de la colline d'Hendaye, le pont de la Bidassoa, l'île des Faisans, la terre d'Espagne et les petites villes d'Irun et de Fontarabie, toutes deux démantelées.

CHAPITRE XII

ENTRÉE EN ESPAGNE. — MARCHE JUSQU'EN PORTUGAL

Le 21 octobre 1807, je passai pour la première fois la Bidassoa, trop faible barrière pour nous et pour ces malheureuses contrées, où tant de Français et d'alliés, dont nous formions l'avant-garde, devaient porter et trouver la mort. Nous fûmes agréablement surpris de l'accueil flatteur des Espagnols; mais, en même temps, nous l'étions d'une manière tout opposée, par la brusque et fâcheuse transition des commodités et de l'aisance de la vie à la misère et à la malpropreté. Depuis Irun jusqu'à Salamanque, dans une route de plus de cent lieues, dans les villes, bourgs et villages, nous étions assaillis, entourés d'une foule de curieux bienveillants, et reçus partout en amis et en héros, mal régalés, il est vrai. Notre marche paraissait triomphale; chacun nous félicitait d'être les braves compagnons du grand Napoléon. Le fier espagnol l'admirait comme général et Empereur des Français; il l'eut suivi et servi à la guerre avec dévouement, mais qu'il était éloigné de s'attendre et d'aspirer à l'avoir pour souverain, surtout par les moyens qu'il a employés pour le devenir !

Nous voyagions militairement, en corps d'armée, mais par journées d'étapes, sans nous presser et prenant des séjours dans les meilleures villes où l'on ne manquait pas de nous fêter, entre autres à Vittoria, Burgos et Valladolid. Nos hôtes nous traitaient de leur mieux, mais que ce mieux était minime en comparaison des gîtes de la France et de l'Allemagne ! Quelle incommodité ! Quelles privations gratuites et quelle coupable paresse ! Dans les *posadas*, ou auberges, on ne trouve que le vin, généralement bon, à l'odeur près [1], et le feu de la cuisine, parfois très insuffisant pour faire cuire les aliments et pour se chauffer. Il faut acheter soi-même son pain chez le boulanger, sa viande chez le boucher, etc., sous peine d'en être privé, ce qui arrive fréquemment malgré ce soin.

Dans les pays de plaines, tantôt brûlantes et tantôt très froides, nous ne trouvions le frais qu'en nous privant de la lumière du jour, ou nous grelottions en nous pressant auprès d'un insipide et pauvre *brasero*. Ce n'est pas sans raison que l'Espagnol, la tête toujours couverte d'un mouchoir ou d'un bonnet noir, n'abandonne jamais son manteau, le ployant ou le déployant, suivant les variations de la température ; à ce sujet, comme pour d'autres, ils nous ont bien souvent dit avec trop de motifs : *rira bien qui rira le dernier.*

---

1. L'odeur des peaux de bouc dans lesquelles les Espagnols avaient l'habitude de conserver leurs vins.

Mais à quelles causes doit-on attribuer la paresse de ce peuple chez lui, car il ne la porte pas ailleurs, le décroissement rapide de sa population et l'abandon de l'agriculture et de l'industrie? Est-ce à la découverte de l'Amérique qui a enrichi et fait émigrer un si grand nombre d'indigènes; est-ce à l'extrême multiplicité des couvents où une foule d'êtres jouissaient oisivement d'une fortune et d'un pouvoir excessifs? Enfin, est-ce au cruel et barbare despotisme de l'inquisition? Telles étaient les questions que je me posais en parcourant ces champs fertiles mais incultes, ces plaines autrefois si peuplées et où maintenant on ne voit de loin en loin que quelques villages dans lesquels à toute heure du jour, des groupes de paysans dorment au soleil en se livrant à leur délicieux *farniente*.

Qu'est devenue en Espagne cette agriculture, qui, du temps des Romains, produisait de telles récoltes que, malgré l'exportation, on avait cherché et trouvé le moyen de conserver la surabondance de blé pendant cinquante ans et de millet pendant cent ans? Qu'est devenu ce commerce prospère de produits indigènes?

Qu'est devenue cette industrie qui rendait l'Europe, l'Afrique et l'Asie, tributaires de l'Espagne? Qu'est devenue enfin cette population qui, encore sous Philippe II, menaçait l'indépendance des autres souverains? Mais, déjà alors les effets de la découverte du Nouveau-Monde et les conséquences de l'établissement de l'inquisition, suivie de l'expulsion des Juifs et des Maures espagnols, produisaient leurs désastreux résultats. Aussi vit-on bientôt le duc de Lerme faire de vains efforts pour rendre des bras à l'agriculture et à l'industrie, après avoir contribué lui-même à leur en enlever. Ils n'ont pu survivre à une telle décadence, ces fiers Celtibériens qui, après avoir lutté si courageusement, quoique sans succès, contre les Carthaginois, contre les Romains, les Goths et les Maures, avaient su conserver leur caractère et ne prendre de leurs vainqueurs que ce qu'ils apportaient d'utile et d'avantageux.

Les modernes Espagnols n'ont plus que leur antique fierté, que leur courage et leur amour de la patrie. Mais avec de pareils débris d'héritage, combien n'était-il pas facile de leur rendre la splendeur et la prospérité ! Quel monarque en Europe eut plus de moyen de réussir dans ce grand et beau projet de restauration que Ferdinand VII, rappelé et rendu au trône par les vœux unanimes et par les généreux efforts de son peuple ? Il ne lui fallait pour relever l'Espagne, qu'appliquer un sage libéralisme, profiter prudemment des progrès de la civilisation et suivre le noble exemple de Louis XVIII, plus digne descendant d'Henri IV. — A l'époque où nous repassons ces *Souvenirs* (1833), la branche de Louis XVIII ne règne plus en France : une nouvelle révolution l'en a chassée... Cette révolution aurait-elle eu lieu, si ce roi eût vécu, ou si ces principes se fussent perpétués sous son successeur [1] ?

1. Ferdinand VII, fils de Charles IV, naquit en 1784. Il entra en 1808 dans la conspiration tramée contre Godoï, le favori de son père, et sollicita sous main l'appui de Napoléon 1er. Le complot découvert, il se sauva en sacrifiant ses complices. Porté la même année au trône par la révolution d'Aranjuez, il se tourna de nouveau vers Napoléon qui s'empressa de profiter de ces dissensions intestines de la famille royale d'Espagne, pour exiger l'abdication du père et du fils. Rappelé en effet, en 1813, par les vœux de la nation espagnole, malgré son attitude déplorable à Valençay pendant la période de l'invasion française, Ferdinand VII donna bientôt carrière à ses instincts despotiques, abolit la constitution que les Cortès avaient établie en 1812 sur le modèle de nos institutions de 1791, persécuta les

Je reviens à la Bidassoa et à notre journal de marche. Mes batteries étaient attelées de bons chevaux, mais j'en avais trop peu : au lieu de quatre, il en aurait fallu six par voiture. Le passage des Pyrénées et le manque de foin et d'avoine commencèrent à les affaiblir. Puisqu'on prévoyait et même qu'on avait décidé l'expédition en Espagne, on devait, dans nos cantonnements de France, habituer peu à peu ces chevaux à la paille et à l'orge (seule nourriture qu'ils dussent trouver au-delà de notre frontière du Midi) et ne pas attendre pour les y réduire tout à coup qu'ils fussent livrés à des marches difficiles et aux surprises d'un nouveau climat [1].

patriotes qui l'avaient rappelé et proscrivit en masse tout ce qui dans le royaume, professait des idées libérales. Ses cruautés et son gouvernement tyrannique amenèrent l'insurrection de 1820 et le triomphe des Cortès qui rétablirent la constitution et gouvernèrent sous son nom jusqu'au jour, où se sentant soutenu par le clergé et par le peuple, il osa faire un appel aux gouvernements absolus de l'Europe. Les Bourbons de France répondirent à cet appel et le duc d'Angoulême lui amena une armée qui dispersa les Cortès presque sans combat et rétablit l'absolutisme. Malgré la conduite pleine de modération et les conseils sensés du duc d'Angoulême, cette intervention déchaîna sur l'Espagne toutes les rigueurs d'une violente réaction.

Marié pour la quatrième fois en 1829, avec la princesse Marie-Christine de Naples, Ferdinand, pour complaire à sa jeune femme, ouvrit trois ans après, l'ère permanente des pronunciamientos, en abolissant la loi salique introduite en Espagne par les Bourbons, et faisant reconnaître pour son héritière, sa fille Isabelle, à l'exclusion de son frère don Carlos. Ce triste monarque mourut en 1833 et Isabelle fut proclamée reine, sous la régence de Marie-Christine. Ce fut sous le déplorable règne de Ferdinand VII, que les colonies d'Amérique, à l'exception des Antilles, secouèrent le joug de l'Espagne.

1. Nous demanderons au lecteur si cette phrase, comme tant d'autres, des *Souvenirs*, par exemple celle contenant le témoignage du général Hulot sur le pillage si souvent contesté de l'arsenal de

Néanmoins, la route à travers les Pyrénées-Occi-
dentales est très praticable ; il n'y a même que le point
culminant entre Mondragon et Salvatierra qui présente une montée raide et fort élevée ; c'est une bonne
position militaire que Mina a souvent occupée depuis
avec ses guérillas. Ces montagnes offrent moins de
masses liées et moins de chaînes que les Alpes ; elles
sont plus détachées et plus coupées, les communications sont plus faciles, les mamelons et les pics plus
multipliés. Enfin, cette barrière de l'Espagne m'a paru
beaucoup moins forte que celle de l'Italie, au moins
vers l'Océan. Cependant on n'a fortifié ni Irun, ni
Tolosa, jonction des routes de la Navarre et de la Castille, ni Roncevaux, autre position très militaire sur la
route de Saint-Jean-Pied-de-Port à Pampelune, place
qu'on peut éviter pour gagner l'Aragon. Du moins,
dans les Hautes-Pyrénées, plus à l'est, on trouve Yaca,
la Seu d'Urgel, Girone, Rose, Figuières, etc.

Vittoria, capitale de l'Alava, m'a toujours laissé de
son séjour un souvenir agréable : cette sensation extraordinaire dans le nord de l'Espagne, provient
moins encore du site riant de cette ville sur la Zadera,
que des commodités toutes françaises et surtout de
l'aimable accueil que j'y ai trouvés à mon premier passage. L'imagination nourrit et étend chez moi la reconnaissance. Hélas! puisqu'un jour, nous devions
éprouver un dernier et décisif revers dans la Péninsule, j'aurais désiré du moins que ce ne fût pas sur
ces lieux qui m'avaient le plus souri. Mais si les sites

Vienne, nous demanderons si ces phrases ne nous renseignent pas
mieux sur Napoléon et ses armées que tant de pages académiques,
mais trop souvent suspectes, de M. Thiers?

étaient restés les mêmes, combien les esprits et les
circonstances n'avaient-ils pas changé dans ces derniers temps !

A Miranda, nous passâmes l'Èbre, rivière plus célèbre que considérable : c'est l'*Iberas* des anciens; il
prend sa source chez les Cantabres (Asturies) et a
donné son nom à l'antique Espagne (Ibérie). Quelques
lieues plus loin, nous traversâmes le défilé étroit de
Pancorbo qui coupe l'avant-dernier chaînon des Pyrénées au midi. Le fort bâti sur sa cîme est trop élevé et
trop éloigné pour remplir son objet : il faudrait rapprocher sa portée et étendre les dépendances de sa
fortification, en détachant quelques ouvrages sur des
rochers inférieurs qu'il bat de ses feux ; il fermerait
alors entièrement cet important et principal passage.

Au delà de la Briviesca et de la dernière montagne
du nord, nous descendîmes dans les plaines de l'Arlenzon et arrivâmes à Burgos où nous nous inclinâmes
devant le berceau du Cid qui y prit naissance en
1040. La cathédrale, la principale place et le quai de
cette ville assez peuplée, ont fixé et satisfait nos regards. En visitant les ruines d'une forteresse qui couvrait les sommités au-dessus de Burgos, je ne m'attendais pas à voir peu d'années après, ces murailles
redressées par nos mains, pour arrêter et repousser
l'heureux Wellington, étonné de nous trouver une
fois en mesure et d'accord.

De Burgos à Torquemada, nous parcourûmes, en
trois marches, des plaines presque incultes et désertes.
Une heure avant de gagner notre troisième gîte, nous
traversâmes sur un pont, à Cordovilla, la rivière de la
Pisuerga, dans laquelle se jette l'Arlenzon qui coulait

à notre gauche. La manière dont nous fûmes traités à
Torquemada, où nous passâmes cette rivière, et notre
bonne humeur ne présageaient guère la fin prochaine
et provoquée de ce bourg, l'Augusta-Nova des Romains. Le lendemain, nous allâmes coucher à Dueñas,
après avoir passé le Carrion qui se perd dans la Pisuerga, au sortir du vallon cultivé et productif de
Palencia.

Le cinquième jour, après trois heures de route sur
un sol presque nu, nous retrouvâmes la Pisuerga que
nous traversâmes sur le pont élevé de Cabezon, et,
cheminant entre elle et l'Esqueva, nous entrâmes à
Valladolid où ces deux rivières se réunissent pour
gagner le Duero à deux lieues au-dessous. Cette ville
dans laquelle est mort Christophe Colomb [1], m'a paru
grande, assez belle et vivante : sa cathédrale, sa place
et le Campo-Grande sont remarquables. Mais ce Campo-
Grande où il n'existe que des couvents, me rappelait
l'auto-da-fé de triste mémoire, que voulut y voir le
puissant fils de Charles-Quint, né dans ses murs. Cette
fâcheuse impression s'empara de nouveau de mon esprit, quand plus tard je visitai le palais de l'Escurial,
construit par ce roi, en reconnaissance de la victoire
et de la prise de Saint-Quentin. La forme de *gril* donnée à ce palais en commémoration de saint Laurent, patron de l'anniversaire de ses succès, caractérisait à mes
yeux le goût de Philippe II pour les sacrifices humains.

1. Les biographes ne sont pas plus d'accord sur le lieu de naissance de ce grand homme que sur le théâtre de ses derniers moments. D'après les uns, il est mort de misère à Séville, d'après les
autres, il a succombé dans Valladolid à une attaque de goutte, le
20 mai 1506 : *historici certant*.

Cependant nous étions bien à Valladolid, mais nous n'y restâmes que très peu de temps, malgré le besoin de repos qu'éprouvaient déjà les chevaux d'artillerie. Pour les soulager, j'étais obligé de faire traîner trois de mes voitures par des bœufs. De Valladolid à Salamanque, la distance et l'aspect du pays sont, à peu de chose près, les mêmes que de Burgos à la première de ces deux villes ; on ne trouve de culture passable qu'aux environs de Medina-del-Campo, ville ordinaire, sur le torrent de la Zapardiel que nous eûmes toujours à notre droite depuis le passage du Duero jusqu'à Tordesillas.

Salamanque est curieux par son université, par ses églises et notamment sa cathédrale, par sa place, ses immenses couvents et par son grand et antique pont sur le Tormès. Cette rivière baigne l'escarpement très prononcé qui termine la ville au sud. La principale place est régulière et entourée de maisons à deux étages avec balcons ; elle sert, comme celle des autres villes, de théâtre pour les combats de taureaux.

Je ne pus séjourner dans cette ville. J'y dînais chez le gouverneur avec notre général en chef et mon général de division, lorsqu'ils reçurent et me communiquèrent l'ordre de partir le lendemain de bon matin et de gagner à grandes journées, la ville d'Alcantara sur le Tage. Je fis observer à ces autorités françaises et espagnoles, combien mes attelages étaient insuffisants. Elles me répondirent sans fondement, que partout je trouverais des bœufs de réquisition.

J'ignore si, à la cour de Madrid, on soupçonnait les desseins de Napoléon sur l'Espagne, mais nous avions lieu de remarquer que le gouvernement faisait beau-

coup moins de frais pour notre armée que les particuliers n'en faisaient pour les individus qui la composaient,
quoique souvent le soldat fût fort mal logé dans les
couvents.

Le 13 novembre, à trois heures du matin, après
avoir écrit à ma mère et après avoir, suivant mon habitude, parcouru les écuries où étaient les chevaux de
nos batteries, je sortis de Salamanque avant le jour,
escorté par la brigade du général Brenier[1]. Nous marchions sur Ciudad-Rodrigo, vers le Portugal. La route
devenant difficile, surtout à cause des pluies, ces troupes impatientes laissèrent l'artillerie en arrière à mi-

1. Officier d'une bravoure et d'un mérite hors ligne, dont la personnalité fut, comme tant d'autres, éclipsée par le prestige des noms
populaires de la légende, — Antoine-François Brenier, vicomte de
Montmoran (et non comte, titre sous lequel il figure dans les *Fastes
de la Légion d'Honneur*), né en 1767, dans l'Isère, débuta en 1786, dans
les gendarmes de la maison du roi. Successivement aide de camp des
généraux de Crillon et d'Albignac, il fut nommé en 1793, chef de bataillon à l'armée des Pyrénées-Orientales, et en l'an III, chef de la 14e demi-
brigade, puis, de la 63e, avec lesquelles il fit jusqu'à l'an VI, les campagnes d'Italie et de Hollande. En l'an VII, de retour à l'armée
d'Italie, il fut blessé une première fois, à la prise de Vérone par
Souwarow, et une seconde fois d'un coup de baïonnette au front, lors
du passage de l'Adda. Nommé général de brigade à la suite de ce
dernier fait d'armes, ses blessures le forcèrent de servir à l'intérieur.
En l'an XII, il faisait partie de l'état-major de la 11e division militaire, lorsqu'il fut nommé commandeur de la Légion d'honneur. En
1807, Napoléon l'envoya en Portugal sous les ordres de Junot. C'est
lui qui, à la tête de la garnison française d'Alméida, se fraya auda-
cieusement un passage au travers de l'armée assiégeante, pour aller
rejoindre le maréchal Masséna. Il fut créé baron de l'Empire à ce
propos, en 1815. Nous le retrouverons bientôt, cité de nouveau dans
le manuscrit du général Hulot.
   Cet officier général, l'un des premiers rédateurs du *Spectateur militaire*, a publié, de 1826 à 1830, sous la signature de « lieutenant-général vicomte Brenier », un certain nombre d'articles sur les formations
et les manœuvres de l'infanterie (tomes II, III, IV et VII).
   Le Grand Dictionnaire universel du XIXe siècle mentionne comme
son neveu et l'héritier de son titre de baron, Anatole, baron de Bre-

chemin de l'étape. Je fis une courte halte à Matilla où les chevaux, qui déjà venaient de faire cinq lieues, mangèrent la petite réserve d'orge et de paille que je faisais porter sur les voitures. La difficulté des chemins augmentant et les jours diminuant dans cette saison, je ne pus gagner Saumonos qu'à minuit. Cette couchée était tellement encombrée de troupes affamées et fatiguées, que nos hommes et nos chevaux durent passer la nuit sans vivres et sans abri. C'est à ce village sur la Huebra que commencèrent les peines infinies qu'eurent à supporter les artilleurs et les soldats du train jusqu'à Lisbonne dont nous étions, hélas! bien éloignés encore, surtout par la direction que l'on nous faisait prendre. Ces peines étaient doublées pour moi par les soucis du commandement, de ma responsabilité et de ma réputation. Je voyais la discipline de l'armée se relâcher à mesure que nous avancions et que les privations augmentaient. Les réquisitions d'abord très difficiles devenaient impossibles; les habitants fuyaient ou se mutinaient; déjà plusieurs de nos soldats avaient péri assassinés.

Cependant j'avais ardemment à cœur de ne pas rester en arrière de ma division et de n'être pas atteint par la seconde qui eût encore ajouté à la pénurie d'une route pauvre par elle-même et épuisée par les troupes qui me précédaient. Avant le jour, je quittais mon bivouac de Saumonos, comme j'y étais entré; seulement j'avais

nier, né à Paris en 1807, ancien ministre plénipotentiaire à Naples nommé sénateur en mars 1861.—A la même famille appartenait, vraisemblablement, Charles-Louis Brenier, né à Privas (Ardèche), ancien chef de bataillon au 50e de ligne et officier de la Légion d'Honneur depuis 1831 (V. l'Annuaire de 1852 et la table des *Victoires et Conquêtes*).

plus d'hommes et de chevaux malades. Il tombait une neige fondue et très froide : je ressens encore de la douleur en me rappelant que les cahots firent tomber sous les roues un des caporaux, qui gisait malade et à demi gelé sur une voiture. A San-Espiritu, misérable village à mi-marche, j'eus le bonheur de trouver une petite quantité d'orge et de paille; il n'y avait rien pour les hommes, mais nous étions consolés en voyant nos chevaux reprendre un peu de jambes. Enfin, à dix heures du soir, nous nous crûmes sauvés à l'entrée du faubourg de Ciudad-Rodrigo, place forte située sur l'Agueda. Hélas ! comme à Saumonos, tout était plein d'hommes et dépourvu de vivres et de fourrages. En vain, je déployai toute l'énergie de mon âge et du besoin, je ne pus rien obtenir, ni des Espagnols ni des Français. Alors j'ordonnai à mes tirailleurs et soldats du train de chercher, sous la conduite des officiers et avec autorité, mais sans désordre ni indiscipline, des moyens de subsistance pour la troupe et les attelages, ainsi que des bœufs de réquisition. On se disputait et s'arrachait le peu de ces derniers qui restait dans les environs; chaque corps en voulait pour ses bagages. Un de mes meilleurs sergents fut blessé d'un coup de stylet, au cours de cette pénible mission.

Nous venions de faire sans vivres et, pour ainsi dire, sans fourrages, vingt-deux lieues, sur une très mauvaise route et par un temps de neige; les hommes s'affaiblissaient, les chevaux tombaient de fatigue et d'inanition, le matériel délabré avait besoin de réparations, et il fallait repartir le lendemain matin et suivre la division! Nous bivouaquâmes encore, et toute la nuit on travailla au parc, ce que nous n'avons jamais

manqué de faire jusqu'à Lisbonne. J'étais néanmoins
parvenu à obtenir quelques vivres et fourrages que les
hommes, les chevaux et les bœufs consommèrent avec
avidité le 15 novembre, au point du jour. Immédiatement après ce léger repas, je passai l'Agueda et me
dirigeai sur la Sierra di Gata, partie de ces Pyrénées
secondaires qui, partant du dessus de Lisbonne et pla-
nant sur Madrid, s'appuient d'une part à l'Océan et
de l'autre à la Méditerranée.

Dès ce moment, pour ne pas trop ralentir ma marche,
je me vis obligé de laisser en arrière, sous la conduite
d'un détachement de canonniers, mes voitures attelées
de bœufs; le commandant et le détachement alternaient
tous les jours avec d'autres. Nous allions très |lente-
ment par un temps et par des chemins affreux, si on
peut donner ce nom à des sentiers presque impraticables, même pour des hommes de pied, et entièrement
effacés dans cette saison qui est caractérisée, dans ce
pays, par un hivernage diluvial. Depuis, j'ai revu cette
route en été : je ne la reconnaissais plus, tant les approches de l'hiver défigurent et bouleversent ces terrains. A
trois lieues à peine de Ciudad-Rodrigo, nous aperçûmes
nos caissons d'infanterie, que par ordre supérieur j'a-
vais livrés aux corps; ils étaient tous abandonnés, les
uns enfoncés dans les terres bourbeuses, les autres (car
on s'égarait à chaque pas) embarrassés dans les rochers; des timons, des flèches, des palonniers étaient
brisés. Je fis usage de nos rechanges, et ces voitures,
précieuse ressource des troupes qui les dédaignent
hors du champ de bataille, remarchèrent avec nous.
Il était sept heures du soir quand nous arrivâmes à
Fuente-Guinaldo; le convoi, attelé de bœufs, ne nous

rejoignit qu'à deux heures du matin. A force de recherches j'augmentai le nombre des bêtes de trait, et je
mis la main sur un peu de fourrage : les hommes vé-
curent de châtaignes et de quelques pommes de terre.

La journée du 16 fut encore plus pénible, car nous
marchions à travers des rochers excessivement difficiles ou au milieu des torrents. Une partie des canonniers, armés de pics-hoyaux et de pioches, abattaient
les pointes des rocs; d'autres, avec des câbles amarrés
aux voitures, les empêchaient de verser; le reste poussait aux roues et aidait les chevaux dont, successivement, je doublais et triplais les attelages pour faire
avancer partiellement le parc. Il fallait bien aussi laisser quelques hommes valides pour soutenir les malades
qu'on n'osait mettre sur des chariots dans de pareils
passages. Ce qu'il y avait de plus désespérant, c'est
que tout cassait, même les chevilles ouvrières, et que
les rechanges s'épuisaient. A deux heures après midi,
nous avions à peine fait deux lieues, quoique sortis à
six heures du matin de Fuente-Guinaldo. La fatigue,
la vivacité de l'air, une pluie froide et épaisse, et le défaut de vivres, affaiblissaient de plus en plus les hommes et les chevaux dont je ne cessais de soutenir et
d'admirer l'ardeur : je montrais à mes braves compagnons l'ennemi devant nous; les Prussiens pleuraient
leurs chevaux.

J'espérais pouvoir trouver quelques ressources et
faire une halte dans un petit village que notre guide
m'avait désigné, mais il était désert et dépouillé. Nous
côtoyions cependant le bassin si vanté de Coria, dont
la réputation illusoire ne faisait que rendre plus pénible notre position. La nuit vint nous surprendre dans

des bois épais et inondés, d'où nous sortîmes pour
gravir et descendre les points culminants du Gata, au
pied desquels il fallut traverser à gué un torrent rapide. Pour comble d'embarras, à une heure du matin,
le guide s'égara. J'allai prendre le parti de bivouaquer
pour attendre le jour, lorsque l'un des nôtres crut entendre des cris dans le lointain. Il ne se trompait pas :
c'étaient les canonniers envoyés à l'avance qui nous
appelaient. Nous reprîmes courage et ne tardâmes pas
à nous parquer sur les coteaux de Peralès, où nous arrivâmes à trois heures et demie du matin. Mais là encore, toutes les maisons étaient pleines de fantassins
qui avaient consommé les faibles approvisionnements
de ce village. Je ne pus me procurer que de la paille ;
plaintes, prières, observations, recherches, tout était
sans succès ; chaque corps, chaque individu ne songeait qu'à soi. Quel début de campagne ! Quelle perspective si l'on devait combattre ! Nous touchions et lon-
gions le Portugal que nous venions envahir ! Les voitures à bœufs n'arrivèrent qu'un instant avant notre
départ. A huit heures du matin, après avoir, faute de
fer, lié dans notre matériel, ce qu'il aurait fallu ferrer,
je remis mes quarante-trois voitures en marche. Le
chemin était gras et spongieux ; à midi, nous entrions
dans le bourg de Moraléja où, malheureusement, arrivait aussi la seconde division. Mais notre petite avant-
garde était parvenue à ramasser du pain et de la paille.

Je donnai quatre heures pour se reposer et travailler
au parc, puis je continuai ma route, même avec les
voitures à bœufs, et toujours par une pluie d'averse ;
il fallait arriver ce jour même à Zarza-Mayor. J'avais
alors, pour escorter mon parc, une compagnie de gre-

nadiers qui marchait, comme les canonniers, dans l'eau
jusqu'aux genoux. A six heures, nous nous trouvions
dans une épaisse forêt, au milieu des ténèbres, les conducteurs des voitures ne pouvant distinguer celle qui
les précédait; les hommes se tenaient au train de derrière, ceux de la tête et de la queue du convoi saisis-
saient chacun la capote de leur camarade et formaient
ainsi une chaîne non interrompue. Pour moi, pied à
terre, au risque de me noyer ou de me faire écraser, je
parcourais la colonne pour m'assurer que tout suivait,
et je faisais répéter des cris de la tête à la queue. La
pluie redoublait d'une manière effrayante, des éclairs
accompagnés de tonnerre, par leurs scintillantes et rapides lueurs, nous montraient l'imminent embarras de
notre position; je fis sonner la halte. Les paysans qui
étaient restés avec leurs bœufs, coupaient les traits et
les poussaient dans les bois : plusieurs voitures versè-
rent.

Vers neuf heures du soir la lune se leva et les nuages
moins noirs nous permirent un peu de nous reconnaître, de relever les voitures versées et de continuer
notre route. Mais bientôt la tête du parc fut arrêtée par
un torrent qui roulait avec un bruit effrayant : on le
sonda, il était aussi rapide que profond. Mon intention
était d'attendre qu'il devint guéable ; mais dans cette
inaction qui pouvait être d'assez longue durée, les
hommes et les chevaux seraient morts de froid ; il ne
fallait pas songer à allumer du feu ; d'ailleurs il était
à craindre que, vu la continuité de la pluie, les eaux,
au lieu de baisser, ne vinssent à augmenter et que de
nouveaux torrents, se formant derrière nous, ne nous

empêchassent de rétrograder ; nous étions sans vivres et sans fourrages.

D'un autre côté, nous trouvant déjà en retard, nous perdions encore du temps si nous rebroussions chemin. Dans cette pénible alternative, je réunis les officiers d'artillerie et de grenadiers : tous furent d'avis qu'il n'y avait pas à hésiter et qu'il fallait sur-le-champ, retourner à Moraleja ; nous y rentrâmes à 3 heures du matin. Ce bourg était encore plus encombré que la veille ; le général Thiébault[1], chef de l'état-major général de l'armée, s'y trouvait. Je lui exposai notre position et nos besoins : il ne put que nous plaindre et nous encourager, mais il m'autorisa à laisser à Moraleja huit voitures qu'il était de toute impossibilité de faire suivre avant qu'on eût fourni à l'officier, que je laissai avec elles, des bœufs de réquisition qu'il devait aller chercher dans les montagnes. C'est en exécutant ces ordres sans succès mais non sans peine, que le brave lieutenant Beaufrère, qui depuis a été blessé plusieurs fois et a fini par succomber en Espagne, eut à combattre des paysans révoltés et qu'il perdit un canonnier atteint d'une balle.

A onze heures du matin, les reconnaissances m'ayant assuré que les torrents permettaient de passer, et les réparations les plus urgentes étant faites aux voitures, nous reprîmes le chemin de Zarza-Mayor. Il était déjà dix heures du soir quand nous découvrîmes l'infanterie de notre division, qui, à la lueur des torches, défilait de ce village sur la route d'Alcantara ; malheureusement

1. Auteur d'un « Recueil de pensées », imprimé à Paris en 1810, mais non mis dans le commerce, le général baron Thiébault a publié également une « Relation de l'expédition de Portugal en 1807-1808. »

nos voitures s'étaient perdues dans des rochers, et ce ne fut qu'à une heure après minuit que nous arrivâmes à cette inabordable destination où enfin on nous avait réservé des vivres.

Aussitôt mon arrivée, je reçus du général Delaborde, une lettre qui me prescrivait de diviser mes batteries et de marcher avec les obusiers sur Salvatierra, ancienne place ruinée du Portugal, qu'on croyait encore en état de défense, tandis que l'autre batterie se dirigerait sur Piédras-Alvas pour entrer également dans ce royaume[1]. C'est sur ces deux points que notre armée, forte de trois divisions françaises, reçut les 20,000 Espagnols chargés de concourir, comme alliés, à la prise de possession ou à la conquête du Portugal.

Cette armée gallo-espagnole pénétrait dans ce royaume par la rive droite du Tage, à travers le haut Béïra, d'après, m'a-t-on dit, des renseignements retrouvés dans un mémoire du général Dumouriez. Mais, si on en juge par notre pénible expérience, ce général n'aurait écrit cet ouvrage que sur des données et sur des cartes bien fausses ; en effet, les meilleures cartes de ce pays, celles de Lopez, sont fort inexactes; nous les avons bien vérifiées et rectifiées. On n'avait aucune idée des dificultés que présentent ces montagnes pour la marche d'une armée, surtout pendant les mois de novembre et décembre où les pluies ne cessent de tomber par torrents et d'en produire à chaque vallon. On croyait

---

1. « ... Par les efforts *surnaturels* du capitaine Hulot et de ses « officiers, l'artillerie de la 1ᵉ division venait d'y arriver (à Piedras- « Alvas): de suite elle fut partagée entre la 1ʳᵉ et la 2ᵉ division de l'armée.» (*Relation de l'expédition de Portugal faite en* 1807-8 *par le* 1ᵉʳ *corps d'Observation de la Gironde.* — Par le lieutenant-général baron Thiébault. — Paris, 1817, page 36.)

beaucoup gagner, pour arriver à Lisbonne, en évitant Elvas et le passage de la rive gauche à la rive droite du Tage, ce qui était quelque chose, en effet. Mais si ce calcul n'a pas été complètement démenti, c'est parce que les Portugais et leurs puissants alliés n'étaient point en mesure ; on en peut juger par les obstacles de toute nature que l'armée eut à surmonter, principalement la cavalerie et beaucoup plus encore l'artillerie.

Pour réussir dans une expédition hostile contre Lisbonne, sans être arrêté par le Tage, la direction à prendre de préférence serait celle que nous avons suivie avec Masséna en 1810, en choisissant toutefois la saison convenable, en évitant les obstacles évitables, tels que la montagne de Busaco qu'il faudrait tourner, et surtout en ayant grand soin de se pourvoir de moyens de transport d'artillerie plus légers et plus commodes que nos lourds et larges caissons.

A l'exception de quatre pièces légères espagnoles, bien attelées et sortant des arsenaux voisins, notre armée n'avait pour toute artillerie, la veille de son entrée en Portugal, que mes 12 bouches à feu ; les autres étaient encore loin en arrière. Je profitai d'un jour de repos à Zarza-Mayor, pour pousser les réparations du matériel et pour faire des battues dans les montagnes et les bois, à l'effet de trouver des bœufs. J'eus le bonheur d'en rassembler 80 que je m'empressai d'envoyer, sous l'escorte de cavaliers espagnols, au lieutenant Beaufrère.

CHAPITRE XIII

ENTRÉE EN PORTUGAL. — MARCHE SUR LISBONNE.

Conformément aux ordres reçus, je pris le **20** novembre ma direction sur Salvatierra, mais, vu la difficulté des chemins et la profondeur de l'Helza, non reconnue, je fus obligé de la changer et de chercher par Piédras-Alvas, le pont de Ségura qui touche à l'Espagne et au Portugal. Les grenadiers français de mon escorte ayant trop souffert avec nous furent relevés par des grenadiers suisses.

Peu loin du Tage et d'Alcantara, dans le village même de Piédras-Alvas, où je vis défiler la queue de ma division, un aide de camp du général en chef, le capitaine Laval, me transmit l'ordre verbal de me porter sur Castel-Branco, par Salvatierra et Idanha-Nova. Je voulus recevoir cet ordre devant mes officiers et le copier sur mon calepin, sous la dictée de l'aide de camp, qui signa. Bien m'en prit de cette précaution;

je la recommande chaque fois qu'elle est possible.
J'entrai donc en Portugal par le pont de Ségura, passage difficile et dangereux pour des voitures, surtout à
cause d'un coude brusque et très difficile à tourner sur
l'escarpement de la rivière. J'appris que la forge de
l'autre batterie s'était perdue la veille en cet endroit [1].
Il était quatre heures du soir quand nous eûmes dépassé cette frontière ; vu nos détours, nous avions déjà
fait plus de six lieues depuis Zarza-Mayor. Cependant
nous n'apercevions pas Salvatierra, où je devais trouver des troupes et peut-être avoir à jeter des obus ; il
nous tardait beaucoup d'y arriver. Mais, soit défaut de
chemins praticables, soit inexactitude de mon itinéraire, ignorance ou mauvaise volonté du guide, ce ne
fut qu'à minuit, et après des efforts inouïs que je pus
atteindre la cime du rocher presque désert de ce Salvatierra. Les voitures étaient disloquées, les chevaux

---

1. « L'artillerie de la 1re division de l'armée était composée de 43 voitures dont 2 obusiers de 6 pouces, 3 pièces de 8, 7 pièces de 4,
25 caissons, parmi lesquels 6 seulement d'infanterie, 4 chariots à
munitions et 2 forges. Elle était servie par les 15e et 16e compagnies
du 6e régiment d'artillerie à pied, fortes chacune de 80 hommes et
commandés par le capitaine de la 15e. Toutes les voitures, à l'exception de trois, étaient attelées chacune de quatre chevaux appartenant
à l'entreprise Julien ; les trois exceptées étaient traînées par des
bœufs ou des mulets de réquisition. » Ce renseignement est tiré d'un
Rapport historique sur la marche de l'artillerie de la 1re division de
l'armée, depuis Bayonne jusqu'à Lisbonne, qui figure dans les papiers du général Hulot.
Rappelons que, sur l'ordre du général Delaborde (ordre communiqué par l'intermédiaire du général Charlot), le capitaine Hulot avait
divisé son détachement en deux batteries, la veille de son entrée en
Portugal. Il marchait avec l'une d'elles sur Salvatierra, à la suite de
la 2e division, tandis que l'autre avait pris les devants dans la direction de Piédras-Alvas, où elle rejoignit la 1re division de l'armée, le
19 au matin.

avaient perdu leurs fers, quelques-uns même une partie du sabot. Dans cette nouvelle occasion, nous étions
surpris de l'étonnante vigueur des animaux; leurs
conducteurs ne leur cédaient en rien, mais ils gémis-
saient en les voyant sacrifiés de cette manière.

Les maisons de ce petit village étaient dévastées et
abandonnées ; les traînards de la 2ᵉ division et des Espagnols [1] l'avaient traversé ! C'est sur ces ruines et sur
ce roc inaccessible à nos voitures que je dépeignis notre
détresse aux généraux Delaborde et Junot. Je leur disais entre autres choses que : suivant les ordres trans-
crits par l'aide de camp Laval, j'étais jeté avec plus de
vingt voitures d'artillerie française à travers des rocs
à peine accessibles aux chèvres, et que, pour éviter de
pareils obstacles et de pareilles méprises, j'allais, d'a-
près des renseignements locaux, me rendre à Castel-
Branco par Zebreira. Fort heureusement j'avais conservé de Zarza-Mayor un peu de vin, quelques vivres
et fourrages, ainsi que du fer et du charbon. Avec ces
ressources, le personnel et le matériel se rétablirent un
peu, et le 21, vers deux heures après midi, je m'acheminai sur Zebreira où, par une bonne route, chose
extraordinaire, j'arrivai le soir. Mon escorte, moins
prévoyante et moins patiente que l'artillerie, s'éloignait
dans la campagne, pour piller, et nous nuisait plus
qu'elle ne nous servait; je la renvoyai à son corps; la

---

1. La division espagnole était commandée par le lieutenant-général don Juan Caraffa, capitaine-général de l'Estramadure. Outre
cette division active, deux autres corps espagnols furent réunis, l'un
à Tuy (sur les bords du Minho), sous les ordres du lieutenant-général
don Francisco Taraneo y Plano, capitaine-général de la Galice ; l'autre à
Badajoz, sous les ordres du lieutenant-général don Francisco Solano,
marquis del Socorro, capitaine-général de l'Andalousie.

discipline de nos canonniers était une garde beaucoup plus sûre. A Zebreira nous fûmes bien, grâce au zèle du corrégidor, qui sacrifiait aux Français sa fortune et son sort. Il fit parvenir mes lettres au général en chef, se conduisit de même envers tous nos compagnons d'armes, et finit par être victime de sa générosité ; son gouvernement l'en punit cruellement.

Profitant de nos forces réparées, je fis atteler le lendemain à une heure après minuit pour arriver dans la journée à Castel-Branco. A mi-chemin, nous découvrîmes un assez gros village (je crois qu'il se nomme Ladoéiro) : des flammes épaisses, des cris lamentables, et bientôt une foule de femmes échevelées et fuyant nous présagèrent une scène d'horreur. Je presse l'allure et j'arrête mon parc à la tête du village. Cinquante canonniers conduits par un officier y entrent au pas de charge; il était rempli de soldats espagnols, ivres de vin et de sang. Sur le premier rapport, je renforçai mon détachement, à la tête duquel, poussant ces bandits la baïonnette dans les reins, je leur fis promptement évacuer les maisons et le village. Par précaution, outre la garde du parc, j'avais établi un poste à chaque issue du village, avec la consigne de dépouiller ces voleurs armés, et même de briser quelques fusils, plus dangereux qu'utiles en de pareilles mains, afin qu'on reconnût de ces coupables aussitôt mon rapport. Ces indignes Espagnols qui touchaient encore à leurs frontières, et dont plusieurs peut-être étaient chez des alliés de leur famille, emportaient leurs rapines sur les ânes mutilés de ces malheureux Portugais. Nous arrêtâmes le pillage, et bientôt hommes, femmes, vieillards, enfants, toute la population, se jetant à nos pieds, nous couvrait de pleurs et de bénédictions, baisait nos mains, nos habits, et implorait le ciel pour nous. Emus aux larmes, les canonniers s'empressaient de leur remettre ce qu'on leur avait pris. Il est cruel d'être témoin de pareils maux ; mais il est bien doux de pouvoir les faire cesser et les réparer. Je suis convaincu qu'aujourd'hui encore, malgré les trois expéditions de douloureuse mémoire faites en Portugal, l'uniforme et le nom d'artilleurs ou canonniers français sont en vénération dans ce village où nous venions de prouver au corrégidor de Zebreira qu'il n'avait pas mal placé ses bienfaits. Le même jour, après une marche de dix lieues, j'arrivai à Castel-Branco ; mes deux batteries s'y réunirent.

Indigné de pareils brigandages et voulant en prévenir le retour, le général en chef fit fusiller cinq à six de ces scélérats, devant les armées française et espagnole, et prononça dans les deux langues une allocution dans laquelle il décerna à nos batteries des éloges mérités. Nous redoublâmes d'efforts pour continuer d'en être dignes ; les occasions de cette espèce ne nous manquèrent pas, mais nous fûmes heureux, je le répète, dans cette saison et dans ces lieux, de n'être pas arrêtés par des troupes jointes à la population ; l'étoile radieuse de Napoléon n'avait point encore perdu de sa puissante influence : elle nous protégeait.

Grâce au zèle et à la sollicitude des officiers et sous-officiers qui, ainsi que moi, pendant toute la nuit, restèrent en faction aux fours de la ville et fouillèrent avec ordre les greniers et les cachettes, nous pûmes avoir des vivres. On trouva aussi quelques bœufs, qui furent envoyés à M. le lieutenant Beaufrère, avec qui nous

partageâmes d'autres approvisionnements indispensables pour le matériel, entre autres des cordages [1].

Le 23 novembre, nous sortîmes à six heures du matin de Castel-Branco ; à peine à deux heures de cette
ville, nous nous trouvâmes sur le bord d'un abîme
dont l'aspect effrayait même l'homme de pied. Au fond,
un torrent, le Craso ou la Gressa, roulait avec fracas
des eaux qui paraissaient profondes ; on ne pouvait y
descendre que par une voie étroite serpentant le long
d'un autre précipice. Au delà de ce torrent, s'élevait à
pic une côte non moins haute et non moins raide.
Épouvantés, les équipages et les bagages des généraux
et des régiments rétrogradèrent ; ces derniers furent
chargés sur des bêtes de somme.

Nous nous mîmes cependant en devoir de franchir
ce nouvel et difficile obstacle. Pour donner prise aux
chevaux et pour les empêcher de glisser et de se perdre,
il fallut taillader le roc, y pratiquer des espèces de
marches. Lorsqu'un certain nombre de chevaux étaient
descendus au bord de l'eau, on descendait une voiture

---

1. « Il n'y avait plus en arrière de Castel-Branco que les 8 voitures
attelées de bœufs et conduites par le lieutenant Beaufrère. Le 20
novembre, cet officier, aussitôt l'arrivée des 40 bœufs qui lui avaient
été envoyés de Zarza, s'empressa de partir de Moralèjà ; on peut juger combien il eut à souffrir avec ces animaux qui cependant convenaient mieux dans ces chemins que les chevaux français ; mais il
aurait fallu, pour en tirer parti, avoir des trains et des attirails
ajustés pour eux, il aurait fallu aussi pouvoir conserver les paysans
conducteurs ; malheureusement ils avaient pris la fuite et les canonniers étaient devenus charretiers ; comme ils n'entendaient rien
à faire ce métier avec des bœufs, ces animaux qui n'étaient ni guidés ni retenus, reculaient, se jetaient de côté, brisaient les timons
et les flèches ou versaient les voitures dans des trous. Cet accident
retarda M. Beaufrère qui aurait peut-être rejoint le parc après
Zebreira ; il fallut lui envoyer des ouvriers et des secours de Castel
Branco où il arriva le 24... » (Rapport historique).

avec les plus grandes précautions; elle n'avait que les
deux chevaux de derrière bien choisis, et était retenue
par des amarres, qu'étreignaient des canonniers en arrière et sur le côté opposé au précipice de flanc. Parvenue au bas, cette voiture était attelée de douze à seize
chevaux, elle traversait le torrent, des canonniers par-
dessus, et enfin, gravissait la montagne opposée, où
l'on dételait pour ramener au bord du torrent les chevaux nécessaires. Pendant ce temps, les câbles de sup-
port étaient rapportés d'en bas et rattachés en haut à
la seconde voiture qui allait rejoindre la première avec
les mêmes soins et les mêmes efforts, auxquels nos
chevaux se prêtaient docilement et intelligemment. Les
ouvriers ne perdaient pas un instant, et malgré la pluie,
qui n'a jamais discontinué, ils travaillaient jusqu'à ce
qu'on vînt enlever leur forge, laquelle marchait à la
queue du parc. Les hommes de l'escorte (car on nous
en avait rendu une), serrés en masse et électrisés par
le pas de charge, se jetaient dans le torrent, où plus
d'un de nos soldats a péri. Les tambours passaient sur
nos voitures.

Tels étaient les difficultés et les travaux qui occupèrent tous les jours notre artillerie, depuis Castel-
Branco jusqu'après Abrantès. On peut juger de l'état
où furent bientôt les gibernes et les caissons, après ce
premier jour de marche depuis Castel-Branco. A huit
heures du soir, nous n'avions fait que trois lieues,
lorsque nous atteignîmes Sarzedas, petit village dont
les rues étaient si étroites qu'il fallut abattre des pans
de murs pour notre passage. Je n'ai pas besoin de parler de notre misère, on se la figure; cependant nous ra-
massâmes du maïs pour les chevaux et un peu de

légumes secs pour les hommes. Mais là, comme partout où il restait quelque chose à glaner, c'était à peine suffisant pour le besoin du moment.

Le 24, départ dès la pointe du jour et renouvellement d'entraves, d'obstacles et d'avaries. Au delà de l'Almaceda, à dix heures du matin (c'est à une lieue de Sarzedas), nous étions resserrés et arrêtés par des rochers qu'il fallait tailler à hauteur de la voie trop large de nos voitures; en vain, on cherchait d'autres passages; tous les officiers et soldats d'artillerie, souvent dans la boue et dans l'eau jusqu'aux reins, travaillaient avec une ardeur telle qu'on eût cru que c'était le premier et le dernier jour de peines et d'efforts. Cependant les hommes d'escorte, errant dans les bois et sur les montagnes, rapportaient aux canonniers des glands de chêne vert et des pains de miel sauvage, triste et unique nourriture de ce pays inhabité et ruiné. La nuit constamment orageuse, arrêta le parc sur la sommité d'une montagne escarpée, sous deux anciennes redoutes qui la couronnaient et que nous aperçûmes au jour; on ne s'imaginerait jamais qu'il y ait eu là d'autres êtres que des aigles, assez communs dans le Beïra. Cette formidable et sauvage position est, je crois, celle de las Talladas ou las Palladas : (le col de Portella das Thalhadas.) Des canonniers cherchant des genêts perdirent un de leurs camarades, abimé dans les torrents; ils regagnèrent tristement le parc, guidés par la lueur incertaine du feu de la forge et de celui de notre bivouac, qui s'éteignaient fréquemment. Néanmoins sur ces rocs où ruisselaient des averses très froides, les hommes et les chevaux finirent par s'endormir, tant ils étaient fatigués ; mais quel sommeil !

Le 25, on quitta ce bivouac, et bientôt on marcha à peu près au hasard, le chemin n'étant plus indiqué que par des cadavres et des malades gisants sur le sol ; ces derniers allaient augmenter le nombre de ces tristes jalons, si nous ne les avions recueillis sur nos voitures, où il fallait toujours les soutenir. Enfin la flèche d'un clocher apparut au fond d'une vallée, et, comme le marin après une longue tempête, nos soldats crièrent : Terre ! Nous arrivions au village de Sobreira, qui, d'après l'itinéraire, devait être notre première couchée [1]. Mais je doute que même l'infanterie de la division ait pu faire cette marche en un jour ; nous n'avions plus de ses nouvelles que par les malades que nous ramassions. Nous les laissâmes à Sobreira où enfin on avait pris le sage parti de mettre une petite garnison et un commandant [2], pour faire des vivres et pour surveiller les environs. Les habitants étaient revenus; ils nous fournirent un guide, quelques châtaignes et de la viande de chèvre. Nous restâmes un jour et demi dans cet abri, pour nous sécher et pour réparer, autant que possible, notre misérable parc, dont les pièces cassées étaient, faute de rechanges de fer et de cordages, retenues par des brins de bois pliant. Nous abattîmes des pins pour faire des timons, etc. (le chêne était trop noueux et trop rabougri), et nous fîmes du charbon avec du bois sec ramassé dans les maisons.

1. Après l'étape de Castel-Branco.

2. « Un capitaine du 86e régiment y était resté comme commandant de place; à force de recherches dans les environs et par son intelligence et sa fermeté, il avait pu rassembler quelques chevaux et ramasser plusieurs sacs de châtaignes; il avait su aussi rassurer quelques habitants qui étaient restés chez eux et qui furent d'une grande ressource... » (*Rapport historique*).

Le 27, avant de partir, on fut obligé, tant il avait plu, d'envoyer reconnaître les gués ; enfin on se remit en route et au travail ; car toujours des montagnes, des gorges, des torrents à traverser ; des remblais et des déblais ou des coupures à faire ; de lourds fardeaux mal équilibrés à pousser et à retenir ; nous n'avancions pas de trois lieues en douze heures ; cependant nos hommes et nos chevaux faisaient ce chemin chacun trois à quatre fois pour aller et revenir, d'une voiture en avant à celle en arrière. Tous ces détails paraissent exagérés et romanesques à ceux qui les lisent ; il faut en avoir été témoin pour y croire, et artilleurs pour soutenir de pareils efforts ; aussi nos escortes nous recommandaient souvent de laisser là des voitures trop embarrassées ; des officiers, même de grades élevés, mais non de l'arme, ont plusieurs fois proféré ces conseils d'impatience. Nous répondions que ces voitures étaient nos drapeaux et que le jour d'une bataille elles ne gêneraient que l'ennemi.

Encore arrêtés par un de ces éternels torrents (la Troya, je crois), nous allions mettre la forge à l'eau, quand nous aperçûmes notre cavalerie, pied à terre, au haut de la côte que nous venions de descendre. Son général, le courageux et capable Kellermann, marchait à sa tête, quoique blessé d'une chute dans ces glissantes montagnes ; il ne pouvait rester à cheval. En nous dépassant, il me fit de tristes et justes observations. Dès ce moment, nous n'étions plus incertains de notre route, à moins que cette cavalerie ne s'égarât elle-même ; car à chaque pas, des chevaux abandonnés ou morts nous la traçaient ; mais il n'y avait plus le moindre espoir de trouver ni vivres ni fourrages. Un colonel de notre arme, M. Prost, venu avec la cavalerie, prit le commandement en chef de l'artillerie déjà entrée en Portugal, laquelle, comme je l'ai dit, consistait dans les quatre pièces légères espagnoles et les douze pièces de la première division sous mes ordres.

Deux canonniers, pressés par la faim, eurent la témérité de s'écarter pour chercher des châtaignes dans les bois : ils y trouvèrent la mort ; un troisième, nommé Portebois, de Paris, allant seul d'une voiture à une autre, périt également d'un coup de feu tiré de derrière un arbre. Les paysans, aigris par le pillage, se vengeaient sur tout Français ou Espagnol isolé qui s'offrait à leur coup, et quoique bien innocents, nos artilleurs payaient aussi les maux de la guerre.

Nous passâmes au bivouac la nuit du 27 au 28, et le lendemain, comme il était écrit que nous n'échapperions à aucune des contrariétés possibles, le chariot à munitions qui portait nos livres et nos porte-manteaux, chavira au milieu d'un gros ruisseau, de sorte que nos effets qu'un fort prélart avait jusque-là un peu préservés de l'humidité, furent tout à fait baignés et les livres perdus ; je fus obligé de recommencer mes notes à Lisbonne. Il ne nous restait plus aucun vêtement de rechange sec ; il est vrai que, comme nos sous-officiers et soldats, nous n'avions pas cessé d'être trempés depuis quinze jours, si l'on en excepte trois ou quatre gîtes misérables.

La vue d'un assez fort village (Cardigos) nous inspira une joie qui fut bientôt dissipée par l'image du plus désastreux pillage ; les besoins de la cavalerie avaient sans doute anéanti les sages mesures qu'avant son passage l'infanterie avait prises à Sobreira. Il était

nuit, nous bivouaquâmes ; mais alors il fallait se garder
très militairement et plaindre plus que jamais les soldats égarés ou restés malades en arrière ; car, je l'ai
dit, les paysans ulcérés étaient sans pitié ; ils prenaient
les armes de ces malheureuses victimes, se réunis-
saient par bandes, et attaquaient quand ils se croyaient
les plus forts.

Le colonel Prost, persuadé qu'étant enfin hors des
montagnes, on pouvait en un jour gagner Abrantès, au
moyen du doublement des attelages, partagea notre
parc en deux portions et me fit partir pour cette destination avec lui et avec la première batterie. Mais les
chemins étaient si gras et si spongieux que nous fûmes
encore obligés de passer une nuit au bivouac, près du
hameau dévasté de Santo-Domingo. Nos camarades
restés à Cardigos, pour ne pas succomber à la faim,
avaient envoyé un détachement armé chercher des
vivres dans les environs ; ces canonniers furent assaillis par les bandes qui en tuèrent neuf. Les autres
furent réduits à manger leurs chevaux de selle.

Nous étions moins malheureux dans ce moment :
quelques-uns de nos rôdeurs avaient déterré une cache
de dix à douze peaux de boucs pleines de vin. On sait
qu'en Espagne et en Portugal on enduit de goudron ces
outres dans lesquelles on conserve le vin. Notre premier soin fut d'en envoyer la moitié à Cardigos ; une
partie de l'autre fut distribuée de suite à nos hommes,
qui, ainsi que nous, eussent fait ce jour-là le meilleur
repas du monde, s'ils avaient eu un peu de pain. Malgré cette privation, notre précieuse trouvaille, qui
d'ailleurs était d'un bon augure, produisit l'effet le
plus salutaire sur l'estomac et sur la tête épuisés de

ces braves compagnons de peines. Le bouquet de la
ration du matin les faisait oublier : on cheminait gaiement ; les chevaux, quoique moins heureux, semblaient
sentir l'écurie, l'air était plus doux, la pluie était
moins froide, et la route paraissait moins mauvaise.
En effet, elle devenait plus large et plus frayée, quand
au détour d'un bois (où depuis j'ai bivouaqué dans une
traversée aussi cruelle, quoique moins longue et sans
matériel), nous découvrîmes la terre promise, les remparts et les clochers d'Abrantès, terme de nos in-
croyables fatigues et misères. L'Empereur récompensa
l'armée, en donnant à notre général en chef le duché
de cette ville.

A sept heures du soir, le 30 novembre 1807, dix-
neuf jours après notre sortie de Salamanque, où nos
peines commencèrent, les vingt-quatre premières voitures d'artillerie française étaient parquées sous le canon d'Abrantès, près des eaux du Tage [1]. De grand
matin, le lendemain, nous envoyâmes à Cardigos tous
nos chevaux, chargés de vivres ; mais il pleuvait si fort
que le pain fut perdu. Le 2 décembre, la 2ᵉ batterie
arriva à Abrantès ; j'en étais parti, embarqué sur le
Tage avec ma compagnie (la 15ᵉ du 6ᵉ régiment), et six
pièces d'artillerie de la 1ʳᵉ division. Je couchai le 2 à
Santarem, le 3 à Saccaven [2], et je débarquai le matin
du 4 décembre à Lisbonne, le jour même de l'arrivée de
la 2ᵉ division et le lendemain de celle de la 1ʳᵉ. Ma

1. Devant l'arsenal de Santa-Clara (*loco citato*).

2. Où le général Junot fit paraître sa proclamation aux habitants
de Lisbonne, datée du 29 novembre. Cette proclamation est reproduite à la fin du second volume de l'*Histoire de la Guerre de la
Péninsule*, par le général Foy.

2ᵉ batterie nous rejoignit cinq à six jours après, avec
M. le colonel Prost.

Ainsi, malgré les obstacles et les difficultés sans
nombre, malgré des privations et des peines que de
loin on regardera peut-être comme exagérées, l'artillerie de la 1ʳᵉ division est parvenue à Lisbonne aussitôt
qu'elle. Aussi le général en chef et toute l'armée admi-
rèrent notre constance et nos efforts, que, dans une de
ses relations imprimées, le chef d'état-major général
appelle surnaturels.

Napoléon et d'autres généraux ont traversé les Alpes
avec de l'artillerie, mais toute l'armée aidait à ces passages prévus, que ne contrariaient ni le temps ni la
pénurie de vivres et de moyens de toute espèce. En
Russie, il a fallu abandonner tout le matériel ! Nous
n'avons certainement pas eu à souffrir autant que nos
malheureux et braves frères d'armes de cette belle
armée sacrifiée, mais, en Portugal, dans cette traversée
de 1807, nous avons fait avec de l'artillerie tout ce
qu'il est humainement possible de faire. Cela est si
vrai que le militaire le plus ardemment ambitieux ne
s'exposerait pas, pour une récompense quelconque à
la recommencer dans les mêmes circonstances et avec
les mêmes données, s'il s'en faisait une juste idée[1].

1. « M. le colonel Prost et le capitaine Hulot compteront toujours
cette marche comme l'opération la plus difficile et la plus pénible de
leur vie » (*Relation de l'expédition du Portugal, en 1807 et 1808, par
le lieutenant-général baron Thiébault*, page 255).

CHAPITRE XIV

OCCUPATION DE LISBONNE ET DU PORTUGAL.
BATAILLE DE VIMÉÏRO

Presque seul, et premier officier sous le rapport du grade, je fus, en arrivant à Lisbonne, chargé du commandement et de la prise de possession de tout ce qui tenait à mon arme, dans cette grande et riche capitale, ainsi que dans son arrondissement et même dans les provinces. J'ignore pourquoi le général chef de notre état-major général a dit depuis, dans sa relation imprimée, que le colonel Douence était déjà arrivé. Cet officier supérieur et le général d'artillerie n'arrivèrent à Lisbonne que quinze jours après moi, avec le reste de l'artillerie de l'armée. S'il y avait seulement eu alors un chef de bataillon de cette arme à Lisbonne, je n'aurais pas reçu du général en chef, par ce même chef d'état-major, deux ordres, que je possède encore, l'un du 5 et l'autre du 6 décembre, qui me chargen: du commandement de l'artillerie et du soin qu'il exi

geait dans ces importantes circonstances [1]. Il est vrai
que le colonel Prost, à qui je remis ce commandement
supérieur de l'arme et dont je devins chef d'état-major
sans cesser de commander l'artillerie de la 1re division, nous rejoignit, comme je l'ai dit, au bout de cinq
à six jours. Mais, comme en fait d'occupation à main
armée, ainsi qu'en toute autre chose, les commence-
ments, les premiers jours sont les plus difficiles, je
tiens à conserver la part que les circonstances m'ont
procurée malgré l'infériorité d'un grade que n'adulent

[1].   Au quartier général, à Lisbonne, le 6 décembre 1807.

A Monsieur le capitaine Hulot, commandant l'artillerie.

J'ai reçu, monsieur le capitaine, votre lettre de ce matin et je l'ai
communiquée à Monseigneur le général en chef. S. E. est satisfaite du zèle avec lequel vous remplissez la mission qui vous est
confiée; continuez surtout à activer la confection des cartouches et
informez-moi demain soir de la quantité qui pourra être distribuée.

Je vais répondre maintenant aux différentes questions que vous me
faites : 1o S. E. vous accorde une petite voiture et un cheval de
selle, l'un et l'autre vous seront envoyés demain...

2o Vous êtes autorisé à vous adresser à M. le général de division
Delaborde, commandant supérieur de cette place, pour obtenir le
nombre d'hommes strictement nécessaire à la garde de l'artillerie et
des munitions.

3o S. E. vous autorise à annoncer aux ouvriers d'artillerie portugais, qu'ils seront dorénavant payés de leurs travaux...

4o S. E. n'oubliera pas avec quel zèle l'artillerie a travaillé pour
faciliter le passage des pièces et des caissons à travers les montagnes.
Les canonniers seront particulièrement compris dans toutes les distributions d'effets qui seront faites. Quant à la chaussure, vous pou-
vez dès ce moment, faire un bon de souliers pour le nombre de vos
hommes qui se trouvent absolument pieds nus, et me l'apporter.

5o Les forts de la rade restent de même, quant à leur artillerie,
sous votre inspection et votre surveillance : vous êtes donc autorisé
à vous adresser à M. le commandant de la marine pour faire mettre
à votre disposition la chaloupe nécessaire pour vous y transporter.

Je vous salue,   THIÉBAULT,
                    Général, chef de l'état-major général.

ni les faiseurs de rapports ni les historiens contemporains.

Conformément à mes ordres et vu notre position pré-
caire, j'avisai aux moyens de rétablir promptement le
personnel, le matériel et les approvisionnements d'artillerie de l'armée, et je pris possession de l'immense
arsenal de Lisbonne. C'était un bazar, une ville d'industrie. Plus de 3,000 ouvriers ou employés y étaient
occupés dans des ateliers, dans des comptoirs et des
magasins de toute espèce. Des métaux, des cuirs, des
étoffes et des objets confectionnés en tout genre s'y
trouvaient abondamment. Dans cet arsenal on fabri-
quait tout ce qui est nécessaire à l'armée de terre,
non seulement pour l'artillerie, mais aussi pour l'infanterie, la cavalerie et le génie : armement, habillement, campement, équipement, harnachement, etc. ;
aussi les caisses d'argent n'étaient point encore vides.

Rapidement je reconnus le tout et m'empressai d'y
faire poser les scellés en rendant compte au général en
chef, a qui je remis en même temps les inventaires que
je venais de recevoir du premier officier portugais
attaché à l'établissement. Le duc d'Abrantès nomma
aussi divers personnages, dont M. Lhuite, pour vérifier, surveiller et gérer chaque branche de ce vaste
département, dont nous ne conservâmes que celle de
l'artillerie proprement dite. C'est après ces premières
mesures, après l'organisation des ateliers les plus ur-
gents et l'établissement de notre personnel, que M. le
colonel Prost arriva à Lisbonne. Sous ses ordres,
comme chef d'état-major je continuai de donner les
mêmes soins au service de l'arme.

En conséquence, j'allai reconnaître les autres maga-

sins et établissements extérieurs, les forts et tous les
points armés sur les deux rives du Tage; je m'occupai des artilleurs portugais et espagnols, j'organisai
leurs rapports et leur service, en l'identifiant au nôtre ;
enfin, j'ouvris la correspondance avec les commandants d'artillerie des places du royaume, en leur demandant des situations, des dessins et des mémoires.
Ces dispositions étaient prises quand le général venant pour commander l'artillerie de l'armée, et son
colonel directeur, M. Douence, entrèrent à Lisbonne.
M. Prost fut dès ce moment, chef de son état-major, où
je ne pus me dispenser d'être très activement employé
comme adjoint, quoique je conservasse mon commandement à la 1ʳᵉ division, et que M. le général d'artillerie me continuât celui de l'artillerie de Lisbonne et de
ses forts, tout en me chargeant de l'instruction du
personnel. MM. Foy, d'Aboville et Picoteau [1], colonels

1. Ces officiers ne faisaient pas partie du 1ᵉʳ *corps d'observation de
la Gironde* formé à Bayonne; ils ne furent envoyés en mission au
corps d'armée du général Junot que lorsqu'il prit, en vertu d'un décret de l'Empereur, la dénomination d'*Armée de Portugal* (décembre
1807). Voici la composition du 1ᵉʳ *corps d'observation de la Gironde*
pendant sa marche de Bayonne à Lisbonne : nous l'extrayons de
l'ouvrage du général Foy :

Junot, *général en chef;* Thiébault, général de brigade, *chef d'état-
major;* colonel Grandseigne, 1ᵉʳ aide de camp, — Taviel, général de
brigade, *commandant l'artillerie;* colonel Prost, chef d'état-major;
Douence, colonel directeur; Vincent, colonel *commandant le génie;* —
Quesnel, général de division (hors cadres), gouverneur de Porto;
Solignac, général de brigade (hors cadres), gouverneur de Cascaës.

1ʳᵉ *Division.* — Général de division : Delaborde; généraux de brigade : Avril et Brenier. — 1 bataillon des 15ᵉ et 47ᵉ de ligne et du
4ᵉ suisse; 2 bataillons des 70ᵉ et 86ᵉ de ligne.

2ᵉ *Division.* — Général de division : Loison; généraux de brigade :
Charlot et Thomières. — 1 bataillon des 2ᵉ, 4ᵉ, 12ᵉ et 15ᵉ légers; des
32ᵉ et 58ᵉ de ligne et du 2ᵉ suisse.

3ᵉ *Division.* — Général de division : Travot; généraux de brigade :

d'artillerie, arrivèrent ensuite, mais pendant notre station à Lisbonne, ils eurent des missions particulières. Mes fonctions durèrent six mois telles que je viens de les détailler ; les divers ordres qui me les prescrivaient sont encore sous mes yeux, comme tous ceux rappelés dans ces mémoires de ma vie.

C'est avec raison que les Romains appelaient Lisbonne, Felicitas-Julia. Sa position superbe, son beau ciel, sa température chaude, mais rafraîchie par le voisinage de la mer ; la fertilité de son sol, l'étendue et la commodité de sa rade et de son port, le plus beau de l'Europe, tout justifie cet heureux nom. La ville est bâtie sur les bords du Tage, fleuve qui jadis, dit-on, roulait de l'or avec son sable ; il étend ses eaux sur une largeur de plus d'une lieue vis-à-vis les quais. Au delà, vers la mer, il s'élargit davantage encore et ouvre une rade aussi vaste que sûre aux vaisseaux des quatre parties du monde : elle se resserre en approchant de son embouchure dans l'Océan, comme pour la protection des forts opposés de Saint-Julien et de Trafaria. Les rives et côtes qui forment cette rade sont

Graindorge, Fusier. — 2 bataillons du 66° de ligne ; 1 bataillon des 31° et 32° légers, des 26° et 82° de ligne et des légions hanovriennes et 1re du Midi.

Division de cavalerie. — Général de division : Kellermann ; généraux de brigade : Margaron et Maurin. — 1 escadron des 3°, 4°, 5°, 9° et 15° dragons et du 26° chasseurs.

Les bataillons étaient de 11 à 1,200 hommes.

Les escadrons, à 250 hommes et 160 chevaux en moyenne.

Il y avait 6 compagnies des 1er, 3° et 6° régiments d'artillerie, soit : 620 artilleurs et ouvriers.

375 hommes du train d'artillerie de l'entreprise Julien et 300 hommes du 8° bataillon des équipages militaires.

Total : 25,000 hommes et 1,750 chevaux.

garnies de bouches à feu. J'en ai encore trouvé plus
de 400 en batterie. A mon grand étonnement, je vis
dans cette rade des vaisseaux étrangers que nous avions
canonnés en Illyrie, c'était l'escadre russe de l'amiral
Siniavin, devenu notre demi-allié depuis la paix de
Tilsitt [1].

1. Il est fait mention de la flotte russe dans une lettre du capitaine Hulot, adressée à son frère aîné (rue du Palais, à Charleville)
à la date du 26 décembre 1807 ; cette lettre porte le cachet du bureau
général de l'armée d'observation de la Gironde: «.. Comme commandant d'artillerie de Lisbonne, j'ai dû aller courir en bateau. C'est
un plaisir de découvrir la ville du milieu de la rade ; ses palais, ses
églises, ses maisons superbes y sont vues en amphithéâtre et présentent un aspect magique. J'étais alors au milieu de la flotte russe
avec ces mêmes vaisseaux contre lesquels je combattais il y a un an,
à l'autre bout de l'Europe. J'y ai reconnu des officiers que nous avions
faits prisonniers, et qui, se rappelant nos honnêtetés, ont été bien
fâchés que je ne puisse aller à leur bord. Tous les habitants de Lisbonne un peu aisés parlent français, comme dans toutes les capitales.
Il y avait, et il y a encore beaucoup d'émigrés français qui restent
dans les troupes de Portugal.... Au revoir, mon cher ami, ne m'oublie
pas auprès de nos bons amis, tels que Jacquemart, Chaffoureaux,
Desbans, Maucomble et Faynot. Si Hulot est à Mézières, rappelle-moi
à son souvenir. J. L. HULOT. »

Il s'agit ici du commandant des tirailleurs du Pô, cousin de l'auteur des *Souvenirs* et qui venait d'avoir la jambe cassée par un coup
de feu à Eylau (7 février 1807). — V. Préface, p. XII. —

A son arrivée à Lisbonne, l'armée française avait trouvé dans la
rade huit vaisseaux russes et une frégate, commandés par l'amiral
Siniavin. Comme conséquence du traité de Tilsitt et de l'alliance de
Napoléon avec l'empereur de Russie, cette escadre devait offrir son
concours à l'armée de Portugal. Sans doute, par suite de la mauvaise
volonté de l'amiral, elle ne rendit aucun service à l'armée française
et ne fut qu'un embarras pour le général Junot. Dans la suspension
d'armes arrêtée par le général Kellerman avec sir Dalrymple, on sti-
pulait que les vaisseaux russes resteraient à Lisbonne comme dans
un port ami et ne seraient, lors de leur sortie, poursuivis que 48
heures après leur départ. Mais, par un procédé familier à la diplomatie anglaise de l'époque, l'amiral Cotton refusa de ratifier cette
clause dans le traité définitif. Le général Junot, par loyauté de caractère, exigeait cette ratification et les négociations allaient être

Lisbonne est beaucoup moins large que longue ; elle borde le fleuve sur une étendue de près de trois lieues, s'étend sur sept coteaux, montrant aux navires étrangers le charmant amphithéâtre de ses jardins et de ses édifices. L'aspect n'est pas moins imposant quand de ces hauteurs on regarde le Tage et la côte opposée. L'oranger toujours couvert de son fruit doré et rafraîchissant, la vigne réjouissante et mille autres arbrisseaux aussi utiles qu'agréables, l'ananas entre autres, animent et embellissent ces bords fortunés, où, excepté les deux mois d'hivernage que nous venions de passer en route, il y a très peu de jours sans soleil et de nuits sans étoiles. Aussi je n'étais pas surpris que les auteurs qui n'ont vu que les rives du Tage

rompues, lorsque l'amiral russe déclina l'intervention du général en chef français et fit avec l'amiral anglais un traité séparé, d'après lequel ses équipages seraient rapatriés par la flotte britannique, et ses vaisseaux conduits en Angleterre pour y rester jusqu'à la paix.

Quant aux émigrés français, le capitaine Hulot revient sur ce sujet, dans sa lettre datée du 22 janvier 1803 :

« ... J'ai presque rencontré ici un de nos amis de collège, Desprez des Coudrées, petit-fils de Mme de Neufmanil. Malheureusement, je n'ai appris son séjour qu'au moment de son départ. Cependant, je lui ai écrit, ne pouvant, par excès d'occupations, aller le voir ; il m'a répondu très affectueusement. Dans six semaines, il sera à Charleville et remettra un billet de nous à notre mère. Ce sont deux émigrés français, MM. de Crévecœur et de Mongelas, officiers d'artillerie, qui m'ont parlé de des Coudrées. Nous avons trouvé beaucoup d'émigrés français dans les troupes portugaises. L'officier général qui les commande aujourd'hui à Lisbonne est le comte de Novion, ancien officier du Vexin... »

Le général de Bourmont, après son évasion de la citadelle de Besançon où le premier consul l'avait fait enfermer à la suite de l'affaire Clément de Ris, s'était retiré à Lisbonne avec sa famille. Le général en chef Junot consentit à le comprendre dans la capitulation qu'il accorda, à son arrivée dans cette capitale, à la garnison portugaise et aux émigrés.

aient tant vanté les beautés de la Lusitanie et du Portugal. Cette erreur serait également excusable chez les habitants des bords du Duero et de quelques portions du littoral de la mer. Mais, hors de ces sites, à quelques vallées près, ce royaume est bien au-dessous de sa réputation et je lui préfère nos Ardennes.

L'intérieur de la capitale est magnifique dans la partie basse, celle qui a été reconstruite après le tremblement de terre de 1755. Les places du Commerce et de Rocio, les deux rues d'Or et d'Argent qui y communiquent, valent nos rues de Rivoli et de Castiglione, les places Vendôme et de Louis XV. Mais on est effrayé de la hauteur de ces édifices si hardiment élevés sur un sol qui n'est pas à l'épreuve, et en admirant le palais qui décore une façade de la longue et belle place de Rocio, l'esprit et le cœur se resserrent à mesure qu'ils en approchent, car ils découvrent l'épitaphe de l'Inquisition. Ces quartiers semblent former la capitale du Tage et le centre des richesses des Indes ; les autres représentent celle de presque tout le reste du Portugal ; ceux-ci sont sales, mal percés et mal bâtis. On y jette toutes les immondices dans les rues ; elles servent de pâture à une multitude de chiens nomades, presque aussi respectés dans cette ville que les oies l'étaient à Rome ancienne. Nous avons voulu faire nettoyer ces rues et tuer ces chiens errants, mais le peuple s'émut et les magistrats s'opposèrent à l'exécution d'une mesure qui, sous tous les rapports, ne montrait que des avantages. Les grands de Lisbonne, aimant à galoper dans la ville comme dans la campagne (ils habituent leurs chevaux de selle à cette allure favorite), prétendent que ces immondices se

prêtent à leur jouissance, parce qu'elles empêchent
leurs chevaux de glisser et de s'abattre dans des rues
pavées et en pente assez raide. Le peuple de ces sales
quartiers, privés d'égouts et de latrines, y jette et dé-
pose les ordures, que les chiens dévorent en partie ;
un soleil ardent en évapore une autre portion, de sorte
qu'il n'en reste bientôt plus qu'une couche de fumier,
que le temps a rendu fort épaisse, et dont on tirerait
grand profit dans une autre ville. Au reste, l'air y est
si pur et si actif que je ne sache pas qu'on ait eu à se
plaindre de ces immondices, cause de putridité ailleurs.

Lors de notre séjour à Lisbonne, cette capitale ne
comptait pas plus de 300,000 habitants ; une partie
des plus riches et des plus puissants avait acompagné
le prince régent, qui le 28 novembre, très peu de jours
avant l'arrivée de nos troupes, avait eu le bon esprit
de partir pour le Brésil. Cette cité, comme capitale et
grande ville de commerce, a une physionomie moins
nationale que les provinces. Grand nombre de personnes parlent français, ont nos habitudes, nos mœurs,
notre mise, et nos modes. Néanmoins à chaque pas
nous étions frappé du sombre reflet du caractère des
peuples à langue en a, i, o ; ce que j'ai dit de l'Italie
et de l'Espagne se retrouve en Portugal. C'est dans
le plus riche couvent du royaume, chez les nobles et
somptueux chanoines de Saint-Vincent, où nous étions
tous logés, officiers et soldats d'artillerie, que j'ai pu
vérifier et confirmer ce que j'ai dit généralement sur
le clergé d'Italie. D'ailleurs nous n'avons eu qu'à nous
louer des prévenances et de l'amabilité de nos hôtes
de Lisbonne.

Les arts et les sciences sont assez cultivés dans cette

capitale, patrie de Camoëns. Le Portugais passe pour
être dissimulé, patient et brave. Ces qualités et ces
attributs qui, il n'y pas encore quatre siècles, lui ont
fait reculer les bornes de l'ancien monde, découvrir et
fouiller 5,000 lieues de côtes, et porter ses armes et
son alliance au delà des antipodes, ces qualités, dis-je,
n'ont pas empêché que les Anglais ne soient aujour-
d'hui les maîtres du Portugal, et qu'ils n'en regardent
et traitent les habitants comme un peuple lige, avec
hauteur et dédain. Du moins, c'est ce que j'ai pu remarquer à Lisbonne, après la convention de Cintra [1].

Notre armée, remise de ses fatigues et de ses privations, jouissait en paix, quoique avec précaution, de
la possession du Portugal. A Lisbonne, les plaisirs attiraient tous les grades. Je profitai de mes instants de
loisir pour me promener dans les délicieux jardins
de notre habitation, château de campagne du roi Alphonse, lorsqu'il prit cette ville aux Mores dans le XIIe
siècle. Je me plaisais surtout dans ces bois d'orangers
et de citronniers qui bordent le Tage : presque tous
mes sens y étaient à la fois satisfaits. L'opéra italien
avait aussi pour moi de l'attrait ; enfin je passai des
heures bien douces dans la société de mes camarades,
et surtout avec mon frère qui arrivait des bouches du
Cattaro, de l'Illyrie. Mais les armées françaises qui
passèrent la Bidassoa après la nôtre, pour se répandre
dans la Péninsule, avaient éclairé les Espagnols sur
les projets du héros qu'ils admiraient et qu'ils secon-
daient hors de leur sol. Les Anglais, si influents et si

1. C'est le général Foy qui a le mieux étudié et jugé l'armée anglaise et le gouvernement britannique. Voir le 1er volume de son
Histoire de la guerre de la Péninsule.

puissants, attisaient activement les brandons de discorde, et bientôt le feu de la révolte éclata dans les deux royaumes que nous n'occupions que faiblement. La funeste et perfide mesure de Bayonne, presque aussitôt vengée par les désastres de Baylen, changea tout à coup la position de notre armée et commença la décadence de Napoléon. Si son génie, encore plus entreprenant et plus patient que vaste et extraordinaire, eût su écouter le sage conseil de ménager sa *poule aux œufs d'or*, il eût épargné bien des maux non mérités (et trop partagés par nous) à cette malheureuse Espagne, aujourd'hui encore victime par contre-coup de cette insatiable avidité; et l'Anglais, le plus actif ennemi de ce grand homme, ne l'eût pas atteint sur ce terrain même où lui, Napoléon, avait songé à le frapper.

Officiers subalternes, nous ignorions en Portugal ce qui se passait au loin, et étions sans inquiétude, depuis le résultat de l'insurrection qui peu de jours après notre arrivée à Lisbonne, m'avait fait braquer des pièces pour protéger le palais de notre général en chef, avec qui je dînais au moment de l'explosion. Mais, dès les premiers mois de l'année 1808, les Espagnols, nos alliés et nos auxiliaires, n'obéissaient qu'à regret à nos chefs; bientôt leurs intentions parurent douteuses, enfin elles devinrent hostiles. Une de leurs divisions, celle de Porto, fit prisonnier le général et les officiers français de l'état-major qui la commandait; déjà mon frère, à peine guéri des fièvres rapportées de l'Illyrie, en faisait partie: il fut traîné à travers la Galice et jeté, avec ses compagnons d'armes, sur un ponton, dans la rade de la Corogne, d'où ils ne furent délivrés que neuf à dix mois plus tard, par le maréchal Soult.

Ces tristes représailles des impolitiques et criminels arrêts de Bayonne furent immédiatement suivies du désarmement et de l'emprisonnement (sur le Tage) ou de l'évasion du reste des Espagnols que comptait encore notre armée ; de sorte qu'elle fut réduite de moitié au moment du danger ; car dès lors le Portugal s'insurgeait et les Anglais ainsi que les Espagnols nous menaçaient : tous nos auxiliaires devenaient des ennemis ou se joignaient à eux. Il fallait observer les côtes, garder les places, contenir les villes, la campagne, la capitale, et aller combattre les révoltés. Une partie de mes canonniers étant employés au nord et au midi, dans ces expéditions meurtrières, j'étais impatient de partager leurs travaux ; mais on me retenait, bien malgré moi, à l'état-major et à Lisbonne où cependant restaient le général en chef et mon général de division, chargé aussi du commandement de cette capitale.

Le jour de la Fête-Dieu, la procession solennelle, qui y attire un immense concours de peuple, serpentait déjà dans les rues, et l'ostensoir allait sortir de l'église, près la place de Rocio, où je me trouvais commander douze pièces de 12 et de 8. Une rumeur s'annonce dans le lointain, vers la tête de cette procession ; l'agitation croît, et bientôt le peuple, les soldats, les prêtres, épouvantés, abandonnent chapeaux, armes, cierges, croix et bannières ; la foule entraînée se porte vers ma batterie. Je commande à mes canonniers : *En action, sans tirer*. Le boute-feu et la charge repoussent ces flots, qui vont se perdre en arrière. Il y eut quelques accidents, mais de grands malheurs et de cou-

pables projets furent évités ; car, suivant les rapports
ultérieurs, on voulait profiter de cette solennité pour
renouveler, à Lisbonne, les Vêpres Siciliennes. Le général en chef et tout son état-major se trouvaient
encore dans le palais de l'Inquisition, gardés par mes
pièces ; un instant plus tard, ils étaient à la merci des
conspirateurs. M. le commissaire général de police,
très contrarié d'être mis en défaut, s'apitoya infiniment
sur le sort des blessés, en imputant la faute à la gratuite et trop prompte sollicitude du commandant d'artillerie. Cette bourrasque, disait-il, était purement
accidentelle, et le pur effet d'une terreur panique sans
objet. Le général en chef se contenta de lui dire :
« Monsieur de L..., faites votre devoir comme ce commandant d'artillerie. » Je trouvai cette réponse suffisante pour moi. Mais dans tous les cas, jamais, surtout
en pareilles circonstances, je ne laisserais pénétrer une
masse d'étrangers dans ma batterie, dût cette batterie,
n'être qu'encombrée et paralysée. D'ailleurs, je ne prenais qu'une attitude défensive ; elle a été salutaire [1]. Ce

1. L'émeute de la Fête-Dieu, à Lisbonne, coïncida trop exactement
avec la révolte des trois divisions espagnoles, la défection des
troupes portugaises et surtout avec l'apparition de la flotte anglaise
et le débarquement des bataillons de lord Wellesley, pour que l'histoire hésite à enregistrer la préméditation des *Vêpres Portugaises*.
D'autre part si l'on ajoute à ce soulèvement simultané la coïnci-
dence de l'attitude plus que douteuse de l'amiral russe Siniavin, il
est difficile de ne pas admettre que cette révolution fut amenée,
non pas comme l'ont prétendu les historiens étrangers, par les
formes acerbes du duc d'Abrantès, les exactions des généraux et
les cruautés de nos soldats, mais par les manœuvres toutes-puis-
santes de la *cavalerie de Saint-Georges*, c'est-à-dire par les intrigues métalliques des agents du gouvernement britannique.
Brialmont, en dépit de sa partialité évidente pour le héros de
Waterloo, rend à ce sujet, hommage à la vérité, dans son *Histoire
de Wellington* qui est plutôt un éloge historique qu'une histoire

jour de fête fut marqué par des troubles dans les provinces, et l'on se vit obligé de mettre plus de troupes
en campagne. Le reste de ma compagnie devant marcher, je tins fortement à la commander, et j'accompagnai le général Kellermann à Nazareth et à Alcobaza,
le Saint-Denis des rois de Portugal.

(V. la note de la page 164 du 1er volume) : « Le ministère anglais
avait envoyé en Espagne et en Portugal, *une foule d'agents peu ver-
sés dans les choses militaires, souvent peu honorables*, dont la principale mission était d'entretenir l'esprit insurrectionnel et d'observer
les mouvements de l'armée française.. » En regard de l'opinion de
cet auteur qui s'inspire généralement des relations de Napier et de
Jomini, et surtout des rapports de Wellington lui-même, nous citerons le jugement du général Foy, qui doit à son sang-froid et à son
impartialité le privilège d'être accepté dans les deux camps comme
une autorité historique. « ... Les Portugais, lisons-nous au tome 4e
de la *Guerre de la Peninsule*, avaient si longtemps caressé l'autorité
française et voilà qu'aujourd'hui... ils éclataient, dissolus dans leur
exaltation, atroces dans leurs vengeances lorsqu'ils pouvaient assas-
siner sans danger, prompts à fuir aux premiers coups de fusil tirés
sur le champ de bataille. De pareils ennemis ne pouvaient inspirer
que dégoût et horreur aux troupes réglées... Aussi les officiers ne
pouvaient plus contenir leurs soldats justement irrités. On mettait
le feu aux maisons d'où partaient les coups de fusil, et il ne faut pas
s'étonner que plus d'une église ait été saccagée, dans les tristes vi-
cissitudes d'une guerre où les moines marchaient à la tête des bataillons... Rien n'empêchait de promener la désolation dans les provinces du Nord du Portugal. Junot avait des entrailles : il aimait
les Portugais. Il jugea qu'une expédition sanglante serait sans profit
pour l'armée, puisqu'elle ne servirait qu'à exaspérer davantage une
population déjà si exaspérée... Depuis l'exécution de Caldas, Loison
était pour les Portugais l'objet d'une haine spéciale et violente. On
aurait tort de tirer de là des inductions rigoureuses contre le caractère et la vie de cet officier général... » Le général Foy comble
d'éloges le général Quesnel envoyé à Oporto par Junot avec un
état-major d'officiers français pour remplacer dans le commandement de sa division espagnole, le général don Francisco Taranco,
mort le 18 janvier. Cependant ce général fut fait prisonnier par sa
propre garde commandée par le maréchal de camp Don Domingo
Ballesta, et ses officiers furent expédiés sur les pontons. Parmi eux
se trouvait le capitaine Jean-Gaspard Hulot, adjoint au colonel d'artillerie de cet état-major, et frère de l'auteur des présents *Souvenirs*.

J'étais de retour à Lisbonne quand on y apprit le débarquement, à Figuera, de l'armée anglaise. Le général Delaborde fut de suite envoyé à sa rencontre avec une faible division, et une partie de mes canonniers. Le duc d'Abrantès me retint et me donna le commandement de la 2e batterie des grenadiers formant sa réserve.

L'armée, fort réduite par les pertes, par les maladies et par les garnisons, cherchait alors à se concentrer pour combattre les Anglais ; il n'y avait plus de missions importantes ailleurs que sur les champs de bataille ; aussi, vu le grand nombre d'officiers supérieurs de notre arme, un colonel commandait l'artillerie d'une division.

Le 16 août 1808, le général en chef sortit de Lisbonne avec la réserve. Nos deux batteries eurent beaucoup de peine à gagner Torres-Vedras, parce que les habitants, au fur et à mesure que nous avancions, mettaient le feu aux sèches et hautes herbes que nous avions à traverser. Cependant nous arrivâmes le 20, à neuf heures du soir, dans ce bourg d'où l'armée réunie défilait pour aller joindre l'ennemi. Le duc d'Abrantès me recommanda de faire faire une halte, indispensable pour les chevaux et les hommes, et m'invita à dîner avec lui, petits détails que je n'omets pas, parce que ces témoignages de bonté étaient à la fois les prétextes et les dédommagements de petites jalousies d'ailleurs.

Pendant la nuit du 20 au 21, je passai le défilé long et étroit qui, vingt-quatre heures après, pouvait nous devenir bien funeste.

Quand j'en sortis le lendemain matin, je découvris

les hauteurs sur lesquelles s'était retranchée l'armée
anglaise, renforcée d'Espagnols et de Portugais. La
nôtre, quoique en nombre très inférieur et fatiguée par
des marches accablantes, reçut ordre d'attaquer immédiatement. A peine la réserve était-elle arrivée, elle
marchait en colonne par pelotons, la gauche en tête,
ayant ses deux batteries sur le flanc et dans le même
ordre. Le capitaine Brun, adjoint au colonel Foy, qui
commandait cette artillerie de la réserve, nous apporta
l'ordre de nous porter : ma batterie (qui était la seconde,
quoique alors en tête) à la droite du déploiement des
grenadiers, et l'autre à sa gauche. On voit qu'il y avait
inversion dans ce mouvement de l'artillerie ; je l'exécutai en me dirigeant sur la position indiquée. Elle
était trop enfoncée ; les boulets ennemis passaient au-
dessus de nous, mais la mousqueterie incommodait
nos pièces, qui ne pouvaient tirer que des obus. Je
cherchais des yeux où les placer pour produire plus
d'effet, quand je vis le colonel du génie Vincent et un
aide de camp du général en chef, portant des ordres qui
n'étaient pas de bon augure. Bientôt une colonne anglaise fit mine de s'ébranler et de marcher sur ma
batterie ; je chargeai à mitraille ; mais une foule de
fuyards vinrent me masquer l'ennemi, qui allait être
beaucoup plus près de moi que l'armée française en
désordre sur ce point. Je ne parle que de ce qui se passait sous mes yeux.

En vain, nous voulûmes arrêter cette débandade ; je
rétrogradai de quelques pas pour occuper et fermer les
débouchés d'un village voisin, devant lesquels j'établis
mes pièces ; elles furent, ainsi que moi qui étais à
cheval, renversées plusieurs fois par ces flots précipi-

tés. Cependant aucun de mes artilleurs, à l'exception
des blessés, ne songeait à abandonner et n'abandonna
la batterie, et si, comme je le demandais à l'infanterie,
ces pièces eussent été soutenues par un seul bataillon,
nous rétablissions le combat dans le village et donnions
à nos régiments et à nos divisions le temps de se rallier. Mais dans ce moment je criais à des sourds. Néanmoins j'exécutai à la prolonge et dans le plus grand
ordre ma retraite sous les feux redoublés des Anglais,
et vins prendre position sur le monticule, à peine hors
de leur portée.

J'étais étonné de ne pas voir l'ennemi fondre sur mes
pièces ; mais la réputation française me sauva ainsi
que notre armée. Les Anglais, prenant sa fuite pour
une ruse, n'osèrent quitter leur montagne et le voisinage de leur flotte. C'est sur mon monticule que vinrent
successivement me trouver le général Kellermann, les
colonels d'artillerie Foy et Prost ; notre cavalerie,
commandée par le général Margaron se déploya en bon
ordre derrière ma batterie, et, tandis qu'elle exécutait
sa retraite par échelons, ayant mes pièces dans ses
intervalles, l'infanterie se ralliait vers le défilé de
Torres-Vedras.

C'est à la tête de ce défilé que le général en chef, en
me disant des choses encourageantes, me donna l'ordre
de continuer la retraite avec les grenadiers ralliés sur
cette position, et ajouta deux pièces à ma batterie, encore
complète. A deux heures du matin, avec cette arrière-
garde, je continuai notre mouvement rétrograde et
vins camper à l'autre issue du défilé. M. le général
Kellermann, dans cette position du 22, au matin, nous

dit qu'il allait trouver les Anglais pour *voir à nous tirer de la souricière*.

Quelques années après cette affaire, en lisant la relation du chef d'état-major de l'armée, et par suite, l'ouvrage des *Victoires et Conquêtes...*, j'ai appris que le hasard avait placé à Viméïro, dans les mêmes circonstances que moi, et sur un autre point, un jeune lieutenant d'artillerie qui, quoique détaché de son arme et de sa compagnie, cruellement maltraitée dans cette affaire, aurait rallié des pièces abandonnées, et leur aurait fait rendre le même service que les miennes [1].

Le 23, on réorganisa l'armée à Torres-Vedras : je dus fournir quelques-unes de mes pièces aux divisions qui avaient perdu les leurs, et, avec le reste de ma batterie, sous les ordres du colonel d'Aboville, j'accompagnai le général Loison qui allait observer l'ennemi près de Maffra, sur le bord de la mer ; le reste de l'armée vint occuper la belle position de Montachique devant Lisbonne.

Deux jours après, nous fûmes *agréablement surpris* d'apprendre la convention de Cintra et notre prochain retour en France, heureux résultats que nous n'aurions pas osé espérer, même à la suite d'une victoire. Après comme pendant le combat, notre réputation nous a

1. Voici le passage visé par ce paragraphe; on le trouvera au chapitre III de la guerre d'Espagne, 9e volume de l'édition Panckoucke de 1835 :

« Le lieutenant d'artillerie Boileau, aide de camp du général Taviel se fit remarquer en cette circonstance par un sang-froid et une fermeté dignes des plus grands éloges : quelques pièces françaises, n'ayant plus de chef, se retiraient en désordre ; Boileau en prend le commandement, les remet en batterie, anime les canonniers, encourage les soldats du train et facilite ainsi, par un feu bien dirigé, le ralliement de l'infanterie. »

sauvés; aussi ne suis-je pas étonné que le gouvernement anglais ait traduit à un conseil d'enquête sir
Dalrymple, général en chef de son armée de Portugal[1].

1. Dans le premier volume de son histoire de Wellington, Brialmont affecte d'être surpris de la détermination du duc d'Abrantès:
« ... Le 22, Junot, alarmé par les symptômes d'une prochaine explosion à Lisbonne, lui (lord Dalrymple) fit proposer par le général Kellermann un armistice et un projet d'évacuation du Portugal. Cette
offre, assez surprenante de la part d'un général qui avait montré
tant d'audace au commencement de la guerre, fut accueillie avec
empressement par le nouveau chef de l'armée anglaise. »
  Comment accorder *cette offre assez surprenante* avec *l'agréablement surpris* du capitaine Hulot et l'approbation de tous les états-
majors de l'armée de Portugal? S'il est impossible d'accorder deux
sentiments, aussi opposés, il nous est du moins possible de les expliquer, d'un côté, par l'engouement de l'écrivain belge pour le général
Wellington et son armée, engouement qui se traduit ici par un
sentiment de prévention à l'égard de son adversaire malheureux, et
d'un autre côté, par un sentiment plus juste de la situation, formé
dans l'esprit des officiers français de l'armée de Portugal.
  Le général Foy nous décrit cette situation de main de maître (p. 297,
tome 4e.) « L'armée de Portugal, nous dit-il, connaissait la capitulation
de Baylen; le général en chef savait que le roi Joseph avait abandonné
Madrid et que l'armée de l'Empereur se retirait sur l'Ebre. Vingt
mille français allaient être assaillis par la nation portugaise tout
entière, par des flottes, par des armées, par 14,000 Anglais que 20,000
autres vont suivre (l'armée attendue de sir John Moore), et s'ils essaient de rallier l'armée française la plus rapprochée d'eux, ils
auront 200 lieues à faire en pays ennemi à travers d'épaisses montagnes avec de larges rivières à franchir, etc. Les 10,000 Grecs de
Xénophon se trouvaient dans une situation moins difficile. » Voilà
comment le général Foy juge la situation avant les batailles de
Roliça et de Viméïro, après lesquelles il faut ajouter les pertes sensibles de l'armée française qui ne reçoit plus de renforts, tandis que
l'armée anglaise appuyée à sa flotte, aux divisions espagnoles tour-
nées contre nous, à la division portugaise de don Bernardin Freyre,
va se trouver encore renforcée par le corps de Moore. Voilà qui
explique surabondamment *l'agréable surprise* causée dans les cadres
français par la nouvelle de la convention de Cintra et voilà ce qui
aurait dû donner à réfléchir à l'auteur de l'histoire de Wellington.
En se rappelant surtout que notre armée de Portugal n'était composée que de nouvelles levées et que les soldats étrangers passaient
fréquemment à l'ennemi, il aurait dû se dire que les généraux an-

Il est vrai que nous étions disposés à vendre chèrement notre vie, et que le général Delaborde, aux combats de Roliça avait prouvé à lord Wellesley, depuis duc de Wellington, ce que pouvait une poignée de Français combattant pour sauver l'honneur. Mais l'affaire de Viméïro, trop précipitamment engagée, prouva aussi aux Anglais que nous n'étions pas invincibles et contribua à affaiblir chez eux cette salutaire défiance que plus tard nos généraux auraient pu rétablir s'ils avaient été aussi sages que braves.

Quelques jours après la convention de Cintra, en dînant à Lisbonne avec les généraux anglais, chez le duc d'Abrantès (dont les éloges publics, celui entre autres que je craignais plus mes amis que mes ennemis, flattent encore mes souvenirs), je fus témoin de l'incrédulité, honorable pour le général Delaborde, avec laquelle ces généraux étrangers soutenaient mordicus qu'il n'était pas possible que dans les journées des 16 et 17 août, ce général (Delaborde) n'eût pas au moins 8.000 hommes à ses ordres. A Viméïro tout ce que le général en chef put réunir de troupes ne montait pas à plus de 9,000 hommes, et à Roliça Delaborde n'en avait que 4,000 [1].

glais qui avaient tous les atouts dans la main, devaient avoir encore une haute opinion de l'audace de Junot et de la valeur de ses troupes, et en avoir une assez faible d'eux-mêmes et de leurs troupes pour lui accorder *avec empressement* une pareille capitulation!

1. D'après Jomini et Jones, copiés par Thiers, le général Delaborde n'avait que 3,000 fantassins; d'après Thibaudeau, 3,500; et, d'après Belmas, 2,200. Le général Foy évalue à 3,000 hommes l'infanterie française présente à Roliça (ou *Rorissa*) : Napier, Toréno et Sherer estiment l'effectif total de Delaborde à 5,000 hommes, Sarrazin à 6,000, et Wellesley dans son rapport, à plus de 6,000 hommes. Le général Brialmont accepte nécessairement le chiffre du général anglais en l'atténuant un peu; d'après lui, le corps français comprenait 5,000

Je puis encore moins oublier la conduite et les malheurs de mes camarades attachés à la première batterie
de grenadiers, dans la journée du 21. Qu'elles sont
infinies les chances de la guerre, où la plus légère
cause influe si puissamment sur la destinée de ceux
qui combattent ! Cette batterie, comme je l'ai dit, marchait après la mienne, parce que le général Kellermann,
commandant la réserve, l'avait formée en colonne, la
gauche en tête. Vu le moment critique, pour plus de
célérité dans l'évolution des pièces, je dus, d'après les
ordres, me porter par inversion à la droite, tandis que
cette première partie se portait à la gauche du déploiement de la réserve. En nous séparant, ravis de joindre
enfin les Anglais, nous nous félicitions et nous pro-

baïonnettes, 500 chevaux et 5 pièces : pour nous, le chiffre vrai est
celui de Thibaudeau confirmé par le capitaine Hulot et à peu de
chose près par le général Foy qui ajoute que « les Anglais étaient
quinze mille de la plus belle apparence. »

Quant à Viméïro, les évaluations sur les effectifs sont aussi con
tradictoires. Thiébault adopte pour notre armée le chiffre de 12,000
hommes; Jomini, 11,500; Thiers, 9,000; Sarrazin, 14,000; Wellesley, 15,000; et les *Victoires et Conquêtes*, 9,200. Le général Brialmont reste un peu en dessous des évaluations anglaises, sans doute
pour ne pas paraître dupe de l'évidente majoration de ces chiffres,
tout en rejetant les évaluations officielles françaises qui diminuent
considérablement le rôle héroïque de l'armée anglaise et de ses généraux, et donnent à Junot le beau rôle dans le dénouement de la campagne par la convention de Cintra. Ici encore, l'impartialité et la
bonne foi se trouvent dans la relation du général Foy, adoptée par
les *Victoires et Conquêtes* et M. Thiers: Cette relation évalue nos
forces à 9,000 hommes environ.

Il nous semble inutile d'ajouter que tous les auteurs étrangers, y
compris le général Brialmont, après avoir surfait nos effectifs, se sont
empressés de diminuer ceux de l'armée anglaise et se sont bien
gardés de citer le témoignage suivant du général Foy : « les Anglais
étaient deux contre un, installés d'avance au sommet d'une position,
pour ainsi dire inexpugnable, et moralement soutenus par l'arrivée
du corps d'armée de Moore, signalé pas les vigies de leur flotte.

mettions de souper le soir sur le plateau où nous les voyions. Un jeune et intéressant officier de la première batterie (le lieutenant Dejort, de Caen), me prenant la main, me dit : A ce soir, là-haut ou chez les morts. Une heure après, il n'existait plus. Cette batterie, ayant à parcourir un terrain difficile, ne put arriver à la prolonge, et des chefs étrangers à l'artillerie ayant crié d'avancer plus qu'il ne convenait et que ne le voulait son habile et brave capitaine (M. Foltz), elle fut criblée et perdit les trois quarts de ses hommes et de ses chevaux, tués ou blessés avant d'avoir pu ôter les avant-trains. Une balle brisa la mâchoire inférieure du lieutenant Dejort qui, néanmoins, tenait à rester à ses pièces. Mais son capitaine lui ordonna d'aller se faire panser ; il montait à cheval quand un second coup de feu lui cassa la cuisse ; ce même capitaine venait aussi d'être blessé, et les Anglais arrivaient sur sa batterie. Alors le jeune élève de l'École polytechnique prit son pistolet et se brûla la cervelle. Voilà ce que m'ont répété, le soir de l'affaire, ceux des artilleurs qui ont survécu.

Je trouvai bien changée la physionomie de Lisbonne, lorsque nous y rentrâmes ; les mécontents, jusqu'alors opprimés, ne se cachaient plus. et ceux des habitants qui ne nous voulaient pas de mal, étaient, par crainte des autres, obligés de nous rebuter : *væ victis* ! Cependant nous n'étions pas plus d'humeur à supporter des vexations de la part des Portugais que nous ne l'avions été à subir des conditions honteuses de la part des Anglais. Notre attitude resta toujours menaçante. Je bivouaquai sur la place du Commerce, mes pièces braquées sur le prolongement des rues. Ma position devint plus critique après l'embarquement des 1ʳᵉ et 2ᵉ divisions.

Quand les Anglais eurent occupe toute la ville, je me rendis à l'arsenal de marine pour achever l'embarquement du matériel d'artillerie. Dans ces occupations, nous vîmes que, malgré les articles de la convention, on tirait des pontons les Espagnols prisonniers. Furieux et réunis à une populace mutinée, ils allaient se ruer sur nous, déjà en défense et bien disposés à les recevoir, lorsqu'un régiment de cavalerie anglaise accourut à toute bride pour prévenir le carnage. Mais les Anglais ne purent sauver la vie à tous les Français; plusieurs furent massacrés, surpris dans les rues.

De l'arsenal de marine, nous allâmes à Belem, où était encore, avec peu de troupes, Kellermann. A chaque instant, arrivaient de l'Alentejo des Portugais armés, portant autour de leur chapeau un ruban avec ces mots : *Mort aux Français!* Nous culbutâmes ces féroces fanfarons. Tous les soirs nous étions témoins des réjouissances occasionnées par notre départ. Les caricatures pleuvaient ; une entre autres représentait Ésope faisant boire de l'eau chaude à nos principaux généraux, dont les uns rendaient des diamants, d'autres de l'argent ; un du sang. Le général Delaborde rendait de l'eau claire ; c'était la seule vraie. Les soldats étrangers qui servaient dans nos armées : Piémontais, Suisses et Prussiens, passèrent à l'armée anglaise. Toujours les auxiliaires et les mercenaires ont suivi la fortune; c'est une vérité historique, que malheureusement Napoléon s'est mis dans le cas de vérifier d'une manière plus funeste encore.

CHAPITRE XV

Le pont d'or que, dans leur frayeur et leur impatience, les Anglais nous faisaient [1], convenait plus à
notre position qu'à la saison. Le 20 septembre 1808,
mes deux compagnies et moi, qui étions entrés en Por-

---

1. Les Anglais accordèrent ce *pont d'or* à l'armée française, à la
suite du discours tenu par Junot au colonel Murray, dans une des
conférences ; voici le texte de ce discours, d'après la relation du
général Thiébault : « Ne pensez pas, Monsieur, qu'en signant le
traité, vous me fassiez une grâce ; à ce titre, je n'accepterais rien de
vous ni de personne au monde. Il s'en faut, d'ailleurs, que vous
soyez moins intéressé que moi à le signer ; ainsi, dites un mot et
mon parti est pris ; je déchire le traité, je brûle la flotte, je brûle la
marine, les arsenaux, la douane et tous les magasins ; je fais sauter
les forts et tous les ouvrages ; je détruis l'artillerie, je défends Lisbonne pied à pied, je brûle tout ce que je suis forcé d'abandonner,
je vous fais payer chaque rue de la ville par des flots de sang ; ou je
me fais jour à travers votre armée, ou bien, en comprenant dans
cette destruction tout ce qui est ou pourra se trouver en ma puis·
sance, je m'ensevelis avec les débris de mon armée, sous les ruines

tugal et à Lisbonne les premiers de tout le personnel d'artillerie, en sortîmes les derniers, à bord d'un navire anglais. Un bon frais nous poussait, mais nous avions les vents d'équinoxe; ils s'élevèrent graduellement, devinrent contraires, et forcèrent les marins à prendre des ris et d'autres précautions. Au bout de cinq jours, ils étaient à tempête. Plusieurs navires du

du dernier quartier de la ville, et nous verrons alors ce que vous et vos alliés les Portugais aurez gagné à me réduire à cette extrémité. Examinez bien si la partie n'est pas au moins égale, lorsqu'en échange de mon armée, je vous laisse une des premières capitales de l'Europe, des établissements de premier ordre, une flotte, un trésor et toutes les richesses du Portugal. »

Le colonel prussien Schepeler cité par la *France militaire*, ajoute dans son histoire de la révolution d'Espagne et de Portugal : « Pour faire de Lisbonne, une seconde Saragosse, il aurait fallu que les habitants fussent des Français... Si les Anglais eussent promptement suivi et pressé l'ennemi à travers le terrain coupé sur Torres-Vedras, Junot n'aurait guère eu de temps pour toutes les destructions dont il menaçait, et les habitants de Lisbonne eussent alors probablement frappé le dernier coup. Mais Junot vainquit par ses bravades... »

Le prussien Schepeler raisonne ici en ennemi de la France et en homme aveuglé par sa jalousie pour les généraux de Napoléon Ier et par sa haine pour les armées françaises. Il sait très bien que l'opération stratégique de « suivre promptement et de presser l'ennemi à travers des terrains coupés » n'a jamais été dans le génie militaire des généraux anglais; et nous pourrions ajouter que, jadis, la Crimée, et aujourd'hui l'Egypte ont confirmé cette appréciation. On a vu l'armée anglaise, dans cette dernière guerre, se lancer une seule fois énergiquement, *dans les terrains coupés*; c'est à Tell-el-Kébir, alors que le concours efficace et discret de la fidèle *cavalerie de Saint-Georges* avait garanti à l'état-major britannique la..., mettons *la neutralité* d'Arabi-Pacha.

Pour les contemporains impartiaux et en particulier pour les officiers de l'armée de Portugal qui n'ont aucun intérêt à faire l'éloge du malheureux chef de la première expédition de Portugal, il est incontestable que l'attitude énergique du duc d'Abrantès en imposa aux Anglais et valut à son armée de ne pas subir une autre convention de Baylen.

Junot commit plusieurs fautes graves dans son commandement en chef. Il se fit des illusions sur ses alliés espagnols et sur les senti-

convoi, entièrement démâtés, étaient le jouet des vagues; mais un spectacle plus cruel fut l'engloutisse-
ment du bâtiment qui portait l'état-major et 4 à 500
hommes du 86ᵉ régiment, avec son brave commandant
M. Rewbel [1]. Ce bâtiment sombra sous voiles! Le nôtre
perdit un de ses mâts, et sa carène souffrit tellement
des coups de mer, qu'une voie d'eau effrayante nous

ments des populations, il s'endormit dans une fausse sécurité, épar-
pilla ses troupes, et étendit trop le cercle de l'occupation française.
A Viméiro, avec des forces très inférieures, il eut le tort d'attaquer
l'ennemi retranché dans une position formidable, au lieu d'attendre
son attaque qui devait avoir lieu le lendemain Mais, en revanche,
dans la position critique qui résulta pour lui de la défaite de Viméiro,
il conserva toute son énergie et sa présence d'esprit. Ses *bravades*,
n'en déplaise au colonel prussien, n'émurent les généraux anglais,
que parce qu'ils connaissaient son caractère, et le croyaient capa
ble de les exécuter, et parce qu'ils ne comptaient guère sur la vigueur des habitants de Lisbonne.
   A ces bravades, s'ajoutait la perpective de la flotte, des arsenaux,
du trésor et de toutes les richesses du Portugal, que Junot avait sagement disposée comme dernier argument. Pour ceux qui ont étudié
dans l'histoire les mystérieuses finesses de la diplomatie anglaise,
il est permis en outre, d'extraire des *Souvenirs* du général Hulot,
cette conclusion, qu'en échange de toutes les richesses livrées par
Junot, sans avoir à redouter l'éventualité d'une dernière ruade de
l'armée française, l'état-major anglais pouvait encore nourrir l'espérance de voir cette armée confiée à des capitaines et pilotes anglais, se perdre dans les tempêtes de l'équinoxe sur les rochers de
la côte d'Espagne. Ce machiavélique calcul ne se réalisa que pour
un seul régiment français, comme on le verra plus loin; de là, sans
doute, la mauvaise humeur du ministère britannique qui traduisit
Dalrymple devant un conseil de guerre, et rappela Wellesley à
Londres; de là, aussi, les regrets du prussien Schepeler et son dédain pour le général Junot dont le sang-froid et les *bravades* sauvèrent des pontons l'armée de Portugal, en obtenant des Anglais son
rapatriement, par la convention de Cintra, ainsi nommée sans doute
parce qu'elle fut conclue, le 30 août, à *Lisbonne*, entre le colonel
Murray et le général Kellermann, et signée le même jour à *Torres-
Vedras* par le général Dalrymple.
   1. Ce malheureux régiment s'était acquis une page des plus glorieuses dans l'histoire de la première campagne de Portugal; voici
comment Abel Hugo en parle dans le quatrième volume de sa

obligea à avoir dix ou douze hommes attachés aux pompes comme des Danaïdes. Pour qu'ils pussent s'y tenir, il fallait les amarrer par-dessous les épaules, tant le navire était incliné. A nos coups de canon de détresse, la frégate anglaise qui portait le général Loison approcha et chercha en vain à nous donner du secours.

Résignés à notre sort et isolés, car bientôt la frégate et tous les autres bâtiments disparurent au loin, nous voguions au gré des vents et des courants. Le 1er octobre nous étions jetés à plus de 200 lieues de notre point de départ et de notre route. Un calme plat nous surprit à la hauteur des Açores, mais ne nous reposa pas ; nous étions ballottés sur place par ces violentes houles, plus pénibles que les roulis et les tangages des tempêtes. Cependant la mer s'étant aussi apaisée, nos marins cherchèrent à découvrir et à boucher la voie d'eau qui, à chaque instant, menaçait de

France militaire : « Les habitants de Villa-Viciosa se révoltèrent contre la garnison de leur ville, formée d'une compagnie du 86e régiment. Cette faible troupe surprise à l'improviste, se défendit bravement et parvint à se jeter dans un vieux fort. Les habitants, tentèrent deux assauts qui n'eurent aucun résultat, quoique protégés par un feu terrible qui partait des toits et des clochers, et les Français parvinrent à se maintenir dans leur position. Le général Kellermann en apprenant ce nouvel évènement, donna l'ordre au général Avril, qui était avec lui à Estremoz, d'aller châtier Villa-Viciosa avec trois compagnies du 86e régiment, 60 dragons et une pièce d'artillerie. Pendant ce temps, Kellermann se porta avec le reste des troupes du général Avril sur Evora, où le colonel Maransin se trouvait dans une position critique.

« Dès que le général Avril parut à Villa-Viciosa avec sa troupe, les habitants embusqués dans les premières maisons, commencèrent un feu qui cessa bientôt, et les Français s'emparèrent de la ville au pas de charge et la baïonnette en avant. Quelques centaines de Portugais furent tués, mais la ville fut épargnée, malgré l'odieuse conduite de ses habitants. »

nous engloutir. Tous les moyens connus, mis en usage, furent inutiles ; les pompes seules faisaient notre espoir, mais nous ne perdions ni force ni courage.

Dans ces parages lointains, dans cette triste et dangereuse position, j'entendais avec une bien vive et bien douce émotion, un de mes lieutenants, M. Ledilais, chanter de la manière la plus touchante cette patriotique et mélancolique romance de Chateaubriand, dont la finale est :

> O mon pays, sois mes amours,
> Toujours ! etc...

Combien plus encore je ressens aujourd'hui le bonheur de lui être rendu, et de vivre au milieu de ma famille, quand je me rappelle toutes les circonstances qui ont failli m'en séparer à jamais. Mais, hélas ! mon frère encore militaire s'y voit de nouveau exposé, allant, après vingt-sept ans de services effectifs et seize campagnes, chercher une triste destination sous la zone torride, dans une île infectée de la pestilentielle fièvre jaune.

Le vent ayant un peu changé, et s'étant élevé, nous prîmes des bordées vers le nord, au milieu de nouvelles bourrasques et tourmentes ; néanmoins, ainsi que plusieurs de mes compagnons, je ne perdais pas l'appétit ; malheureusement nos vivres frais s'épuisèrent, nous fûmes réduits à une ration de rhum et un peu de biscuit avec de la viande salée. Cependant il nous restait des oignons, qu'un de nos vieux camarades nous avait bien recommandé d'acheter en abondance. Le respect des Égyptiens pour ce précieux légume ferait croire que cet ancien peuple était navigateur, si l'histoire ne démentait pas cette idée, tant ces oignons sont agréables et salutaires sur mer ; jamais on ne s'en lasse, toujours ils font plaisir et bien, même au malade dégoûté.

En doublant le cap Finistère, notre navire souffrait de plus en plus ; la mer, que sur ce point les matelots appellent *méchante*, ne permettait même pas de se tenir couché sur le plancher de la chambre, il fallait toujours rester dans son hamac ou son cadre. Les canonniers des pompes, quoique bien liés, craignaient d'être emportés par les vagues ou d'être entraînés par la pente du vaisseau.

Entrés dans le golfe de Gascogne, nous observions que le navire cédait trop au courant et au vent nord-ouest et qu'il dérivait fortement sur la côte d'Espagne, côte alors très inhospitalière pour nous. Le capitaine affectait de ne pas croire à cette dérive. Cependant des pigeons ramiers voltigeaient et se perchaient sur les vergues, et semblaient justifier ces remarques ; dans la soirée, des petits oiseaux à vol court vinrent les confirmer. Le temps toujours orageux et brumeux arrêtait la vue de toute part ; on jeta la sonde, il n'y avait pas vingt pieds de fond. On revira et on mit le cap au large.

Quelques jours après, vers huit heures du soir, nous entrevîmes une lueur que nous prîmes pour le fanal d'un navire aussi à plaindre que le nôtre ; en nous approchant, cette lumière augmenta et se multiplia : enfin on reconnut le phare et même les réverbères de la Rochelle et des îles voisines. Ce port était, avec Quiberon, les seuls de la France, où il était permis (en quittant Lisbonne) à notre brutal et dur capitaine de nous débarquer. Mais notre joie fut de courte durée ;

elle s'évanouit avec ces lueurs. Au jour, un vaisseau anglais en croisière nous intima l'ordre d'aller à Quiberon. L'état de détresse de notre bâtiment lui fut chose fort indifférente ; il fallut s'éloigner du port que nous touchions [1].

Je fus alors persuadé, et je ne suis pas encore détrompé qu'on voulait nous promener et nous fatiguer, au risque de nous perdre. Cette idée et le stimulant de la conservation de mes camarades et canonniers, surtout l'impossibilité d'atteindre Quiberon à cause de la contrariété opiniâtre des vents, me dictèrent la résolution qui peut nous avoir sauvés, et qui, certes, nous a rendus beaucoup plus tôt à la France. Mais pour n'avoir aucun reproche à me faire relativement à la responsabilité du capitaine anglais, je voulus lui laisser le temps et la liberté d'employer tous les moyens possibles d'exécuter les ordres apparents de ses chefs et de son gouvernement.

Au lieu d'avancer sur Quiberon, notre bâtiment courait à sa perte sur la côte d'Espagne ; il faillit se briser

---

1. C'était l'époque de notre renoncement maritime et de l'inaction de nos forces navales. Nos ports, nos îles et toutes nos côtes étaient bloqués par des escadres britanniques. Nos colonies travaillées par l'argent de nos ennemis séculaires, attaquées successivement par leurs vaisseaux et leurs troupes de débarquement capitulaient les unes après les autres : Saint-Domingue, la Désirade, Marie-Galande étaient déjà tombées au pouvoir des Anglais, en attendant la perte de la Martinique, du Sénégal, de la Guyane, de l'Ile de France, etc. qui succombèrent l'année suivante. Mais c'était aussi l'époque où les expéditions du commerce français atteignirent l'apogée de leurs succès. C'était le moment où les exploits de nos corsaires, les capitaines Pradin, Balidar, et particulièrement Robert Surcouf, répandaient la terreur dans le commerce britannique. Ce dernier eut l'honneur de voir mettre sa tête à prix par les Anglais, comme ils viennent de le faire pour le Mahdi et Osman-Digma : ce sont toujours les mêmes mœurs et les mêmes procédés !

contre le cap Machichacho, près de Bilbao ; tout l'équipage, le capitaine même, semblaient frappés encore
de frayeur longtemps après. Cependant celui-ci s'obs-
tinait à vouloir tendre vers Quiberon, ou plutôt à entrer dans un port d'Espagne ; notre vaisseau et nos
hommes n'en pouvaient plus. Alors je fis part de mes
intentions à mes officiers, et il fut convenu que l'on dé-
ciderait l'équipage à se diriger sur Bayonne, le port le
plus méridional de la France et de l'Océan : ces marins
embrassèrent ce projet avec empressement, et par-
laient même de se débarrasser du capitaine d'une manière bien contraire à nos vues. Je représentai à ce
capitaine, pour la dernière fois, qu'étant dans l'impossibilité évidente de gagner Quiberon et même la Rochelle, il fallait qu'il se dirigeât sur Bayonne, ma
détermination étant de ne pas compromettre plus
longtemps pour lui et pour l'accomplissement d'ordres inhumains, la santé et la vie de 160 braves artilleurs, mes compatriotes et compagnons d'armes ; qu'il
savait fort bien qu'en abordant les côtes espagnoles,
il nous livrait à une mort certaine, et qu'en luttant
plus longtemps contre les flots, son navire finirait
par s'ouvrir. Enfin, je rassurai sa responsabilité par le
serment de la protection du gouvernement français.
Ce capitaine, plus entêté que ferme et sage, se refusa
à mes propositions ; dès lors, il fut retenu dans sa
chambre ; ses matelots, entre autres deux Suédois qui
connaissaient la rade et le port de Bayonne, nous con-
duisirent dans le fond du golfe, au risque d'être pris
par le vaisseau qui nous avait repoussés de la Rochelle.
Notre ravissement fut grand quand nous en vîmes les
côtes ; mais malgré nos signaux, elles paraissaient dé-

sertes ; nous tirâmes le canon, car notre équipage
n'osait plus entreprendre de passer sans pilote la barre
dangereuse de l'Adour. Un point noir sortit des falaises de Bidard, et nous reconnûmes un pilote lama-
neur ; il s'empara du commandement, fit rentrer dans
l'entrepont les canonniers, franchit le soir même la
barre et me dit : « Commandant, vous êtes sauvés. »
Enfin nous étions dans les eaux de l'Adour et en
France !

Quoiqu'il n'y eût qu'un an que nous les avions quit-
tées, que d'accidents, de dangers, que de fatigues et
de peines nous avions essuyés ! Sur mer comme sur
terre, nous n'avions, pour ainsi dire, pas cessé d'être
battus par des tempêtes de toute espèce.

Dans ce port, ou plutôt ce relâche, j'oubliai tout le
passé et ne songeai pas à l'avenir ; nous savourions
notre position présente, elle était délicieuse ; nos sens
et notre âme altérés pouvaient se satisfaire ; les rives
et les barques qui nous entouraient n'étaient couvertes
que d'amis ; nous avions des vivres frais et de bon vin ;
bientôt, nous allions descendre à terre et reposer nos
membres fatigués ; l'Empereur était à Bayonne, ma
parole allait être remplie et ma responsabilité et ma
sollicitude étaient satisfaites ! Ma joie fut au comble
quand je vis sauter à notre bord, le général Sénarmont
qui m'embrassa avec tout l'épanchement de son cœur ;
mais un malheureux cri de quarantaine l'éloigna trop
tôt ; cependant il savait que nous n'avions perdu personne et que nos canonniers n'étaient que fatigués et
échauffés. Le lendemain matin, ce digne et aimable
chef reparut avec l'ordre de l'Empereur de nous faire
débarquer et de nous conduire à Bayonne ; il m'assura

en même temps que Sa Majesté donnerait toute satisfaction et garantie au capitaine anglais, à qui, d'après
cet avis, je fis mes adieux avec plus de contentement.
En effet, il a reçu une lettre pour son gouvernement,
et son bâtiment a été radoubé à Bayonne.

Je ressens encore les amicales et énergiques étrein-
tes du général, et j'entends encore ses patriotiques et
généreuses expressions lorsqu'en passant le pont de
l'Adour il me disait : « Mon cher Hulot, depuis le passage de cette rivière, c'est-à-dire depuis le détrône-
ment du plus fidèle allié de la France, on a laissé
l'honneur derrière nous, nous sommes devenus des
artisans de calamités, et les instruments d'une ambition inique et impie. Cependant il faut encore servir[1] ! »
Hélas ! toujours et partout, cet estimable général a su
autant qu'aucun de ses compagnons, concilier l'honneur avec ses devoirs. Mais il n'a pas repassé l'Adour,
il a trouvé une mort glorieuse dans cette Espagne
qu'il plaignait et combattait.

Après un séjour de quarante-huit heures à Bayonne,
on nous envoya, pour nous refaire, en cantonnement à
Bidache[2], charmante et tranquille campagne sur la

---

1. Tel était le fond de la pensée des militaires qui ne séparaient
pas l'honneur et la gloire, la justice et le devoir. La patrie partageait
ces sentiments. « Quand, dit le général Maximilien Lamarque, le
géant de la révolution concentra dans lui la puissance et la gloire, la
France ne tarda pas à s'apercevoir qu'elle ne combattait plus pour
elle. La conscience ne commandait plus.... » — *De l'esprit militaire
en France.* — (Note de l'auteur).

2. Du cantonnement de Bidache, le capitaine Hulot adresse une
lettre à sa mère, et une seconde à un autre membre de sa famille
pour les rassurer sur le sort de son frère Jean-Gaspard. Nous détachons de cette dernière les passages suivants qui complètent le chapitre des *Souvenirs* sur l'expédition du Portugal:

« Nous sommes rentrés en France, le 21 octobre, à la même heure

Bidousse, au pied des Pyrénées. J'y croyais voir la tour
du Nord, le toit maternel, et les vieux chênes, chantés
naguère à 600 lieues de là, sur une mer qui charriait
encore les restes de dignes camarades partis avec nous.

Notre repos fut de courte durée. Le 3 novembre,
nous revînmes à Bayonne, et le lendemain l'Empereur

et le même jour que nous entrions en Espagne, il y a un an... C'est
dans la ville de Porto que la défection des Espagnols a commencé.
Cette ville, très docile au gouvernement paternel qu'avait établi
M. le général en chef, était commandée par M. le général de division
Quesnel qui, par ses excellentes qualités avait su se concilier l'estime et l'amour de ses gouvernés. Il n'avait avec lui que quelques
officiers d'artillerie et du génie, un corrégidor, auditeur au conseil
d'État, M. Taboureau, et un groupe d'employés. Toute la troupe
était espagnole : chaque jour ses officiers assistaient à des fêtes que
leur donnait M. le général Quesnel.

« Cependant un soir, où tous les Français étaient réunis chez ce
général, le général espagnol vint leur annoncer qu'ils étaient prisonniers de guerre. On crut que c'était une plaisanterie, mais il
fallut bien suivre le général et partir avec lui pour les frontières de
la Galice. L'aide de camp du général Quesnel que les Espagnols ont
laissé revenir à Lisbonne, m'a assuré que mon frère et tous ses compagnons d'infortune étaient parfaitement traités... A la nouvelle de
cette violation des conventions, monseigneur le duc d'Abrantès fit
désarmer et prendre toutes les troupes espagnoles qui se trouvaient
dans les autres provinces du Portugal. Cette mesure hardie fut
exécutée avec autant de promptitude que de courage et nous eûmes
plus de 6,000 Espagnols pour garantie de nos 20 Français de Porto...

« C'est dans ces circonstances que les Anglais firent des débarquements considérables, tandis qu'une grande partie des nôtres
étaient occupés de l'autre côté du Tage contre des troupes espagnoles et portugaises révoltées. Le général Delaborde commandant
la 1ʳᵉ division, dont je commandais moi-même l'artillerie, marcha
contre les Anglais avec un régiment et 3 pièces d'artillerie : il n'a-
vait que 300 hommes à peine à opposer aux 11,000 Anglais. Je ne
suivis pas ce général qui pourtant m'avait demandé ; M. le général
en chef voulut que je marchasse avec lui. Pendant plus de trois
jours, le général Delaborde arrêta l'ennemi et lui fit beaucoup de
mal ; les Anglais ne veulent point encore croire au petit nombre de
ses troupes.

« Le 20 août, au soir, l'armée française fut portée à 9,000 hommes
sous les ordres de Son Excellence le général en chef ; les Anglais,

nous passa en revue à son château de Marrac[1]. Il inspecta attentivement chaque homme du détachement, parla à beaucoup, et finit par me dire : « Capitaine, vous allez prendre sur vos 160 cannonniers les 120 qui sont le plus en état de rentrer de suite en campagne, formez-en votre compagnie et partez demain pour le siège de Saragosse. »

après des débarquements successifs, étaient au nombre de plus de 20,000. Cependant nous marchâmes à eux ; ils étaient cachés derrière les crêtes d'une montagne très avantageuse. Bientôt, au grand pas de charge, nous fûmes sur eux et nous obligeâmes leur première ligne à se jeter sur les autres. L'ennemi se retira derrière des jardins du plus difficile accès, et la fusillade et la canonnade recommencèrent avec une activité meurtrière.

« Après beaucoup de pertes de part et d'autre, les armées s'éloignèrent; celle des Anglais recevait des renforts continuels, la nôtre s'affaiblissait chaque jour et n'avait aucun espoir d'en recevoir ; on connaissait la capitulation du général Dupont; les vivres nous manquaient et la presque totalité du Portugal était révoltée. Il nous était impossible avec la meilleure volonté et toutes les ressources du courage français de tenir plus longtemps. Cependant, nous gardions une attitude menaçante et nous étions disposés à vendre chèrement notre vie, quand le général en chef, pour sauver cette poignée de braves qui restait debout autour de lui, a conclu avec l'ennemi la convention honorable que vous avez lue... »

Le capitaine Hulot connaissait-il alors la vérité sur le sort misérable réservé aux prisonniers français que les Espagnols, à l'imitation des Anglais, entassaient et torturaient sur leurs pontons? Ou bien feignait-il d'être la dupe de faux renseignements, pour rassurer sa mère et ses proches? C'est-ce que la correspondance du futur général ne nous apprend pas: nous croyons cependant qu'à cette date, les officiers de l'armée de Portugal, n'ayant encore vu aucun échappé des pontons, devaient ignorer les cruautés commises à bord de ces bagnes flottants.

1. Napoléon, parti d'Erfurth le 14 octobre, était arrivé le 18 à Saint-Cloud; il avait quitté Paris le 29 du même mois pour venir prendre en personne le commandement de l'armée d'Espagne. Il passa la journée du 3 novembre au château de Marrac, près de Bayonne, et employa la journée à passer différentes troupes en revue et à donner ses premiers ordres pour la reprise des hostilités sur l'Ebre. Le 4 novembre, il montait à cheval pour aller coucher à Tolosa, et le 5, il rejoignait le roi Joseph à Vittoria.

Le maréchal Duroc, ayant fait reconduire le détachement par un autre officier, me prit par le bras et me questionna beaucoup sur notre dernière campagne. J'étais des derniers sortis du Portugal et le premier que voyait Napoléon. Je répondis au maréchal avec vérité et circonspection. « Pourquoi, me dit-il, n'avez-vous rien demandé pour vous et pour votre détachement à l'Empereur, qui en est si content? » Je répliquai que je rougirais de jamais rien demander pour moi ; que pour les officiers, sous-officiers et canonniers, ils avaient bien mérité d'être récompensés, et que je saisirais avec empressement cette rare et favorable occasion, si notre général en chef, jaloux d'obtenir lui-même ces récompenses, ne me les avait promises personnellement, et que je l'offenserais en lui ôtant un plaisir qu'il se ménageait avec autant de bienveillance que de justice. Cependant le maréchal me rapprochait de Napoléon, qui voyait défiler d'autres troupes partant pour l'Espagne. « Sire, lui dit-il, le capitaine Hulot aurait des grâces à demander à Votre Majesté. — Que désirez-vous, capitaine? me dit l'Empereur. — Sire, enhardi par le général Duroc, j'aurais en effet beaucoup à demander à Votre Majesté, si M. le duc d'Abrantès ne m'avait prévenu qu'il se réservait cet honneur. » Alors Napoléon, se retournant vers le maréchal Berthier, lui recommanda d'écrire ce que je demanderais. Je ne crus pas offenser le général Junot en demandant une seule décoration pour un vieux sergent qui avait servi dans les quatre parties du monde. Trois jours après, je la lui remis à Pampelune ; il se nomme Guenot et est aujourd'hui, je crois, garde d'artillerie à Granville. Certes, j'étais à la source des grâces.

Je n'avais qu'à y puiser..... et j'ai eu lieu de regretter de ne l'avoir pas fait pour mes compagnons d'armes ; ma délicatesse fut extrême ; le duc d'Abrantès n'obtint ou ne demanda presque rien pour l'armée.

Je tirai de cette occasion manquée la triste assurance que Napoléon voulait que ses officiers fussent bien convaincus, que quand il les honorait de sa présence et leur permettait de lui adresser la parole, ils devaient oublier tout autre homme et toute autre chose, et croire qu'en leur parlant il les investissait pour le moment d'une latitude hors de toute atteinte et d'autre considération. Il n'en était pas de même en son absence, comme on le verra, après le siège de Saragosse, à l'égard de deux généraux de grade différent.

Je suis persuadé que si j'eusse demandé et obtenu directement pour mon détachement les grâces qu'il méritait et que le duc d'Abrantès m'avait promises, d'un protecteur puissant je me faisais un ennemi implacable, ce qui est souvent arrivé à d'autres. D'ailleurs, j'avais lieu de croire que mon général en chef (surtout après une campagne aussi difficile et aussi glorieuse, quoique non couronnée d'un succès impossible) obtiendrait plus que moi pour mes artilleurs. Il a tenu sa parole, mais infructueusement. J'ai vu dans cette circonstance et depuis, que le système de Napoléon était de ne pas récompenser une armée hors de son commandement, lorsqu'elle n'était pas victorieuse, quoiqu'il donnât avec empressement à un simple officier de cette armée qu'un heureux hasard conduisait vers lui.

CHAPITRE XVI

RENTRÉE EN ESPAGNE. — SIÈGE DE SARAGOSSE.

Le 5 novembre, je partis dès le matin de Bayonne avec mes 120 canonniers et deux officiers, recomposant la 15e compagnie du 6e régiment d'artillerie à pied. Je remontai les Pyrénées, le cours de la Nive, jusqu'à Saint-Jean-Pied-de-Port. A cette hauteur, les eaux près de leur source diminuent beaucoup, et les montagnes s'élèvent considérablement. C'est à ce point et en sortant de cette faible place, que je rentrai en Espagne, où bientôt je touchai le plateau sur lequel, en 1792, nos armées abattirent ce faux trophée que les Espagnols regardaient comme un monument de victoire sur l'arrière-garde de Charlemagne, tandis qu'il ne rappelait au voyageur instruit que le timide et lâche guet-apens du duc de Gasgogne et la mort glorieuse de Roland, l'illustre chevalier français. Mais l'infidèle burin n'avait pas tracé sur la tombe de ce héros son épitaphe, et nous craignions de fouler sa cendre.

HULOT.   17

En suivant le versant de l'Arga, nous descendîmes dans le bassin de Pampelune où nous entrâmes le quatrième jour après notre départ de Bayonne. Le parc de siège s'y rassemblait et avait pour directeur le nouveau colonel de notre régiment, qui nous reçut à merveille et prit ma compagnie sous ses ordres. C'est lui qui nous remit la décoration que j'avais demandée pour le sergent Guénot.

Pampelune, capitale de la Navarre, est une ville agréable et assez bien bâtie. La citadelle, qui est un pentagone régulier, située au midi, serait fort bonne si on remédiait aux défauts qui en compromettent l'artillerie, et par conséquent, la défense ; la fortification de la place, quoique moins importante, exige un siège ; l'Agra baigne le front du nord défendu d'ailleurs par un escarpement. Je fus chargé de travailler à l'armement de cette place et au parc jusqu'au moment de mon départ qui ne tarda guère.

Les maréchaux de France, Lannes et Moncey, battirent à Tudela, le 23 de ce mois, les armées de Castaños et de Palafox et nous donnèrent la possibilité de diriger les convois d'artillerie vers Saragosse où ce dernier général espagnol s'était jeté avec le reste de son armée et avec une multitude de paysans armés. Je reçus en conséquence l'ordre de me rendre avec un de ces convois et une partie de ma compagnie, au Bocal de la Tudela, en passant par les gîtes de Taffala, Caporoso et Valtierra.

Quelle différence entre notre première marche en Espagne, il y avait un an, et celle-ci! Aujourd'hui, si on venait à notre rencontre, c'était pour nous épier et nous fusiller; partout, sur la route, dans nos camps,

dans nos cantonnements, nous avions à craindre d'être
surpris et massacrés. Toute la population était exaspérée et armée ; la présence de Napoléon, jadis objet de
l'admiration des Espagnols, ne faisait qu'ajouter aujourd'hui à la haine et à la rage de ce peuple. Nos succès à Burgos, à Espinosa, en Catalogne, à Tudela, à
Madrid et au delà, la fuite des Anglais poursuivis jusque sur leurs vaisseaux, dissipaient momentanément
les armées ennemies ; mais elles se reformaient en détail sur tous les points.

Je passai l'Ebre à Tudela, ville petite et sombre, et
traversai le champ de bataille encore ensanglanté,
non loin duquel je m'établis, au Bocal del Rey, où une
branche de la rivière tombe en cataracte. Ce canal la
longe jusqu'aux approches de Saragosse ; nous profitâmes des magasins du Bocal [1] et fîmes filer par ce
canal les transports arrivant de Pampelune. Relevé
par d'autres officiers, je fus poussé à la station d'Alagon, à cinq lieues de Saragosse, place devant laquelle
je me rendis bientôt. Je posai mon bivouac près de
Montetorrero, sur les côtes arides et rocailleuses où
était assis le parc de siège. Quoique au commencement
de janvier 1809, et exposés à des vents et à des pluies
souvent très froides, notre abri ne consistait qu'en
une frêle baraque de genêts et de broussailles, dans
laquelle il était impossible de faire du feu ; nous n'avions
d'autres vivres que du mauvais pain et de la maigre
viande de chèvre ; encore n'étaient-ils pas plus assurés

1. De *boca :* bouche ou embouchure, *bocal* est un petit port établi
sur une rivière ou un canal au confluent d'un autre cours d'eau ; c'est
le *Conflans* de la géographie française.

que le vin, qui était très rare, mais nos travaux et nos
fatigues excitaient en nous la soif et l'appétit.

La ville de Saragosse, animée des sentiments de
haine et de vengeance, que l'irritabilité aragonaise
enflammait encore plus que dans tout le reste de l'Espagne, était surtout excitée par la présence de Notre-
Dame-del-Pilar, palladium sacré de ses murs et du
pays, et par une multitude de prêtres fanatiques. Cette
grande cité n'oubliait pas la levée récente du premier
siège, et conservait d'autant plus d'espoir, qu'elle
apercevait sur les hauteurs qui l'environnent, les feux
et les signaux encourageants des campagnards, armés
pour la soutenir. D'ailleurs, elle avait la plus grande
confiance dans l'énergie et l'intrépidité des chefs et
des hommes, qui composaient sa nombreuse garnison,
forte de 30,000 hommes, dont 8 à 10,000 d'anciens régiments, dans sa population considérable, augmentée
encore de contingents du dehors et dans une artillerie
de près de 150 bouches à feu. On y confectionnait de
la poudre, des armes et tout ce qui est nécessaire à
l'attaque et à la défense ; le personnel et le matériel de
la ville étaient consacrés à cet unique but.

Saragosse n'est pas une place forte, mais on avait,
pour la fortifier, profité de son heureuse position : assise dans une plaine, elle forme une ellipse allongée,
dont le grand axe un peu courbe est parallèle au cours
de l'Ebre ; cette rivière la sépare de son faubourg, qui
est bâti sur la rive gauche, et qui prend des revers à
droite et à gauche sur la ville. L'insuccès de l'attaque
du général Gazan[1], sur ce faubourg, un peu avant

---

1. Les causes de cet insuccès sont relatées au chap. V du 9e volume des *Victoires et Conquêtes*. — Gazan, comte de la Peyrière (Ho-

notre siège, avait trop prouvé le parti que les Espagnols pouvaient en tirer.

Sur la rive droite, Saragosse, vers l'est et l'ouest,
s'appuie à la rivière qui en défend la gorge de concert
avec le faubourg, lequel est protégé et flanqué lui-
même par la ville. Vers le nord, le château de
l'Inquisition et le couvent de Saint-Joseph, tous deux
fortement retranchés, formaient de bons ouvrages
avancés. Entre eux, à égale distance, coule la Huerba
couverte à son coude près de la ville, par une tête de
pont constituant un troisième ouvrage avancé [1].

---

noré-Théophile-Maxime), était en 1780 et à l'âge de 15 ans, sous-
lieutenant aux canonniers garde-côtes d'Antibes. A la Révolution, il
fut nommé major de la garde nationale de Grasse; en 1792, capitaine
à l'armée du Rhin. Il fit la campagne de 1796 sous les ordres de
Moreau, et s'y distingua tellement qu'il y acquit le grade de général
de brigade. Promu divisionnaire en 1799, il servit sous Masséna, en
Suisse, en Italie, en Prusse, en Pologne et en Espagne. On sait quelle
part brillante il prit au succès de la bataille d'Iéna. Comte de l'Empire en 1808, il reçut de Napoléon Ier deux dotations et la croix de
grand-officier de la Légion d'honneur pour sa belle conduite au
combat de Diernstein en 1805. Il fut nommé sous la monarchie, chevalier de Saint-Louis, pair de France et inspecteur général de l'infanterie. Il mourut en 1845.

1. L'historien anglais Robert Southey, nous donne dans son *Histoire de la guerre de la Péninsule*, une description de Saragosse, au
début du premier siège, à l'arrivée du général Lefebvre-Desnouettes
devant ses murs, en juin 1808. Nous en détachons la première page
qui nous montre que les Espagnols mirent à profit le temps écoulé
entre les deux sièges :

« Saragosse n'est point fortifiée : le mur en briques qui l'entoure,
de 12 pieds de hauteur et 3 d'épaisseur, était coupé en divers endroits
par des maisons qui faisaient partie de l'enceinte. La situation de la
ville n'a rien d'avantageux; elle est dans une plaine découverte, et
bornée de tous côtés par de hautes montagnes. Mais, à environ un
mille, dans le sud-est, existe le Torrero, monticule où se trouvaient
un couvent et quelques habitations. Le canal d'Aragon coule entre
cette élévation et une autre à peu près semblable, où les Espagnols
avaient placé une batterie. L'Ebre, qu'on passe sur deux ponts, l'un

En arrière de cette première ligne de défense, une forte muraille , élevée depuis l'entrée des eaux de l'Ebre jusque sous la tête de pont de la Huerba, liait des couvents fortifiés qui semblaient avoir été construits pour jouer le plus grand rôle dans un siège. La Huerba, aussitôt son coude, court à droite dans une profonde ravine au pied des maisons et se jette dans l'Ebre à sa sortie de la ville. C'était un fossé difficile à franchir, et derrière lequel les habitants avaient encore élevé une bonne chemise en maçonnerie que protégaient plusieurs couvents et d'autres bâtiments convertis en forts. Outre ces dispositions, les Espagnols avaient abattu les nombreux et riches oliviers qui embellissaient et couvraient la campagne vers Montetorrero. Ils avaient fermé toutes les rues et les intervalles des maisons par de fortes palissades et des barricades armées; les habitations et magasins,

en bois et l'autre en pierres, baigne les murs de la ville, et la sépare de ses faubourgs.

« Il reçoit les eaux de deux petites rivières, le Galego et la Guerva; la première se dirige vers l'est, et la seconde vers l'ouest de la ville. Le recensement fait en 1787 portait la population de Saragosse à 42,600 âmes. La ville est une des plus importantes de la Péninsule par son étendue. De ses douze portes, quatre ont appartenu aux remparts de l'ancienne Saldoba qui, embellie et agrandie par César, prit le nom de Cœsarea Augusta, d'où est sans doute dérivé par corruption, celui de Saragosse, comme Syracuse est restée pour les Espagnols, la Saragosse de Sicile.

« Saragosse est entièrement construite en briques; les couvents même et les églises, auxquels n'ont point été employés des matériaux plus solides, présentaient à cette époque, depuis les fondements jusqu'aux toits, de nombreuses crevasses. Les maisons, en général, de trois étages, sont moins hautes que celles de la plupart des autres villes d'Espagne et forment des rues étroites et tortueuses, dont une cependant, appelée jadis la rue Sainte, est grande et régulière... On devait s'attendre à un siège régulier, et l'on n'avait pour toute défense qu'un mur en briques, une faible artillerie et une poignée de troupes insuffisantes pour de nombreuses sorties... »

construits uniquement en pierres ou en briques et
en voûtes, étaient débarrassés de tout objet combustible ; enfin, plus de cent bouches à feu étaient en
batterie et soutenues par une mousqueterie formi-
midable.

Quand j'arrivai devant Saragosse, le siège était déjà
commencé ; on avait choisi pour point d'attaque, toute
la partie sise vers Montetorrero sur les deux rives
de la Huerba, avant son coude. Le faubourg, depuis la
dernière attaque était respecté. Le duc d'Abrantès venait de remplacer le maréchal Moncey dans le commandement du 3e corps et de cette grande opération à laquelle le 5e (maréchal Mortier) ne contribuait qu'en
observant le faubourg, contenant et repoussant les
nombreux ennemis du dehors et en cherchant des
vivres.

Mon général en chef me reçut avec la cordialité et les
bontés dont il n'a jamais cessé de m'honorer. Cet officier, plus instruit et mieux élevé qu'on ne le croit généralement, avait, par malheur, un tempérament de
feu qui l'a fait tomber longtemps avant sa mort tragique. Son découragement date de ce siège.

Le 12 janvier 1809, le lendemain de la prise du couvent de Saint-Joseph, je fus chargé de construire immédiatement à la droite de ce couvent, sur la crête de
l'escarpement de la Huerba et à demi-portée de fusil
de la place, la batterie n° 9. Ce travail me coûta des
hommes et beaucoup de peines, surtout à cause des racines d'olivier que nos pioches rencontraient à chaque
pas [1]. Je passai cinq nuits et cinq jours consécutifs sur

1. Je ne sais pas pourquoi, devant beaucoup de nos places où il
n'y a pas de galeries de mines, on ne plante plus les glacis. (Note

ce point. Après en avoir donné quatre à la construction et à l'armement de la batterie, j'employai le cinquième à l'essayer. Ce dernier service était de pur zèle; mais n'ayant que mon sergent-major pour me relever, je tenais à diriger les premiers feux de mes pièces, bien qu'il fût en état de le faire.

Pour que mes canonniers et travailleurs eussent moins à souffrir des coups de la place, j'employai d'excellents tireurs qui, par-dessus le parapet de la tranchée à droite et à gauche de ma batterie, fusillaient les artilleurs et fantassins ennemis; trois sacs à terre formant créneau servaient à garantir un peu plus chaque tireur. J'avais aussi fait élever à la queue et dans l'intervalle des plates-formes, de deux en deux pièces, de hauts et larges gabions autour desquels tournaient les canonniers pour éviter les bombes et les obus trop rapprochés.

Une pluie de plomb et de mitraille tombait continuellement sur cette batterie et me blessait des hommes, entre autres, mon meilleur sergent (le nommé Motte, bien connu depuis, dans la garde). Ces feux verticaux et meurtriers, sortaient d'un jardin voisin, couvert d'arbres et de charmilles. Impatienté de cet acharnement opiniâtre, je fis charger à balles deux pièces de 24, je les pointai moi-même, et y fis mettre le feu simultanément. Cette double décharge fut suivie de cris et de gémissements et bientôt après, d'un silence qui, dans ce jardin, ne fut plus interrompu. Pour peindre l'animosité et la témérité des assiégés, je dois dire qu'aussitôt qu'un de nos boulets avait percé une

rédigée par le général Hulot au moment de la composition de ses Souvenirs).

muraille de maison, on voyait sortir immédiatement de ce trou, un coup de fusil.

Quand j'eus achevé cette batterie n° 9, la portion de ma compagnie présente au siège (car l'autre était encore employée aux transports du parc) était partagée par moitié, pour la servir alternativement pendant 24 heures ; mon sergent-major, Lapaquellerie, me relevait.

Je n'abandonnerai pas cette batterie n° 9, sans rappeler comment elle a commencé son feu. Les Espagnols en construisaient en même temps une vis-à-vis la nôtre, et à très petite distance ; les uns et les autres nous avions fini l'armement la même nuit (les travaux respectifs pouvaient très distinctement être suivis chaque jour). C'était un duel d'artillerie à bout portant, il était donc essentiel de tirer le premier. Pour avoir cet avantage, j'avais la veille, remarqué très attentivement avec mon meilleur pointeur (l'artificier Montey, aujourd'hui chef artificier à La Fère), le pointement à donner aux pièces ; et le lendemain, avant le jour, après avoir enlevé le masque des embrasures, nous avions profité de nos remarques et de tous les indices pour diriger nos bouches à feu. Le crépuscule impatiemment attendu commence et s'accroît, les pièces sont amorcées et les boute-feu cachés par le merlon. Mais un brouillard épais empêche d'entrevoir le massif des parapets ennemis ; enfin, il se dissipe un peu, nous vérifions le pointage et je donne le signal de la première salve, puis, le feu continue à volonté.

La batterie ennemie ne put tirer qu'un seul coup, toutes ses pièces furent démontées, l'épaulement et le

moulin situé en arrière, culbutés, détruits en un instant. J'ai appris depuis que deux officiers et plusieurs
artilleurs espagnols avaient été tués par notre première salve. Vers midi, abattu par la fatigue et le
sommeil, je dormais si profondément dans un blindage de quelques leviers, entre mes pièces en action,
que le général en chef et son état-major visitant la
batterie, insistèrent pour qu'on ne me réveillât pas.

Le 22 ou le 23, je commençai une nouvelle batterie[1]
(n° 19) en face du couvent Santa-Engracia. J'employai
plusieurs nuits et plusieurs jours à ce travail; le 27 au
matin, elle avait ouvert ce couvent et fait une brèche
assez large mais encore raide, au mur d'enceinte de la
ville, quand le maréchal Lannes, arrivé la veille, ordonna l'assaut sur ce point. Nous y perdîmes beaucoup
de monde; le capitaine du génie, Second, fut tué à notre
brèche. C'est à cette batterie n° 19 que je fus frappé
d'une balle de mousquet tirée à portée de pistolet; elle
traversa ma ceinture assez bien garnie de quadruples
et s'arrêta en s'imprimant sur mes reins.

Parvenues au sommet des brèches, que l'explosion
des mines et le feu de l'artillerie et de la mousqueterie
ennemies rendaient très meurtrières, nos troupes fu-

1. D'après un plan du siège de Saragosse, retrouvé dans les papiers du général Hulot, les quatre batteries construites par lui faisaient partie de l'attaque principale de la rive droite : la batterie
n° 14 était située à l'extrême droite de l'attaque sur la rive droite
et dans l'angle des deux cours d'eau; la batterie n° 9 occupait la
droite du grand couvent de Saint-Joseph, vers le centre de l'attaque;
la batterie n° 19, située à gauche du front d'attaque et près du pont
de la Huerba, était la plus rapprochée du fameux couvent de Santa-
Engracia. Quant à la batterie construite dans la plaine près du couvent des Capucins, au milieu des vergers et des canaux d'irrigation,
elle n'est mentionnée ni sur le plan, ni dans la relation du *Moniteur*.

rent arrêtées par de nouveaux et très difficiles obstacles. Cependant elles réussirent à s'établir dans plusieurs couvents, entre autres dans celui de Santa-Engracia [1]. J'y fus envoyé pour servir trois pièces espa-

1. La brèche de Santa-Engracia fut emportée d'assaut par les compagnies d'élite du 1er régiment de la légion de la Vistule. Ce fait d'armes est raconté avec détails dans les *Souvenirs d'un officier polonais.*

Le siège de Saragosse est l'épisode le plus populaire et le mieux connu de la campagne d'Espagne, grâce aux nombreuses monographies rédigées par des contemporains dont plusieurs furent acteurs dans ce terrible drame ; les plus connues de ces relations sont : le *Journal du siège de Saragosse,* par Daudebard de Férussac ; ceux du colonel Rogniat et du commandant Valazé, la *Défense de Saragosse, relation des deux sièges,* par Cavallero, une autre relation espagnole, par Don Pedro Maria, et une anglaise, de Richard Vaughan.

En dehors de ces relations spéciales, il n'est guère d'histoire de la guerre d'Espagne, ou d'étude sur les campagnes de Napoléon 1er, qui ne renferme un ou deux chapitres sur ce siège célèbre.

Nous détacherons d'un volume devenu très rare, les *Fastes du* 14e *de ligne* par le commandant Dupré, le récit du premier assaut du siège, celui du couvent de Saint-Joseph auquel fut ensuite adossée la batterie nᵒ 9 du capitaine Hulot.

« Le général Junot, en prenant le commandement du 3ᵐᵉ corps, voulut signaler son arrivée par la prise du couvent de Saint-Joseph ; le 16 janvier, il chargea de l'attaque de ce fort, le chef de bataillon Stahl, commandant un bataillon d'élite destiné aux coups de main et dont les quatre compagnies de voltigeurs du 14e faisaient partie. Avec ce bataillon et les grenadiers du régiment, il s'empare d'abord du pont de la Huerba, s'y loge, et aussitôt, au signal de l'assaut, les grenadiers et voltigeurs s'élancent sur le couvent avec tant d'impétuosité que l'ennemi n'eut pas le temps de faire usage de tous ses moyens de résistance. La place tomba en notre pouvoir. Le capitaine Hardy et le grenadier Meuris montèrent les premiers à la brèche ; Stahl fut cité avec éloges à l'ordre de l'armée. Pour soutenir cette attaque, on avait envoyé deux pièces de canon avec cent cinquante hommes du 14e, commandés par le capitaine Vincent, à l'extrême droite de la tranchée, pour intercepter la communication avec la ville et couper la retraite de la garnison, lorsque le couvent serait pris ; mais l'ennemi dirigea, de la ville et du couvent, un feu si meurtrier sur ce détachement, que, bien que cette action ne durât que peu d'instants, de quatorze canonniers servants, trois seulement revinrent sans blessures : les chevaux restèrent sur la place ; un

gnoles que nous tournâmes contre la ville. Dire que les balles pleuvaient comme la grêle, et que les murs en étaient criblés et même percés, n'est point une exagération. J'avais assez de loisir et de sang-froid pour examiner l'effet incroyable de cette mousqueterie.

Le temps était venu, puisqu'on ne l'avait pas fait plus tôt, d'attaquer sérieusement le faubourg où se trouvaient abritées les personnes les plus influentes de Saragosse ; on nous a même dit que Palafox malade s'y

---

boulet blessa mortellement le capitaine Vincent. Le 20 janvier, le duc de Montebello vint prendre le commandement supérieur du siège. A cette époque, le chef de bataillon Stahl eut l'ordre d'enlever de vive force la redoute de l'Huillerie, située sur le cordon des couvents fortifiés et dont l'artillerie inquiétait nos travailleurs. A la tête de son bataillon de voltigeurs, il franchit le Gallego (la Huerba?) mais, en s'élançant dans les retranchements, il est atteint d'une balle, tombe et meurt au moment où, grâce à son impulsion, la redoute était prise. »

On remarquera ce commandement de huit compagnies d'élite confié à un simple chef de bataillon ; si cet officier eût été tué à l'attaque du 16 janvier, ce magnifique commandement revenait à un simple capitaine ; y avait-il donc déjà disette de cadres à cette époque ? — Quant au chiffre des compagnies d'élite, il y a lieu de se rappeler que les régiments avaient été portés de trois à cinq bataillons, par un décret de février 1808, sans doute en vue des prochaines éventualités de 'i guerre d'Espagne. Ainsi, d'après les *Fastes du 14ᵉ de ligne*, les 1ᵉʳ et 2ᵉ bataillons de ce régiment partent de Sedan, le 25 avril 1808, pour se rendre à Vire d'où on les dirige sur le camp de Rennes et, bientôt après, sur Bayonne où l'Empereur les passe en revue le 21 juillet, faisant de nombreuses promotions et *comblant le régiment de récompenses*. (L'*Itinéraire général de Napoléon*, par Perrot, place par erreur cette revue au 22 avril ; il s'agissait alors non pas du régiment mais du 4ᵉ bataillon de guerre, formé de deux détachements du 14ᵉ, employés aux travaux du canal de Saint-Quentin et expédiés avant les autres vers les Pyrénées). Le 3ᵉ bataillon fut tiré des deux premiers vers le mois de juillet et le bataillon de dépôt nº 5 resta pendant toute la durée de la guerre d'Espagne à Sedan. Un petit dépôt fut transféré successivement de Bayonne à Jaca, à Perpignan et enfin à Pau en 1814.

était retiré [1]. Mais, dès lors, le génie chemina en ville et agit de ses propres moyens par la mine, sans s'occuper encore du faubourg. Il fit dans cette partie du siège, la faute que fit depuis l'artillerie pendant quelques jours, à celui de Çiudad-Rodrigo, d'opérer séparément. Le concours et le concert de ces deux armes qui doivent être émules et non rivales, sont indispensables pour attaquer et pour défendre les places.

Dans ces attaques *intrà muros* où les assiégeants et les assiégés n'étaient souvent séparés que par une simple cloison ou un plancher, nous fîmes avantageusement usage des petits mortiers à la Coëhorn qu'un canonnier portait et plaçait à volonté. Le 1er février, j'étais avec plusieurs de ces mortiers et quelques pièces légères, en dedans de l'enceinte, vers la maison de l'angle ; le général Lacoste, commandant du génie, s'arrêta auprès de moi pour me donner quelques renseignements sur le tir que j'aurais à exécuter au point où il allait faire sauter une mine ; une heure après,

---

1. Le général Palafox qui, depuis un mois, n'était pas sorti du caveau où il se tenait renfermé pour éviter l'épidémie, en fut lui-même atteint. Il sentit son affaiblissement et envoya proposer au maréchal Lannes d'accepter le projet de capitulation qu'il lui avait offert lui-même quelque temps auparavant, en demandant pour condition que la garnison fût incorporée dans les troupes espagnoles. Cette proposition de la part d'une poignée de soldats moribonds, parut au maréchal un excès d'arrogance, elle fut refusée. Mais Palafox était hors d'état de supporter plus longtemps le commandement ; il le remit au général Saint-Marc, le 20 février et le 21 la ville capitula. Après sa guérison, le général Palafox fut emmené prisonnier en France (*Biographie des hommes vivants*, de Michaud). On voit que le commandant Denfert-Rochereau, nommé colonel et commandant supérieur de Belfort en 1870, par le ministre de la guerre Gambetta, ne fut pas l'inventeur du système de claustration qu'il adopta, d'après ses déclarations ultérieures, dans le but de se soustraire à l'entraînement des impressions de la population civile.

on le rapporta expirant ; le colonel Rogniat le rem-
plaça [1].

Cependant nos mortiers et obusiers du dehors ne dis-
continuaient pas de jeter des bombes et des obus sur
les quartiers que nous n'occupions pas encore, c'est-à-
dire au delà de nos ruines. Quoique bientôt toute la
ville n'offrît plus que ce triste aspect, il n'y avait point
d'incendie [2] ; notre canon battait encore quelques
points incommodes ou utiles à occuper, mais le génie
n'avançait en ville qu'en faisant sauter successivement
chaque maison, au moyen de la mine établie dans les
caves. Notre rôle, quoique moins actif, n'en était pas
moins pénible : il fallait bivouaquer toutes les nuits,
comme le jour, dans les batteries ; c'est dans celle que

1. Le colonel Rogniat ne fut nommé général qu'à la fin du siège
en récompense de ses services qui contribuèrent beaucoup au succès
des opérations. Il reçut le grade de général de division à la suite
du siège de Tortose. L'arme du génie comptait en outre dans son
état-major, le colonel Dode de la Brunerie et plusieurs chefs de bataillon, parmi lesquels, le commandant Valazé et le commandant
Haxo, en tout quarante officiers, sur lesquels vingt-sept furent mis
hors de combat pendant la durée du siège. Il faut attribuer ce résultat hors de toute proportion avec les pertes des autres armes, à
cette circonstance que les officiers du génie dirigeaient en personne
toutes les colonnes d'assaut.

Sur les onze officiers du génie tués à Saragosse, nous relevons
dans le neuvième volume des *Victoires et conquêtes*, les noms
de cinq capitaines blessés mortellement sur les brèches de différents couvents : MM. Barthélemi, Reggio, Viervaux, Joffrenot et
Jencesse.

2. Non seulement les caves, mais les rez-de-chaussée des couvents
et des principales habitations, étaient voûtés ; tous les édifices et
presque toutes les maisons possédaient des murs très épais de pierres ou de briques ; en outre, les défenseurs de la ville barricadaient
les rues, les ouvertures et les issues des maisons battues par l'artillerie française, non pas avec des gabions, mais avec des sacs de
sable qui n'offraient aucun aliment à l'incendie.

j'ai construite contre le château de l'Inquisition et le couvent des Capucins, que j'ai ressenti les premières atteintes d'une fièvre qui se développa quelques années après, à des reprises périodiques.

Cette batterie, jetée en plaine, loin de toute tranchée et communication, fut abandonnée, et l'on me chargea d'augmenter et de servir celle n° 14 donnant sur le pont et sur une partie du faubourg. J'avais tiré sur une tête de colonne qui passait sur le pont, et je cherchais à faire rectifier à mes canonniers le défaut des pièces de cette batterie qui étaient devenues, ce que les artilleurs appellent *folles*, c'est-à-dire qu'elles portent à droite et bas, lorsqu'on les pointe à gauche et haut, parce qu'elles sont avariées ; quand c'est possible, on les remplace avant qu'elles soient dans cet état.

Le maréchal Lannes et le duc d'Abrantès arrivèrent et me dirent : « Parbleu, capitaine, vous venez de faire un beau coup ; vous avez tué *** général espagnol [1]. » En même temps, ils m'indiquèrent eux-mêmes un objet à battre. Je pointais sur le but indiqué, lorsqu'un boulet tiré de la ville, près de la porte du pont, fracassa une roue de ma pièce et blessa mortellement

---

1. La *Gazette nationale* (alias *Moniteur universel*) du 8 mars 1809, renferme le rapport officiel de la prise et de la capitulation de Saragosse, avec le journal du siège à partir du 17 février. On y lit ce qui suit : « *Le général Oneille est mort*..... On désespère de la vie de Palafox qui est à toute extrémité. Cet homme est en horreur dans la ville. On a été obligé de mettre des gardes à sa porte pour empêcher qu'il ne soit lapidé par le peuple. Cette malheureuse ville fait pitié ; elle est un exemple mémorable des maux qu'entraîne le fanatisme. Le tiers des maisons a sauté par l'effet des mines ; les deux autres tiers ont été écrasés par les bombes. » Cette évaluation du *Moniteur* renferme, comme beaucoup d'autres du même numéro,

deux servants. Le brave maréchal prit par le bras
Junot qui ne connaissait pas plus la peur que lui, et
l'entraîna en disant : « Ce n'est pas là notre place ; que
dirait-on si nous y étions tués tous deux ? » Le feu de
la place était si vif et si bien dirigé que, si par oubli,
nous laissions sur le parapet une scie, un niveau, un
instrument quelconque, il était brisé de suite. De
temps en temps nos canonniers s'amusaient à mettre
un vieux shako (il y en avait de reste) au bout d'un le-
vier qu'ils dressaient contre le coffre de la batterie; rarement il y restait quelques minutes. Cela me fait souvenir que, dans le peu de temps que les généraux en
chef restèrent près de nous, un de leurs officiers adjoints, M. Vielban, aujourd'hui lieutenant-colonel d'in-

une exagération qu'il est facile de reconnaître sur le plan laissé par
le général Hulot.
Ce plan est accompagné de lettres fort intéressantes, rédigées au
bivouac sous Saragosse. Voici quelques passages de l'une d'elles
écrite par le capitaine à l'un de ses frères, le 16 février 1809 : « Mon
cher ami, nous ne nous attendions pas et personne ne devait s'attendre à l'opiniâtre résistance qu'offre la ville de Saragosse. C'est
aujourd'hui le trente-deuxième jour que les bombes, les obus et les
boulets pleuvent sur cette cité, sans qu'elle montre l'envie de se
rendre. Il y a quelque chose de bien plus fort, c'est que nous sommes
dans la ville, et même déjà avancés sur plusieurs points. Nous y
sommes entrés au moyen de deux brèches, en avant desquelles nous
nous sommes établis dans des maisons, après en avoir chassé les
Caracos (c'est le nom que donnent nos soldats aux Espagnols dont le
juron favori est : *Carajo !*) Depuis, on chemine, on avance au moyen
de la mine ou d'autres chicanes. L'artillerie s'établit aussitôt sur les
points les plus avantageux et ajoute ses feux à ceux des grenades
et de la mousqueterie ; du dehors arrivent les bombes et les obus
et je vous avoue que c'est un fracas et un tapage horribles... La
désertion est plus fréquente que jamais; des postes entiers avec leurs
officiers viennent nous joindre. Ils nous disent que la troupe de ligne
et les habitants honnêtes aspirent après la reddition de Saragosse,
mais les prêtres et les paysans réfugiés résistent... » Parmi ces
paysans on comptait 5.000 montagnards aragonais, robustes, sobres,
excellents tireurs et pour la plupart anciens contrebandiers.

fanterie, avait la main appuyée sur le parapet; on le
prévint de la retirer, il ne le fit pas, et nous quitta
ayant une balle dans le poignet.

Enfin, on s'était déterminé à attaquer le faubourg [1],

1. Le 18 février, la division Gazan enleva le faubourg de la rive
gauche en prenant d'assaut le redoutable couvent de Saint-Lazare.
Cette brillante affaire en effaçant le souvenir de l'insuccès de cette
division dans la tentative du début du siège, précipita la capitulation.
   Sur les 40.000 soldats de Palafox, dont 10.000 des vieux régiments
de ligne et 2.000 cavaliers, 15.000 seulement défilèrent devant l'état-
major français et furent conduits prisonniers à Pampelune et de là
à Bayonne, par la division Morlot. En comptant les 60 bouches à feu
enlevées dans les différents assauts, l'armée française trouva dans
Saragosse plus de 150 pièces de canons et 80.000 fusils, presque tous
de fabrique anglaise ; il restait peu de poudre et de projectiles aux
assiégés, mais ils leur restait du vin, de l'huile et du blé pour plusieurs mois. Nous adoptons les chiffres sur lesquels les différentes
relations se trouvent à peu près d'accord, mais nous négligeons
ceux du *Moniteur* qui sont évidemment majorés en notre faveur,
suivant la coutume des documents officiels de tous les temps et de
tous les pays. On trouva dans les rues et dans les décombres des
maisons abandonnées, 5.000 cadavres plus ou moins décomposés
dont la présence, ajoutée à la misère du siège et à l'horrible malpropreté des rues et des maisons, donne la clef des ravages d'une épidémie qui, au moment de la capitulation, enlevait de 4 à 500 habitants par jour. Palafox et ses lieutenants ne s'étaient occupés que
de la défense militaire de la ville, négligeant absolument la question
sanitaire, les hôpitaux et le service de la voirie.
   Dans le numéro du *Moniteur*, nous trouvons le rapport du commandant de l'artillerie du siège, le général Dedon aîné, qui renferme
quelques renseignements intéressants. Nous y voyons que l'armée
française employa à Saragosse 29 canons de 24, 11 canons de 16 et
32 canons de 12, 11 obusiers de 8 p. et 15 obusiers de 6, 12 mortiers
de 12 p., 14 mortiers de 8 et 6 mortiers de 6, en tout 130 pièces. Nous
y voyons en outre que notre artillerie consomma pendant le siège,
15.000 boulets environ et 17.000 bombes ou obus, presque 80.000 kilog.
de poudre de guerre dont 9.500 kilog. pour les mines, 18.000 fusées,
1.200 lances à feu et 73,000 sacs à terre. Ce rapport nous fournit
aussi un état des pertes de l'artillerie, ainsi conçu : «Vecten, lieutenant, tué d'un coup de feu en faisant construire une batterie dans
la rue Quemada, le 16 février. — Blessés : le commandant Lallier, le
capitaine Hulot, le capitaine Letourneur, les lieutenants Fresnel et
Marion. »

opération à laquelle ma dernière batterie prit part ;
bientôt après la ville se rendit (21 février), au bout de
52 jours de tranchée ouverte et après avoir perdu
50,000 personnes des deux sexes. En entrant dans Saragosse, je crus voir un vaste cimetière où les mou-
rants avait exhumé les morts et bouleversé les tombes.
Aussi je reçus avec plaisir l'ordre de partir pour aller
reconnaître dans les montagnes les chemins qui conduisent à Jaca, et pour visiter les environs de cette
place dont on projetait le siège. A Ayerbe, au pied des
Pyrénées et de l'Aragon, j'appris que cette forteresse
venait de se rendre, et j'accourus rapporter cette bonne
nouvelle à Saragosse. Déjà le maréchal Lannes l'avait
quittée pour rejoindre l'Empereur qui, lui-même, était
sorti d'Espagne. Ce loyal et valeureux chevalier, le
duc de Montebello, allait terminer sa glorieuse carrière
sur les bords du Danube où Napoléon, malheureusement pour nos affaires en Espagne était rappelé, soit
par les circonstances, soit par l'entraînement de sa politique belliqueuse. Le duc d'Abrantès ne tarda pas à
suivre de sa personne la même direction, après avoir
remis le commandement du 3e corps d'armée au général Suchet qui justifia si pleinement sa promotion.

Je ne puis, sans éprouver encore une pénible impression, me rappeler l'injustice insigne qui fut commise à la suite du mémorable siège de Saragosse, et
cela, pour de misérables causes, car elle jurait avec le
caractère du maréchal Lannes et contrastait avec la
politique de Napoléon. Le duc d'Abrantès commandait,
ainsi que je l'ai dit, le 3e corps, le duc de Trévise
le 5e, et le duc de Montebello était général en chef de
toute l'armée ainsi que de l'artillerie et du génie em-

ployés au siège de Saragosse ¹. Il était donc convenable
et réglementaire, que les demandes de récompenses de
la part des généraux commandants de corps d'armée
et d'armes fussent soumises et remises à ce maréchal,
pour être par lui adressées à l'Empereur. Le maréchal
Mortier et le commandant du génie suivirent la marche
hiérarchique. Le général d'artillerie qui commandait
au siège étant attaché au 3ᵉ corps, remit naturellement
toutes les demandes au général Junot, même celles
concernant l'artillerie de siège.

Quant au duc d'Abrantès, il adressa directement
toutes les siennes à l'Empereur à qui le duc de Montebello, mécontent de cette faute, écrivit que, sans
doute le général Junot n'avait rien à demander pour

1. Le 5ᵐᵉ corps (Mortier) se composait de la division Gazan, employée au blocus du faubourg de la rive gauche, et de la division
Suchet, constituée en corps d'observation et tenant la campagne
pour contenir ou dissiper les rassemblements extérieurs. Le 3ᵐᵉ corps
(Junot) comprenait, outre la brigade de cavalerie Wathier, la division
Morlot qui bloqua le château de l'Inquisition pendant la dernière
partie du siège et les deux divisions Grandjean et Meusnier-la-Con-
verserie qui furent seules constamment employées aux travaux du
siège sur la rive droite de l'Ebre; sur les 3.000 hommes mis hors de
combat du côté de l'armée assiégeante, les deux tiers appartenaient
à ces trois divisions, surtout aux deux dernières. Les régiments du
corps de Junot étaient les suivants : 11ᵉ, 44ᵉ, 115ᵉ, 116ᵉ, 117ᵉ et 121ᵉ,
1ᵉʳ et 2ᵉ de la Vistule.

L'armée française sous Saragosse comprenait en outre, 6 compagnies d'artillerie, 8 compagnies de sapeurs et 3 compagnies de mineurs ; en tout, moins de 35.000 hommes, soit 22.000, après le départ
de la division Suchet. Avant d'utiliser les pièces enlevées aux défenseurs de la ville, le général Dedon disposait de 60 bouches à feu.
Ce général ajoute dans son rapport que : « malgré la faiblesse des
moyens de transport, l'artillerie n'a jamais eu d'inquiétude pour ses
approvisionnements, grâce à l'activité avec laquelle on organisa la
navigation du canal d'Aragon et au bon emploi des moyens de réquisition qu'a fournis la Navarre. On doit se louer à cet égard du zèle
du vice-roi, M. le duc de Mahon, qui nous a parfaitement secondés... »

le 3ᵉ corps ni pour l'artillerie de siège. Le souverain généralissime combla de grâces le génie qui, en effet, avait bien mérité à ce siège et le 5ᵉ corps, quoiqu'il n'y eût pris une part directe que deux ou trois jours, à l'attaque du faubourg ; mais partageant l'humeur du duc de Montebello, Sa Majesté punit l'inconvenance ou l'oubli d'un général, en privant de toute espèce de récompenses le 3ᵉ corps et le personnel de l'artillerie qui, avec le génie, ont fait presque toute la besogne du siège de Saragosse [1].

1. Presque tous les mémoires du temps s'accordent pour adresser à Junot certains reproches dont nous ne trouvons cependant aucun écho dans les souvenirs du général Hulot. D'après ces témoignages injustes et passionnés, il fut avide, dissipateur, tyrannique dans ses commandements et gouvernements ; il était parfois brouillon et facile à circonvenir. Napoléon qui en avait fait son aide-de-camp et son favori et l'avait comblé de présents et d'honneurs, finit par se méfier de lui et de la duchesse d'Abrantès qui aimait le plaisir et ne détestait pas l'intrigue : il refusa toujours à Junot le bâton de maréchal, il le tint en demi-disgrâce à son retour de Portugal et à la suite de la campagne de 1812, dont un bulletin accuse le commandant du 8ᵉ corps d'avoir manqué de résolution, il l'envoya, complètement disgracié, gouverner Venise et les provinces Illyriennes. Ce fut là du reste le dernier coup pour le malheureux Junot ; abreuvé de chagrins, tourmenté par ses blessures, il revint se jeter par la fenêtre de son habitation de Montbard, dans un accès de fièvre chaude. Le *Mémorial de Sainte-Hélène*, se montre particulièrement agressif contre l'ancien compagnon et favori de Bonaparte : « Des grandes fortunes que Napoléon avait créées, celle de Junot avait été des plus désordonnées. Ce qu'il lui avait donné d'argent ne saurait se croire et il n'avait pourtant jamais eu que des dettes. Il avait dissipé de vrais trésors, sans se faire honneur, sans goût, trop souvent même, dans des excès grossiers... » — « Junot, dans la campagne de Russie, disait Napoléon, me mécontenta fort ; on ne le reconnaissait plus ; il fit des fautes capitales qui nous coûtèrent bien cher. » etc. Il est évident que Napoléon se laissait aller, en parlant ainsi à Sainte-Hélène, à la mauvaise humeur, pour ne pas dire aux emportements qu'il reprochait lui-même à Junot.

La confrontation des nombreux mémoires du temps nous jette au milieu de l'un de ces cercles vicieux si fréquents dans l'histoire anecdotique du XIXᵉ siècle. Est-ce le refroidissement de Napoléon Iᵉʳ et

Cependant, deux mois plus tard, je reçus l'avis de ma nomination au grade de chef de bataillon ; la lettre ministérielle datée du 11 mai 1809, porte que : *S. M. I.*

plus tard sa colère ou son injustice qui, en aggravant l'état des blessures du duc d'Abrantès, ont aigri son caractère et causé sa maladie noire ? Faut-il au contraire, attribuer la mauvaise humeur et les sévérités de Napoléon à l'esprit d'intrigue de la duchesse et aux incohérences de son ancien favori ? Si nous n'offrons pas la solution de ce problème, nous pouvons du moins faire remarquer qu'il ressort de la lecture des œuvres de la duchesse d'Abrantès et des jugements de ses contemporains qu'aux avantages de la beauté et de l'esprit elle joignait assez de goût, de tact et d'instruction pour avoir su se maintenir toujours dans les bonnes grâces de l'Empereur et dans l'intimité de Joséphine, et en même temps, sans doute, se créer des jalousies et des inimitiés à la cour. Elle était « jolie, pleine de talents et le modèle des élégantes ». Cet aveu échappe à Mme G. Ducrest qui prête à Junot un rôle si odieux dans ses *Mémoires sur Joséphine* (Tome 3). Nous ajouterons qu'en dépit de ses prodigalités et de son luxe, encouragés d'ailleurs par Napoléon, Mme Ducrest le reconnaît elle-même, la duchesse d'Abrantès prouve dans son *Histoire des salons de Paris*, que si elle fut une des dames les plus séduisantes de la cour de Joséphine, elle fut aussi une femme de beaucoup de cœur et que son affection pour l'Impératrice, comme son respect pour la mémoire de l'Empereur survécurent aux événements.

Le capitaine Hulot relève l'inconséquence de Junot à l'égard de Lannes et enregistre le préjudice que cette boutade maladroite causa à ses camarades et à lui-même. Si cependant, bien des années après la chute de l'Empire, il ne perd aucune occasion de louer le caractère et les procédés du duc d'Abrantès, comme il se louera plus tard des bontés de la duchesse, c'est qu'apparemment ces deux personnages étaient jugés tout différemment à l'armée et à la cour ; c'est que les anciens officiers des armées d'Espagne et de Portugal n'ajoutaient pas foi à l'histoire des prétendus griefs de la femme du général Bonaparte contre Junot, griefs que beaucoup d'historiens ont empruntés à l'ouvrage de la nièce de Mme de Genlis, sans se rendre compte de l'invraisemblance d'une accusation contre laquelle protestent en définitive les relations ultérieures des quatre personnages visés par le racontar à sensation de Mme Georgette Ducrest. Est-ce que l'illustre captif de Sainte-Hélène, assez dur, assez injuste pouvons-nous dire pour essayer de rejeter sur Junot les désastres de la campagne de Russie, lui aurait fait grâce de cet autre grief, s'il eût eu la moindre apparence de vérité ?

m'a promu à ce grade *en considération de la distinction avec laquelle j'ai servi au siège de Saragosse*[1]. Je m'informai aussitôt si mes camarades, qui avaient les mêmes droits, étaient aussi récompensés, mais j'appris que presque tous continuaient d'être oubliés et j'en fus très peiné. Ces braves montrèrent peu de temps après, en suivant leur digne chef, le général Suchet, qu'ils ne méritaient pas cet humiliant passe-droit; ils trouvèrent sur d'autres brèches, la mort ou des blessures suivies de tardives récompenses! Mais à la guerre, l'occasion perdue ne se retrouve pas; à ce jeu dangereux où, pour une chance heureuse, il y en a dix funestes, il est aussi déloyal que maladroit de frustrer le joueur qui a eu le bonheur d'augmenter son enjeu. Celui-ci ne dira-t-il pas avec raison: « Si, hier, on m'avait payé ce que j'ai gagné, aujourd'hui, j'aurais le double! »

Cependant Napoléon n'ignorait pas que le plus puissant mobile des armées, c'est l'ambition, j'entends une ambition modérée et légitime; malheureusement, il absorbait, pour ainsi dire, toutes les ambitions de son armée en les rapportant à lui, afin d'augmenter l'effet et le prestige partout où il agissait de sa personne. Des flatteurs l'ont comparé au soleil, mais aux armées, c'était un soleil local dont les rayons se concentraient

---

1. Cette pièce et celle qui est mentionnée plus loin sont signées *Le Ministre de la guerre, comte d'Hunebourg.* — Clarke (Henri-Jacques-Guillaume), général de division en 1795, fut ministre de la guerre trois fois : du 9 août 1807 au 3 avril 1814, du 11 au 20 mars 1815, enfin du 24 septembre 1815 au 12 septembre 1817; comte d'Hunebourg, il reçut le titre de duc de Feltre en juillet 1809; pair de France le 4 juin 1814, maréchal en 1816. il mourut en 1818, à 53 ans.

dans la sphère qu'embrassait son commandement comme général. Si quelques-uns s'en échappaient, ils allaient porter sur des chefs favorisés ; aussi, malheur à qui ne servait pas sous la bénigne et immédiate influence de cet astre radieux, ou de certains de ses satellites. Combien d'excellents officiers ont été oubliés, malgré leurs bons et nombreux services, parce qu'ils étaient employés au loin, sous des généraux non en faveur ; tandis qu'une foule de plus jeunes militaires bien moins méritants, mais placés dans une zone plus chaude, n'ont fait qu'effleurer les échelons pour parvenir aux sommités ! Je ne parle point par intérêt personnel : mon lot a été satisfaisant et s'il ne l'a pas été davantage, c'est que chez moi, le désintéressement a augmenté en raison de l'affaiblissement de ma santé. Je pouvais monter plus haut et je pourrais prouver que je me suis arrêté de moi-même sur l'échelle des récompenses, sans toutefois ralentir ni mon zèle, ni mes services ; mais j'ai eu trop d'occasions de remarquer les dégoûts fondés et les fâcheuses impressions qu'à produits chez les individus et dans le corps de l'armée, la partialité souvent mal appliquée de son chef suprême et de quelques-uns de ses lieutenants. Les Latour d'Auvergne sont rares, c'est pourquoi on les compte tout haut.

J'étais employé depuis le siège de Saragosse au retour d'une portion du matériel d'artillerie sur Pampelune, et, dans mon nouveau grade, je restais encore avec mon excellente compagnie réunie au village de Valtierra près de Tudela, lorsque le 14 juin dans l'après-midi, je reçus une lettre du ministre, en date du 25 mai. Cette lettre qui me fit beaucoup plus de plaisir que ma promotion (car celle-ci m'était promise dès Lisbonne), me prescrivait de partir sur-le-champ en poste pour me rendre à Hanau, et y prendre le commandement de douze bouches à feu, attachées au corps d'observation de l'armée de l'Elbe, sous les ordres du maréchal duc de Valmy.

CHAPITRE XVII

ALLEMAGNE. — ARMÉE DE L'ELBE. — CHEF DE BA-
TAILLON, COMMANDANT L'ARTILLERIE DE LA PREMIÈRE
DIVISION.

Je ne perdis pas de temps pour exécuter l'ordre aussi
pressant qu'agréable qui m'était donné d'aller rejoindre l'armée de l'Elbe. Après avoir rendu compte
de l'ordre du ministre et de sa très prochaine et exacte
exécution à mon chef direct qui était à quinze lieues
de moi, je remis ma compagnie et mes fonctions au premier officier sous mes ordres et je partis le lendemain,
15 juin 1809, pour ma nouvelle et lointaine destination, en passant par Pampelune où je vendis mes chevaux. Là (18 de ce mois), au risque de me faire enlever
par les guérillas, j'enfourchai un bidet de poste, pour
gagner au plus vite ma destination. Leste et joyeux,

je repassai la Bidassoa et arrivai bientôt à Bayonne.
Je n'y restai qu'une heure ; le soleil allait se coucher ;
je courus encore jusqu'à la poste de Dax où je me jetai
un instant sur un lit.

Le lendemain, dès trois heures du matin, je galopai
dans les Landes, et le soir j'étais à Bordeaux avant la
fin du spectacle dont je vis la dernière pièce ; j'avais
cependant fait à cheval, 90 lieues en deux jours [1]. Un
bon souper, un bon lit et un bain du matin me restau-
rèrent complètement ; aussi étais-je frais et dispos,
quand le lendemain matin, je montai en diligence pour
gagner Paris. Je ne fis, pour ainsi dire, que traverser
cette capitale : après avoir été au ministère de la
guerre pour toucher mes frais de poste [2], je pris la voiture des Ardennes et ne m'arrêtai dans mon pays natal
que le temps d'embrasser à la hâte ma bonne mère et
tous mes parents ; les hostilités étaient recommencées
sur le Danube.

Le 13 juillet, je passai le Rhin. Dès Carlsruhe et
Heilbronn, j'étais surpris de la froideur des Allemands

1. Il serait intéressant de rapprocher ce *raid* sans préparation et
sans prétention, exécuté par un officier d'artillerie sur un bidet de
poste, des *raids* à grand orchestre du *Militar-Wochenblatt*. On trouvera dans L'ARMÉE FRANÇAISE du 24 juin 1884, et du 1er juillet, l'analyse
détaillée de deux de ces raids qui passionnent depuis quelque temps
l'Allemagne militaire et excitent l'émulation de tous les centaures des
armées continentales. Si nous ne craignions d'abuser de l'attention
de nos lecteurs, nous pourrions mentionner ici certaines expéditions
de nos escadrons du Mexique, qui montreraient ce que nous aurions
pu faire en 1870, si la direction de notre cavalerie eût été confiée
avec liberté de manœuvres, à des hommes du métier, ayant fait
leurs preuves, comme le général Margueritte, pour n'en citer qu'un
seul.

2. D'après un état figurant dans les papiers du général, il reçut
alors la somme de 1.277 fr. 50 pour frais de poste de Valtierra à
Hanau.

naturellement prévenants et hospitaliers; je courus
même quelques dangers à Anspach et à Nüremberg.
Cependant, ¡le général Maison et son état-major auxquels je me joignis, facilitèrent mon voyage jusqu'à
Bayreuth où se trouvait mon corps d'armée que le duc
d'Abrantès commandait. Etait-ce à sa demande que je
devais de servir de nouveau ses ordres? Cette hypothèse me flatterait certainement, quoique ce général
perdît déjà des faveurs de la fortune et du souverain
qui semblait encore fixer cette inconstante déesse.

Les guerres, sans cesse renaissantes et la présence
continue et onéreuse des troupes françaises avaient
fini par lasser la patience de la nation allemande. Des
sociétés secrètes et des agents politiques soulevaient
les populations; plusieurs partisans, entre autres Schill,
tenaient la campagne et excitaient les paysans contre
nous. [1] Notre corps d'armée, le 8ᵉ, eut à combattre et à

---

1. On lit dans les *Mémoires du général Rapp* (p. 138) : « Napoléon
trouvait les Viennois plus exaltés que dans nos campagnes précé-
dentes ; il m'en fit la remarque. Je lui répondis que le désespoir y
était pour beaucoup ; que partout l'on était fatigué de nous et de
nos victoires. Il n'aimait pas ces sortes de réflexions. Schill courait
alors la Saxe ; il l'apprit et en fut inquiet ; c'était une manière de
sonder l'opinion. La Prusse préludait à cette guerre d'insurrection
qu'elle nous fit plus tard: j'avoue que je ne le croyais pas ; j'avais une
trop haute idée de la loyauté germanique. Je cherchai à dissiper les
préventions de l'Empereur ; mais ses soupçons étaient plus forts que
tout ce que je pouvais lui dire. Une autre circonstance contribuait à
le rendre défiant : la marche des Russes n'était pas plus franche que
celle des Prussiens ; ils tergiversaient. Ce manque de foi le rendit
furieux. Il résolut d'en tirer vengeance ; mais il lui fallait du temps.
La bataille de Wagram eut lieu ; je n'y assistai pas. Trois jours auparavant j'accompagnai Napoléon à l'île Lobau ; j'étais dans une de
ses voitures avec le général Lauriston; nous versâmes : j'eus une
épaule démise et trois côtes fracassées. L'Empereur poussa jusqu'à
Znaïm et revint s'établir à Schœnbrünn ; il y apprit enfin la défaite

dissiper ces rassemblements, dans la Souabe, la Franconie et la Saxe. Il y aurait eu beaucoup à faire sans
nos prompts succès sur le Danube ; car la haine active
de la Prusse remuait ciel et terre pour nous susciter
des ennemis. Les préliminaires de paix qui suivirent
la bataille de Wagram, rétablirent le calme dans nos
cantonnements ; j'y passai trois des plus beaux mois
de l'année au milieu de l'abondance, des agréments de
toute espèce et au sein de la plus aimable hospitalité.

Cependant l'Angleterre, toujours acharnée contre
nous, venait, tardivement à la vérité, de jeter sur l'île
de Walckeren une armée qui menaçait Anvers ; plusieurs de nos camarades furent appelés sur ce point.
Il était alors plus que probable que tout notre corps
d'armée se mettrait bientôt en marche, car l'Allemagne
n'avait plus besoin de tant de troupes, si nécessaires
ailleurs. En effet, le 20 octobre, nous nous dirigeâmes
sur Mayence par Bamberg, Würtzbourg, Hanau et

---

et la mort de Schill ; il en fut satisfait ; il eut cependant mieux
aimé que ce partisan eût été pris. »

Ce fut le chef d'escadron Séruzier, commandant l'artillerie légère
de la division Saint-Hilaire qui vint à bout du major prussien Schill
et de ses 10.000 partisans. Grâce aux dix escadrons d'artilleurs, hussards et chasseurs mis à sa disposition par le général Saint-Hilaire
qui avait su apprécier en dehors de sa bravoure légendaire, la fertilité de son imagination, il réussit une première fois à lui tuer par
surprise, 500 de ses meilleurs cavaliers, à Schnist, dans la *Marche
prussienne*. Mais Schill avait échappé de sa personne et le commandant Séruzier lui tendit un nouveau piège où il donna tête baissée
avec toute sa bande qui fut en partie massacrée dans les rues de
Stralsund ; Schill fut abattu d'un coup de fusil tiré par un vieux brigadier alsacien, du nom de Beckmann ; on s'empara en même temps
de son trésor composé de papier et d'or anglais. C'était encore le
commandant Séruzier qui avait enlevé pendant le siège de Dantzick,
le général Blücher et ses deux fils, dans la souricière de Neühaussen,
ferme de la Pologne prussienne. (V. les *Mémoires militaires du colonel Séruzier*.)

Francfort. A Bamberg, je fus logé dans un château qui est, je crois, celui où depuis, a péri si malheureusement le maréchal Berthier. [1] A Aschaffembourg, je dinai avec le prince primat qui nous fit l'accueil le plus aimable. Chez cet estimable prélat tout respirait le dévouement et la vénération qu'il portait au grand homme des temps modernes. Dans un des salons d'Aschaffembourg, on voyait, avec surprise sans doute, le portrait de Napoléon auréolé, sous la forme d'un soleil. Malgré ces hyperboliques démonstrations, le prince de la Confédération du Rhin et le roi de Saxe étaient bien les plus sincères et les plus fidèles alliés du souverain des Français ; l'un et l'autre le lui ont

1. Nos lecteurs savent que l'Empereur Napoléon avait marié Berthier avec la princesse Elisabeth-Marie, nièce du roi de Bavière. En 1814, le duc de Wagram s'était rallié aux Bourbons et avait accepté de Louis XVIII la pairie et une compagnie de gardes du corps; lors du débarquement de Napoléon Ier, il ne répondit pas à la lettre que celui-ci lui fit écrire, mais il accompagna Louis XVIII jusqu'à Gand, d'où il partit pour se retirer au château de Bamberg qui appartenait à son beau-père. Ce fut là qu'assistant du haut d'un balcon au défilé des troupes bavaroises partant pour la France, il se tua en tombant accidentellement, suivant les uns, frappé d'une congestion au cerveau, en se précipitant volontairement sur le pavé, suivant les autres, dans un accès de désespoir, à la pensée qu'un autre que lui allait prendre dans cette guerre continentale la place qu'il avait seul occupée jusque-là auprès de Napoléon Ier; enfin, d'après une troisième version, lancé dans le vide par des hommes masqués qui auraient profité du bruit des tambours et de la musique militaire pour approcher de lui sans éveiller son attention.

Le maréchal Berthier occupait naturellement l'esprit de Napoléon à son retour aux Tuileries; aussi figure-t-il dans le fameux dialogue entre l'Empereur et le général Rapp : « Concevez-vous cette b.... de Berthier qui n'a pas voulu rester ? Il reviendra; je lui pardonne tout, à une condition cependant : c'est qu'il mettra son habit de garde du corps pour paraître devant moi... » Berthier n'accepta pas cette condition. Il mourut à 62 ans, laissant deux filles et un fils qui fut pair de France sous Louis-Philippe et sénateur sous le second Empire.

prouvé par la suite, mais leurs propres sujets leur ont moins obéi qu'aux évènements.

Nous repassâmes le Rhin, le 31 octobre et restâm·s quelques jours à Mayence où je laissai la meilleure partie de mon matériel; ensuite le corps d'armée se mit en route pour Paris; on nous montrait, hélas! l'appât de la capitale, comme pour nous cacher la répugnante Espagne qui était derrière, mais nous ne prenions pas le change. Avant d'y rentrer, je voulus encore revoir mon pays et ma mère. En conséquence, avec un capitaine du génie, mon compatriote, M. de Jaubert, je m'embarquai jusqu'à Cologne sur le Rhin dont le cours me rappelait mes premiers services.

Quatre jours après notre retour dans la capitale, le 4 décembre, je fus nommé chef d'état-major de l'artillerie du 8e corps. L'Empereur nous y passait en revue pendant que le Sénat agitait ou plutôt sanctionnait son divorce avec l'Impératrice Joséphine. C'était avec un réel sentiment d'affection que nous plaignions et regrettions cette souveraine française, autant que nous blâmions intérieurement son époux. L'armée aimait beaucoup l'Impératrice et la regardait comme le bon génie de Bonaparte dont elle avait commencé la merveilleuse fortune. En la perdant, chacun se croyait plus veuf que lui; cependant la naissance d'un fils survint et sembla justifier cette ingrate politique; cet évènement fit oublier l'épouse, en mettant la mère en évidence.

Comme chef d'état-major, je fus très occupé à Paris où l'on réorganisait le personnel et le matériel de l'armée. Des détachements du train furent dirigés sur la Rochelle et sur Toulouse pour aller chercher les voi-

tures d'artillerie et les conduire à Bayonne où était
fixé de nouveau notre rendez-vous.

Le 20 décembre, le 8e corps quitta ses cantonnements autour de la capitale et se posta sur les Pyrénées,
en passant par Orléans, Vierzon, Limoges, Périgueux
et Bordeaux. Nous arrivâmes[1] le 27 janvier 1810, à notre destination où l'on ne nous donna que deux jours
pour nous reconnaître. Il fallait immédiatement passer
la Bidassoa et chasser les bandes qui infestaient la
Biscaye, l'Aragon et la Castille. Ces ennemis étaient
plus à redouter que ceux d'au delà du Rhin où nous
n'avions fait pour ainsi dire que paraître.

---

1. « .... Pour la cinquième fois, mon cher ami, je revois la ville
de Bayonnne, cette ville que l'on aime tant à traverser. Nous n'y faisons qu'un double séjour; c'est beaucoup trop court pour nos préparatifs, car c'est là que nous devons prendre, organiser, changer ou
renouveler notre matériel. Le 30, nous partons pour Logrono, ville
d'Espagne située aux confins des provinces de Biscaye, Navarre et
Castille. C'est sur ce point que se rassemble le 8e corps... » Lettre
de l'auteur, datée de Bayonne, le 28 janvier 1810.

CHAPITRE XVIII

TROISIÈME ENTRÉE EN ESPAGNE. — CHEF D'ÉTAT-MAJOR
D'ARTILLERIE DU VIIIe CORPS. — SIÈGE D'ASTORGA. —
OFFICIER DE LA LÉGION D'HONNEUR.

Nous ressortîmes de France, le 31 janvier 1807 et
vînmes coucher à Hernand, bourg situé à l'embranchement des routes de Burgos et de Saint-Sébastien. Le
6 février, nous quittions Cembrana et la route de Madrid pour prendre celle de Logrono où nous arrivâmes
le 7, après avoir dépassé Briones qui nous fournit un
assez bon gîte. La petite ville de Logrono, située au
milieu de montagnes arides et difficiles, sur la rive
droite de l'Ebre, a presque toujours été un foyer d'insurrection et un refuge de bandes. Le VIIIe corps y sta-
tionna plusieurs jours, fouillant et nettoyant le pays ;
il revint ensuite sur Miranda, que l'artillerie ne put

atteindre sans repasser l'Ebre à Haro; de là, ce corps d'armée se porta sur Burgos.

Le 15, en passant à Pancorbo, je perdis M. Garel, intéressant officier de mon état-major; dans la même route, quelque temps auparavant, j'avais eu déjà à regretter son jeune camarade, M. Bourgeois, mort comme lui bien malheureusement. Le 17, j'achevai l'organisation de notre artillerie à Burgos, où arrivèrent le général Foucher, venant pour la commander, et les derniers convois attendus de France. Le personnel de cette artillerie montait à 1,100 hommes et le matériel à 220 voitures traînées par 1,300 chevaux; il y avait 39 bouches à feu pour les trois divisions et pour la réserve du corps d'armée.

Quelles étaient alors la situation de l'Espagne et celle des armées françaises? Tant que nos généraux furent guidés et contenus par la présence de l'Empereur, le succès couronna nos opérations; l'harmonie et la confiance, maintenues dans nos armées, promettaient d'heureux résultats et auraient sans doute fini par opérer efficacement sur l'esprit des Espagnols; mais quand ces peuples eurent senti et le vide causé par l'absence de ce chef qu'ils haïssaient, mais redoutaient, et la faiblesse de son frère appelé à les gouverner, et le peu d'accord de nos commandants, enfin, l'assistance moins fragile des troupes anglaises, ils reprirent courage et redoublèrent leurs efforts hostiles. Cependant leurs fiers auxiliaires, malgré la facile et gratuite victoire de Talavera, rétrogradaient vers le Portugal, et les armées espagnoles restaient accablées sous le coup de leurs défaites à Ocaña, à Alba-de-Tormès et en Aragon. Enfin, malgré le défaut de com-

binaison et de liaison de nos opérations, malgré
l'amour-propre et l'égoïsme peu patriotique de certains
de nos chefs, nous poursuivions l'ennemi fuyant sur
Valence, sur l'Andalousie et sur le Portugal. Malheureusement, il semblait que chacun de nos corps d'armée agît pour son propre compte, qu'il appartînt à un
état particulier, tant il était indifférent et étranger au
sort des autres corps. Le roi, chargé de nous conduire
à la soumission de l'Espagne, était comme le soliveau
de la fable, méprisé de ses nouveaux sujets et dédaigné par les armées françaises ; nos généraux ne s'occupant de lui que pour excuser des torts ou pour justifier des refus de concours avec d'autres corps.

Napoléon, au lieu de rentrer dans la Péninsule après
le traité de Vienne, se contenta d'y rejeter de nouvelles
troupes et ordonna aussi de reprendre le Portugal.
Notre corps d'armée, étant un de ceux destinés à cette
expédition, dut contribuer à la préparer en s'approchant
du nord de ce royaume et en chassant l'ennemi des
provinces de Léon et des Asturies.

En conséquence, le duc d'Abrantès dirigea sur ces
deux points sa première et sa troisième divisions et
chargea la première des dispositions préparatoires du
siège d'Astorga. Avec sa seconde division et la réserve,
il se rendit à Valladolid où, le 2 mars, nous établîmes
son quartier général.

Dans la marche de Burgos à Valladolid, mon fourgon
d'état-major dont l'escorte n'était que de 20 pontonniers, fut attaqué entre Torquemada et Dueñas, par
un parti de 100 cavaliers espagnols. Ces braves artilleurs commandés par le sergent Coulommes, se défendirent avec la plus brillante valeur, et sauvèrent, au

prix de leur sang, le dépôt qui leur était confié. Ce sergent est mort depuis, venant d'obtenir le grade de capitaine d'artilleurs pontonniers.

Le 10 avril, les préparatifs du siège étant terminés, je suivis à Astorga le général en chef et le général de l'artillerie, en y conduisant le faible matériel que nous avions eu beaucoup de peine à nous procurer, quoiqu'on n'en manquât pas au grand parc; mais le duc d'Abrantès ne pouvait y puiser! Nous couchâmes à Medina-del-Rio-Seco où les voitures lourdes parviennent difficilement quand il a plu. Ces difficultés augmentèrent dans le cours de la marche, surtout au pont de l'Esla, rivière extrêmement encaissée en avant de Benavente; ce pont avait été réparé à la hâte, il fallut l'étayer. Enfin, le 17, je parquai devant la place attaquée les quatre pièces de 24 et une de 16 qui composaient toute notre artillerie de siège; le reste de l'artillerie était du 12, du 8 et des obusiers de campagne.

Astorga, sur la frontière et la grande route de Galice, est située sur un plateau peu élevé, mais à bords très prononcés et d'une forme rectangulaire. La ville en occupe toute l'étendue, excepté vers l'ouest où le seul faubourg conservé et retranché servait d'ouvrage avancé. Les autres faubourgs et maisons extérieures étaient brûlés et rasés. L'enceinte se composait d'une vieille muraille en bon état, très dure et épaisse de trois toises et de tours espacées de 36 pieds qui en flanquaient le pourtour. La garnison, d'environ 4,000 hommes de troupes de ligne [1], travaillait depuis plusieurs mois, avec une population de 4,000 habitants,

1. La *France militaire* donne le chiffre de 4,500 hommes prisonniers de guerre à la suite de la capitulation.

à augmenter les moyens de défense de ce poste bien
garni de bouches à feu. Déjà la première parallèle était
ouverte au nord de la ville, point mal choisi pour l'emplacement de la brèche, car la principale église se
trouvait immédiatement en arrière et à petite portée
de mousquet. Malgré ce défaut reconnu, on ne changea pas les dispositions primitives , aussi doit-on à un
bonheur inattendu de n'avoir pas eu à se repentir de
cette faute.

Le 18, accompagné du commandant d'artillerie qui
avait présidé aux travaux de l'arme et avec un de nos
capitaines-adjoints, j'allai parcourir les tranchées, les
batteries armées et reconnaître la place. Arrivés à
l'extrême droite de la parallèle, vers le faubourg, nous
en sortîmes et nous avançâmes trop près des remparts,
moins par témérité que par distraction, car dans ce
moment personne ne tirait ; mais au moment où je
disais en rebroussant chemin : « Voilà un singulier
siège, pas même un coup de fusil ! », nous reçûmes
plusieurs décharges de peloton et mon adjoint, le capitaine Lemoine eut la cuisse traversée d'une balle. Je
ne conçois pas encore comment, en le rapportant dans
la tranchée, nous n'avons pas été tués tous trois. Notre
faute fut blâmée avec raison.

Dès le 20 au matin, toutes nos batteries, même celle
de brèche, commencèrent leur feu. On voulait impro-
viser et brusquer la prise de cette ville dépourvue de
fortifications régulières, et qui semblait, par conséquent, ne pas mériter les honneurs d'un siège, quoique avant nous, d'autres corps, eussent déjà vainement essayé de l'emporter sans cet appareil. Dans la
nuit du 20 au 21, on répara les batteries et on conti-

nua d'inquiéter la place, en tirant par-dessus les tranchées, des obusiers et des pièces de huit qu'on promenait en deçà dans la campagne. Au moyen de talus ménagés dans la paroi intérieure de la parallèle, ces pièces en sortaient et y rentraient à volonté, de sorte que l'ennemi n'imaginait pas d'où partaient tous ces feux d'artillerie, n'ayant point remarqué pendant le jour, de nouvelles batteries. J'ai vu avec plaisir que depuis quelques années on exerce, dans nos polygones, les canonniers au tir à ricochets, suivant ce procédé. S'il n'en coûtait pas trop de temps et de travail pour qu'on pût ainsi promener ces feux dans la tranchée même, en l'élargissant suffisamment, il y aurait un avantage immense à le faire et bien moins de pertes à regretter.

Le lendemain, au point du jour, les batteries fixes recommencèrent à jouer. Le général en chef avec son état-major vint établir une espèce de bivouac dans la tranchée, un peu à droite de la batterie de brèche. Il était impatient d'entrer dans la place, parce qu'il prévoyait avec raison, qu'il pourrait être attaqué par une armée de secours. Quelques courtisans, fort mauvais connaisseurs en artillerie, lui firent entendre que nos canonniers ne tiraient pas comme il faut. Ce général, naturellement très vif, accourut tout en colère dans la batterie et gourmanda fort mal à propos et sans ménagements le général Foucher qui mordit son frein, pour ne pas faire une scène devant des subalternes. Pour moi, très contrarié de cette décourageante et injuste sortie, mais connaissant le caractère du duc d'Abrantès, j'ordonnai aux canonniers de charger et d'attendre mon commandement pour faire feu. Ensuite, m'adressant au général en chef, je lui demandai si ce n'était pas tel point de la muraille qu'il fallait battre. Sur sa réponse affirmative, je commandai *feu*, successivement à chaque pièce, laissant le temps de remarquer tous les coups. Le général Junot fut si satisfait qu'il me fit remettre vingt francs pour chaque pièce.

Vers midi, un officier d'artillerie sorti de la place, vint en parlementaire auprès du général, dans la tranchée qu'on lui laissa voir. Le duc d'Abrantès le renvoya en lui disant qu'il ordonnerait l'assaut à cinq heures et demie, si la place n'était point rendue à ce moment-là. Vingt minutes après le départ de l'officier espagnol, toutes les pièces d'Astorga tirèrent très vivement sur l'endroit de la tranchée où se trouvait le général en chef. Furieux, celui-ci me fait appeler et me charge de transmettre de sa part au général Foucher, l'ordre de redoubler le feu de toutes nos batteries jusqu'au moment de l'assaut qui aura lieu suivant le texte de sa menace.

Cependant le boyau de tranchée que le génie avait ouvert pour déboucher de la parallèle à la brèche, en était encore à plus de 60 toises, et la brèche elle-même était peu praticable. Néanmoins, les compagnies d'élite étaient prêtes à cinq heures un quart, et le général, la montre à la main, attendait l'heure fixée. Au signal convenu, les grenadiers et les voltigeurs s'élancent hors de la tranchée ; le terrain est bientôt couvert de morts et de blessés ; à chaque seconde il en tombe sur la brèche que ces braves ont peine à gravir. Ceux qui parviennent au sommet, sont arrêtés par un revêtement intérieur et encore intact du rempart, par la mousqueterie des créneaux de l'église et à droite par des coupures et des retranchements ; de tous côtés ils restent en butte à des feux tirés à bout portant. Dans cette extrémité, un grenadier s'écrie : « Faisons-nous un rempart de havresacs. » Aussitôt, ceux des vivants, des morts et des blessés s'élèvent en tas et forment un parapet contre les balles. Sous ce frêle abri, ces braves attendent la nuit : elle arrive, et, par un hasard inattendu, un soldat, en rôdant à quatre pattes, sent des pas de souris, les suit et arrive à une maisonnette où, d'après son avis, nombre de ses camarades se réfugient.

Dans la plus grande anxiété, nous attendions l'issue de cette attaque, renforçant les assaillants immobiles et nous empressant, sous le feu de la place, de joindre la brèche à la tête du boyau de tranchée par une sape volante double. C'est dans ce travail, je crois, que fut blessé M. de Jaubert (de Mézières). Les munitions allaient nous manquer et nos faibles corps d'observation supportaient déjà les attaques des troupes qui venaient secourir la place. Heureusement, elle se rendit avant le jour et nous tira d'un pas bien périlleux. Le même jour, 22 avril, je fus envoyé pour en recevoir l'artillerie.

L'Empereur apprécia ce résultat d'après nos faibles moyens et donna au général Junot beaucoup plus pour le siège d'Astorga que pour le siège de Saragosse. Je fus nommé officier de la légion d'honneur par ordonnance du 29 mai de cette année 1810.

La fin de cette opération a bien prouvé encore à quelles faibles causes tiennent souvent les résultats à la guerre [1]. Si les Espagnols à Astorga eussent fermé d'un simple mur le petit escalier qui, de la partie attaquée du rempart, conduit à une maisonnette, nous étions obligés d'abandonner l'assaut ; si même, ils eussent attendu le jour (seulement trois heures de

1. Il est clair d'après le récit du commandant Hulot que, dans cette circonstance, le succès du siège d'Astorga fut dû au sang-froid et à l'initiative d'un premier grenadier qui trouva le moyen de maintenir jusqu'à la nuit ses camarades sur la brèche ; ensuite, à la présence d'esprit d'un second grenadier furetant autour de la brèche et découvrant une issue et un refuge qui pouvait devenir au petit jour le point de départ d'un nouvel effort des assaillants. L'ennemi comprenant que la ténacité de ses adversaires jointe à la faute commise par lui de n'avoir pas muré ce passage, allait entraîner la prise et le sac de la ville, se hâta de capituler. *Faible cause* pour le commandant Hulot qui ne connaissait que les armées de la Révolution et de l'Empire composées d'hommes disciplinés et aguerris, de soldats façonnés au rude et difficile métier des armes, car les coups de main, les assauts et les attaques à la baïonnette étaient toujours confiées, comme on a pu le remarquer au cours de cet ouvrage, aux compagnies d'élite soigneusement recrutées parmi les vieux soldats de Louis XVI et de la Révolution ; *faible cause*, disons-nous, pour le commandant Hulot et ses contemporains ; mais non pas pour nous qui vivons à une époque de chimères sociales et de désorganisation démagogique, à une époque où l'on discute sérieusement les utopies les plus dangereuses, les paradoxes les plus inattendus, non par conviction, mais pour rechercher une malsaine popularité, des satifactions d'ambition, de lucre ou d'intérêt électoral ; non pas pour nous qui voyons l'armée sacrifiée par ceux-là mêmes qui devraient être ses partisans dévoués et ses premiers avocats ; par les députés qui ont failli la tuer en la dotant d'une loi de recrutement remplie de contradictions et de perfides sous-entendus ; par le ministre de la guerre lui-même qui s'est attiré les applaudissements de l'extrême-gauche en attaquant l'armée de Metz à la tribune et en osant y proclamer que les officiers de l'armée actuelle abusaient des sous-officiers.

L'armée française n'est plus soutenue aujourd'hui, en dehors du prestige que lui assurera toujours sa glorieuse histoire, que par un reste de souvenir des désastres de 1870 uni à la crainte salutaire de l'avenir et par une certaine pudeur de l'opinion publique. En somme les *faibles causes* du commandant Hulot constituaient précisément l'âme des magnifiques armées de Napoléon Ier. C'était les vieux sol-

plus), ils pouvaient juger de notre détresse et ils étaient secourus. Alors nos efforts hasardeux, au lieu d'être couronnés de succès, nous conduisaient à une défaite et loin de diriger en France la garnison d'Astorga, comme prisonnière de guerre, nous courions

dats, ne s'étonnant de rien et ne se démoralisant jamais, initiés par une longue pratique à certains secrets de la science militaire dont la connaissance leur permettait dans un cas de force majeure de faire face à l'ennemi, malgré l'absence de leurs officiers et de leurs sous-officiers. Leur sang-froid et leur initiative sauvait alors la situation et permettait de rétablir le combat par l'intervention des renforts. C'était leur métier à ces gens-là d'affronter gaîment la mitraille, sans discuter les ordres et sans poser pour les héros ; ils faisaient leur devoir ou tout simplement leur métier en donnant l'exemple aux conscrits et en cherchant à se tirer d'affaire sous les balles et les boulets, avec le même entrain et la même intelligence qu'à la manœuvre. Ceux qui croient que l'on peut faire un troupier en quelques mois de services et que les vertus et les qualités des anciens soldats de profession peuvent se remplacer par des phrases banales et des attitudes héroïques, ceux-là sont naïfs, mais ceux qui sachant à quoi s'en tenir, prêchent la réduction illimitée du service et se font un piédestal des vaines utopies du désarmement général, ceux-là sont des exploiteurs de la crédulité publique et des auxiliaires inconscients du prince de Bismarck.

Sous le second empire, avec les rengagés et les soldats de sept ans, avec les sous-officiers de 10 à 25 ans de service, nous avons encore connu le soldat de profession, content de son sort, fanatique du drapeau, de l'uniforme et des traditions de son corps ; c'étaient des débrouillards, des troupiers finis, tout ce qu'on voudra, mais ils avaient le feu sacré et l'on vit encore, comme à l'assaut nocturne du Borrego en 1862, de faibles causes amener de grands résultats. Les cinq ans de service ont commencé à battre en brèche le système des anciens soldats disciplinés et aguerris; la mobile et l'institution de la réserve ont continué l'œuvre de démolition. Aujourd'hui, c'est à qui donnera le dernier coup de pioche aux ruines branlantes de notre édifice militaire : nous n'avons plus que trois ou quatre mille sous-officiers dignes de ce nom, sur les 35,000 qu'il nous faudrait; quant aux soldats, avec les réductions du temps de service proposées et à moitié votées, ce ne sera bientôt plus qu'une garde nationale perfectionnée. Avec cette armée-là, il faut rayer de nos futures annales militaires les *faibles causes* amenant des résultats comme celui de l'assaut d'Astorga.

le risque d'être traités de même en Espagne. Mais l'é-
nergie du moment nous sauva, et là, comme à la suite
de Vimeïro, on doit de grands éloges au général Junot.

Le 27 avril, nous retournâmes à Valladolid, où nous
arrivâmes le 1ᵉʳ mai et où nous restâmes jusqu'au 28,
jour où notre quartier général partit pour Salamanque.

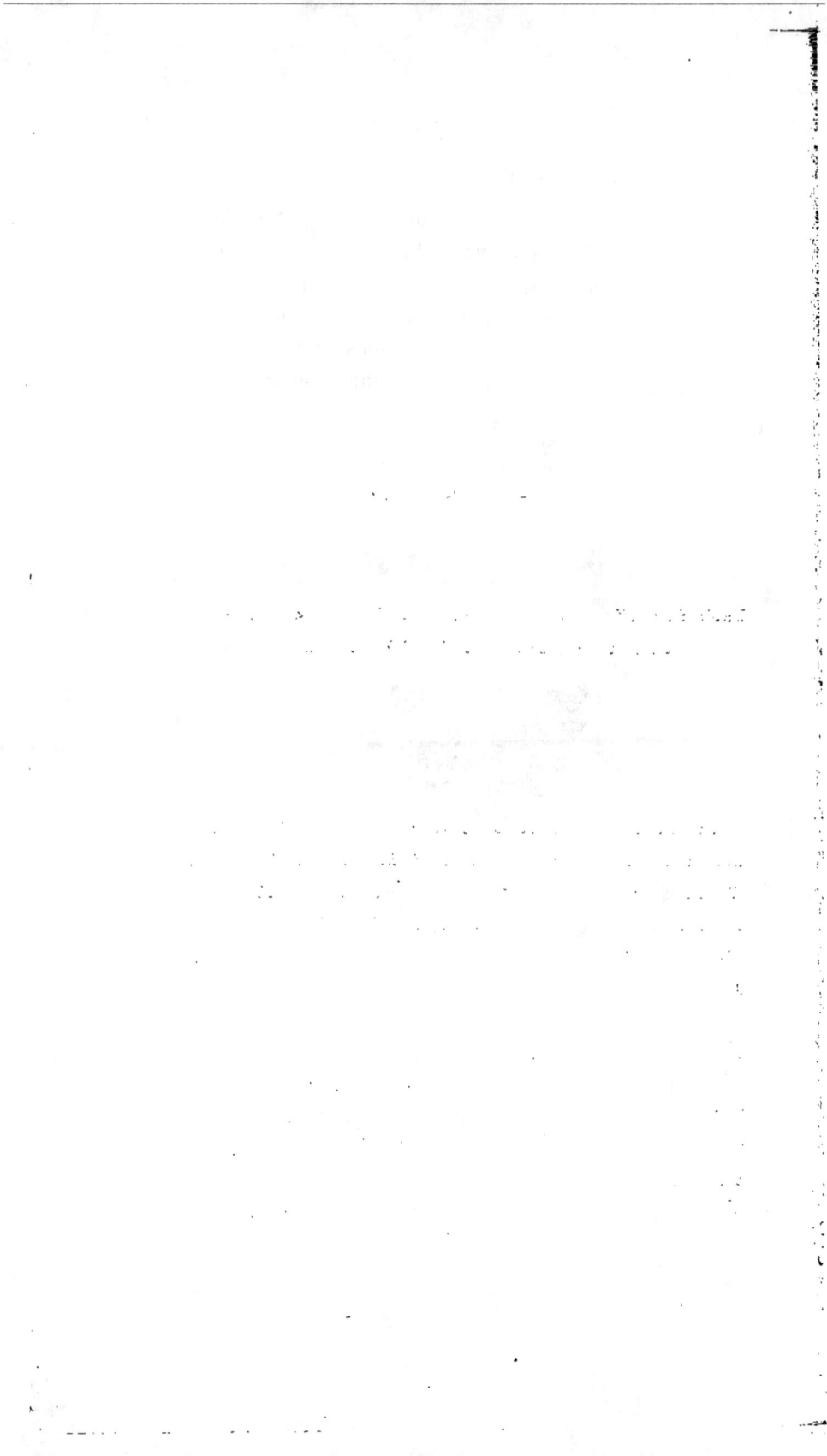

CHAPITRE XIX

TROISIÈME EXPÉDITION DE PORTUGAL. — MASSÉNA. —
SIÈGES DE CIUDAD-RODRIGO ET D'ALMÉÏDA.

Le maréchal Masséna, prince d'Esling, récemment
arrivé en Espagne, prit le commandement en chef de
la nouvelle armée du Portugal, laquelle se composait
de la division de cavalerie Montbrun; du 2ᵉ corps, Rei-
gnier; du 6ᵉ, maréchal Ney, duc d'Elchingen; et du 8ᵉ,
Junot, duc d'Abrantès.

Avant de pénétrer dans ce royaume attaqué pour la
troisième fois, Masséna voulut occuper les places-fron-
tières de Ciudad-Rodrigo et d'Alméïda. Leur occupation était de rigueur si le général en chef était décidé
à suivre la marche de Junot en 1807, dans la persuasion qu'elle serait moins difficile dans la belle saison.
Mais quoiqu'il résolût de prendre une direction plus

favorable pour les chemins et les ressources, il ne pouvait laisser derrière lui, au pouvoir de l'ennemi, deux places fortes ayant une garnison, un armement et des approvisionnements considérables ; elles sont les portes du Portugal pour une armée qui veut y entrer ou en sortir en deçà du Tage.

Les armées anglo-portugaises et espagnoles, aux ordres de Wellington et de la Romana, étaient opposées à la nôtre qui, malgré son infériorité numérique, ne demandait qu'à en venir aux mains ; mais le prudent général anglais, connaissant notre brillante valeur, voulait nous fatiguer par les privations et choisir son terrain et l'occasion pour agir à coup sûr. En conséquence, il nous laissa lutter contre ces places et ne nous inquiéta que très discrètement.

Dès la fin de mai 1810, le grand parc de siège commença à filer par Salamanque et Saumonos vers Ciudad-Rodrigo : le 6e corps s'en approcha, tandis que le 2e observait au midi, à Soria, l'armée espagnole, et que le nôtre, le 8e, faisait face au nord aux Anglo-Portugais qui occupaient le fort de la Concepcion et Alméïda.

Le 6 juin, le général Junot quitta Salamanque et alla établir son quartier général à San-Felice-el-Chico, derrière l'Agueda et à une lieue et demie au nord-ouest de Ciudad-Rodrigo, vers le fort de la Concepcion ; nos vedettes étaient à portée de fusil de celles des Anglais.

Avant de quitter Salamanque pour suivre le duc d'Abrantès, j'eus plusieurs fois l'honneur de dîner avec Masséna et l'occasion de lui voir tracer ses marches sur la carte. Il n'avait pas perdu son coup d'œil vif et

militaire et saisissait encore à l'instant dans son ca-
binet, comme il l'avait fait si longtemps et si à propos
sur le terrain, l'ensemble et le détail des grandes opérations, les avantages et les difficultés que ce terrain
pouvait offrir. Mais parfois, comme à la présentation
de notre état-major, par exemple, ce général disait :
« Je viens ici malgré moi, car je suis trop vieux et trop
souffrant pour servir encore : l'Empereur le veut ainsi
et répond à mes motifs de refus que ma réputation suffira. C'est flatteur, sans doute, mais on ne vit pas deux
fois dans notre métier, non plus que sur cette terre[1]. »

Malheureusement, le maréchal Masséna ne se trompait guère sur lui-même; il conservait toute sa bravoure; mais son activité n'était plus que celle du cabi-
net et son opiniâtreté dégénérait en entêtement. Aussi
pouvait-on, avec quelque raison, lui appliquer ces
mots que, dans leur jactance toujours punie, les Espagnols adressaient à nos vieilles bandes, quand elles
vinrent rejoindre nos jeunes troupes : « Vos lions, di-
saient-ils, remplacent vos moutons, mais ils ont les
dents usées. » Au reste, je le répète, ces ruades se
donnaient de loin au lion malade, car on ne l'approchait qu'avec circonspection et jamais impunément.

La place espagnole de Ciudad-Rodrigo est bâtie sur
un plateau dont l'escarpement élevé et presque à pic
au sud, est arrosé par la rivière de l'Agueda sur la-

1. Cet intéressant passage des *Souvenirs* donne un démenti caté-
gorique aux écrivains militaires qui ont soutenu que Napoléon Ier,
par un sentiment de jalousie rétrospective, se plaisait à tenir Masséna éloigné des commandements actifs. Cette opinion avait sans
doute pour base les jugements sévères, trop sévères peut-être, formulés pendant sa captivité par Napoléon Ier, et recueillis par Las
Cases (tomes II et III), par Montholon (t. III) et par O' Méara (t. I).

quelle se trouve de côté, le long pont de pierre qui conduit à la Fuente Guinaldo; les avenues sont bien moins élevées et moins sensibles dans les autres parties. Ce plateau est couronné d'une double enceinte en maçonnerie, formant les remparts de la place; l'enceinte intérieure, assez vieille, a 32 pieds de hauteur, la seconde est une fausse braie à redans qui est plus moderne mais trop basse; il y a des demi-lunes sur les fronts de l'est. Le faubourg et le couvent de Saint-François, au nord-est, sont à 200 toises de la ville; à l'ouest, celui de Sainte-Croix, se trouve à 100 toises. Les Espagnols les avaient fortifiés et blindés. Au nord s'élève le grand Teson : c'est un mont dont la cime spacieuse commande la place à 300 toises; dans l'intervalle, à demi-distance, gît le petit Teson, moins haut et moins étendu. A la droite de ce dernier règnent deux arêtes de même élévation et assez larges pour y recevoir des travaux.

Le 6 juin [1] le maréchal Ney investit Ciudad-Rodrigo; la veille, les généraux d'artillerie et du génie avaient

1. Dans les papiers du général Hulot, figure une lettre adressée par lui, vers cette époque, à sa mère et à son frère aîné, demeurant rue du Palais, à Charleville. Nous en détachons les passages les plus intéressants. — « Salamanque, le 4 juin 1810. — Nous sommes arrivés ici le premier de ce mois, après avoir passé par Medina del Campo, seule ville que nous ayons trouvée sur notre passage. De Valladolid à Salamanque, il n'y a point de grande route; on ne suit que des chemins de traverse, presque impraticables dans les mauvais temps, surtout pour l'artillerie. Ces contrées sont passablement cultivées, cependant il y a de bons terrains encore en friche, comme dans toutes les parties de l'Espagne. La ville de Salamanque, célèbre par son Université est moins grande que Valladolid; elle renferme, ainsi que toutes les villes et bourgs de ce royaume, une immensité de vastes maisons religieuses, aujourd'hui habitées par les militaires; sa place ainsi que les églises conservées sont superbes. Salamanque est, je crois, peuplée de 14,000 habitants au plus, quoiqu'un seul de ses bâtiments

fait une reconnaissance à l'effet de déterminer le point d'attaque et étaient convenus de proposer le saillant septentrional :

1° Pour n'être pas obligé de réduire le faubourg Saint-François ;

2° A cause du défaut d'ouvrage flanquant sur ce point ;

3° Vu son peu d'escarpement ;

4° Dans l'espoir de voir tomber les deux enceintes sous les coups de nos premières batteries.

Mais comme la garnison occupait encore les dehors, cette reconnaissance, faite de trop loin, fut incomplète. On demanda à la recommencer quand les assiégés seraient rejetés dans la place. Néanmoins, on s'arrêta à ce point d'attaque qui, en effet, était le plus favorable, quoique je ne trouve point fondés le premier et le dernier motifs allégués.

L'artillerie et le génie s'occupèrent donc de leurs premiers travaux (les mêmes que ceux détaillés au siège de Maëstricht) ; ils avaient été retardés par les mauvais chemins, surtout depuis Salamanque ; l'on

---

ecclésiastiques, il est vrai que c'est le plus grand, l'Université, peut contenir 4,000 hommes.

La rivière de Tormès arrose ses murs au midi, et va se jeter dans le Duero, au-dessous de Zamora, sur les frontières du Portugal. Nous voilà de nouveau à la porte de ce royaume bien au-dessous de la réputation qu'il avait en France, et qui ne la mérite que par quelques-unes de ses villes et quelques agréables contrées sur ses côtes et sur ses rivières. Les Anglais nous laisseront-ils entrer sans coup férir ? Je ne le pense point ; néanmoins, nous allons commencer à leur barbe le siège de Ciudad-Rodrigo : cette place prise, nous irons sans doute de l'avant... Je ne puis concevoir par quelle fatalité mes lettres ne vous parviennent point, quand je reçois toutes les tiennes... Écris à M. Lavalette, directeur des Postes, à Paris, si le 12 ou le 20 de ce mois, vous n'avez rien reçu... J. L. Hulot. »

était obligé d'employer des canonniers et des sapeurs pour les réparer.

Le 9, nos troupes surprirent le couvent de Sainte-Croix et y égorgèrent un poste de quinze hommes. Le 13, on entreprit sur le faubourg les travaux de la fausse attaque; ils attirèrent tellement l'attention et les feux de la place, que l'ouverture de la première parallèle, faite dans la nuit du 15 au 16, sur le grand Teson, ne fut pas inquiétée. On commença les premières batteries dans la nuit du 19 au 20, mais leur construction fut bientôt tourmentée et devint très meurtrière. Le personnel d'artillerie de notre corps d'armée qui, comme le 2ᵉ, était en observation devant l'ennemi extérieur, concourait cependant avec les artilleurs du 6ᵉ corps (chargé du siège) aux opérations de ce siège. Etant, en ma qualité de chef d'état-major d'artillerie, obligé de rester auprès du général Foucher et du duc d'Abrantès, je ne suivais ces opérations, quand j'en avais le temps, que par intérêt ou curiosité et pour mon instruction.

Dans la nuit du 23 au 24, on fit une fausse attaque sur le faubourg et une réelle sur le couvent Sainte-Croix qui fut pris, mais non conservé. Le 25, dès quatre heures du matin, les six batteries d'enfilade, d'écharpe, de plein fouet et même de brèche, ainsi que celles d'obusiers et de mortiers, commencèrent à jouer; cinquante bouches à feu en action ne tardèrent pas à incendier plusieurs maisons, à faire sauter un magasin à poudre et même à ruiner une partie de la portion du rempart battue en brèche. L'assiégé démasqua plusieurs nouveaux obusiers très bien placés et occasionna beaucoup de pertes et d'avaries dans nos batteries, dont deux souffrirent extrêmement de l'explosion de leur magasin à poudre. La place tirait d'autant plus juste que Ciudad-Rodrigo est une école d'artillerie. Les remparts que nous attaquions servent, durant la paix, de batteries de polygone, et sur l'emplacement où se trouvaient les nôtres, les Espagnols avaient leurs buttes d'Ecole.

Cependant la vivacité et les ravages de notre feu semblaient, dès le 28, ralentir celui de l'ennemi [1]. Ce fut alors qu'une de nos pièces de 16 éclata et tua dix de nos canonniers : il fallait que le métal fût bien aigre et l'alliage bien mauvais, car le bronze se gerce, s'entr'ouvre et n'éclate pas. A deux heures de l'après-midi, le maréchal Ney fit taire nos batteries et envoya un parlementaire au gouverneur Herasty. Pendant ce court armistice, on a remarqué que les Espagnols descendaient et remontaient sur les brèches, ce qui prouvait qu'à la rigueur elles étaient praticables. Mais pourquoi se presser, à moins de vouloir renouveler la témérité et la faute commise contre Astorga? Elles eussent été plus dangereuses ici où il y avait une contrescarpe, laquelle était encore intacte. Il est vrai que, dix-huit mois plus tard, les Anglais nous ont repris Ciudad-Rodrigo en livrant l'assaut, sans attendre que leurs travaux fussent plus rapprochés du corps de

---

1. « ...Le bataillon des chasseurs de siège, composé des plus braves et des plus adroits tireurs des régiments de l'armée, souffrit grandement (au siège d'Almeïda); M. le maréchal Ney les avait réunis en corps, au siège de Rodrigo, pour tirer dans les embrasures de la place. Ils se logeaient dans des trous-de-loup, à 20 toises des glacis, et de là, ils tuaient les canonniers espagnols qui, auparavant, incommodaient continuellement nos tranchées...» (*Relation historique et militaire de la campagne de Portugal sous Masséna*, par le commandant Guingret).

place et en se servant de sacs à terre et de fascines pour
la descente du fossé toujours à sec. Mais ils se rappellent encore avec regrets cette imprudente attaque; elle
n'eût même pas réussi, malgré leurs grands sacrifices,
si la petite brèche avait été défendue comme la principale et si les Français se fussent mieux gardés.

Nos propositions ayant été noblement rejetées par le
gouverneur espagnol [1], le feu recommença de part et
d'autre avec une nouvelle ardeur. Les Anglais voyaient
les ravages de Ciudad-Rodrigo sans faire le moindre
mouvement pour secourir cette place alliée. Cependant,
notre 8e corps poussa une forte reconnaissance contre
leur avant-garde près de Marialva, sur l'Azava, et la
rejeta sous le canon d'Almeïda, en deçà de la Coa où
campait l'armée de Wellington. Peu de jours après, sa
cavalerie, voulant prendre une revanche, vint, à trois
reprises, charger en nombre quadruple une de nos
compagnies de grenadiers aux avant-postes. Formée
en carré, cette poignée de braves ne recula pas d'une
semelle et abattit à ses pieds cavaliers et chevaux
anglais. Au bruit des décharges de mousqueterie, nous
courûmes sur ce champ d'honneur, où je vis les trophées de cette intrépide compagnie du 22e régiment
d'infanterie de ligne, commandée par le capitaine
Gouache. La plupart des fusils français étaient tailla-
dés par les sabres anglais. Cet exemple prouve ce que

---

1. « Après quarante-neuf années de service, répondit don André
Hérasty, je connais les lois de la guerre et mes devoirs militaires.

« La place de Ciudad-Rodrigo n'est point en état de capituler, et n'a
point de brèche qui l'y oblige. En conséquence, je ne puis qu'engager
Votre Excellence à continuer ses opérations contre la place. Je saurai
moi-même, par égard pour l'humanité, et quand les circonstances
m'en feront un devoir, demander à capituler, après avoir mis à couvert mon honneur qui m'est plus cher que la vie. »

peut contre la cavalerie, une infanterie aguerrie : nos pontonniers l'avaient déjà fait voir.

Pendant que le génie poussait son cheminement devant Ciudad-Rodrigo, l'artillerie augmentait son feu par de nouvelles batteries d'enfilade. Une des anciennes fut encore bouleversée avec la plupart des artilleurs, des servants et des gardes d'artillerie, son magasin à poudre ayant sauté. Les officiers d'artillerie doivent, autant que possible, construire ces magasins souterrainement, derrière ou sur les côtés de la batterie, bien soutenir les terres par des pointaux, des châssis et des madriers, et couvrir les tonneaux de poudre avec des prélarts, pour éviter la trop grande humidité. On communiquerait à ces magasins par des boyaux que masquerait le parapet de la batterie ou par les boyaux de communication de cette batterie avec la tranchée.

Nos canons de brèche trop hâtivement placés suspendirent leur feu ; les mortiers, obusiers et canons à ricochet continuèrent de tirer. Dans la nuit du 1er au 2 juillet, deux couvents du faubourg furent enlevés ; on commença aussitôt, sur le petit Teson, une nouvelle batterie de brèche, travail qui nous coûta infiniment de peines et d'hommes, parce que son assiette manquait de terre et qu'il fallait l'aller chercher plus loin dans des sacs.

Dès le 9, notre artillerie avait acquis une supériorité très prononcée sur celle de la place : le pan de mur de la brèche tomba bientôt dans le fossé, et la contrescarpe fut enlevée par la mine. Dès lors, nos obusiers et d'autres bouches à feu tirèrent avec plus de vivacité pour empêcher de déblayer ces brèches et

pour contrarier la construction de retranchements
intérieurs.

Le 10, vers quatre heures du soir, j'étais à la tête de
la sape, auprès du maréchal Ney qui, ayant examiné
la brèche, demanda quelques soldats de bonne volonté
pour y monter et la juger de près ; il s'en présenta
beaucoup. Le général en désigna trois qui descen-
dirent aussitôt dans le fossé, gravirent les deux brèches et déchargèrent leurs pistolets sur la place, en
criant : « Vive l'Empereur ! » Tous trois nous re-
joignirent sains et saufs [1]. Le silence, qui précède souvent les scènes de carnage, règnait dans la place et
dans nos tranchées. Le duc d'Elchingen retenait avec
peine ses voltigeurs et ses grenadiers [2], lorsqu'un
drapeau blanc parut au haut de la brèche. Aussitôt
nos troupiers déposant leurs armes montent sur les
parapets de tranchée et les Espagnols se répandent
sur la brèche. Le général français demande le gouverneur ; celui-ci se présente en habits bourgeois ; le maréchal Ney lui dit : « Monsieur le gouverneur, après
une défense aussi brillante, vous ne devez pas craindre
de porter votre uniforme, vous l'honorez autant qu'il
vous honore. » Le soir, le 6e corps prit possession des
principaux postes de la place et, le lendemain, la garnison, encore forte de 5,000 hommes, fut dirigée sur

1. D'après les *Victoires et Conquêtes*, le choix du maréchal s'arrêta
sur le caporal de grenadiers Thirion, du 50e de ligne, sur Bombois,
carabinier, et Billeret, chasseur du 6e d'infanterie légère.

2. D'après la même source, les colonnes d'attaque étaient composées
des chasseurs du siège, aux ordres du capitaine Sprünling, adjoint
à l'État-Major, de 300 voltigeurs, et 300 grenadiers commandés par
Delom, chef de bataillon au 6e léger et Dutoyat, chef de bataillon au
69e régiment de ligne.

la France. Le chef des partisans, San-Julian, avait trouvé le moyen d'échapper par le pont de l'Agueda, avec sa cavalerie.

Dans ce siège, l'artillerie eut six officiers et trente-quatre sous-officiers et canonniers tués ; neuf officiers et deux cent-trente-trois sous-officiers et canonniers blessés. Pour sa part, notre corps d'armée comptait parmi les premiers, deux capitaines et quinze sous-officiers ou canonniers. A ce siège, notre arme paya chèrement quelques fautes, comme le génie à Saragosse.

Le 14 juillet, je quittai le hameau de Palacio, notre dernier cantonnement pendant cette opération, et je me rendis avec le quartier général du 8e corps à Lédesma, petite ville sur le Tormès, au-dessous de Salamanque. Nous restâmes plus d'un mois dans ce pays triste et pauvre, si on en excepte ses bons vins. C'est là que, pour la première fois, je vis un combat de taureaux, ce spectacle dont les Espagnols sont si friands. Un des premiers matadors du royaume y avait été appelé. L'arène était la place publique de Lédesma, qui est construite, comme dans presque toutes les villes de l'Espagne, de manière à servir de cirque pour ces divertissements.

Le taureau suivant la génisse, inconsciente du rôle perfide qui lui est confié, entra dans l'arène où on le laissa seul, après avoir retiré sa compagne. On sait qu'en Espagne les plaines et les bois incultes [1], quoique très fertiles, sont couverts d'herbes hautes et épaisses où naissent et paissent en liberté des bandes

1. Il y a des bois en Espagne, sur les frontières du Portugal. (Note de l'auteur des *Souvenirs*.)

sauvages de bêtes à cornes. Les cavaliers s'amusent et
les bouchers s'occupent à les chasser et à les abattre
en leur coupant le jarret, au moyen d'une lance recour-
bée. Pour attirer les taureaux destinés aux combats,
on lâche une génisse privée, ayant une sonnette au
cou ; le soir, suivie du mâle trop confiant, elle rentre
avec lui à l'étable qu'on referme aussitôt sur eux.

Le taureau que nous avions sous les yeux, troublé
par l'immense concours des spectateurs et privé de sa
compagne, promenait autour du cirque des regards
inquiets. Quatre à cinq picadores, armés d'un drapeau
rouge et d'une petite pique, s'élancent dans l'arène ;
avec précaution et légèreté, ils approchent de l'animal
qui se tient en arrêt, et qui est d'autant plus redoutable qu'il paraît plus calme. A la vue du pavillon
rouge, le taureau dresse la tête ; on le lui passe et
repasse brusquement devant les yeux. Les cornes
basses, il se précipite dessus pour percer l'homme qui
le tient, mais celui-ci échappe par une volte et se représente aussitôt. Parfois, on pique le taureau et
même on lui jette des dards remplis d'artifices ; dès
lors, il devient furieux, et malheur au picador qui se
laisse atteindre ! Quand l'homme ne peut se détourner
assez tôt, il laisse tomber son drapeau ou sa cape que,
dans sa rage, l'animal prend pour l'ennemi dont il a
perdu la trace. Des échelles fixes sont ménagées pour
servir de refuge aux combattants serrés de trop près
par le taureau.

Après cet acte de prélude, le toréador ou matador,
en costume élégant et léger, paraît en scène, tenant
un long poignard et un drapeau ; il salue l'assemblée,
s'approche de la loge du général en chef, s'incline, et

indique qu'il va abattre le farouche animal sous les
yeux de Son Excellence et en son honneur. Il reçoit
alors le présent d'usage [1] et chacun jette de l'argent à
ses pieds, après quoi l'acteur favori va au taureau et
cherche à l'étourdir en le faisant tourner vivement sur
le point choisi par lui pour le dénoûment du drame,
sans cesser dans ses mouvements souples de lui présenter le pavillon rouge. Enfin, quand le moment lui
paraît favorable, le matador, tenant ce drapeau de la
main gauche, tend le poignard de la droite; l'animal,
cherchant le premier, se jette sur le fer. S'il tombe
mortellement blessé, toute l'assemblée applaudit avec
éclat au matador; dans le cas contraire, même si celui-
ci succombe, on crie : « Viva toro! » Ce jour-là, nous
vîmes abattre et mourir quatre de ces animaux dont
un faillit devenir le héros de la scène. Quand le taureau est à terre, expirant, trois ou quatre chevaux,
attelés de front à ses cornes, le promènent trois fois au-

1. D'après ce récit, on conviendra que le patriotisme tant vanté du
peuple espagnol était, au point de vue de nos idées et de nos mœurs,
passablement élastique. Les acteurs comme les spectateurs de ces
corridas de toros fournissaient sans doute, entre temps, des chefs et
des soldats aux *guerillas* qui fusillaient nos courriers, nos traînards
et nos détachements isolés, et achevaient sans pitié les blessés abandonnés sur les champs de bataille ou dans les hôpitaux des villes
évacuées. Il en est du patriotisme comme des couleurs, on perd son
temps à discuter sur ce sujet. L'attitude de la *primera espada* de
Ledesma, acceptée par toute l'assistance, n'en est pas moins caractéristique : elle nous fournit un point de repère pour l'étude compa-
rée de la légende et de l'histoire des guerres du premier empire.
Pour les philosophes, l'école des courses de taureaux est évidemment, sinon l'excuse, du moins l'explication physiologique de la fé-
rocité déployée par le peuple espagnol dans la défense de son territoire contre les soldats de Napoléon Ier. L'habitude de cet ignoble
spectacle doit nécessairement paralyser, chez ceux qui en usent, la
fibre humanitaire, et, dans une certaine mesure, les ramener à la
barbarie.

tour de la sanglante arène; c'est le triomphe de l'Achille espagnol.

Masséna, après le siège de Ciudad-Rodrigo, avait rejeté les Anglais au delà de la Coa et avait fait cerner Alméïda. L'armée de Wellington avait pris une nouvelle position, sa gauche à l'embouchure de la Coa dans le Duero, son centre et sa droite derrière les montagnes de Guarda; avant de s'éloigner, elle avait fait sauter deux bastions du fort de la Concepcion. Le 8e corps occupait toujours la droite de l'armée française et observait l'aile gauche des Anglais. Le 14 août, tout étant disposé pour le siège, notre quartier général se rapprocha d'Alméïda et s'établit à San-Felizel-Grande, bourg situé en deçà et près de l'Agueda. J'y perdis, par suite d'une course forcée, un cheval de quarante louis.

Alméïda est la seule place entre le Duero et le Tage, si on excepte toutefois Abrantès, située sur la droite de ce fleuve, mais au delà des montagnes de Beïra. C'est un hexagone assez régulier avec demi-lune, et chemin couvert; elle est assise sur un sol rocailleux et uni sans être commandée du dehors. Quoique le tracé de fortification en fût vicieux et le relief insuffisant, elle était capable de résister assez longtemps. La population de cette ville n'était que de 3,000 âmes, mais elle avait une garnison de 5,000 Portugais commandés par le général anglais Cox, bien déterminé à se défendre et ayant pour cela une artillerie et des approvisionnements considérables.

Le point d'attaque ayant été déterminé sur les fronts du sud et du sud-est, le 6e corps ouvrit la tranchée dans la nuit du 15 au 16 août : le nôtre, comme à Ciudad-Rodrigo, y fournissait son personnel d'artillerie, autant que le permettait son propre service en face de la gauche des ennemis du dehors, dont notre 2ᵉ corps d'armée observait la droite vers Sabugal. Le roc vif que rencontraient souvent nos artilleurs, et le feu de la place permirent à peine d'être couverts au jour. Cependant, le 16, on reconnut l'emplacement des batteries; elles devaient battre le bastion, les deux demilunes collatérales, le chemin couvert et les parties adjacentes. Le général Eblé, commandant en chef de l'artillerie sous Masséna, présidait à ces travaux que conduisait le général Ruty.

Cette fois, le siège se faisait en suivant les principes et les règles de l'art; onze batteries comportant cinquante-deux bouches à feu furent tracées dans la soirée du 18 au 19, en avant de la première parallèle, symétriquement de chaque côté du bastion attaqué, et ayant, par analogie et uniformité de concours, l'armement et l'approvisionnement nécessaires. Treize canons de gros calibre étaient en réserve pour faire brèche et être placés, soit dans celles de ces batteries qui paraîtraient convenir, soit dans de nouvelles.

A cause des difficultés du sol et de la vivacité du feu de la place, ce siège présageait des peines, des lenteurs et de grandes pertes. Cependant la deuxième parallèle fut commencée dans la nuit du 24 au 25 et le 26, dès cinq heures du matin, toutes nos batteries de la première ouvrirent leur feu à la fois. A midi, l'armée anglaise pouvait, comme la nôtre, découvrir les incendies qui dévoraient déjà la ville. Le soir de ce même jour, une bombe tirée de notre batterie n° 4 fit sauter le magasin à poudre, le fort qui le renfermait et une grande partie d'Alméïda. La détonation fut terrible et le spectacle effroyable! En avant de Malpartida, où notre quartier général s'était porté, j'étais à plus d'une lieue de cette malheureuse place; néanmoins la commotion me fit jeter les regards sur elle; je la vis en l'air! J'aperçus cette immense et horrible colonne de sang, de fer et de pierre!

Le soleil en eût été obscurci au loin s'il eût été encore sur l'horizon. Heureusement, la population qui était en état de travailler et la garnison se trouvaient occupées sur les points les plus éloignés de cette explosion, mais la plupart des femmes, des vieillards et des enfants en furent victimes; des pierres furent projetées à plus de 300 toises et blessèrent plusieurs de nos soldats. Nos batteries, émues de cet impitoyable résultat de leur tir, se turent, entraînées par un sentiment louable d'humanité, mais le général anglais outré de colère et de désespoir, s'obstina à tirer avec les munitions conservées auprès des pièces que l'explosion avait laissées en place; le magasin qui avait sauté se trouvait sur le point opposé de l'attaque. Le 27, nous fûmes obligés de riposter, mais le soir, la capitulation que Ney s'était empressé d'offrir fut acceptée et la place se rendit.

Le 28, j'y entrai et visitai ces ruines sanglantes. Il restait à peine une maison habitable; là où était le magasin à poudre, on n'apercevait plus qu'un profond entonnoir, un gouffre de cadavres, de membres, de projectiles et de débris de toute espèce. Le désastre suivait une progression croissante, en raison du rapprochement du foyer d'explosion, et formait des cercles concentriques dont les premiers et les plus petits ne laissaient nulle trace de vie et de bâtisse. Plus loin, il restait debout quelques pouces, puis, quelques pieds de soubassements couverts de décombres et successivement les dégâts diminuaient jusqu'aux dernières habitations dont la toiture seule avait été enlevée, quoique toute la muraille en eût été ébranlée. J'ai vu des canonniers portugais enfoncés et étouffés par le mouvement de leurs pièces que le fluide de la poudre enflammée avait poussées assez avant dans l'épaisseur du rempart et, ce qui paraîtra encore moins vraisemblable c'est qu'une pièce de gros calibre, montée sur affût de place, avait été jetée par-dessus le parapet dans le fossé. Un de mes camarades, le chef de bataillon Bouvier, fut chargé de retirer des ruines les objets d'artillerie; il m'a assuré plus tard qu'au bout de plusieurs semaines de fouilles, on retirait encore des membres dans l'excavation de l'ancien magasin. J'ai ouï dire aussi que la bombe française qui l'avait fait sauter était probablement tombée, non sur cette grande poudrière, mais sur une traînée de poudre formée par les transports continuels de barils tamisants qu'on tirait de ce magasin presque toujours ouvert.

Que ce fait soit réel ou présumé, il n'est pas moins de la plus haute importance, dans une ville assiégée, de n'ouvrir les grands dépôts de poudre que le plus rarement possible, et la nuit, s'ils sont trop exposés dans le jour. Ces magasins doivent être blindés et terrassés, non seulement par-dessus la couverture, mais encore à toutes les ouvertures, et chaque porte doit être garantie par un fort tambour, lui-même solidement blindé. Il est de toute nécessité d'avoir dans le

talus intérieur des remparts de petits magasins à
poudre pour l'approvisionnement des batteries circonvoisines pendant quelque temps; on les repourvoie
dans le plus grand ordre et les plus grandes précautions. Parfois, il se présente des occasions favorables
pour exécuter ces transports de poudre et pour rétablir
l'ordre dans les magasins, soit par l'affaiblissement du
feu de l'assiégant, soit par la réception ou l'envoi d'un
parlementaire; il est, du reste, facile de se procurer
sous un prétexte quelconque ce dernier moyen [1].

N'avoir qu'un grand magasin à poudre dans une
ville de guerre me paraît être en tout temps une faute
aussi dangereuse pour la population que pour la défense.
A chacun de ces magasins il faut attacher pour gardien,
un homme de tête, prudent et absolument sûr, le rendre responsable, sur la vie, de la rigoureuse exécution
de sa consigne, sacrée et inflexible; cette consigne doit

---

1. Cela dépend de l'ennemi auquel on a affaire. En 1870, par exemple, les Allemands, sans doute pour prévenir cette ruse de guerre,
ne se gênaient pas pour tirer sur nos parlementaires et leurs escortes. En pareil cas, si l'ennemi invoque le droit des gens, on en est
quitte pour offrir l'expression de ses regrets, déclarer qu'il y a eu
erreur et promettre une enquête dont on se garde bien de publier le
résultat. C'est ce qui arriva en particulier au siège de Strasbourg,
dans des circonstances particulièrement odieuses, car le capitaine
Roederer et son trompette furent blessés, non pas en allant à l'ennemi,
mais dans le trajet du retour, et blessés, non pas comme l'affirme le
général Werder dans sa réponse au général Uhrich, par une patrouille
entrant dans la ligne des postes, mais bien par un poste établi dans
une maison isolée de Schiltigheim, d'où il voyait distinctement le
drapeau blanc et qui savait parfaitement à qui il avait affaire. Le coup
était donc prémédité et dirigé par les chefs, tout comme le bombar-
dement de la cathédrale et de la bibliothèque et le redoublement du
tir sur les lieux d'explosions et les foyers d'incendie. « Das war krieg. »
On nous a appris cette année-là d'autres procédés que ceux de Masséna au siège d'Alméïda. (Voir les *Documents relatifs au siège de
Strasbourg*, du général Uhrich, p. 34.)

être écrite en gros caractères sur les portes de chaque magasin, mise à l'ordre de la garnison et souvent publiée dans la bourgeoisie en ce qui la concerne.

Toujours le sort d'une ville entière dépend de la sûreté des magasins à poudre. La moindre imprudence, une légère distraction, l'ivresse d'un manœuvre, une criminelle intention, ce qui n'est pas sans exemple, compromettent et même détruisent une ville entière. Nous désirerions que, même en temps de paix, on redoublât de soins, de surveillance et de sévérité pour la sûreté de ces dangereux dépôts, qu'on ne les ouvrît jamais sans nécessité, ni lorsque le temps est à l'orage; qu'on y eût toujours des tapis souvent battus et balayés, de bonnes sandales, des poids et outils en cuivre pour les mouvements et travaux des barils, que les clefs en fer ne fussent pas réunies au même anneau, et surtout qu'un officier, quand on ouvre le magasin, se trouvât constamment sur les lieux, avec l'ordre sévère de ne s'écarter en rien, même à l'égard des premiers chefs, d'une consigne imprimée, faite par le comité d'artillerie et signée du ministre de la guerre.

Dans plusieurs états, entre autres à Vienne, à Brünn, à Lisbonne, etc., on a construit dans la campagne, à une distance convenable de la ville, des magasins où l'on retire et conserve les poudres, tant que la place n'est pas menacée d'hostilité; près de ces dépôts sont établis des postes pour leur sûreté. Alors la population n'est plus constamment dans l'inquiétude et ne craint plus de s'endormir sur des volcans. Il faudrait être aveugle ou bien ignorant pour attribuer ces mesures à des craintes puériles. Je sais bien que l'appréhension du ridicule et de pareils reproches fait trop souvent négliger les précautions les plus nécessaires; en France, il arriverait plus souvent de graves malheurs, si des chefs énergiques et sages n'étaient pas là pour les prévenir.

Après la ruine et la reddition d'Alméïda, Masséna, à la prière du marquis d'Alorne, général portugais faisant partie de son état-major depuis notre première expédition, laissa les armes à la garnison et la réunit à notre armée; mais, dès le lendemain, tous ces étrangers avaient déserté pour se réunir à nos ennemis. En sorte que la prise de cette forteresse ne nous procura que des canons et des remparts en partie ruinés. Le marquis d'Alorne, portugais, jeté lui-même par force dans les cadres de l'armée française, était-il sincère dans ses conseils?

En tout cas, Masséna devait-il faire l'injure aux troupes de cette garnison, de croire que, parce que hier la fortune avait trahi leurs efforts patriotiques, elles allaient aujourd'hui tourner leurs armes contre leur patrie? Napoléon, dans son despotisme européen, avait usé de plus de ménagement et d'astuce, en envoyant dès 1808, vers le Danemark, une partie de l'armée espagnole avec La Romana, et, sur le Danube, des régiments portugais avec ce même marquis d'Alorne, lorsque nous allions combattre leurs compatriotes. [1]

1. La *France militaire* fournit des conclusions analogues sur les résultats du siège d'Alméïda : « Les Français entrèrent le 28 dans Alméïda. La garnison, forte de 5,000 hommes de troupes portugaises, sortit avec les honneurs de la guerre, et, après avoir déposé les armes sur les glacis, resta prisonnière. Le gouverneur et deux officiers étaient les seuls anglais que Wellington eût envoyés dans Alméïda; ils restèrent également prisonniers. On trouva dans la place

Il est vrai que si l'énergique La Romana sut ramener ses bandes castillanes à la défense de leur pays, les Portugais étaient dans nos rangs à Wagram, quand Soult s'emparait de Porto [1]. Chose étrange, sans doute, mais bien moins monstrueuse que de voir des soldats portugais joindre leurs baïonnettes aux nôtres lorsqu'elles menaçaient leur pays et leurs familles!

La junte de Lisbonne avait rappelé le général d'Alorne et ses troupes enlevées par l'empereur français en 1808; beaucoup d'officiers étaient parvenus à rentrer, mais plusieurs n'ayant pu le faire encore, ils craignaient d'avoir encouru par leur retard le ressentiment du gouvernement portugais. Mais se trouvant témoins obligés de nos victoires, ils pensaient que nous allions rentrer en vainqueurs à Lisbonne où ils feraient la loi au lieu de la recevoir. Plus tard, convaincus du contraire, ils nous abandonnèrent lorsque la fortune nous fut de nouveau infidèle.

beaucoup de munitions de bouche, 6 drapeaux, 115 pièces d'artillerie parmi lesquelles un petit équipage d'artillerie de montagne.

Le maréchal Masséna donna la liberté à une partie de la garnison; il renvoya dans leurs foyers, après les avoir désarmés, 3000 hommes de la milice portugaise et il perdit ainsi, par suite de son loyal caractère, tout le fruit de sa victoire. Il avait fait prêter à ces 3000 hommes le serment de ne pas servir contre les Français; mais les Portugais, dans cette guerre, nationale à la vérité pour eux, méconnaissaient tout sentiment honorable, pour n'écouter qu'une aveugle vengeance. Les 3000 prisonniers d'Alméïda, rentrés chez eux, trouvèrent bientôt de nouvelles armes, et les Français eurent 3000 ennemis de plus à combattre. »—Pour extraire de cet épisode tous les enseignements qu'il comporte, il est juste d'ajouter à ces considérations que Napoléon commit une faute en plaçant le marquis d'Alorne dans l'état-major de Masséna, et d'ajouter surtout que les généraux anglais, qui encourageaient les soldats portugais dans la violation de leur serment et en tiraient bénéfice, étaient pour le moins aussi répréhensibles que ces patriotes sans foi et sans honneur.

1. C'était la deuxième expédition de Portugal.

Wellington se retirait par la vallée de Mondego, et rien, du moins quant aux obstacles militaires, ne semblait plus s'opposer à notre poursuite ; mais, en battant en retraite sur Lisbonne, le général anglais faisait fuir avec lui toute la population et emporter ou détruire toutes les ressources du pays qu'il nous fallait traverser. Cet ordre trop fidèlement exécuté fut bien cruel pour les populations mais aussi pour notre armée. Toutefois, si l'on ajoute foi à des rapports qui paraissent exacts, les Anglais, en agissant ainsi dans le Portugal, ne faisaient que mettre à exécution les mesures ordonnées et préparées en Angleterre pour le cas d'une invasion. lors des démonstrations de Boulogne.

CHAPITRE XX

MARCHE DE MASSÉNA SUR LISBONNE. — MA PREMIÈRE
MALADIE A L'ARMÉE. — MISSION DU GÉNÉRAL FOY.

Le 8ᵉ corps était retourné à San Felice el Grande,
après le siège d'Alméida, et attendait dans ses camps
et dans ses cantonnements l'ordre de pénétrer en Portugal. Les longues et continuelles fatigues, l'extrème
chaleur de la saison, m'occasionnaient de violents
maux de tête et un malaise général ; je tombai malade,
attaqué d'une fièvre nerveuse et inflammatoire dont
j'avais éprouvé les premiers ressentiments dans la
tranchée de Saragosse. Depuis quelques, jours j'étais
étendu sur le grabat, quand le corps d'armée dut se
réunir au village d'Aldea del Obispo, pour marcher en
avant. Ne pouvant suivre ce mouvement, ni rester à
la merci des Espagnols, le général en chef et celui de
l'artillerie me firent transporter, sous escorte, à Ciu-

dad-Rodrigo et laissèrent à ma disposition quatre artilleurs à cheval.

Grâce aux bontés de madame la duchesse d'Abrantès[1],
qui se trouvait dans cette place, et aux soins empressés des médecins français, après deux mois de souf-
france et de danger, je commençai à me rétablir d'une
maladie qui, chaque jour, moissonnait, sous nos yeux,
une trentaine de mes compagnons d'armes. Ils étaient
loin, ces malheureux et braves compatriotes, d'avoir à
leur disposition les ressources qui m'ont sauvé. Le bon
cœur de l'épouse de mon général en chef, les moyens
dont elle disposait et l'active sollicitude de tous les
officiers de santé, ne pouvaient suffire contre tant de
maux et de misères. D'ailleurs, que ne puis-je repousser et étouffer de pareils souvenirs ! Des êtres bien différents semblaient spéculer sur cette contagion et sacrifier les malades à des gains homicides ! Combien, sur
cette charrette constamment en route de l'hôpital à la
fosse, j'ai vu jeter de cadavres de militaires qui, s'il
y avait eu un peu moins de cupidité chez quelques indignes compatriotes, eussent été rendus à l'armée, à
leur famille et à leur pays. Hélas ! dans ce pays
même, ces insatiables vampires de nos armées jouis-
sent auprès des parents de leurs muettes victi-

1. Cette femme d'esprit a beaucoup écrit, depuis les époques qui
ont divisé les esprits en France et qui lui ont fait regarder les choses et les hommes bien autrement qu'ils sont et qu'elle les voyait
auparavant. (*Note du général Hulot.*)
   Néanmoins, ses ouvrages sont encore appréciés des historiens et
des bibliophiles, si l'on en juge par cette mention que nous retrouvons dans deux catalogues de librairie ancienne, publiés en 1884 :
« Madame la duchesse d'Abrantès. *Mémoires ou souvenirs historiques sur Napoléon, la Révolution, le Directoire, le Consulat, l'Empire
et la Restauration.* Paris, Mame, 1835, 12 vol. in-8 rel. 60 fr. »

mes, de l'aveugle considération prodiguée à la richesse
et au luxe, quelle qu'en soit la source ! Je ne calomnie
pas, je révèle des faits, je découvre des plaies et montre des maux contre lesquels le gouvernement ne
saurait apporter trop de sollicitude et de bienveillance.

Ma convalescence fut lente et ma guérison ne fut
même pas complète. Depuis cette maladie, je n'ai jamais recouvré ma santé et je ne me rappelle pas d'a-
voir passé un seul jour sans éprouver, plus ou moins
sensiblement, quelques ressentiments de fièvre nerveuse. Cependant, impatient de rejoindre l'armée, je
voulus suivre une brigade de marche qui passait à
Ciudad-Rodrigo, pour s'y rendre, mais le manque de
forces ne me le permit pas encore. Au reste, cet effort
imprudent, si je l'eusse poussé plus loin, ne m'eut
servi à rien, car cette colonne rétrograda sans atteindre
son but que, pourtant, elle était sur le point de toucher au moment de sa contre-marche.

A la fin de janvier 1811, le général Foy, que je connaissais, revint à Paris où Masséna l'avait envoyé des
environs de Lisbonne, inutilement menacée. Foy, avec
autant de courage que d'intelligence et de savoir, avait
traversé toute la Béira infestée de bandes ennemies et
d'insurgés; sa petite colonne attendait son retour aux
environs de Ciudad-Rodrigo, je me joignis à elle et
le général, en m'accueillant avec amitié, me confia le
commandement des artilleurs, sapeurs et marins qui
retournaient à leurs corps; les bagages nous furent
confiés [1].

1. La Béira se divise en plusieurs parties : *Béira Alta*, Haute-
Béira, qui s'étend depuis la Serra de Estrella jusqu'au Duero, et la
frontière d'Espagne jusqu'à la rivière d'Arda; *Béira-Baixa*, Basse-

Le 27 janvier, nous nous rassemblâmes à Castelbom à deux lieues et demie au sud d'Alméïda et à une demi lieue en deçà de la Coa. Malheureusement, il fallut passer une journée sur ce point ; l'éveil fut donné à l'ennemi et à toute la campagne ; aussi, dès le soir, la fusillade s'engagea autour de nous.

Le 29, au nombre de 2,000 hommes de toutes armes et de tous les corps, nous avançâmes jusqu'au village de Marmeleiro, dans les montagnes, entre Guarda et Alfagétès, après avoir passé la Coa sur un beau pont à Puente-del-Segueiro ; nous fûmes étonnés de trouver encore quelques ressources, sans un seul habitant dans ces contrées, quoique l'armée n'y eut point passé.

Le 30, deux heures et demie après notre départ, nous nous trouvâmes à l'entrée d'un défilé qui était masqué par un hameau. Je cheminais en causant avec le général, n'ayant devant nous que quelques-uns de nos voltigeurs, quand nous fûmes assaillis par une brusque décharge de mousqueterie qui atteignit plusieurs soldats.

A l'instant, toute notre troupe s'élance au pas de course, le peu d'habitants que l'on rencontre est passé au fil de l'épée et le hameau est brûlé ! Cependant, j'étais parvenu avec peine à arrêter les hommes sous mes ordres, et à les établir sur une hauteur avec les bagages. Pendant cette triste exécution militaire, cette grand'garde très ostensible, fut, je crois, fort utile, car la fusillade était partie sans doute d'une guérilla em-

---

Béira, qui comprend le pays entre la Serra de Estrella et le Tage ; *Béira-Mor*, qui comprend le pays voisin de la mer. On désigne sous le nom de *Cova de Béira*, les hautes vallées du Zézère et du Meimao, entre Belmonte, Covilham et Fundas. (Général Foy. Guerre de la Péninsule).

busquée dans ce malheureux et innocent hameau. Nous observant du dehors, cette bande eut pu avoir bon marché de notre colonne, si chacun de nous se fut livré à son premier mouvement! Le généra! Foy me sut gré de cette précaution. Il fit élever sur les ruines un écriteau, pour prévenir le retour de pareilles attaques dans les villages sur sa route. A cinq heures du soir, nous prîmes gîte dans une bourgade déserte que je crois être Acequias. Fallait-il que la seule où des guerilleros nous insultèrent, eut justement conservé des habitants!

Le 31, dès le point du jour, nous cheminâmes, à ce que je pense, entre les rivières du Zézère et du Moncul; il y avait dans la contrée des partis commandés par des officiers anglais; nous occupâmes un pont, et notre colonne s'établit à un village sur la rive droite de cette dernière rivière. Le lendemain, 1ᵉʳ février, tournant brusquement à droite, nous gagnâmes les demi-hauteurs qui resserrent un torrent que nous passâmes sur un petit pont de bois. Nous suivions en file, dans la gorge, un sentier très difficile pour le cheval, et nous cherchions à éviter Fondao ainsi que les troupes ennemies, massées sur les collines opposées; elles vinrent néanmoins nous fusiller, et nous répondîmes en marchant. A 8 heures, nous arrivâmes au pied de la plus haute et de la plus redoutée des chaînes de montagnes de la Béira, la Sierra de la Estrella où nous traversâmes un village; il tardait à notre général de mettre ces montagnes entre l'ennemi et nous. Ce chef était loin de prévoir que le gîte qu'il se proposait d'atteindre fût aussi éloigné et que nous dussions éprouver les difficultés et les désastres qui nous y attendaient.

Toujours suivie et inquiétée par les tirailleurs portugais, notre colonne gravissait cette montagne à
laquelle la superstition et l'ignorance des habitants
du pays attribuent des effets merveilleux. Arrivés au
sommet, nous cessâmes d'être poursuivis à coups de
fusils, comme si notre désagréable escorte n'avait
voulu que nous conduire, pour nous livrer à de plus
cruels ennemis qu'elle redoutait elle-même de rencontrer. En effet, avec la nuit, survint dans ces hautes
régions, une tempête tellement violente, que les
hommes les plus robustes faisaient des efforts énergiques pour résister au vent ; la pluie chassée avec
une extrême vitesse, tombait par torrents ; on se tas-
sait pour se soutenir et pour protéger les plus faibles,
en marchant sur l'arête de ces effrayantes cîmes. Il
n'était que neuf heures du soir, et déjà ces derniers
s'étaient débarrassés de leurs sacs et même de leurs
armes ; à peine pouvaient-ils respirer, tant l'air était
vif et agité. A onze heures, chacun ne songeait plus
qu'à soi ; le sentier se rétrécissait encore et les hommes
épuisés tombaient sans avoir la force de se relever.
Pour comble de maux, une profonde coupure qu'il
était impossible de tourner, arrête court la troupe
transie de froid, mouillée jusqu'aux os, suffoquée par
la violence du vent, et accablée de besoin et de fatigue.

Cette coupure devint le tombeau des hommes et
des chevaux qui y tombèrent ; une malheureuse can-
tinière, femme d'un ouvrier d'artillerie, appelait son
mari du fond de l'abîme, il s'y jeta et périt avec elle ;
pour moi, j'y laissai deux de mes chevaux. Néanmoins,
à force de constance et de courage, on était parvenu à

pratiquer une petite berme sur le côté escarpé et glissant de cette coupure. A mesure que l'on avait pu gagner l'autre côté, chacun se remettait en marche, sans ordre ni ensemble, tâchant de se réchauffer et cherchant un abri quelconque. Quant à moi, non encore bien rétabli, je serais infailliblement resté parmi les nombreuses victimes de cette nuit de désolation, si je n'avais été soutenu et aidé par les jeunes officiers d'artillerie que j'avais sous mes ordres et qui allaient joindre l'armée, sortant des écoles de Metz et Polytechnique : pendant plusieurs heures, ils me portèrent pour ainsi dire, tour-à-tour; je leur dois la vie. M. de Pommeuse était l'un d'eux.

Enfin, vers quatre heures du matin, nous entrâmes dans le misérable et tant désiré village, qui se nomme je crois, Fogeraldo ; hélas ! une partie seulement de mes compagnons put y trouver un refuge. Au jour, quand nous sortîmes du nôtre, nous vîmes plusieurs de ces malheureux, étendus sans vie le long des maisons, trop petites pour nous recevoir tous, quoiqu'elles fussent toujours restées ouvertes. A neuf heures du matin, le général réunit sa troupe; il fut si frappé de sa diminution et surtout de l'altération des traits des hommes présents, qu'il s'écria : « De la vie, on ne croirait à un aussi brusque et si terrible effet, si on n'en était pas témoin ! » Il n'entra dans l'esprit d'aucun de nous, d'ajouter : « et l'auteur ». Car, malgré toute l'habileté et l'intelligence possibles, nul homme ne se serait fait une idée de ces localités, avant de les avoir parcourues, et n'aurait prévu un temps et des obstacles aussi extraordinairement épouvantables. Comme je l'ai dit plus haut, les meilleures cartes du pays étaient pleines d'erreurs. Notre général n'avait cherché qu'à nous dérober aux atteintes de l'ennemi et à remplir sans retard son importante mission ; il partageait nos souffrances et y compatissait, en les soulageant autant qu'il était en lui de le faire.

Après le retour des dragons envoyés à la recherche des Français qui auraient pu être encore en vie et des bagages abandonnés sur la route de cette calamiteuse étape, nous quittâmes notre funèbre gîte. Avec mes canonniers et sapeurs, j'avais pris les devants afin de travailler aux coupures s'il s'en présentait encore. A une demi-lieue nous en trouvâmes une et la comblâmes avant l'arrivée de la troupe. Mais plus loin, dans une gorge rétrécie par des rocs saillants, il y en avait une plus profonde, qui demandait beaucoup de travail et qui arrêta quelque temps toute la colonne ; cette troupe était en repos pendant que nous piochions et terrassions. Le soleil s'était montré et en réchauffant nos soldats, il réparait leurs forces ; lorsque le passage fut praticable, le général, à cheval près de la coupure, fit commencer le mouvement. Le 1er bataillon était déjà passé et la tête des bagages défilait, quand des coups de fusils, sortant de derrière les rochers, blessèrent plusieurs hommes et des chevaux, entre autres celui du général Foy. Le 1er bataillon se répandit de suite à droite et à gauche et nettoya les flancs de ces collines que nous aurions dû fouiller plus tôt, mais habituellement, ils étaient si ardus et si difficiles que ce service eût appesanti notre marche et harassé nos éclaireurs. Le soir, nous couchâmes à Estretto en nous gardant bien, et vivant comme nous pouvions, car nous ne voyions d'êtres vivants que ceux armés contre nous, et ne trouvions de vivres que dans des caches souterraines.

Le 3, notre marche se poursuivit constamment sur l'arête culminante de ces montagnes. C'est sur ces hauteurs, que le général me dit en me montrant un point très éloigné : « Si ce débouché est fermé, nous arriverons difficilement. » Nous passâmes la nuit à Corticada, du moins je le crois, car nous n'avions que nos cartes trop souvent infidèles, et je n'ai pu, depuis, les vérifier, quoique nous l'ayons fait pour beaucoup d'autres lieux.

Le 4, en passant par Los Cardigos, nous arrivâmes le soir au hameau de Codès ; c'était le point que le général m'avait montré la veille, il était libre. Je me rappelai aussitôt que, trois ans auparavant, à la fin d'une marche aussi pénible, j'avais passé sur ce torrent au fond de cette gorge, où cette fois-ci nous établîmes notre bivouac, de manière à en cacher les feux à Abrantès, car nous n'étions pas bien éloignés de cette place que l'ennemi occupait.

Le 5, nous en suivîmes le chemin par une pluie d'averse. A une lieue de la forteresse, nous tournâmes à droite, auprès d'une pyramide élevée sur un rocher, et prîmes la route de Puñette. Enfin, vers deux heures, nous aperçûmes les avant-postes de notre armée et passâmes le Zézère à Martinchel, au-dessus de son embouchure dans le Tage[1]. Notre général remit ses di-

1. «Ce fut à cette époque, que le prince d'Essling dépêcha le général Foy à Paris, pour rendre compte de tout ce qui s'était passé depuis que l'armée avait quitté Alméida... Ce voyage périlleux du général Foy, à la tête d'une poignée de soldats, traversant un pays inconnu et entièrement soulevé, est un des plus hasardeux et des plus intéressants qu'on puisse rapporter ; il mérite d'être cité dans les an-

vers détachements à leurs chefs particuliers qui prirent chacun la direction du cantonnement de leurs corps; pour lui, il se rendit à Tomar auprès du maréchal Masséna.

Le général Eblé était à Puñette; j'allai le voir et lui présenter mes deux douzaines d'officiers; il nous reçut cordialement et nous fit donner une partie de ses faibles approvisionnements de vivres; mais il était surpris qu'on envoyât autant de jeunes officiers dans une armée mourant de faim et appauvrie de soldats. Connaissant la destination de ces jeunes lieutenants et la position de tous les corps de mes artilleurs isolés, je les envoyai à leurs détachements respectifs, et me transportai moi-même à Pernès, où se trouvait le quartier-général du 8e corps de l'armée de Portugal. Je le rejoignis le 7 février, heureux de ce que le général Foucher et un de mes camarades, le chef d'escadron Noël, voulurent bien partager avec moi leur petite provision de vivres.

nales militaires, pour la prudence, le courage et le sang-froid avec lesquels il a été exécuté. Coupé par l'ennemi sur presque tous les points, le général Foy a fait souvent des marches insidieuses et des contre-marches pénibles, en traversant des terrains âpres et impratiqués, pour éviter les embuches qui l'entouraient. Dans une de ces occasions, contrarié par la violence des éléments, une bourrasque lui fit perdre une bonne partie de son escorte, au passage d'une montagne. Cependant, connaissant le mérite, la prudence, le courage actif et entreprenant de cet habile chef, on conçoit qu'il ait pu pénétrer jusqu'en France. Mais ce qui excita surtout notre étonnement, ce fut de le voir revenir ensuite parmi nous, après avoir surmonté ou vaincu tous les périls, tandis que tous les chefs de partis étaient aux aguets en Espagne et en Portugal, pour empêcher son retour. L'armée entière avait pris le plus vif intérêt à l'issue de ce voyage; nous espérions que les ordres que le général Foy rapporterait, amélioreraient notre situation. » (Relation du commandant Guingret.) Les mémoires du général Foy sont muets sur cette mission.

Cette armée de Portugal était dans un dénûment absolu. Après avoir beaucoup souffert dans ses marches, elle avait pris des cantonnements qui se trouvaient épuisés à mon arrivée. Malgré l'expérience de deux malheureuses campagnes et de la difficulté des transports, elle s'était enfoncée dans les montagnes de la Beira avec des voitures qui ne pouvaient servir que dans des pays de plaine. Nos caissons, surtout, à cause de leur pesanteur et de leur voie trop considérable, auraient dû être remplacés par des charrettes légères ou par des caisses à dos de mulets. Faute de ces indispensables précautions que n'avaient négligées ni les Anglais ni les Portugais, notre armée, toujours obligée d'attendre son artillerie continuellement en haleine et fatiguée, éprouvait des retards et des lenteurs on ne peut plus préjudiciables ; elle a même fini, ce qu'on devait prévoir, par perdre la majeure partie de ses chevaux et de ses approvisionnements. Cependant, Masséna suivait une route bien moins difficile que celle suivie en 1807 par Junot qui, à la vérité, n'avait pas devant lui une armée ennemie [1].

---

1. Le général Hulot se trouve ici en désaccord avec l'historien de Wellington, Brialmont, mais, comme il fit successivement partie des armées de Junot et de Masséna, comme il y occupait un commandement important au point de vue du transport des munitions et du matériel, nous restons convaincus que ce n'est pas lui qui a tort, surtout si nous considérons qu'il tenait journal de ses impressions et conservait ses itinéraires dont nous avons eu plusieurs sous les yeux.

Voici la note que nous trouvons page 324 du tome 1 de l'ouvrage belge sur Wellington : « Ce chemin, dit le colonel Napier, était le plus mauvais du Portugal. A mesure qu'il y avançait, le prince d'Essling devait le réparer pour que l'artillerie pût suivre. » Il ne l'aurait pas choisi probablement si des Portugais employés dans l'armée française ne lui eussent assuré qu'il était facile et qu'aucune

Pressé d'atteindre Lisbonne pour brusquer, suivant
les ordres de l'Empereur, l'envahissement du Portugal,
par la prise de cette capitale, le prince d'Essling se
dépitait de la lenteur de son artillerie qui ne pouvait
courir à son gré, sur les routes de Guarda et de Viseu;
il brûlait d'impatience d'atteindre Wellington fuyant
devant lui avec plus de forces et moins d'entraves. Enfin, le 28 septembre 1810, arrivé au pied de la chaîne
de l'Alcoba, Masséna découvre les Anglo-Portugais, en
bataille sur la sommité où ils étaient venus s'établir,
après nous avoir prudemment attendus sur la rive
gauche du Mondégo.

Ce mouvement du circonspect Wellington qui nous

position importante ne le couvrait. « On ne se serait jamais ima-
giné, dit Wellington, que les Français auraient fait la marche qu'ils
exécutèrent à travers le Haut-Béira, après avoir passé le Mondégo. »
(Relation des opérations de 1810.) Les chemins, d'après Belmas,
étaient si mauvais, que dès le premier jour tous les chevaux se
trouvèrent déferrés et que Masséna fut obligé de s'arrêter deux
jours à Viseu pour attendre son artillerie.

Après une réfutation du jugement de M. Thiers qui a adopté la
version des mémoires de Masséna, l'auteur de la biographie de Wellington poursuit sa critique en ces termes : « *Les Victoires et conquêtes* et le général Pelet expliquent et justifient le choix de la route
de Viseu, en disant que Wellington était préparé à recevoir l'armée française sur la rive gauche du Mondégo, et que le prince
d'Essling espérait le gagner de vitesse sur Coimbre, en marchant
par la rive droite. L'évènement a prouvé que cette raison n'était pas
meilleure que l'autre. »

Il serait facile de détruire ce dernier argument, en le retournant
et disant : Si Masséna eut été vainqueur, comme il aurait dû l'être
en tournant de suite la position de Wellington, l'évènement eut alors
prouvé qu'il avait choisi la meilleure route. Singulière critique, en
effet, de la part d'un écrivain aussi sérieux que Brialmont. En résumé, d'après le général Hulot, un des principaux témoins et acteurs
de ces deux campagnes, Masséna avait choisi la route la moins im-
praticable, et c'est dans les Mémoires de Masséna et dans le général
Pelet que se trouve la vérité à ce sujet, et non dans la *Guerre de la
Péninsule* du colonel Napier.

tâtait et nous approchait, aurait dû faire réfléchir Masséna, l'assurer que cette position était inattaquable,
qu'il fallait au moins la faire reconnaître. Mais la vue
seule de l'ennemi emporte le vieil *enfant gâté de la
victoire*, il ordonne la charge et ses fidèles et dignes
compagnons, quoique accablés de fatigues, s'élancent
vers une côte que des hommes frais, vigoureux et sans
aucun fardeau sur le corps, ni ennemis devant eux,
ne pourraient gravir qu'avec des peines infinies, à
cause de la raideur de la pente. Masséna laissa sur ce
rocher de Busaco, une partie de ses braves et de sa réputation, gratuitement sacrifiés à un rival maladroitement grandi par notre fougue et par nos fautes [1].

L'ennemi encouragé, mais craignant d'être tourné,
mouvement très praticable et qu'il aurait encore moins
attendu la veille, repassa le Mondégo et se retira dans

1. La relation la plus détaillée et, d'après nous, la plus claire et la
plus impartiale qui ait été écrite sur la bataille de Busaco est celle
du commandant Guingret : on y touche du doigt les fautes des
deux adversaires et on se rend bien compte en la lisant, que le
prince d'Essling perdit au pied de l'Alcoba l'occasion d'en finir avec
Wellington et d'assurer, dans cette affaire décisive, la conquête du
Portugal. Ney voulait, à juste titre, attaquer le 26. Masséna remit
la bataille au lendemain, donnant ainsi le temps à Wellington de
masser son artillerie et ses réserves sur cette position inexpugnable.
L'attaque se fit de notre côté sans aucun ensemble, par petits paquets (expression d'un témoin oculaire), sur des points éloignés les
uns des autres et toujours de face; en outre, notre position au pied
des pentes rocheuses de l'Alcoba réduisait à l'inaction notre cavalerie et notre artillerie : Masséna ne tenta aucune diversion, ni même
aucune reconnaissance sur les flancs de l'ennemi, avant et pendant
l'action. Quant à Wellington, le capitaine Brialmont (il s'agit ici du
fondateur du *Journal militaire belge*, du fils du lieutenant-général de
ce nom), le capitaine Brialmont, malgré sa partialité évidente, lui reproche, avec raison, de n'avoir pris aucune mesure pour prévenir les
mouvements de l'armée française postérieurs à la bataille du 27, et
d'avoir laissé ouverte la route carrossable du défilé de Serdao-Boyal-

ses triples lignes près de Lisbonne et de ses vaisseaux. Notre armée affaiblie, l'y poursuivit et le brava encore à portée de mousquet ; mais privée de communications sur ses derrières et sur ses flancs, elle perdait ses malades à Coimbre et épuisait le reste des vivres et des ressources de sa position. C'est dans ces reconnaissances et combats sous Lisbonne que fut tué le jeune général Sainte-Croix [1] et que Junot fut blessé.

vas. Il est évident qu'avec les ressources dont disposait le général anglais et grâce à la supériorité de la position qu'il occupait, il devait arrêter facilement Masséna, et le forcer à la retraite ! Néanmoins, nous ne nous associons pas à la conclusion de M. Thiers : « Vainqueur le 27 au soir, il était pour ainsi dire vaincu le 29. » Après Busaco, Masséna avait perdu une grande partie de son prestige sur ses troupes et aux yeux des Portugais et des Espagnols ; le prestige de l'armée française s'était reporté sur l'armée anglaise. Ce succès relatif donna désormais à Wellington l'autorité nécessaire pour faire adopter, sans discussion, le plan de campagne peu glorieux, mais efficace, qui paralysa l'armée de Masséna au pied des lignes de Torres-Vedras et le força à la retraite. A ce point de vue, le seul sérieux pour l'histoire, Wellington, malgré la faute grossière commise par lui, fut le véritable vainqueur de Busaco, puisqu'il recueillit tous les bénéfices de cette affaire.

Ajoutons qu'il est vraisemblable que le prince d'Essling a été avisé dès le 26, de la possibilité du mouvement tournant sur son aile droite par la route du couvent de Busaco, comme le note la relation du commandant Guingret, car le général portugais, marquis d'Alorne, qui faisait partie de l'état-major de Masséna, connaissait évidemment cette importante particularité. En suivant le conseil du marquis d'Alorne, Masséna pouvait faire coïncider, au point du jour, l'attaque de front avec le mouvement tournant, et dès lors le résultat n'était pas douteux ; l'armée ennemie était mise en déroute, dispersée et poursuivie, l'épée dans les reins, jusqu'au centre des lignes de Torres-Vedras ; la campagne était terminée et probablement aussi la carrière de l'illustre Wellington.

1. Sainte-Croix-Descorches, général de brigade, fit la campagne de 1809 en qualité de major-aide-de-camp du duc de Rivoli ; enleva un drapeau au combat de Neumarkt le 24 avril ; passa le premier dans une barque sur la rive gauche du Danube à Essling ; déploya la plus rare intrépidité à Wagram où il fut blessé ; on le vit le 4 avril 1810, à la tête de trois escadrons, culbuter 8,000 hommes de troupes de

, Après des tentatives plus glorieuses qu'heureuses, le général français reconnut l'impossibilité de forcer les retranchements de Lisbonne. Cependant il voulut, conformément à ses instructions, tenir le plus longtemps possible en échec les Anglais, les Portugais et les Espagnols; en conséquence, le 15 novembre, il rétrograda de quelques marches et prit de nouvelles positions. Le 2me corps fut établi à Santarem sur le Tage, le 6me à Thomar et le 8me à Pernès; une division du 9me corps (comte d'Erlon), arrivée quelques jours avant moi, était postée à Leyria, sur notre droite.

Bientôt tout fut consommé dans ces quartiers; il fallut, pour vivre, envoyer au loin des bandes de maraudeurs; la faim et les besoins de toute espèce avaient affaibli la discipline et l'armée; les esprits étaient encore aigris par l'animosité des représailles; aussi l'humanité eut-elle à gémir dans ces contrées pendant plusieurs mois. En vain, le général d'artillerie Eblé, par ses efforts miraculeux, était parvenu à construire un pont sur le Zézère et des bateaux pour en jeter un sur le Tage; aucun espoir, aucun indice de secours n'apparaissant, et la détresse étant à son comble, Masséna dut songer à la retraite. Malheureusement,

---

lignes, 600 chevaux espagnols et un régiment de hussards portugais qui défendaient les approches de Villa Verde. Le 6 juin, à Monbucq et à Bratocinos, il enleva de vive force la ligne des postes ennemis; le lendemain avec deux régiments, vers Alcaniza, il repoussa 4,000 fantassins et 600 cavaliers sous les ordres du général Echeveria, retranchés sur des rochers, leur tua plus de 700 hommes et fit un grand nombre de prisonniers; le général Sainte-Croix s'étant avancé le 12 octobre même année, sur les hauteurs d'Alenguer, pour faire des observations, cet officier de la plus grande espérance et le plus jeune des officiers-généraux, fut tué par un boulet. — Tables des *Victoires et conquêtes*, t. 26, p. 184.

il la signala hâtivement en faisant brûler ses pontons,
ce qui donna l'éveil au Fabius anglais qui, enfin, crut
le moment arrivé de profiter des temporisations et de
nous battre sans grands dangers. Mais nous avions
encore des armes.

C'est un mois avant la retraite, que j'avais rejoint le
quartier-général du 8ᵐᵉ corps.

CHAPITRE XXI

POSITION DEVANT LES LIGNES DE LISBONNE. — RETRAITE
DE MASSÉNA SUR L'ESPAGNE.

Le 3 mars 1811, les bagages et les parcs commencèrent le mouvement rétrograde sur le Mondégo; notre corps forma l'arrière-garde jusqu'à Thomar et passa au village de Presseros, à Torres-Novas, ville assez riche sur l'Almonde et à Atalagua. L'ennemi nous suivait et tirait sur nos dernières troupes des boulets creux qui, en éclatant, projetaient des balles. J'ai regretté depuis de n'avoir pas fait plus d'attention à ces projectiles nouveaux, parce qu'ils sont devenus dans nos écoles un objet de discussion; quelques officiers prétendent qu'ils sont insignifiants, les balles n'ayant aucune force d'impulsion de la part de la poudre du boulet; d'autres croient que ces balles sont d'un effet meurtrier. Tout ce que j'ai remarqué, c'est que nos troupes en étaient étonnées, peut-être parce qu'elles voyaient pour la première fois cette espèce de mitraille; mais leur effet m'a paru faible.

A Thomar où nous arrivâmes le 6, nous étions déjà, faute de chevaux, obligés de brûler des voitures; je proposai d'en détruire davantage, de ne garder que le nécessaire et de l'atteler parfaitement, pour être certains de tout conserver sans retarder la marche ni trop fatiguer les chevaux. On ne suivit pas ce conseil dicté par l'expérience, et on eut bientôt lieu de s'en repentir, car nous eûmes beaucoup plus de mal et éprouvâmes beaucoup plus de pertes.

Dès le 8 mars, le 6me corps, qui était le plus fort et qui avait eu les meilleurs cantonnements, soutint la retraite. Nous parcourûmes des landes et des hauteurs, passant à Chao-de-Marsans, à Santa-Maria, à Pombal et à Venda-Cruz. Pombal, petite et agréable ville sur la Souve, est la patrie du ministre de ce nom qui est le Richelieu du Portugal. Deux heures après notre sortie de cette ville, au moment ou le 6me corps rencontrait le 8me et marchait de front avec lui sur un beau et vaste plateau, la cavalerie anglaise se hasarda sur nos dragons et fut repoussée. C'est ce même jour que le maréchal Ney rentrant dans Pombal, eut la première mais non la dernière occasion dans cette retraite, de montrer à l'ennemi sa brillante valeur et de lui prouver que celle de l'armée n'était affaiblie ni par les privations, ni par les fatigues.

L'intention de Masséna était de prendre encore position, et d'attendre au-delà du Mondego, ou les évènements ou les ordres de l'Empereur; mais le pays était épuisé; d'ailleurs les troupes anglaises, débarquées à

l'embouchure de cette rivière, s'avançaient et se
joignaient à d'autres corps déjà maîtres de la rive
droite. Il se vit donc obligé de continuer sa retraite en
remontant la rive gauche. Dans la journée du 11, nous
eûmes à traverser le défilé et le torrent de l'Adançoş.
A Redinha, l'artillerie parqua sur les hauteurs qui
dominent ce village ; le maréchal Ney contenait l'armée Anglo-Portugaise, et lui faisait plus de mal qu'il
n'en éprouvait de sa part.

Le 12, nous occupâmes à Condexa les positions que
tenait la veille l'ennemi sorti de Coimbre, dont nous
n'étions qu'à deux lieues. Ce n'est que là que Masséna
perdit l'espoir de se frayer un passage sur le Mondego ;
il avait, pour le reconnaître et même l'ouvrir, envoyé
sa cavalerie ; mais sur la réponse de Montbrun, il ordonna de suite une marche de flanc à droite par Ger-
nache et Chao-de-Lamor, et se porta sur la Denca à
Miranda-del-Corvo. J'y restai le 13 et le 14. Cette ville
est très enfoncée ; pour y descendre, on suit une côte
fort raide, taillée dans le flanc du roc, et à peine assez
large pour une de nos voitures. A la chûte du jour, le
général Foucher me fit rebrousser chemin, avec ordre
de hâter l'arrivée de l'artillerie en retard, et de détruire celle qui appesantissait la marche. A mi-côte,
je rencontrai la tête d'un parc, ce n'était pas le nôtre ;
pour ne pas perdre de temps, je passai sur le talus supérieur à la route, car de l'autre côté était un abîme.
Mon cheval glissa et m'entraîna avec lui, dans sa
chûte, sous un caisson qui, heureusement, fut calé à
temps ; le plus difficile était de débarrasser le cheval.
Je me rappelle que, pour y arriver, un officier de
gendarmerie se donnait beaucoup de peine ; à la

lueur d'une lanterne, je le reconnus pour un de mes
compatriotes et amis, que j'étais loin de savoir à l'armée et surtout en cet endroit. Je fus obligé de suivre
le caisson jusqu'au bas de la montagne et de la remonter après le passage du parc.

Heureusement, lord Wellington ne profitait pas de
tous ses avantages, car il avait une armée fraîche,
bien pourvue et supérieure en nombre[1]. Le 10, ce général avait fait une halte sur les points où nous prîmes
position le lendemain, pour faciliter le désencombre-
ment sur Miranda-del-Corvo; aussi, dans cette journée, Masséna prouva que sur le déclin de sa vie, il
n'était point encore un Flaminius. Au reste, le maréchal Ney était là, et si, sur les bords du Tage et du Zézère, le prince d'Essling en éventant son projet de
retraite, fut la cause d'une partie de ces dangers, il
prépara de nouveaux lauriers à ce brave des braves,
qui ne cessa d'en cueillir tant qu'il resta à l'armée.

Cependant, Ney, empêtré d'impédimenta, prescrivit
à son corps d'armée de se débarrasser de tous les ba-

---

1. Si le biographe du général Wellington, qui dédaigne systématiquement l'opinion des auteurs français, s'était donné la peine de
consulter nos archives de la guerre, il eut épargné à ses lecteurs
des appréciations aussi fantaisistes que celle qu'il se permet sur la
composition de notre armée de Portugal de 1810 : « Il faut remarquer
au surplus que ces hommes étaient des soldats bronzés au feu,
tandis que la moitié de ceux de Wellington n'avaient jamais vu
l'ennemi. » Nous ne contesterons par l'assertion touchant les troupes
alliées; quant aux soldats de Masséna, tous les témoins oculaires
s'accordent à dire qu'elles renfermaient beaucoup de conscrits, ce qui
explique la panique dont fut victime le 37e de ligne. En outre, cette
armée était composée en grande partie de contingents étrangers,
comme on peut s'en assurer dans le 2e volume de l'*Histoire des
troupes étrangères au service de la France*, de Fieffé, et ces bataillons
d'étrangers fournissaient même beaucoup de déserteurs.

gages inutiles, de brûler les voitures de luxe, les
fourgons particuliers, d'abandonner des milliers d'ânes
fraudeurs, de faire rejoindre tous les soldats abusive-
ment détachés comme conducteurs, et de donner les
chevaux à l'artillerie. Cet exemple fut suivi par les autres corps d'armée; on le mit à exécution dans le
nôtre, le 15, au pont de la Ceira, avec une telle rigueur qu'on coupa le jarret aux ânes ; ce qui fit dire à
nos soldats, que c'était le pont du *Massacre des
Innocents.*

Ce jour-là, pour arrêter l'ennemi, on avait mis le
feu à la ville de Miranda, en partant la nuit. L'armée
fatiguée fit halte le lendemain soir, à Foz-de-Arunce,
laissant, en deçà de la petite rivière qui coule devant ce
village, des troupes d'infanterie et de cavalerie de l'arrière-garde. Un pont joignait ces arrière-postes au
reste de l'armée. Déjà tout reposait dans un calme
profond; tout-à-coup, des coups de fusils, des bruits
confus, et bientôt un feu très vif nous mettent sur
pied. C'était l'avant-garde ennemie qui, croyant toutes
nos troupes au delà de la rivière, venait pour bivouaquer sur la même rive. Elle avait occasionné une
terreur panique, qu'elle avait aussitôt partagée. Pour
la dissiper et empêcher qu'elle ne se communiquât au
6e et au 8e corps, et en même temps, pour montrer à
notre arrière-garde, qu'elle était soutenue, je proposai de faire tirer quelques obus à toute volée, ce
qui réussit. Néanmoins, ce désordre nocturne, occasionna la perte de l'aigle et de plus de 300 hommes
du 37e régiment noyés près du pont; les Anglais et
les Portugais en eussent perdu davantage s'ils avaient
eu une rivière derrière eux. Cette sorte de dangers

qui étaient connus des anciens, comme on le voit dans les *Commentaires de César*, sont surtout à craindre pendant la nuit, lorsqu'il est plus difficile de remédier au désordre, et de contenir le soldat effarouché. Quelque brave et expérimenté qu'il soit, on ne saurait trop prendre de précautions pour le mettre en garde contre ces terreurs dont il rougirait s'il était seul, mais qui, se communiquant de proche en proche, compromettent l'armée la plus sûre. C'est dans les camps de paix, qu'on devrait habituer la troupe à toute espèce de surprise, à garder son sang-froid et sa confiance en elle-même, surtout à mépriser les cris imbéciles, qu'à l'imitation des sauvages, poussent encore quelques troupes dans les combats.

Le 16, avant le jour, nous fîmes sauter le pont, et nous nous portâmes sur les hauteurs en avant de Ponte-de-Murcella, situé sur l'Alva. Le 2ᵉ corps qui, depuis le changement de direction de l'armée, était coupé de notre droite, rétablit ses communications avec nous. Comme il fallait réparer le pont de Murcella, nous nous arrêtâmes, puis nous marchâmes fort lentement pour attendre les derniers corps ; le 17, l'artillerie du 8ᵉ n'était qu'à Taverna, et le 18, à Moëta ; cependant l'ennemi ne nous entamait jamais ; il ne ramassait que des traînards et des malades. Nous poussions même la confiance trop loin, car, à une dernière halte, nos maraudeurs et fourrageurs étaient encore loin des bivouacs, quand l'armée anglaise parut vers midi, sur la droite de notre route ; nous tirâmes le canon, autant pour l'arrêter que pour rappeler les nôtres, mais, nous nous vîmes obligés, à cause de l'absence d'une partie des chevaux de trait,

d'atteler à nos pièces des chevaux de selle. Heureusement, les fourrages et les maraudeurs nous rejoigni-
rent la nuit, sur la route de Galizes, bourg où nous
arrivâmes le 19 au matin. Les chemins étaient
meilleurs, et nous étions réunis; le 20, nous pous-
sâmes jusqu'à Villa-de-Cortès, mais le 21, les
montagnes reparurent; nous séjournâmes le 22, à
Celorico, petite ville bâtie sur une hauteur, au pied
de laquelle coule le Mondego qui, là, n'est guère qu'un
torrent qu'on passe sur un pont de pierres.

C'est à Celorico que l'armée française du Portugal
apprit la naissance du roi de Rome, fils de Napoléon;
des salves d'artillerie l'annoncèrent aussitôt dans ces
rochers. Nous connûmes aussi dans le même temps,
mais avec d'autres impressions, la mésintelligence qui
existait entre le général en chef et le maréchal Ney.
Depuis quelque temps, le duc d'Elchingen montrait de
la froideur à Masséna; son mécontentement éclata à
Celorico, parce que le prince se refusa, comme Ney le
demandait, à diriger l'armée sous le canon d'Almeïda,
place que les Français occupaient et qui n'était qu'à
deux marches de notre position. Pour obéir ou complaire
à l'Empereur dont les ordres et les désirs devaient sur
ce point être subordonnés aux circonstances, notre
général en chef voulut conserver au moins la frontière
de Portugal et ordonna de marcher sur Sabugal en
laissant Alméïda à notre gauche. Le maréchal Ney
quitta l'armée, rentra en Espagne et retourna en
France où il ne fut pas longtemps inactif, car il y
avait alors de l'occupation pour tous les généraux. Dès
ce jour, 23 mars, le général Loyson prit le commandement du 6e corps d'armée, en remplacement du ma-

réchal dont le départ affligea autant les Français qu'il
satisfit les Anglais, les Portugais et les Espagnols.
Aussi Wellington ne tarda-t-il pas à chercher à profiter des suites de cette rupture et de l'absence de l'intrépide commandant de notre arrière-garde [1].

Le même jour nous gagnâmes Guarda et nous occupâmes ces montagnes jusqu'au 29, mais après avoir
repassé la Coa. En regardant l'armée ennemie, le
6ᵉ corps était à la droite vers Alméïda, le 2ᵉ, aux
sources de cette rivière, à Sabugal, et le 8ᵉ un peu en
arrière et plus à gauche, à Alfagetes. Le 2 avril, j'étais
en mission à Sabugal, auprès du général Tirlet, commandant l'artillerie du 2ᵉ corps ; s'apercevant du mouvement que faisait l'armée ennemie pour tourner ce
corps et chercher à l'écraser par la grande supériorité
du nombre, ce général prévint le général Reynier qui
en donna aussitôt avis à Masséna ; celui-ci ne donna

---

1. L'histoire des dissentiments qui régnèrent entre les chefs de la
troisième expédition de Portugal est assez mal présentée par les
historiens qui, presque tous, ont interprété ce regrettable épisode
de l'épopée impériale, au profit de tel ou tel général, leur héros de
prédilection. De là, des erreurs grossières dans le goût de la suivante que nous trouvons dans l'*Encyclopédie* de Firmin Didot, à l'article Masséna : « Envoyé en 1810 en Espagne, il rejeta Wellington
sous Lisbonne et résolut de forcer la ligne du Tage ; malheureusement Ney lui refusa son concours, et, malgré sa destitution immédiate, il lui fallut battre en retraite jusque sous les murs de Salamanque. » On conviendra qu'on ne peut présenter sous des couleurs
plus fausses, l'admirable retraite de Ney.
On trouvera le détail des désaccords et des tiraillements trop réels
qui ont divisé les états-majors de la troisième armée de Portugal :
1° dans l'intéressante note sur le colonel de Laville et le maréchal
Bessières, placée à la fin du second volume des *Études sur Napoléon*,
par le colonel de Baudus; 2° dans la lettre placée en tête des
pièces justificatives de la *Vie du maréchal Ney*, imprimée chez Pillet
en 1816.

l'ordre que de tenir bon. Le lendemain, Wellington attaqua et força les deux faibles divisions de ce corps à se reployer sur le nôtre après une vigoureuse défense et, par conséquent, après des pertes sensibles.

A la suite de cette affaire inutile et meurtrière, Masséna rentra en Espagne et prit position entre Ciudad-Rodrigo et Alméida. Cette dernière place n'était pas encore en état de supporter un siège. Cependant, vu l'épuisement du pays, on ne laissa sur ce point que quelques divisions de part et d'autre; les autres se répandirent dans des contrées moins appauvries : Masséna vers Salamanque et Wellington vers Celorico où il faisait remonter des vivres, de la mer, par Coimbre.

Avec la majeure partie de l'artillerie du 8e corps, j'allai prendre des cantonnements à Toro, ville assez riche sur le Duero. Dans presque tous mes voyages en Espagne et en Portugal, j'ai pris note au moins des itinéraires que j'ai suivis, en indiquant les obstacles naturels, les difficultés locales, les moyens de les éviter le plus possible et les ressources du pays. Mais ces notes, quoique parfois j'en rappelle des extraits, allongeraient sans intérêt ces *Souvenirs*. Chaque instant de ma vie passée m'offre des sujets de réflexions dont je n'écris qu'une partie. En campagne, j'avais plus ou moins le temps et les moyens de prendre sur les lieux des renseignements qui ne comportent pas tous le même intérêt; c'est pourquoi je m'étends plus sur certaines localités que sur d'autres.

En sortant du Portugal pour prendre des cantonnements, nous regardions la campagne comme finie; mais Alméïda que nous occupions, ne pouvait faute d'approvisionnements tenir, à moins d'être protégée et ravitaillée. Il fallut donc faire venir les vivres de loin, et employer beaucoup de troupes pour l'escorte, ce qui affaiblissait nos forces en face d'un ennemi plus nombreux et mieux nourri. Dans ces conjonctures, Masséna rassembla ses divisions les moins éloignées, pour ravitailler Alméïda ; Wellington fit de même pour s'y opposer, de sorte que des partis détachés des deux armées se trouvèrent en présence.

Le général anglais, enhardi par le départ du maréchal Ney et par les fatigues et l'âge de Masséna, osa se placer vis-à-vis de nous, entre les deux rivières encaissées de la Coa et de l'Agueda, et les deux places d'Alméïda et de Ciudad-Rodrigo dont nous étions maîtres. C'est là qu'eurent lieu les sanglantes et opiniâtres affaires de Fuentes de Oñoro, affaires où la témérité de Wellington eut été punie, son étoile éclipsée et son armée perdue, si Masséna eut pu rappeler un peu de son ancienne énergie, ou si seulement il eut consenti à seconder l'élan du général Montbrun, en le soutenant de quelques brigades d'infanterie ; mais son dépérissement personnel nous fit échapper une victoire complète et certaine[1].

Comme il était impossible de faire séjourner plus longtemps une armée sur ces champs dévastés et de conserver Alméïda, le général en chef ne voulut laisser à l'ennemi ni la garnison, ni l'artillerie, ni même les fortifications de cette place ; en conséquence, il

---

1. Le départ du maréchal Ney ne contribua pas peu, sans doute, à faire manquer à Masséna cette belle occasion d'en finir avec Wellington et l'armée anglaise. Le double insuccès du prince d'Essling à Busaco et à Fuentes de Oñoro, explique suffisamment, à notre avis, la résolution prise dès lors par Napoléon de ne plus confier de commandement actif à son ancien lieutenant.

envoya au général Brenier qui y commandait, l'ordre
d'en détruire l'armement et d'en faire sauter les remparts, après en être sorti avec sa troupe. Cet ordre fut
ponctuellement exécuté. Le 10 mai, à minuit, ce qui
restait de cette malheureuse ville (la fortification) sauta
en l'air, et la garnison marchant sur le corps des Anglais parvint, non sans pertes, à nos avant-postes, en
deçà de la Barba-del-Puerco, vers San-Felice-el-Grande.
Telle fut la fin de cette difficile campagne, plus glorieuse qu'avantageuse. Elle releva l'ardeur et l'espoir
des Espagnols, des Portugais et des Anglais, enhardit
Wellington, n'encouragea pas nos armées et ajouta
encore à la mésintelligence de nos généraux dans la
Péninsule ; triste prélude de l'accomplissement du
trop véridique jeu de mots de Talleyrand[1].

1. On cite plusieurs mots du célèbre diplomate sur l'expédition
d'Espagne. Il s'agit peut-être ici de la phrase recueillie sur ce sujet
par Amédée Pichot, dans ses *Souvenirs intimes* sur M. de Talleyrand :
« L'Espagne est pour la France une grande ferme ; on en paie bien
le revenu et les redevances, mais le terrain n'en est pas connu, et
l'on s'exposera à tout perdre en cherchant à le faire valoir soi-
même. »

CHAPITRE XXII

RECOMPOSITION DE L'ARMÉE DU PORTUGAL. — MARÉ-
CHAL MARMONT. — DÉBLOCUS DE BADAJOZ.

Le maréchal Marmont, duc de Raguse, vint de Dalmatie, remplacer à notre armée, le maréchal Masséna,
prince d'Essling. Son premier soin fut de faire prendre les meilleurs cantonnements possibles, pour refaire les hommes et les chevaux, tandis qu'il s'occupait
de la réorganisation de cette armée et mûrissait l'exécution des projets ordonnés par l'Empereur.

A Toro, nous étions déjà préparés à de nouvelles
fatigues qu'il était facile de prévoir. L'horizon de la
Péninsule se chargeait de plus en plus, principalement
du côté du Portugal. Toro est situé sur la rive droite
du Duero, dans un pays fertile en blé et en bon vin.
La ville est assez belle et assez riche ; sa population

est de sept à huit mille âmes. On y traverse la rivière sur un pont en pierres, de vingt-deux arches. C'est près de Toro qu'en 1476, Ferdinand-Pierre d'Aragon remporta sur Alphonse, roi de Portugal, la victoire qui lui assura la possession de la Castille.

Le 1er juin 1811, l'armée de Portugal se concentra à Salamanque; elle ne formait plus qu'un seul corps composé de sept divisions dont une de cavalerie. Nous n'avions donc plus de généraux commandants de corps d'armée, ce qui prévenait les désaccords ; mais vu la force de cette armée, il pouvait devenir nécessaire de donner le commandement des ailes ou de plusieurs divisions à des chefs égaux en grades à ceux placés sous leurs ordres, ce qui tendait au même inconvénient, à cause de notre éloignement de l'Empereur, seul maître obéi.

Par la fusion des trois corps et des quatre états-majors de l'ancienne armée de Portugal, je ne pouvais, étant le moins élevé en grade des chefs d'état-major d'artillerie, conserver mes fonctions. Le général en chef me donna le commandement de l'artillerie de la 5e division aux ordres du général Maucune[1], offi-

1. L'intrépide Maucune, comme l'appelle le commandant Guingret, avait failli payer cher les fautes de l'état-major de Masséna, pendant la dernière retraite de l'armée de Portugal : « La brigade du général Maucune, nous dit cet officier dans son intéressante et véridique relation, manqua être victime de l'ignorance où l'on était des mouvements des Anglais : cette brigade occupait encore ses positions en avant de Guarda, tandis que l'ennemi était venu s'établir à un quart de lieue sur les derrières, entre le général Maucune et la ville, dans la vieille redoute d'Alorna. Masséna ne voulut point croire d'abord que l'ennemi eût pu prendre poste dans cette redoute; mais s'en étant assuré par lui-même, il ordonna de suite la retraite et nous

cier d'une grande bravoure et d'une grande activité.
Le général Tirlet qui réunit aussi ces qualités, commanda en chef l'artillerie de l'armée du Portugal [1].

Si l'armée du Midi de l'Espagne avait pu prendre
Badajoz, tandis que Masséna était encore sur le Tage
sous Abrantès, les affaires eussent 'sans doute changé
de face dans ces deux royaumes ; mais cette forteresse
qui fermait toute communication entre le duc de Dalmatie et le prince d'Essling, ne s'était rendue au
premier que dans le mois de mars, après notre re-

mîmes bientôt la Coa entre nous et l'armée anglo-portugaise. » Ic
encore, comme dans beaucoup d'autres occasions, Wellington manqua de coup d'œil ou de décision. Le général Maucune passa peu de
temps après divisionnaire, pour sa belle conduite à la bataille de
Fuentes de Oñoro.

1. Le général Tirlet (Louis) occupait précédemment les fonctions
de commandant de l'artillerie du 2e corps de l'armée d'Espagne. Ce
général, né en 1773, à Moiremont (Marne), avait débuté comme
volontaire dans le régiment de Bouillon, en 1792. Aspirant d'artillerie
en 1793, élève sous-lieutenant l'année suivante, capitaine commandant
les deux compagnies de pontonniers formées à l'armée de Sambre-et-Meuse, en 1794, il se signala à Fleurus où il reçut sa première
blessure ; il fut nommé en 1795, chef-de-bataillon commandant le
2e bataillon de pontonniers. Le pont de Neuwied ayant été incendié
à la première retraite de l'armée de Sambre-et-Meuse, Kléber donna
au commandant Tirlet, trente heures pour jeter un pont sur le Rhin,
et l'armée put passer dans le délai fixé. Il s'illustra encore dans la
seconde retraite de cette armée, fut nommé colonel d'artillerie en
Égypte et général de brigade en 1803. Nommé au commandement de
l'artillerie de l'armée de Dalmatie, il y organisa la défense des côtes
et les directions de Zara et de Raguse. Napoléon le nomma baron de
l'Empire, en lui confiant la direction générale des ponts de la Grande-Armée, en 1809. Le général Tirlet assista à la bataille de Toulouse
comme général de division.
Louis XVIII lui confia le commandement en chef de l'artillerie de
l'armée d'Espagne en 1823 et le créa vicomte. Grand-croix de la
Légion-d'Honneur en 1836, pair de France l'année suivante, il mourut
en 1841. Son nom est inscrit sur le côté sud de l'Arc-de-Triomphe.
Le vicomte Tirlet fut un ami particulier de l'auteur des *Souvenirs*.

traite. Depuis lors, les Anglais, les Portugais et les Espagnols cherchaient à y rentrer et en faisaient le siège, malgré la bataille d'Albuhera. Ce fut pour faire lever ce siège que le général Marmont dût prêter son concours au maréchal Soult. A cet effet, notre armée partit de Salamanque, le 3 juin, et prit la route de Badajoz, après avoir ravitaillé Ciudad-Rodrigo. Dans cette opération, notre cavalerie culbuta celle de l'ennemi en présence de nos deux premières divisions ; les 3ᵉ et 4ᵉ étaient en échelons sur la route de Baños vers Andrinal ; la 5ᵉ et la 6ᵉ, à Saumonos et à Matilla.

Le 7, l'armée se dirigea sur l'Estramadure ; déjà la chaleur était brûlante, les chevaux trouvaient à boire et à manger, mais les hommes attendaient que les moissons déjà jaunissantes fussent parvenues à maturité. Ma division passant par Andura et Andrinal, vint ce jour-là, coucher à Val-de-Fuentes où les montagnes recommencent.

Deux lieues plus loin, nous entrâmes dans le col de Baños, défilé qui lie la Vieille-Castille et la province de Salamanque à l'Estramadure espagnole. Je regarde comme impraticables en hiver pour notre artillerie, les chemins que nous avions suivis depuis Saumonos. A une lieue de Val-de-Fuentes, on traverse le village de la Calzada, en prenant la route qui passe à gauche des maisons ; de là, au pont *del-Cuerpo-del-Hombre*, construit sur une rivière encaissée, on chemine à l'étroit parmi les rocs. A portée de canon de la rivière, il faut enrayer et tourner brusquement dans un endroit dangereux. De l'autre côté on gravit une montagne très raide, par un chemin bouleversé ; puis, l'on descend dans le bourg de Baños, où coule l'Ambros. Nous traversâmes ce bourg avec assez de peines et vînmes coucher à deux lieues plus loin, à Aldea-Nova-del-Camino, endroit assez considérable; nos chevaux s'y reposèrent et nos voitures furent réparées; on y séjourna.

Le 10, nous parcourûmes assez facilement les six lieues de distance d'Aldea, aux approches de Placencia, assez jolie ville sur le Xerte, mais tellement enfoncée qu'il fallût de grandes précautions pour y descendre avec nos voitures. Notre parc et notre bivouac furent établis sur les bords agréables de cette rivière, laquelle après avoir arrosé Coria, reçoit les eaux de la Geta, prend le nom d'Alagon et se jette dans le Tage, au-dessus d'Alcantara.

Le 12, nous montâmes en sortant de Placencia, la rapide et longue côte au haut de laquelle se trouve le village de Malpartida et, après avoir traversé un bois assez étendu, nous arrivâmes sur les bords du Tiétar que nous passâmes à gué [1]; il était large et avait plus de trois pieds d'eau, malgré la grande sécheresse. On

---

1. « Après avoir passé le Tiétar, à gué, nous traversâmes de longues plaines monotones, couvertes d'arbustes sauvages. Tous les ruisseaux étaient desséchés et la terre, crevassée par l'ardeur brûlante du soleil, semblait s'être resserrée dans les seuls endroits où il avait existé des sources. La marche avait lieu pendant les chaleurs étouffantes de juin : outre leurs armes et leur équipement déjà beaucoup trop lourd, chacun de nos soldats portait encore sur son dos pour quinze jours de biscuit. Sur ces routes désertes, la soif dévorait nos entrailles; plusieurs soldats succombèrent pendant la marche, dans les angoisses de cet inexprimable tourment; ne pouvant le supporter un seul instant de plus, un brave caporal et un chasseur du 6e léger, se firent sauter la cervelle, à cent pas du Tage. » (GUINERET.)

voyait encore dans l'intervalle assez court de cette
rivière au Tage, deux redoutes qui annonçaient que
des armées y avaient séjourné. C'est, en effet, une
bonne position quand il y a plus d'eau. Nous y avons
bivouaqué plusieurs fois. Dans ces gîtes, les apprêts
de la couchée étaient bientôt faits. Je jetais sur le
gazon, au pied d'un arbre quand il y en avait, la couverture et la schabraque d'un de mes chevaux et je me
couvrais de mon manteau. Les nuits étaient si belles,
le ciel si serein et l'air si doux, surtout dans les bois
qui ombragent le Tietar, que je repoussais le sommeil
pour jouir plus longtemps de cette heureuse position.
Je plaignais Charles-Quint de n'avoir pas su goûter les
charmes de la retraite qu'il avait choisie dans ces lieux
paisibles, après avoir abdiqué une couronne glorieuse,
mais bien pesante dans so n temps et surtout à l'âge
où il la quitta [1].

Le Tiétar va se perdre dans le Tage au-dessus du
pont Del-Cardenal, à trois lieues au-dessus de celui
d'Almaras. Le 13 juin, nous arrivâmes à l'emplacement de ce dernier, car il était détruit. Les hommes
et le matériel passèrent le fleuve sur des ponts-volants,
et les chevaux au gué ; mais ils étaient obligés de na-
ger et de couper le courant, en se dirigeant oblique-
ment de la pointe d'une île en amont, sous le fort en
aval. Ce passage important était fortifié sur les deux
rives : sur celle de droite, par une redoute en terre et
une tour en maçonnerie ; de l'autre côté, par une tête

---

1. Yuste, près de Placencia, ancien couvent d'Hiéronymites, est
bâti dans une des plus belles vallées de l'Estramadure. Charles-
Quint s'y retira après son abdication et y mourut en 1558.

de pont surmontée d'un pic couronné. Nous établîmes notre bivouac au delà du Tage.

Le 14, de très grand matin, la 5e division monta la forte côte de Mirabette ; quatre lieues plus loin, elle s'arrêta auprès de Javaïcejo, pour y passer le reste de la journée et la nuit. Afin d'éviter les incendies qui, à chaque instant, se manifestaient dans ces plaines couvertes de hautes herbes desséchées, je portai mon artillerie à une demi-lieue plus loin, sur le bord du *Rio del Monte.*

Le 15, nous traversâmes Truxillo, patrie de Pizarre. J'eus la curiosité de voir son ancien palais ; le rez-de-chaussée servait de boucherie ; cette maison n'avait pas dégénéré. Le 16, nous nous portâmes à Santa-Cruz, et le 17, sur la rive droite du Burdato, non loin de son embouchure dans la Guadiana. Ce jour-là, nous avions laissé à notre gauche, Medelin, ville où naquit Fernand Cortez, compatriote et digne émule de Pizarre. De notre bivouac on découvrait un de ces incendies dont j'ai déjà parlé : il s'étendit rapidement, et forma bientôt une mer de feu. Le 18, nous traversâmes un bois dont les arbres brûlaient encore ; nous couchâmes près de San Pedro, dans le voisinage de Merida, colonie romaine du temps d'Auguste et ville capitale sous les Maures.

Le 19, nous nous rendîmes à Mirandilla, village situé dans un pays très fertile en blé. C'est à ce bivouac que nous apprîmes que l'armée de Wellington dont le quartier-général était à Talavera-la-Réal, et celle qui faisait le siège de Badajoz venaient de fuir en Portu-

gal, à notre approche[1]. Ainsi le principal objet de notre
marche et de celle du maréchal Soult, se trouvait rempli; mais il convenait de profiter de la présence des
deux armées pour renouveler l'approvisionnement de
cette place importante. En conséquence, les deux généraux en chef firent prendre des cantonnements dans
les environs. Ma division et son artillerie furent pla-
cées à Torre-Mayor, gros village, peu distant de la

---

1. Badajoz avait été investie le 25 mai, et la tranchée ouverte
dans la journée du 29. Les batteries dirigées contre le fort San-
Christoval avaient ouvert le feu dans la journée du 3 juin; le 6, la
brèche ayant paru praticable, les Anglais livrèrent pendant la nuit
un assaut qui échoua; une seconde tentative fut également repoussée
avec perte, dans la nuit du 9 au 10, et sur la nouvelle de l'approche
de l'armée de Marmont, Beresfort et Wellington se hâtèrent de lever
le siège.

Brialmont qui s'appuie presque exclusivement sur les témoignages
anglais, affecte de considérer l'Histoire de Thiers comme l'évangile
français des guerres de l'Empire, ce qui lui procure la satisfaction
facile de le réfuter à tout bout de champs avec des phrases aussi
aimables que la suivante : « Il nous est impossible d'admettre cette
théorie dont l'amour-propre français peut seul s'accommoder. »

Voici comment le panégyriste enthousiaste de Wellington explique
la déconvenue de son héros à Badajoz : « Les ressources de l'armée
anglaise n'étaient pas en rapport avec la difficulté de l'entreprise :
l'équipage du train était en mauvais état; les bouches à feu, dont
quelques-unes dataient de Philippe II, étaient en général trop faibles;
es boulets n'avaient pas le calibre voulu; le parc ne comptait pas
un seul mortier; les artilleurs portugais manquaient d'expérience et
ceux de l'armée anglaise étaient en nombre insuffisant; les sapeurs-
mineurs faisaient complètement défaut; il y avait trop peu d'officiers
du génie; on n'avait pas assez de temps pour apprendre aux soldats
à faire des gabions et des fascines, etc. » Tout cela n'empêche pas
que les deux assauts livrés sur des brèches praticables, échouèrent
piteusement. Il nous semble en outre qu'entreprendre un siège dans
de pareilles conditions, même quand on s'appelle Wellington, peut
passer pour le comble de la maladresse ou de l'outrecuidance, et
reconnaître encore la trace du génie dans cette piètre opération,
l'amour-propre anglais ou le parti-pris d'un historien dévoué à
l'Angleterre peuvent seuls s'accommoder d'une semblable partialité.

Guadiana, dans un bassin couvert de moissons mures. Cette rivière était presque à sec, et répandait une odeur méphitique, à cause des tontes et lavages de laines qu'on y fait à l'époque des chaleurs.

Au milieu des champs de blé, nous manquions de vivres ; il fallut échanger le fusil et le sabre contre la faux et le fléau ; nos soldats devinrent moissonneurs, batteurs en grange. Chaque brigade fournit d'abord une certaine quantité de froment pour les magasins de Badajoz et travailla ensuite pour son compte, mais tous les moulins étaient à sec ou détruits. Le maréchal Marmont sentit dès lors la nécessité d'en avoir toujours de portatifs et à main, dans les régiments, et les fit fabriquer dans nos arsenaux à Madrid. Pour le moment, nos soldats dont l'industrie avait fait des progrès depuis le blocus précipité de Mayence, y suppléèrent. Ils formaient un massif en maçonnerie dans lequel ils encastraient une meule retirée des moulins inutiles. Cette meule fixe était traversée à son centre par une barre de fer pivotant dans un écrou et traversant une seconde meule superposée et mobile. Assez près de la circonférence de cette seconde meule était fiché un boulon qui, à bras d'homme, lui imprimait un mouvement de *va-et-vient.*

Je décris avec détails notre route de Salamanque à Badajoz, et celle du retour sur le Tage ; je les ai parcourues avec plaisir : la beauté de la saison, malgré sa trop grande chaleur, la diversité souvent agréable des sites, les bois et les eaux qui rafraîchissaient nos paisibles bivouacs, mais surtout la moralité et l'ordre rappelés dans l'armée, me faisaient oublier que j'étais en Espagne. Nous avons plus souffert en remontant vers le Nord ; mais les maux physiques se supportent beaucoup plus facilement quand l'âme n'est pas affectée par des tableaux pénibles. Le général Marmont s'occupait du bien-être et de la discipline de son armée avec une sollicitude et une sévérité paternelles. Il passait pour un de nos généraux les plus probes et les plus instruits, mais des moins heureux.

CHAPITRE XXIII

RETOUR SUR LE TAGE ET AU-DELA. — MA SECONDE
MALADIE.

La ville de Badajoz se trouvant délivrée et approvisionnée, l'armée de Portugal quitta les bords de la Guadiana, pour revenir sur le Tage. Le 14 juillet, notre division, la 5e, se dirigea de Torre-Mayor sur Carmonita; chaque soldat portait, outre deux à trois paquets de cartouches, ses armes, ses bagages et des vivres pour quinze jours. Cependant la chaleur était insupportable; aussi le général en chef avait ordonné de ne point, sans motifs majeurs, marcher entre dix heures du matin et cinq heures du soir. Nos guides, probablement trompés, nous égarèrent dans les bois de chênes verts d'Alcuesca; nous étions partis à deux heures du matin et n'étions pas encore arrivés au gîte au milieu du jour; les fantassins succombaient et je-

taient leurs vivres. Je donnai du vin ou de l'eau-de-
vie à beaucoup de ces malheureux haletant sur la
route et j'en recueillis autant que je pus sur nos voitures, mais il fut impossible de les sauver tous; l'erreur ou la mauvaise volonté du guide coûta la vie à
plus de trente de nos soldats. Le soir, mon artillerie
parvint, presque seule de la division, à Carmonita où
je trouvai mon général fort inquiet et fort triste.

Le lendemain 15, on se rallia à Torre-Mocho, non loin
des vignobles renommés de Montanchès. Le 16, laissant Cacérès à gauche, nous vînmes à Lacumbie et le
17 à Aldea, après avoir revu Truxillo. Dans mon avant-
dernier bivouac, j'eus plus que jamais à craindre de
ces incendies dont j'ai souvent parlé. Quand l'artillerie voyage dans cette saison en Espagne et en Portugal, il faut chercher à la parquer sur un pré vert, ce
qui est rare, ou près des rivières et ruisseaux, sinon
dans les rues ou sur les places des villages. Si on se
trouve obligé de mettre ces voitures au milieu d'herbes plus combustibles que l'amadou et presque aussi
inflammables que la poudre, il faut avoir grand soin
d'empêcher de fumer et de faire du feu, même avec
précaution, à une trop petite distance du parc, à moins
d'avoir fauché le terrain où on établit les marmites. Il
faut multiplier les sentinelles, ne pas dégarnir les
chevaux de trait et avoir toujours au poste un tambour ou un trompette de garde, afin de faire atteler et
décamper aussitôt que l'incendie commence dans les
environs, car il ne tarderait pas à atteindre les voitures. Le plus sûr serait de gagner ou de choisir un emplacement que le feu aurait déjà nettoyé. Il m'est arrivé d'avoir à manœuvrer pendant plusieurs heures

pour éviter les flammes, et de ne trouver de sûreté, qu'en revenant là d'où j'étais parti, après qu'elles eurent consommé les herbes. Il est aussi arrivé que des combats ont été imprudemment engagés sur ces terrains dangereux où les blessés furent brûlés avec les morts.

Les grandes chaleurs qui dessèchent ce pays me rappellent combien nos soldats souffraient de la soif, et par quels moyens on peut les soulager en partie [1]. Ce serait de donner à chacun d'eux, comme les Anglais en ont, un petit baril de bois sec, dans lequel ils auraient toujours de l'eau mélangée d'eau-de-vie ou de vinaigre, et de renouveler chaque jour la distribution de ce liquide, avec l'attention d'en surveiller le mélange, afin que les hommes ne bussent pas l'eau-de-vie pure et eussent toujours sur eux-mêmes l'approvisionnement de la journée. Cette boisson se conserve bien dans les barils anglais, tandis qu'elle s'échauffe et se gâte vite dans nos bidons de fer blanc, oxydés du jour au lendemain. Cet inconvénient avait fait rejeter ces bidons par la plupart de nos soldats qui, à chaque source, ruisseau, rivière, et même à chaque flaque d'eau, se précipitaient pour se désaltérer et finissaient par se délabrer l'estomac ou par attraper les fièvres. Pour moi, j'ai eu beaucoup à souffrir de la soif, surtout dans les marches de l'été de 1808 en Portugal ; plus je buvais d'eau, plus je voulais boire, c'était absolument de

---

1. Les Anglais s'étant éloignés, notre armée fut répartie dans des cantonnements où nous fûmes bientôt tourmentés par les maladies, suite d'une inaction subite et de la mauvaise qualité des aliments. A Truxillo, pendant les chaleurs brûlantes de l'été, les soldats de notre division n'avaient ordinairement que de l'eau croupie pour se désaltérer. (Guingret).

l'huile sur le feu, aussi je fus très affaibli. Mais les années suivantes je trompai la soif en me mettant des cailloux dans la bouche, et je parvins à ne boire qu'en mangeant, c'est-à-dire à mes repas ; si parfois, je ne pouvais absolument pas les attendre, je puisais à une source, de l'eau dans un gobelet de cuir pliant, comme les chasseurs en portent, et j'y versais un peu d'eau-de-vie de ma gourde.

Le 18 juillet, la division vint à Juraïcéjo et le 19, après avoir repassé le Tage, près d'Almaras, nous prîmes à deux lieues plus loin nos cantonnements autour de Naval-Moral, village situé sur la grande route de Madrid à Lisbonne. Le duc de Raguse tint son armée vers Placencia et le Tage, parce que ce pays offrait encore des ressources et qu'il y était à même d'observer les Anglais que lord Wellington avait cantonnés sur les frontières du Portugal, aux environs de Castel-Branco. Ce général ennemi paraissait vouloir protéger au besoin l'armée espagnole de Galice que la nôtre, dite du Nord, menaçait. Marmont épiait les mouvements de Wellington pour déterminer les siens en conséquence; d'ailleurs il fortifiait les passages du Tage et du Tiétar.

On profita des trente-quatre jours que nous passâmes à Naval-Moral, pour faire faire à nos voitures les grandes réparations dont elles avaient un besoin urgent ; ce roues surtout souffraient de la grande sécheresse; il n'y en avait pas une qu'il ne fallut au moins châtrer, et cette nécessité se représentait tous les jours. Nous ne manquions jamais de les mettre dans l'eau, quand nous trouvions une rivière ou un étang, mais c'était un faible remède. Si, comme on l'essaie aujourd'hui, on peut remplacer les moyeux de bois par des moyeux de fonte, on améliorera beaucoup cette principale portion du matériel. Les forêts de chênes verts du Tiétar furent d'une grande ressource pour nos travaux.

Je ne pus pas les suivre longtemps, car, après quelques jours de repos, je ressentis les atteintes de la fièvre nerveuse qui, à pareille saison, il y avait un an, m'avait tant fait souffrir. J'en fus aussi tourmenté qu'à Ciudad-Rodrigo, sans avoir à ma disposition les mêmes ressources, quoique les généraux et les officiers de santé de la division me prodiguassent leurs soins. J'étais couché par terre sur quelques poignées de paille, chez de misérables paysans dont un fut fusillé pendant ma maladie, ayant été convaincu d'avoir assassiné des Français sur la grande route. Cependant une abondante consommation de quinquina, de raisins et de limonade dissipa les accès de fièvre, mais sans déraciner entièrement la maladie, et cette amélioration, je ne l'obtins pas impunément pour mes nerfs et mon tempérament déjà bien altérés. J'étais encore bien faible et bien malingre quand, le 25 août, nous reçûmes l'ordre de nous remettre en route. Cet ordre était motivé par un mouvement de l'armée anglo-portugaise sur Ciudad-Rodrigo.

Malgré ma faiblesse, je quittai avec empressement ma triste infirmerie de Naval-Moral et ce ne fut pas pour moi une chose indifférente que de retrouver mon arbre touffu et le vert gazon du Tiétar ; j'y passai une bonne nuit. Nous avions repris au village de Casatéjada, la route de Placencia où nous couchâmes le 27. Le 29, nous reprîmes des cantonnements, mon artil-

lerie et moi, au couvent solitaire et désert de Bienparada, près la terre des Batuecos. C'est aux portes de la
pieuse retraite de Bienparada, non respectée par la
guerre, que tous les soirs, couché sous un chêne vert,
je portais mes regards et mes pensées sur cette bienfaisante comète que fixaient à la même heure, en
France, tous ceux auxquels nous attachaient des liens
d'amitié ou de parenté.

Dans cette position, notre division observait les défilés de Gata et de Péralès qui n'étaient pas impraticables comme à l'époque où je les traversais, en 1807.
Pour prendre de l'exercice, je me promenais à cheval
dans les cantonnements voisins, entre autres à la
Banilla où le duc d'Albe a un beau château, chose fort
rare en Espagne. C'est sans doute de cette campagne,
qu'un prince de ce nom est parti pour pénétrer dans
les rochers tutélaires de ces heureux Batuecos dont
notre armée tournait, sans en avoir conscience, le
paisible refuge [1].

1. Le 3e volume des *Mémoires du général Hugo* renferme une
notice assez détaillée sur les *Patones*, les *Maragatos*, les *Batuecos*
et les *Gitanos* d'Espagne. D'après cette description, la vallée
de Batuecas, longue de 7 kilomètres et arrosée par plusieurs
sources, est située dans le canton d'Albeica, province d'Avila,
royaume de Léon, au S.-O. et à 60 kilomètres de Salamanque. On y
pénètre par un sentier tracé dans les précipices des montagnes
escarpées qui l'entourent de toutes parts. Le climat y est tempéré,
malgré l'élévation du territoire au-dessus du niveau de la mer : les
hautes montagnes qui l'entourent la protègent contre les vents du
nord et de l'ouest ; elles s'abaissent assez vers le midi et l'est pour
laisser pénétrer les rayons du soleil quatre heures par jour dans la
vallée.

Les Batuecos, toujours d'après le général Hugo, ont une taille
élevée et une complexion robuste ; leur intelligence est bornée,
leurs mœurs sont rustiques et pures ; leur origine est incertaine.
D'après quelques écrivains, ils descendent d'anciens Ibères fuyant

La tranquillité dont nous jouissions dans nos marches et cantonnements que les guérillas respectaient
(si on en excepte quelques brigandages isolés, entre
autres celui de Naval-Moral) me faisait regretter qu'on
eût souvent, en l'absence de Napoléon, été perdre ou
jeter inutilement en Portugal des milliers de soldats,
qui, sans doute, eussent aidé à calmer l'effervescence
de la population, et à protéger l'agriculture en Espagne. Il est probable que sans les dissentiments des
chefs et l'absence de l'Empereur, nos troupes plus
unies et plus imposantes auraient moins exigé et
obtenu davantage des habitants, qui se seraient com-
portés par réciprocité, à notre égard, comme ceux
qu'avaient soumis et gagnés les victoires, l'administration et surtout l'indépendance d'action de l'armée
du général Suchet [1].

D'un autre côté, les Portugais ne se seraient point
armés contre nous et les Anglais n'eussent trouvé ni
les ports, ni la place d'armes, ni les ressources qui les

devant l'invasion des Goths; d'après d'autres auteurs, leurs ancêtres
seraient des Goths espagnols, réfugiés, au temps de l'invasion des
Maures, dans les vallées qui séparent le Portugal des deux Castilles.
Les Batuecos ont vécu presque toujours séquestrés du reste de la
Péninsule. Des titres du xie siècle sembleraient indiquer que leur
territoire dépendait alors du château seigneurial d'Alberca, situé à
deux lieues de là, sur une montagne presque aussi inaccessible que
celles qui enserrent cette singulière vallée. Le duc d'Albe découvrit
ces montagnards dans un recensement général opéré par ses ordres.
Philippe II envoya des missionnaires pour les instruire dans la foi
catholique et c'est de cette époque que date la fondation du monastère de Carmes qui est le seul édifice de cette vallée solitaire.

1. De juin 1809 à 1813, le maréchal Suchet envoya en France
3,896 officiers, 78,205 sous-officiers et soldats ennemis prisonniers,
94 drapeaux et 1,415 pièces de canon, résultant de dix sièges, deux
batailles et neuf combats. (*Mém. de Suchet.*)

ont rapprochés de nous. Mais, dans ce cas comme dans
d'autres, on peut avec fondement appliquer à Napoléon
ces paroles souvent prononcées par lui et parfois confir-
mées par les évènements : *Son destin l'entraînait* ! Si
je devais confier ces lignes à l'impression, on ne manquerait pas de dire que je suis prophète après coup et
détracteur du malheur. Hélas ! les faits parlent et je
raconte ceux que j'ai vus. A nos yeux, Bonaparte a
rendu à la France plus de services que Louis XIV et
autant que Charlemagne ; mais ses revers et ses regrets ont eu la même cause que ceux du grand roi.
Nous croyons qu'à leur place Charlemagne se serait
arrêté à temps.

Après dix-neuf jours de repos ou plutôt de travaux
exécutés pour notre matériel et pour nos vivres, nous
partîmes du couvent de Bienparada et nous tournâmes,
comme je viens de le dire, le rempart inaccessible du
val[1] décrit par plusieurs auteurs et récemment par
Mme de Genlis. Dans ce détour, nous passâmes le 18
septembre à Aldea-Nova-del-Camino ; le 19, sur les
hauteurs de Baños, le 20 à Val de Casa (je parle des
gîtes de ma batterie, nous les avions déjà vus en partie) ; le 21, à Santo-Domingo ; nous aurions dû aller de
la Calzada à Fuentès : le chemin est meilleur. Enfin,
le 22, nous couchâmes à Lamanès, bourg dans lequel
s'opéra la jonction de l'armée du Nord (général Dorsenne) avec la nôtre. Le lieu de cette rencontre était
d'un augure équivoque ; il avait été témoin d'un insuccès qui aurait dû prévenir celui de Busaco. Il est
vrai que depuis la Guadiana, nous avions presque

---

1. La vallée de Batuecas.

journellement traversé des trophées de nos armées. Les champs de Badajoz, Medelin, Cacerès, l'Arzobispo, Baños, Alba de Tormès, etc., en étaient couverts. Mais nos lauriers desséchaient sur ces terres inhospitalières !

CHAPITRE XXIV

MARCHE CONTRE LES ANGLO-PORTUGAIS SUR LES
FRONTIÈRES DU PORTUGAL. — RETOUR SUR LE TAGE.

Lord Wellington convoitait Ciudad-Rodrigo et le menaçait ; nos deux armées se portèrent à sa rencontre.
Le 23 septembre, ma division passa l'Yeltès, non loin
de sa source ; elle sort du rocher de la Penna de Fran-
cia où s'élève la croix antique et vénérée des Batuecos.
Nous établîmes notre bivouac à Moras-Verdes, à quatre lieues de Ciudad-Rodrigo ; le lendemain, les Anglais en levèrent le blocus, comme à Badajoz ; nous
les poursuivîmes et jetâmes des vivres dans la place.
La cavalerie ennemie fut atteinte et battue à Castelbom par le général Montbrun. Le 26, les armées
étaient en présence à Fuente-Guinaldo ; nous nous
attendions à une grande bataille et nous la désirions,
mais dans la nuit, à notre grand étonnement et mé-

contentement, nous rétrogradâmes, tandis que Wellington exécutait de son côté un mouvement analogue ;
son arrière-garde seule fut inquiétée, et même pendant
fort peu de temps. Dans cette nouvelle occasion, le
général anglais dut encore remercier sa bonne étoile
et se féliciter de la mésintelligence de nos généraux
en chef qui, sur le même terrain et pour la seconde
fois, laissaient échapper la victoire pour des motifs
presque aussi misérables.[1]

1. Dans la correspondance du commandant Hulot, figure une
lettre qui renferme un document plein d'intérêt sur les appointements des officiers des armées impériales ; nous offrons au lecteur
le fragment le plus important de cette lettre adressée à son frère
aîné et datée de Granja, village des montagnes de Placencia et
Baños, le 15 septembre 1811.

« Il y a une vingtaine de jours, mon cher ami, que nous végé-
tons au pied des montagnes arides de Baños, de Bejar, de Placencia
et de Gata. Nous observons l'armée anglo-hispano-portugaise qui
en fait autant de son côté, attendant comme nous la fin des chaleurs. La voilà bientôt arrivée, aussi partons-nous dans deux ou
trois jours pour je ne sais quelle destination ; je présume que nous
allons faire une reconnaissance vers Ciudad-Rodrigo. Si les bruits
vagues qui circulent sont fondés, nous pourrions bien, spectateurs
tranquilles des évènements, n'avoir d'autres opérations à entreprendre que pour nous procurer des vivres, car je présume qu'on
ne veut par rentrer en Portugal et que l'armée anglaise se porterait en partie sur Valence dans le cas où, comme on l'annonce, nous
aurions entrepris la conquête de cette province. Quoi qu'il en soit,
j'attends aujourd'hui les évènements avec plus de patience, parce
que ma santé est à peu près rétablie...

Il faut que je te parle un peu *intérêt*, car, dans notre métier et
sur le théâtre où nous évoluons, on n'est pas toujours sûr du lendemain. Mon porte-manteau, qui est confié à Charles (second frère
du commandant, ayant été obligé, quoique marié, père de famille
et âgé de plus de trente-trois ans, d'obéir aux dures réquisitions
de 1809) contient un portefeuille vert dans lequel sont mes revues pour tous les mois, depuis janvier compris, de 1811. Ces
revues sont des feuilles de papier, une par mois, représentant la
somme due pour mes appointements. Mon livre servant à enregistrer ces sommes chez le payeur, se trouve dans le même porte-

Ainsi, ces grands mouvements, ces longues et pénibles marches n'ont abou ti qu'à quelques affaires de
détail et au ravitaillement de Ciudad-Rodrigo, place
dont Wellington s'empara deux mois après, lorsque
faute de vivres dans les environs épuisés, nos armées
avaient recherché des cantonnements éloignés. Les
Anglais tiraient leurs approvisionnements du Portugal
et même d'Alméïda, déjà en partie restaurée. Maître de
ces deux places, enhardi par nos retraites et notre dé-
sunion, Wellington prit dès lors l'offensive, mais plus
prudemment que Masséna après le siège de Ciudad-
Rodrigo; il vainquit aux Arapiles et par suite, nous fît
évacuer l'Espagne. Mais reprenons le cours des évènements dans lesquels nous avons figuré comme acteur
ou comme témoin.

Le 28 septembre 1811, ma batterie vint à Elbodom,
et le 29 à Ciudad-Rodrigo où je vis défiler et rétrograder l'armée du Nord, aussi peu satisfaite que la nô-

euille. Avec ces revues et ces livres, on doit pouvoir toucher tout
ce qui m'est dû.

Chacune de ces revues, depuis le 1er janvier jusqu'à juin exclus,
se monte à 675 fr., ce qui fait en tout 3,375 fr. Chacune des revues
depuis mai se monte à 525 fr. par mois. Les trois mois écoulés à ce
jour donnent donc 1,575 fr. Le gouvernement nous a accordé depuis
pour traitement de table, à commencer de cette année, 400 fr. par
mois, ce qui donne 3,200 fr. au premier septembre : cette somme
est à réclamer à M. l'ordonnateur Marchand, intendant de l'armée
de Portugal. Tu sais que je touche 1,000 fr. par an comme officier
de la Légion ; c'est le 3e régiment qui me les paie. Il peut me devoir 500 fr. à cause des retenues pour la musique, etc. Il m'est donc
dû, au 1er novembre 1811, la somme de 8,650 fr., sur laquelle je dois
au plus 1,600 fr. Depuis ma rentrée en Espagne, j'ai perdu trois
chevaux, dont un de 40 louis; pas un ne m'a été payé; il m'en
reste trois. Mes deux maladies m'ont coûté plus de 100 louis... »

Il s'agit du 3e régiment d'artillerie où comptait nominativement le
commandant Hulot depuis sa promotion de chef d'escadron.

tre., Elle était composée de troupes de la garde impériale [1] et cette composition servait de motif aux prétentions jalouses et dissidentes de la part de son général en chef, qui n'avait cependant que le grade de
divisionnaire. Le même jour nous couchâmes à Tene-
bron, le 1er octobre à Tamamès et le 6, à Placencia. La
majeure partie de notre infanterie alla par les montagnes, répandre ses cantonnements dans la Veyra de
Placencia, à Jarays, etc. Avec l'artillerie, je continuai
mon mouvement vers le Tage en passant le Tiétar qui
était grossi par les pluies, et j'allai établir mon personnel à Valvedeja où j'arrivai le 10 et où ie restai jusqu'au 26.

Je me rapprochai alors tout à fait du Tage et
vins m'établir au pont de l'Arzobispo, sur ce fleuve
même. Tout le matériel d'artillerie de l'armée avait

1. Cette armée du Nord de l'Espagne, composée, outre la cavalerie
et l'artillerie, des divisions d'infanterie Bonnet, Dumoustier et
Roguet, était passée du commandement du maréchal Bessières, sous
les ordres du général Dorsenne, à la suite de la malheureuse bataille de Fuentès de Oñoro où le duc d'Istrie avait amené lui-même
la cavalerie de la garde. Après la dispersion, sur la ligne de l'Esla, de
l'armée ennemie de Gallicie (30,000 hommes), commandée par le général espagnol Abadia, le général Dorsenne avait relevé les fortifications
d'Astorga et réuni à Salamanque un convoi de vivres qu'il avait
conduit à Ciudad-Rodrigo en y opérant sa jonction avec Marmont.
Après l'éloignement de Wellington, la garde était revenue s'établir
autour de Valladolid, puis autour de Léon, à la fin d'octobre, pour
soutenir la division Bonnet qui était chargée de nettoyer de nouveau
les Asturies envahies par les bandes aussitôt après le départ de nos
troupes. Le général Dorsenne avait environ 27,500 hommes sous ses
ordres, y compris une réserve de la vieille garde placée sous son
commandement immédiat. Marmont comptait environ 21,000 hommes
dans son armée de Portugal qui comprenait le 9e corps commandé
par Drouet d'Erlon, mais au départ du maréchal Masséna, ce général était passé au commandement du 3e corps qui faisait partie de
l'armée d'Andalousie, sous les ordres du maréchal Soult.

été réuni au grand parc de Talaveira, ville qui offrait des ressources pour les réparations.

A cette époque, le général en chef avait chargé ses commandants d'artillerie divisionnaires, des fonctions d'intendants particuliers, à l'effet d'administrer les cantonnements de l'armée sous le rapport des vivres, fourrages, etc. En conséquence, j'eus à m'occuper non-seulement de la subsistance et de l'approvisionnement de mon personnel et de mes chevaux, mais aussi de ceux des nombreux cantonnements de mon arrondissement. Ces fonctions étrangères à mon propre service m'occupaient beaucoup et me tourmentaient souvent, à cause des réquisitions qu'il fallait continuellement frapper, en rayonnant au loin dans les bourgs, villages, hameaux et fermes, dont plusieurs étaient très appauvris. J'avais à ma disposition pour ce service, quelques bataillons d'infanterie et des détachements de cavalerie. Malheureusement, il était parfois indispensable de s'emparer des principaux habitants pour assurer la rentrée des réquisitions, lesquelles devaient être très surveillées afin d'éviter les gaspillages, dilapidations, fraudes et concussions qui me répugnaient autant qu'au général en chef. Pendant plus de deux mois que j'eus à remplir ces fonctions, j'eus le bonheur, en conciliant dans la mesure du possible les intérêts des habitants avec les besoins de l'armée, d'obtenir l'estime et la reconnaissance des uns et des autres ainsi que les éloges du Maréchal.

A la mi-décembre, celui-ci leva ses cantonnements et se porta vers Salamanque par le Guadarrama ; l'armée était alors privée de deux divisions, d'une partie de sa cavalerie et de plusieurs batteries envoyées dans le royaume de Valence. Wellington, informé de cet affaiblissement et toujours fort du peu d'accord des généraux de l'armée du Nord et de l'armée de Portugal, cherchait, par les démonstrations de son lieutenant (général Hill), à distraire le duc de Raguse et à masquer ses projets sur Ciudad-Rodrigo.

Le 17 décembre, je quittai le pont de l'Arzobispo et me dirigeai sur le bourg de la Puebla de Montalban, en remontant le Tage dont je m'éloignai ou me rapprochai, suivant la facilité des routes. Le 19, je couchai à Europeza, le 20 à Talaveira de la Reina où je ne pris pas encore mon matériel. Le 21, je traversai l'Alberche sur un grand pont de bois (au-dessus, il y a un gué dans les temps secs) et, à une lieue plus loin, j'arrivai à Cebolla. Le 22, nous nous établîmes à la Puebla de Montalban, gros bourg situé à un quart de lieue d'un pont du Tage et à six lieues de Tolède, entre les rivières de l'Alberche et du Guadarrama qui se jettent dans le Tage au dessus et au-dessous de ce pont. Ce pays est beau et bien cultivé, mais nous n'y restâmes pas longtemps ; nos chevaux trouvaient cependant de bons pâturages au-delà du fleuve, vers Calvès et Joffrin.

CHAPITRE XXV

MARCHE DE L'ARMÉE DE PORTUGAL SUR LA VIEILLE-CASTILLE

Quoique le duc de Raguse ne pût prévoir que Ciudad-Rodrigo fut sur le point de tomber au pouvoir de l'ennemi, puisque cette place était sous la surveillance de l'armée du Nord, le mouvement qu'il faisait l'en rapprochait. Dans cette saison, les chemins qu'il avait suivis en été n'étant plus praticables, surtout pour son artillerie, nous prîmes la direction ci-dessous indiquée.

Le 30 décembre, je partis de la Puébla pour venir à Talaveira, chercher notre matériel et me rendre de là à Arrevolo, dans la Vieille-Castille. Le temps était devenu pluvieux et les chemins difficiles ; les mulets qui faisaient partie de nos attelages ajoutaient à notre embarras ; cet animal est capricieux, entêté, et souvent indocile, il n'aime pas la pluie et s'arrête tout court quand la fantaisie lui en prend, sans que ni coups, ni caresses puissent le faire avancer autrement qu'à sa volonté. Je redouterais d'employer les mulets pour l'artillerie, surtout pour les pièces et caissons de première ligne ; cet animal convient comme bête de somme dans les montagnes et sur les chemins glissants, parce qu'il a le pied sûr et qu'il supporte bien la fatigue et les privations. Les Espagnols l'emploient cependant aux voitures sur leurs rares et belles routes, mais ils ont un talent tout particulier pour le mener, en le flattant par des mots sonores et des accoutrements de parade, en lui retirant où même en le menaçant de lui ôter sa coquette parure. Néanmoins, malgré ces défauts des mulets, je les préférerais beaucoup aux bœufs, surtout pendant les grandes sècheresses, car celles-ci conviennent aux premiers, tandis que les bœufs, toujours si lents et si difficiles à conduire, se précipitent avec leur fardeau, quel qu'il soit, même dans un étang ou une rivière, aussitôt qu'ils aperçoivent de l'eau, si la chaleur les altère. En Europe, rien ne peut remplacer le cheval pour l'attelage comme pour la monture ; toujours docile, intelligent et courageux, il obéit à l'homme et partage ses travaux, ses fatigues et ses dangers, comme un ami ; seulement il faut choisir l'espèce qui convient le plus au climat et à la nourriture du pays où l'on veut porter la guerre [1].

1. Nous possédions jadis deux races de chevaux incomparables la race de Tarbes pour la selle et la race des Ardennes pour le bât et le trait. Le *cheval de Tarbes* avec lequel nous avons personnellement fait nos débuts dans l'armée, était un cheval souple, maniable,

Le 1er janvier 1812, nous allâmes coucher à Cebolla,
le 2, à Guesmondo, par le dégel et le mauvais temps ;
nous remontions les rivières de l'Alberge et du Gua-

fin, élégant; il ne péchait que par un certain excès de sus
ceptibilité nerveuse qui pouvait elle-même passer pour une qualité à l'époque où nos instructeurs avaient le temps de perfectionner
chez le cavalier de sept ans, l'art de l'équitation. Nous nous rappelons encore le magnifique spectacle que présentaient les six esca
drons de notre régiment manœuvrant une dernière fois en 1859 avec
ces belles et élégantes montures, et les regrets des officiers et soldats obligés de s'en séparer au profit du 7e hussards partant pour la
campagne de Lombardie. Nos cavaliers avaient acquis en manœuvrant avec ces chevaux une légèreté de mains, une solidité d'assiette
et une régularité de position qui leur permit plus tard de lutter
avantageusement avec les cavaliers Arabes et Mexicains. L'élève du
cheval de Tarbes a dû céder devant l'envahissement progressif de la
culture de la vigne dans la zone pyrénéenne. En ajoutant à cette
cause de décadence, la lésinerie légendaire des bureaux supérieurs
de la remonte, obligés de compter avec les nécessités du budget,
on comprendra pourquoi la production du cheval de Tarbes s'est
trouvée peu à peu cantonnée dans les coins les plus deshérités de
son ancien territoire d'origine, pour disparaître dans un avenir
peut-être peu éloigné.

Pour les transports du train et de l'artillerie, le *cheval Ardennais*
constituait un outil inappréciable dont on ne retrouverait l'équiva-
lent que dans certains cantons reculés des steppes de la Russie :
comme bête de trait ou de bât, il alliait l'intelligence, la force et la
sobriété du mulet à la patience et à la docilité des meilleures races
chevalines. Le défaut d'encouragement, les progrès d'une agriculture
plus rémunératrice, la multiplication et la rapidité des nouvelles
voies de communication ont tué la race ardennaise qui n'est plus
qu'un souvenir archéologique. Il faut aller aujourd'hui jusqu'aux
confins de la forêt des Ardennes belges, vers le bourg de Saint-Hu-
bert, pour en retrouver quelques échantillons dégénérés.

A l'époque où le général Hulot mettait la dernière main à ses
Souvenirs, la conquête de l'Algérie nous offrait tout à coup la ressource la plus précieuse qu'une nation militaire ait jamais acquise
pour assurer la remonte de sa cavalerie. Le *cheval barbe* a prouvé
en Crimée, au Mexique et dans la campagne contre la Prusse, qu'il
était le cheval de guerre par excellence, l'auxiliaire le plus doux, le
plus sobre et le plus résistant des armées en campagne. Le souvenir des services que la cavalerie Numide avait rendus aux Carthaginois et aux Romains nous autorisait à croire que notre gouverne-

darrama, marchant entre les deux. Le 3, nous vînmes,
autant que je puis m'en rapporter à mes souvenirs et
à mes notes, parfois très laconiques, jusqu'à Naval-

ment tirerait parti de cette conquête pour assurer la remonte de
notre cavalerie légère et même celle de nos dragons. Loin de là, l'é-
levage du cheval arabe a été si peu encouragé et si maladroitement
dirigé, que notre immense colonie algérienne suffit à peine aux besoins de l'armée d'Afrique, après cinquante années d'occupation.
Parmi les causes de cette décadence, il en est deux qui nous ont sauté
aux yeux dès les premiers temps de notre séjour en Afrique. Les
transactions pour l'achat des chevaux s'effectuaient alors par l'intermédiaire des caïds et des officiers ou sous-officiers indigènes des régiments de spahis. Ces intermédiaires, abusant du prestige social
de leur famille et de leur situation personnelle, se réservaient la
part du lion, et l'Arabe producteur ou éleveur se lassait d'être frus-
tré d'une part souvent considérable de son légitime bénéfice et se
tournait vers des sources de gains moins aléatoires. A cet obstacle
se joignait et se joint toujours celui résultant de l'instabilité de nos
ministres de la guerre et des gouverneurs de l'Algérie qui, à l'exemple de tant d'autres de nos fonctionnaires, se croiraient deshonorés
s'ils n'abandonnaient pas à leur entrée aux affaires, les projets de
leurs prédécesseurs, pour appliquer exclusivement leurs conceptions
personnelles.

Le maréchal Randon, un des rares ministres de la guerre sortant
de la cavalerie, s'intéressa à la question du cheval arabe et à l'amélioration du service des remontes; mais ses successeurs, sortis pres
que tous de l'état-major, quelques-uns de l'infanterie, du génie ou
de l'artillerie, portèrent leurs vues de réformes sur d'autres branches de l'administration militaire. Il n'est guère possible d'espérer
que nous arrivions à assurer sur notre territoire ou dans nos colonies
la remonte de notre cavalerie et de nos équipages d'artillerie ou de
transport, à une époque où nos ministres de la guerre ne restent que
quelques mois en fonction et où l'Algérie est gouvernée par des administrateurs civils qui peuvent ignorer l'art de l'équitation et abordent
pour la première fois la terre africaine, le lendemain de leur nomination. En attendant, avec les précieuses ressources que nous possédions jadis et que nous avons laissées s'éteindre misérablement,
nous sommes obligés d'avoir recours à l'importation étrangère ;
c'est ainsi que notre régiment est parti en 1870 pour la frontière,
entièrement monté en chevaux *autrichiens*, et que, depuis cette époque, nous avons accompli des périodes d'instruction territoriale sur
des chevaux *andalous* et sur des chevaux *argentins*. Passe encore
pour les *hongrois* qui n'étaient pas dépourvus d'élégance et qui nous

Carnero, petite ville peu éloignée de Madrid. Ce jour-
là, pendant que mon artillerie et une brigade d'infanterie faisaient une halte au ¡village de Valmocedo, à
une lieue plus loin que Santa-Cruz, on m'avertit
qu'un de mes soldats du train, qui était resté un peu
en arrière de l'avant-garde, venait d'être enlevé et tué
par une guérilla, sous les yeux même de cette avant-
garde. Sur-le-champ, je me jette sur mon meilleur
cheval et m'élance à toute bride, suivi des officiers du
train. En quelques minutes nous étions loin de la
route et au milieu d'un bois où nous tombâmes dans
une agglomération de familles espagnoles qui étaient
venues s'y réfugier; surprises et effrayées, elles se
jetèrent à genoux, tendant vers nous des mains sup-
pliantes. La vue de ces malheureux me désarma; ils
m'eurent une grande obligation, car nous étions furieux et altérés de vengeance, mais ce n'était pas eux
que je cherchais.

Le 4, nous allâmes à Valdemovillo, par des chemins
et à travers un pays qui n'annoncent guère les approches
d'une riche capitale. Le 5, par l'Escurial, maison
royale où il y avait un gouverneur et des soldats fran-

ont rendu de bons services à l'armée de Metz, mais pour les autres,
nous sommes de l'avis du général Hulot quand il insinue qu'il faut
choisir l'espèce suivant le climat et la nourriture qui lui convient,
ce qui revient à dire qu'une nation militaire prévoyante doit créer
ou entretenir sur son propre territoire le contingent de chevaux de
selle ou de bêtes de somme nécessaire pour entrer rapidement en
campagne. Comment une nation qui a le plus formidable budget militaire du monde entier et qui possédait chez elle les trois plus merveilleuses races de chevaux d'armes et de chasses utilisables pour
sa cavalerie, le Barbe, le Tarbe et l'Anglo-Normand, en est-elle
arrivée à hisser ses chasseurs et ses hussards sur des biques de
La Plata et de l'Andalousie? O sainte routine de la bureaucratie
française, voilà de tes coups!

çais, nous gagnâmes Guadarrama qui n'est qu'un village situé au pied de la montagne de ce nom. Le 6, de bonne heure, je me mis en devoir de la traverser. En doublant les attelages, je parvins, en deux voyages, sur la cîme, près du monument du Lion. J'eus le temps de descendre de l'autre côté et de gagner le même jour, Espinar, une lieue au-delà de San-Raphaël où nous avions quitté la route de Ségovie.

Le 7, nous fîmes une halte au beau et riche bourg de Villa-Castin, nous traversâmes le Bettoya et prîmes notre gîte à San-Chidrian, au Nord et à 6 ou 7 lieues d'Avila. Le 8, nous arrivâmes à Arrevalos, ville d'environ 3.000 âmes, située entre les rivières de l'Adaja et de l'Arrevallo près de leur confluent. Cette position paraît offrir beaucoup d'avantages topographiques et stratégiques ; elle est facile à fortifier et se trouve dans un pays riche, à portée des villes importantes de Ségovie, Avila, Salamanque, Valladolid et même Madrid.

Nous restâmes à Arrevalos jusqu'au 19 janvier, jour où nous reçûmes l'ordre de nous rapprocher de Ciudad-Rodrigo ; c'était précisément celui où les Anglais s'en emparaient. Nous passâmes la nuit à Madrigal, au-delà de la Zapardiel ; on y voit encore des restes de vieilles fortifications. Nous prîmes le gîte du 20, sur les bords de la Guarina, à Cantala-Piedra, une des étapes de Valladolid à Salamanque ; le 21, nous étions à Medina-del-Campo où nous restâmes parce que, sans doute, le général en chef avait appris la reddition de Ciudad-Rodrigo.[1] C'est peut-être cette circonstance

1. Tout en reconnaissant avec le général Foy et le général Hulot

qui tirait les guérillas de leurs retraites et qui les animait, car nous avions à les combattre jusque dans la ville.

Le duc de Raguse, sur ces entrefaites, m'appela de ma personne à Salamanque et me chargea de l'armement du couvent de Saint-Vincent ; cette mission remplie, je rejoignis ma division et mon artillerie à Medina-del-Campo.

La guerre que l'Espagne, le Portugal et l'Angleterre nourrissaient dans le midi de l'Europe avec un redoublement d'efforts et d'espoir, n'empêchait pas Napo-

---

que l'illustre Wellington a été odieusement surfait en haine de Napoléon Ier, par ses compatriotes et par les historiens étrangers, nous conviendrons loyalement qu'il a fait preuve d'un véritable génie militaire dans une des phases les moins connues de sa lutte contre les armées impériales. En effet, entre la dernière campagne de Portugal où il ne put entamer une seule fois Masséna et où il exposa deux fois son armée, sur les champs de bataille de Busaco et de Fuentes de Onoro, à se faire entourer et détruire par les divisions françaises, entre cette piteuse campagne et la bataille des Arapiles où son manque de coup-d'œil et son indécision lui firent perdre l'occasion d'anéantir l'armée de Portugal que lui livraient les mauvaises dispositions de Marmont et la blessure successive des trois généraux en chef, se place une page absolument glorieuse pour lui. Ce fut l'époque où profitant avec promptitude et habileté de la torpeur et des dissentiments des trois généraux d'armée, Soult, Dorsenne et Marmont, il conçut le plan hardi de glisser entr'eux avec 25,000 hommes aguerris et abondamment pourvus d'artillerie et de vivres, pour enlever successivement par une action vigoureuse, les deux forteresses dont nous avions fait la base de nos opérations dans le centre de la Péninsule. Il exécuta son plan avec une résolution dont nos généraux ne le croyaient pas capable et prit d'assaut ces deux places où ils n'avaient laissé que des garnisons dérisoirement insuffisantes : 2,500 hommes sous le général Barrié, à Ciudad-Rodrigo, et 4,000 hommes à Badajoz, avec le brave Philippon. A partir de ce moment, nos armées d'occupation privées de ces deux redoutables points d'appui, ne firent plus que tourbillonner dans la direction des Pyrénées, entraînant dans leur mouvement de retraite la glorieuse armée de Catalogne.

léon de rassembler d'immenses préparatifs au nord, contre la Russie. Il puisait partout pour constituer ses Etats-majors et entamait le personnel à peine suffisant des armées de la Péninsule. Au grand regret du maréchal Marmont, plusieurs officiers d'artillerie et du génie reçurent dans le mois de février 1812, l'ordre du prince de Neufchâtel de quitter l'armée de Portugal et de se rendre en poste à Bayonne où ils trouveraient de nouveaux ordres. J'étais de ce nombre.

CHAPITRE XXVI

MA DERNIÈRE SORTIE D'ESPAGNE. — WESEL.

Je n'ai jamais sollicité l'ordre de quitter l'Espagne ; mais je l'ai toujours reçu avec le plus grand plaisir, et les camarades que j'y laissais regrettaient tous de n'être pas aussi heureux que moi. Chacun désirait servir la France hors de cette fatale Péninsule ; ce qui prouve que cette guerre se faisait à contre-cœur. On pense bien que les dangers et les fatigues n'entraient pour rien dans cette impatience des militaires ; ils eussent voulu en courir davantage, mais pour une plus juste cause et surtout avec plus d'accord entre leurs premiers chefs.

Malgré moi, je cheminais à petites journées, car il fallait alors de fortes escortes pour voyager, surtout dans la région que j'avais à traverser. Comme plusieurs détachements et officiers de tous les corps d'armée avaient reçu le même ordre que moi, nous nous trouvâmes à Valladolid former une colonne assez considérable ; M. le duc de Bellune en régla et commanda la marche ; il rentrait aussi en France.

A Pancorbo, défilé où les bandes nombreuses et furibondes de Mina attaquaient souvent nos convois et nos détachements, le maréchal fit faire une halte et permit aux officiers qui n'étaient pas de service, d'entrer dans la ville, à condition que chacun regagnerait son poste sur la route, au premier son de caisse ou de trompette. Il avait défendu de laisser aucune voiture à Pancorbo : elles devaient toutes rester en file sur le point de la route reconnu et gardé. Au signal donné, je me rendis à mon rang avec mon adjoint, M. le capitaine Lemoine, et nos domestiques, suivant, le long de la file des voitures, l'allure et le pas de ceux qui nous précédaient dans le défilé. Dans ce moment, une calèche en défaut arriva sur nous au trot, sans tenir compte de notre embarras, ni de nos représentations. Tout en expliquant notre position au maître de la voiture, j'ordonnai au postillon de ne pas chercher à nous dépasser, puisque nous ne pouvions ni gagner en avant, ni nous ranger sur le côté. Mais alors, un des deux individus placés dans la voiture et vêtu en bourgeois, se mit à m'injurier, et, faisant fouetter ses chevaux, jeta mon capitaine-adjoint dans le ravin. Je ne pus me contenir et pressai l'énergumène qui avait tiré son épée, de mettre pied à terre et de s'en servir militairement. Heureusement le premier aide-de-camp du maréchal (le colonel Château), avait été témoin de cette scène qui se termina

aussitôt que celui qui l'avait occasionnée m'eût dit
qui il était. Je ne l'en trouvai pas moins coupable,
mais l'élévation de son grade et les sages conseils du
colonel me ramenèrent d'autant plus facilement que
mon capitaine-adjoint, par un bonheur surprenant,
n'était pas blessé. Dix années après cette bourrasque,
je me retrouvai auprès du personnage emporté. Il
était alors d'une assez bonne santé et il ne me soufla
mot de son incartade. [1]

Le 21 mars 1812, je passai la Bidassoa pour la
sixième et dernière fois. A Bayonne, aucun de nous,
excepté le maréchal Victor, ne trouva l'ordre annoncé
et ne put dépasser cette ville qui, dès lors, perdit de
son attrait à nos yeux, car elle était trop près de l'Espagne. Cependant, grâce à l'aimable société de M. le
général Tirlet et de sa belle et excellente famille, nous
y passâmes fort agréablement les dix-huit jours pen-

---

1. La présence et l'intervention du colonel Château sembleraient
indiquer que le personnage vêtu en bourgeois n'était autre que le
maréchal Victor et l'hypothèse serait d'autant plus vraisemblable
que la violence de caractère du duc de Bellune a été relevée plus
d'une fois par les historiens contemporains. C'est à la suite d'une
vive discussion qu'il eut, dans la campagne de France, avec Napoléon Ier, après les affaires de Mormans et de Valjouan, que celui-ci
lui enleva son commandement et, au retour de l'Ile-d'Elbe, on sait
que le duc de Bellune se déclara avec violence contre l'Empereur
et suivit Louis XVIII à Gand. Toutefois, nous respectons le sentiment de discrétion qui a fait taire au général Hulot le nom de
l'auteur de cette incartade et nous devons à la vérité de reconnaître
que toutes nos recherches pour découvrir ce nom dans les manuscrits et dans la correspondance du général, ont été infructueuses,
quoiqu'il ait eu d'autres occasions, comme on le verra plus loin, de
se plaindre des procédés du même personnage. « Dix années après
cette bourrasque, » le maréchal Victor était ministre de la guerre, circonstance qui corroborerait notre hypothèse, sans cependant nous
permettre de trancher la question.

dant lesquels il fallut attendre notre destination. Ce
général habitait une campagne sur le riant coteau de
l'Adour, alors couvert de fleurs et de verdure. Nous
nous y plaisions tellement que tous les jours la cloche
de la retraite nous y surprenait et nous faisait courir à
toutes jambes pour pouvoir rentrer en ville.

Le 9 avril, je me remis en route pour traverser la
France et me rendre à Wesel au delà du Rhin, où
j'arrivai le 28 mai, après avoir. revu ma mère dans la
traversée des Ardennes. Un bain pris trop froid, re-
doubla mes accès de fièvre; je devins plus souffrant et
tout à fait valétudinaire. Cependant mon emploi
demandait de la santé, car j'étais commandant de
l'artillerie d'une grande et forte place, important
entrepôt de la Grande Armée et de toutes celles du
Nord et un de leurs principaux points de communication avec la France, la Belgique et la Hollande; j'avais
beaucoup à faire.

Je devais commencer et achever l'armement de cette
place et de ses forts, y former et activer des ateliers
de toute espèce, servir et entretenir le pont des
bateaux du Rhin et expédier tous les jours des convois
sur Hambourg, Magdebourg et sur la Vistule. Je dirigeai, entre autres envois sur ce dernier point, plus
de quatre-vingt mille fusils destinés à l'insurrection
de Pologne. J'aimais alors à croire que Napoléon allait
rétablir le royaume de Sobieski et récompenser ses
plus braves, ses plus généreux alliés, en leur rendant
une patrie. Elle eût été un boulevard formidable contre
les Russes; il suffisait de le soutenir jusqu'à son parfait rétablissement, ce qui eût évité à la France les
immenses et cruelles pertes de l'expédition de Moscou.

Mais pour conquérir la Russie, l'Empereur tenait à se conserver d'autres alliés bien moins sûrs [1]. Déjà la

[1]. La Prusse et l'Autriche qui, à cette époque, complotaient ensemble leur trahison prochaine. C'est, du reste, la note dominante de notre diplomatie au XIXᵉ siècle : tous les gouvernements qui se sont succédés en France depuis la Révolution, ont recherché l'alliance coûteuse et perfide des quatre grandes puissances qui s'acharnent, depuis des siècles, contre nos frontières et nos colonies, et ils ont constamment dédaigné l'alliance des Slaves, la seule raisonnable, logique et féconde, celle qui, du jour au lendemain, nous rendrait notre prestige, notre frontière et le rang que nous avons occupé si longtemps en Europe. Que nous importe que les Russes s'installent en Corée, qu'ils chassent les Anglais des Indes et les Turcs de Constantinople? N'aurons-nous jamais conscience du rôle de dupes que nous avons joué dans la campagne de Russie de 1812 et dans la campagne de Crimée du second Empire? Ne comprendrons-nous donc jamais qu'une alliance sincère et solide conclue aujourd'hui par exemple avec la Russie, nous assurerait en quelques jours, par une diversion de l'armée russe sur la Corée, la possession du Tonkin et un traité définitif avec la Chine, la neutralité irrévocable de l'isthme de Suez et la préséance du *droit* sur le régime suspect de la *force?*

Napoléon Iᵉʳ joué par les Metternich, les Hardemberg et les Pozzo di Borgo, n'a su ni s'unir franchement à la Russie qui l'eût délivré à tout jamais des Anglais, ni se servir des Polonais pour assurer le succès de sa campagne de Russie. D'après ce passage significatif des *Souvenirs du général Hulot*, nous voyons qu'il avait admis en principe l'affranchissement de la Pologne et qu'il avait donné à ce projet un commencement d'exécution. Les intrigues des cours de Prusse et d'Autriche changèrent le cours de ses idées, et l'inexécution des promesses faites par lui aux Polonais, lui coûta sa magnifique armée et son trône.

M. Thiers a dénaturé le caractère et le rôle des officiers et soldats polonais du premier Empire; il les a étudiés à travers le prisme trompeur de ses idées étroites et mesquines; le général Hulot, leur compagnon d'armes, se rencontre, au contraire, dans son appréciation avec le texte de la brochure intitulée : « *Les Polonais à Somo-Sierra, en* 1808. — Réfutations et rectifications relatives à l'attaque de Somo-Sierra, décrite dans le IXᵉ volume de l'*Histoire du Consulat et de l'Empire...* », brochure renfermant les lettres du colonel Niegolewski à M. Thiers, au général Krasinski et les réponses à ces lettres. Le témoignage éclairé et impartial du général Hulot, confirme pleinement la page de la brochure que nous voulons citer et lui donne un sérieux cachet de vérité historique :

Pologne déçue était derrière le vainqueur de l'Europe ;
il marchait vers Pultawa ! Cependant, soit pressentiment, soit prudence, ce monarque puissant recom-
mandait, entre autres mesures, par des ordres réitérés,
de soigner la fortification et de compléter l'armement

« ... Nous que l'amour de la patrie a poussés non seulement dans
les gorges des Sierras, mais encore dans les déserts du Nouveau-
Monde ; car nous regardions Napoléon comme le messager céleste qui
nous apportait la délivrance ; nous étions convaincus qu'en le suivant
nous punirions nos ennemis du crime qu'ils avaient commis sur
nous, et que nous donnerions une preuve de notre puissante vitalité
au monde entier qui était resté témoin passif de l'assassinat
de toute une nation. Oh ! combien notre ardeur devait être plus vive
lorsqu'en s'élançant à la charge sous les yeux de l'Empereur, chacun
de nous savait qu'il ne combattait pas seulement pour sa propre
gloire, pour la gloire de l'escadron et pour celle du régiment, mais
encore pour l'honneur et la délivrance de la Pologne, dont l'aigle
blanche avait fait alliance avec l'aigle impériale. C'est cet amour de
la patrie qui caractérise notre nation ; c'est lui qui, donnant à notre
charge l'impétuosité de la foudre, nous fit emporter le défilé en un
clin d'œil, sous une grêle de mitraille et de balles. C'est lui qui nous
guidait ; c'est, inspirés par lui que nous étions prêts à accomplir des
prodiges de valeur pour convaincre l'Empereur qu'un peuple dont
les enfants sont aussi valeureux, est digne d'être une nation....

« .... Notre régiment passant devant le corps du général Victor en
reçut une ovation non moins flatteuse. Ce corps lui rendit les honneurs militaires et s'écria : *Honneur aux braves !* Tels étaient les
honneurs que l'Empereur et ses soldats rendaient à l'héroïsme de nos
guerriers combattant sous leurs drapeaux. Hélas ! ce héros tant
admiré par nous n'a pas voulu apprécier notre dévouement, il
n'exauça point nos vœux ni en 1797, ni en 1801, ni en 1805, ni en
1807, ni en 1809, ni en 1812 ! S'il avait rétabli la Pologne, quelle
alliée puissante et dévouée il aurait eu ; les désastres qui ont précédé sa chute n'auraient pas eu lieu ; il ne serait pas allé mourir sur
un rocher où il n'avait que le souvenir de ses grandes actions et le
regret de n'avoir pas accompli celles qu'il aurait pu et dû faire !...
Pour nous, il ne nous laissa en partage que le deuil !... »

Nous laissons au lecteur le soin de rapprocher cette citation et le
témoignage du général Hulot des jugements fantaisistes de M. Thiers
et, notamment, du passage concernant le prince Joseph Poniatowski
dans la description de la campagne de Wagram (livre xxxv).

de Wesel, et même d'élever des retranchements sur la Lippe dont il était à plus de cinq cents lieues.

Je reconnus ma place et je composai un mémoire dont je regrette de n'avoir plus de copie. Je l'ai remis à un colonel d'artillerie qui, d'Anvers, y vint commander cette arme après moi.

Wesel est situé sur la rive droite du Rhin, au-dessus de l'embouchure de la Lippe qui arrose la queue des glacis de la citadelle ; la population de cette place est de 12 à 13,000 habitants. La fortification irrégulière comporte huit bastions très différents de forme et de capacité ; ils sont pour la plupart, ainsi que les demi-lunes, couverts de contre-gardes allongées et étroites. Aussi, quoique le site environnant soit assez dominé par la place, il fallut multiplier les traverses pour éviter l'enfilade et pour couvrir les communications et les transports qui, néanmoins, seront toujours difficiles. La citadelle est un pentagone régulier ; elle se rattache à la ville vers l'ouest et en reçoit une défense réciproque au nord. Le Rhin et la Lippe la protègent des deux autres côtés, de sorte que le point d'attaque présumé serait, suivant moi, le front de la citadelle soutenu par la place, à moins qu'on ne se décide à prendre la ville d'abord et ensuite la citadelle. Il est bien entendu que, dans mon hypothèse, les batteries de l'assiégeant devraient battre la longue face du corps de place qui aurait vue sur ses cheminements.

Là, comme sur beaucoup d'autres points de leurs vastes conquêtes, les Français ont élevé de nouvelles et permanentes fortifications qui, désormais, peuvent servir contre eux. Sur la rive gauche du Rhin, un peu au-dessous de Wesel, et près de l'ancien emplacement de Buderick, nous avons construit un fort important qui nous serait aujourd'hui de la plus grande utilité, si profitant, sans en abuser, du succès de nos armes, nous avions su conserver pour notre frontière de ce côté, la limite naturelle du Rhin.

Notre grande armée avait abandonné les cendres de Moscou, et, maudissant l'espace immense qu'elle venait de parcourir avec une rapidité trop impétueuse, elle cherchait à regagner les bords du Niémen que les glaces et les neiges devaient interdire pour toujours à une grande partie de ses braves. Grâces à Dieu! mon frère eut le bonheur d'échapper à ces désastres et depuis, à ceux de Culm, de Leipzick et même des tropiques!

Pour moi, j'avais rempli une plus facile et moins périlleuse tâche à Wesel, et je recevais l'ordre de me rendre dans une place non moins importante, à Anvers, où bientôt, le 11 mars 1813, je fus promu au grade de major-lieutenant-colonel.

CHAPITRE XXVII

ANVERS. — MAJOR;[1] COLONEL.

J'arrivai à Anvers à la fin de décembre 1812 et j'y
pris le commandement du dépôt du 8ᵉ régiment d'artillerie à pied. Tout en m'occupant de l'administration
compliquée de ce régiment (qui, comme tous ceux de
l'artillerie, était morcelé dans toute l'Europe) et de
l'instruction de ses nombreux conscrits, je m'attachai
avec le plus grand soin à étudier cette considérable et
forte place, ainsi que le grand et difficile arrondisse·
ment de cette direction d'artillerie dont le colonel me
témoignait de l'amitié. Avec lui je visitai les deux rives
de l'Escaut jusqu'à son embouchure dans la mer sous
Flessingue, je vis les îles de Valkeren et de Cadran,
les batteries qui hérissaient toutes ces côtes, les places
de Flessingue, de Terre·Ver, de Berg-op-Zoom, Tholen,
Willemstadt, Bréda, etc. Je pressentais que ces rivages

---

1. Ce grade correspondait à celui de lieutenant-colonel.
                              (*Note du général Hulot.*)

naguère si fréquentés, aujourd'hui si délaissés [1], pouvaient avoir à jouer prochainement un rôle majeur.

Dans mon emploi autant administratif que militaire
j'appris à connaître des abus fomentés et couverts par
la confusion des circonstances et par l'éloignement ou
l'insuffisance de la surveillance. Je souffrais de cet état
de choses, mais comme il y avait très peu de ces abus
qui me concernassent, je me contentai de les signaler
sans faire de dénonciation personnelle et fis sentir en
termes généraux qu'il était parfois très nuisible de
laisser trop longtemps réunis les mêmes hommes dans
les charges de comptables où ils finissent par s'entendre et succomber à des tentations d'autant plus séduisantes qu'elles offrent moins de danger, lorsqu'il n'y a
que peu ou point de contrôle. Comme j'écrivais à quelqu'un qui connaissait l'artillerie, quoique je ne par-
lasse pas de ce corps où les malversateurs, tant ils ont
toujours été rares, sont comptés et montrés au doigt,
je comparais ces vieux comptables en question, aux
grains de poudre avides d'humidité, qui, en séjournant longtemps dans des dépôts malsains, et dans les
mêmes barils, se pelotonnent, faute de jour et finissent
par avarier les autres et mettre toute la poudre hors
de service. Je fus compris : sans éclat ni scandale, l'ordre se rétablit.

Le théâtre de la guerre s'était rapproché; toutes les
troupes mobiles et disponibles tant de terre que de
mer, que renfermaient Anvers, les places et ports voisins, avaient été dirigées sur l'Elbe; ces belles et bonnes cohortes levées à grands frais pour garder les fron-

1. A l'époque de la rédaction de ce chapitre des *Souvenirs.*

tières, avaient dépassé ces limites. Toutes ces glorieuses
mais impuissantes réserves ne contribuèrent qu'à
ajouter quelques feuilles de lauriers aux couronnes
obtenues par nos derniers efforts offensifs. Le peu d'alliés qui nous étaient restés, nous abandonnaient ou
nous trahissaient tour à tour ; les affaires de Leipsick
eurent lieu et la Hollande, que nous n'occupions plus
que de nom et dans quelques places, n'attendait que le
moment de secouer le joug étranger.

Ce fut alors que notre colonel-directeur d'artillerie
partit pour Wesel. La ville d'Anvers et les places voisines étaient pour le moment autant oubliées qu'elles
avaient été soignées, bien armées et approvisionnées
en 1809, lors de la descente des Anglais. On n'y avait
laissé que des conscrits et des garde-côtes, les uns et
les autres, pour la plupart des environs et n'appartenant pas à l'ancienne France. Un bataillon de pupilles
et de gardes nationaux de Lille et de la frontière du
nord, avaient été jetés dans Gorcum et sur le Wahal
avec le général Rampon, pour appuyer l'aile gauche
de l'armée du duc de Tarente. Tel était sur le Bas-Escaut, l'état des choses, au mois de novembre 1813,
quand on y apprit presque en même temps les désastres de nos armées, la révolte de la Hollande, la retraite du général Molitor et l'éloignement du duc de
Tarente.

Je n'avais pas attendu ces derniers malheurs pour
contribuer au-delà de mes propres fonctions, mais
non de mon grade (il était le plus élevé parmi les
officiers d'artillerie présents) ni de la nécessité, à activer tous les services de notre arme et même celui de
l'instruction des troupes de toutes les autres. Il y eut

des grandes manœuvres où ces troupes réunies pour
faire la petite guerre acquéraient de l'ensemble et
l'idée des mouvements sur un champ de bataille. Le
général laissait à ma disposition le choix du terrain,
l'ordre des évolutions, leur but et leur résultat. D'un
autre côté, de concert avec le chef de bataillon faisant
fonctions de directeur d'artillerie, je travaillais à l'armement de la place et de ses forts, en tant que les
ouvrages du génie, encore imparfaits sur plusieurs
points, nous le permettaient.

Anvers est assis sur la rive droite de l'Escaut, fleuve
qui forme la corde du grand arc de sa fortification.
Cet arc commençait en amont, à l'extrémité du camp
retranché et finissait en aval, au fort Ferdinand. Cette
corde avait plus de 5,000 mètres de longueur, et sa
flèche, depuis le point de l'Escaut intermédiaire aux
deux extrémités de cet arc, jusqu'à la demi-lune de
Turnhout, en avait plus de 1,500. Après le camp
retranché venait la citadelle par laquelle ce camp était
défendu. Cette citadelle est un ouvrage de Coëhorn et
un bon pentagone. La fortification de la place s'y rattache et se compose de la vieille enceinte recouverte
d'un système de vastes bastions, demi-lunes et lunettes
bien compris et absolument neuf ; ce système est notre
ouvrage. Le fort Ferdinand, détaché à gauche et entouré d'un second et très large fossé plein, bat la campagne et protège la place vers le bas-Escaut.

Les chantiers de la marine, où il y avait trente
vaisseaux de ligne en construction[1], étaient placés dans

---

1. «Par arrêté du 21 juillet 1803, le gouvernement (de Napoléon Ier)
ordonna la construction de l'arsenal (d'Anvers), et des chantiers

le camp retranché et sous la citadelle ; le grand bassin qui en renfermait plus de quinze, dont plusieurs
armés, se trouvait en aval, vers le fort Ferdinand,

maritimes. En 30 mois, tout le terrain destiné à l'arsenal militaire
fut clos de murs et aplani ; des cales pour la construction des vaisseaux de ligne et des frégates, furent creusées ; des magasins, des
casernes, des ateliers furent construits.

« Le 16 août 1804, on posa la première pierre du chantier central de
la marine et on fit l'inauguration de l'arsenal. En 1805, on lança
des chantiers trois corvettes et la frégate la *Caroline* de 44 canons.
En 1803, la ville d'Anvers n'avait pas un seul vaisseau qui lui appartînt, un seul capitaine en état de conduire un bâtiment à la mer,
et déjà, en 1806, 627 bâtiments gréés en bricks, sloops, etc. faisaient
le cabotage avec les différentes villes du département et celles de
la Dyle et de l'Escaut.

« Deux grands et magnifiques bassins, revêtus de pierres de taille
et pouvant contenir, l'un 12, l'autre 40 vaisseaux de ligne, étaient
déjà terminés ; ces bassins pouvaient être mis à sec au moyen d'é-
cluses. Deux petits bassins adjacents étaient projetés pour le dou-
blage des vaisseaux en cuivre.

« Le 1er janvier 1807, 10 vaisseaux de ligne étaient en construction
à Anvers. En 1313, il avait déjà été lancé une trentaine de bâtiments
de guerre et il y avait en outre sur les cales 14 vaisseaux de ligne
dont un à trois ponts, de 120, deux de 80, les autres de 74 canons, et
3 frégates. Les deux bassins et la magnifique corderie étaient terminés. Les matériaux de construction ou les munitions navales
renfermées dans Anvers, formaient en 1814 une valeur de plus de
300 millions....

« Par suite des évènements politiques de 1814, Anvers cessa d'apar-
tenir à la France, pour faire partie du royaume des Pays-Bas. En
1815, première année de la paix générale en Europe, il entra dans
ce port 3000 bâtiments de mer. En 1816, ce nombre s'éleva à 3694 ;
en 1817, il décrut à 999 et en 1818, il n'a plus été que de 585. Ce bon
peuple Anversois ! Jamais il ne fut plus démonstratif et aussi prodigue, qu'à l'arrivée des Anglais en 1814 : il chanta alors des
hymnes en leur honneur et mit du vin en perce. » (*Notice sur Anvers*, par Garonne. Septembre 1824.)

Aujourd'hui, ce ne sont plus les Anglais qui menacent Anvers.
Personne n'ignore en Europe, sauf les hommes d'Etat français,
quelle est la puissance qui convoite cette riche proie, le chef-d'œuvre
du génie administratif de Napoléon 1er. La possession d'Anvers, la
jouissance des colonies et de la population maritime de la Hollande
figurent dans le programme de l'ermite de Varzin. Le signal de l'ex-

près et dans l'enceinte de la place. Sur ce point qui était le plus important et le plus exposé, les remparts n'avaient point encore de parapets et les ouvrages extérieurs étaient fort imparfaits; on était en train d'y travailler. Une redoute enfoncée dans les marais au dessus et à une grande portée de canon de la place, existe depuis longtemps sur le bord de l'Escaut; elle était armée et occupée. Le génie commençait une lunette entre la route de Malines et le camp retranché, vers la citadelle et terminait un blockhaus destiné à occuper les hauteurs de Dam. La rive gauche était défendue par le retranchement dit *Tête de Flandre* et par deux fortes redoutes ou forts construits à l'entrée et à la sortie de l'Escaut. Enfin, des batteries élevées sur les quais de la rive droite, portaient leurs feux sur le fleuve et sur l'intervalle des trois ouvrages de l'autre rive.

écution de ce plan non déposé chez un notaire, sera donné par les obsèques des deux Guillaume de Berlin et de La Haye ; la mort de l'un rendra au chancelier de fer sa liberté d'action et la mort de l'autre fera retourner le Luxembourg aux Nassau c'est-à-dire aux Hohenzollern.

A ce moment là, les Anglais et les Français poussés par le génie machiavélique de M. de Bismarck seront occupés au Soudan et au Tonkin, tandis que les Italiens feront une diversion efficace en envahissant la Tripolitaine. Tout concourt à assurer l'exécution de ce plan. Nos députés des Ardennes, jaloux d'affermir leur popularité et d'assurer leur réélection, ont réclamé et obtenu le démantèlement des places frontières de Sedan et de Mézières, sans qu'une seule voix ait protesté dans les deux Chambres contre cette mesure qui, à la mort du roi de Hollande, ouvrira une nouvelle route de Berlin à Paris, par les vallées de la Semoy, de l'Aisne et de la Suippe ; route qui permettra à l'armée prussienne de tourner l'Argonne et de s'établir sans coup férir à Charleville-Mézières, point central de toutes nos lignes ferrées du N.-E. Il y a bien une bande de territoire belge entre le Luxembourg et le département des Ardennes, mais l'armée belge ne peut se déployer dans ce cul-de

On peut juger, par cette esquisse, des travaux qu'avaient à faire l'artillerie et le génie pour mettre en état de défense, dans de pareilles circonstances, une place aussi importante par ses fortifications que par le matériel de terre et de mer qu'elle renfermait. Malheureusement, je n'avais à ma disposition qu'un personnel très insuffisant et généralement composé d'hommes peu sûrs; de son côté, le génie manquait d'argent. Cependant, nous faisions de nécessité vertu : l'armement marchait et le génie ne perdait pas de temps.

Dans ces conjonctures arriva à Anvers, un lieutenant-général, aide-de-camp de l'Empereur pour y remplir

---

sac ; elle y serait prise comme dans une souricière, et l'Etat-major belge ne commettra jamais la faute d'essayer de défendre sa neutralité en enfermant ses troupes dans l'étroite vallée de la Semoy. En cas de guerre européenne, l'armée allemande pourrait donc, dans notre hypothèse malheureusement très vraisemblable, jeter du Luxembourg en 48 heures, deux ou trois corps d'armée sur nos Ardennes, par les routes de Florenville-Carignan, Bouillon-Sedan et Sugny-Pussemange.

Les glorieux souvenirs du général Hulot, cet enfant de Charleville qui fut le bras droit de Carnot dans la célèbre défense d'Anvers, en 1813-1814, n'inspireront-ils pas enfin quelque membre du Sénat ou du Corps législatif et ne le pousseront-ils pas à la tribune pour dévoiler les dangers de cette situation et réclamer, s'il en est temps encore, la réalisation du plan primitif de notre système de défense sur la frontière allemande. Ce plan primitif assignait à Charleville-Mézières un rôle qui a été clairement indiqué par la construction coûteuse du fort des Ayvelles. Ce fort devient aujourd'hui complètement inutile, vu son assiette déplorable qui en fait un nid à boulets.

Nous n'accusons pas ici le Ministère de la guerre, par la raison bien simple que le décret du déclassement de Mézières a été signé dans l'intérim du ministère Campenon et du ministère Lewal. C'est un escamotage exécuté par l'élément civil à la barbe du monde militaire français. On n'eût pas osé signer un pareil décret du vivant du général Chanzy ! Le compatriote du général Hulot aurait su éclairer la situation et démasquer les responsabilités !

les fonctions de gouverneur ; il me chargea positivement du commandement en chef de l'artillerie. Quelque
temps après, il fut remplacé par un autre lieutenant-
général, venant de commander un corps d'armée en
Espagne. Ce dernier me confirma dans mon commandement. A son passage à Paris, cet officier-général
avait reçu l'ordre de se rendre sur-le-champ à Anvers,
où il trouverait, lui avait-on dit, assez de forces pour
reprendre et conserver une partie de la Hollande. En
arrivant dans la place, le 4 décembre, ce lieutenant-
général fut aussitôt entouré, circonvenu par une foule
d'administrateurs tout effarés et mal remis des inquié-
tudes de leur fuite précipitée ; ces trembleurs lui exa-
gérèrent les difficultés qui l'attendaient s'il voulait tenir la campagne, et les dangers qu'il allait courir si
Anvers était attaqué. Comme tombé des nues sur un
terrain où il croyait rencontrer des ressources et qu'il
trouvait dégarni, ce général, sans consulter les officiers
qui étaient à même de lui donner une juste idée des
choses et des localités, et s'appuyant sur le principe :
qui trop embrasse, mal étreint, accepta ces rapports qui n'étaient fondés que sur un point, l'impossibilité de repasser le Wahal. Il sacrifia sur-le-champ à
la conservation d'Anvers, les places situées en deçà de
ce fleuve, et dans son erreur, ordonna l'évacuation de
Willemstadt, de Bréda et de Berg-op-Zoom, dont il rappela les garnisons à Anvers. Dans ce moment, j'inspec-
tais les travaux extérieurs de la place.

Prévenu de cette dangereuse mesure, une ou deux
heures après, je courus chez le général en chef, et
comme commandant d'artillerie sous ses ordres, membre du conseil de défense et connaissant le pays et les

places circonvoisines, je le suppliai de révoquer l'ordre de leur évacuation : « Elle compromettra Anvers au lieu de le protéger, lui dis-je, elle sera un signal de détresse qui enhardira et attirera l'ennemi, tandis que ces places peuvent l'arrêter longtemps avec une faible garnison ! » J'ajoutai que Willemstadt abandonné, offrait à l'ennemi un excellent point de débarquement, une forte position et des ressources en artillerie de siège. A ce dernier mot, le général me répondit que nous autres officiers d'artillerie ne voyions que notre artillerie. Alors, je protestai hautement contre cette mesure désastreuse, et je terminai en disant que pour l'honneur de mon corps, et pour garantir ma responsabilité personnelle, j'allais rendre compte de mon refus motivé au ministre, étant persuadé qu'avant l'arrivée de ma lettre que précéderait de beaucoup son rapport, puisqu'il l'expédierait par le télégraphe, il recevrait de l'Empereur une désapprobation [1].

---

1. Ce passage nous inspire une double réflexion : la première, au sujet du titre de membre d'un conseil de défense, qui, d'après cet épisode du siège d'Anvers, n'était pas un vain mot sous le premier Empire et entraînait une part de responsabilité pour ceux qui en étaient revêtus. Si cette tradition eut été respectée de nos jours, les dix membres du conseil de défense de Metz qui constituaient le conseil de guerre de cette armée, eussent dû s'asseoir sur le même banc que le maréchal Bazaine, devant le tribunal de Trianon. Dans cette hypothèse, il est probable que la sentence capitale eut été transformée en un blâme plus ou moins énergique, infligé au général en chef et à ses lieutenants (celui qui vota jusqu'au bout pour la sortie, étant excepté). Mais, d'un autre côté, si cette part de responsabilité des membres de conseils de guerre ou de conseils de défense d'armée ou de place-forte, eut figurée, en 1870, dans nos lois militaires, il est permis de croire que les dix membres du conseil de guerre du Ban Saint-Martin eussent vaincu les indécisions du maréchal Bazaine et que l'armée de Metz eût tenté, à la fin de septembre, une vigoureuse sortie contre l'armée de Frédéric-Charles, sortie qui, préparée

La nuit porte conseil; le mien fructifia : à minuit, le général changea son ordre pour Berg-op-Zoom; la garnison déjà sortie y rentra et je l'augmentai même d'une compagnie d'artillerie de ligne du 6ᵉ régiment, capitaine Denis. Ainsi les armes françaises, déjà illustrées dans cette place, sous Lowendal, ne furent point privées du relief et de l'honneur plus grand qui les y attendaient encore. Berg-op-Zoom qu'on voulait abandonner, même avant de voir l'ennemi, fut deux mois après, la cause et le théâtre d'un des plus beaux faits d'armes de la Révolution. La poignée de braves qui défendait cette place surprise par les Anglais, tua ou prit tout ce qui occupait déjà les trois quarts de l'enceinte, c'est-à-dire un effectif de troupes ennemies qui était double de celui de la garnison. Quant à Willemstadt et Breda, il n'était plus temps; le premier ordre de notre général fut exécuté; l'ennemi y entra et s'y établit immédiatement, coupa toutes nos communications avec Gorcum, avec le général Molitor, avec la Grande Armée, et vint nous insulter sous les murs d'Anvers.

Comme je l'avais également prévu, l'Empereur fut très mécontent à la réception de l'avis de l'évacuation de ces places, avis qui arriva bien avant ma lettre; il rappela sur-le-champ le général en chef à Paris, pour qu'il eut à rendre compte de sa conduite devant un

avec mystère et conduite avec énergie, ne pouvait manquer de réussir.

Nous soulignons, en outre, cette mention du télégraphe aérien qui figure si rarement dans les relations des guerres de la Révolution et de l'Empire. On voit, par ce passage, que Napoléon Iᵉʳ ne négligeait aucun facteur stratégique dans ses campagnes d'Europe.

conseil d'enquête. C'était peut-être la première faute
de ce brave et excellent officier, qui avait donné trop
de confiance à des hommes étrangers à l'art de la
guerre. Peu de jours après, je recevais le brevet de
colonel.

Impatient de recouvrer Bréda et Willemstadt, l'Empereur prescrivit au général Maison, d'envoyer à la
hâte contre ces forteresses, une division du corps
d'armée qu'il rassemblait entre Lille et Gand. Ces
troupes passèrent à Anvers et se portèrent sur Bréda ;
mais c'en était fait, on ne devait plus songer qu'à contenir l'ennemi (c'était la tâche du général Maison) et à
sauver les places d'Anvers et de Berg-op-Zoom (c'était
la nôtre)!

Le premier lieutenant-général que l'Empereur avait
envoyé à Anvers, s'y trouvait encore et en avait repris
le commandement au commencement de janvier 1814.

Il y avait alors sur les remparts 300 bouches à feu.
Je continuai à en établir, sans perdre de vue l'évacuation sur Lille, du superflu de celles que notre place
renfermait encore, même après les envois faits sur
Hambourg. Un général d'artillerie étranger à la défense d'Anvers, se mêlait de cette évacuation et m'obligeait à défaire et à recommencer une partie de l'armement, tenant à évacuer des pièces qui étaient en batterie, par la raison qu'elles étaient du calibre français.
Cependant, ce n'était point le canon de places, mais le
bronze destiné à remplacer les pertes de celui de campagne, qui était précieux en France. D'ailleurs, avant
de commencer mon armement, j'avais dû avoir égard
à l'*existant* des approvisionnements en projectiles et
choisir, pour les mettre en batterie, les pièces qui n'en

manquaient point : Anvers méritait bien cette attention. Enfin, l'artillerie de l'ennemi étant la même que
celle qui était étrangère à notre disposition, en tirant
sur lui avec des pièces de ce calibre, nous lui fourni-
rions des boulets utilisables pour son matériel et nous
ne jouirions pas de la réciproque, puisque la plupart
des projectiles lancés contre une place ne peuvent plus
être employés.

Si l'on eut choisi, pour les évacuer, comme c'était
convenable, les bouches à feu en chantier et inutiles,
on en eût expédié davantage en nombre et en poids,
avant que les gelées et l'ennemi ne fussent venus
arrêter ces transports et nous eussions eu infiniment
moins de peine à compléter l'armement de cette place
qu'il était urgent de mettre en état de défense. Mais,
comme j'ai eu trop d'occasions de le voir et de le dire,
il arrive souvent que chacun ne songe qu'à l'intérêt de
son affaire et le général qui me taillait double besogne,
n'était pour rien, je le répète, dans la défense d'Anvers,
il n'était même pas désigné pour rester dans cette place.
Comme le sentiment du devoir m'a toujours animé
fortement, je crus bon de maintenir mon opinion devant ce personnage, avec une énergie dont il chercha
à se venger par la suite.

Chaque jour cependant, l'ennemi se renforçait et se
rapprochait de nous ; les Prussiens se montraient et
les Anglais débarquaient ; nuit et jour, malgré la rigueur de l'hiver, nous travaillions au dedans et au
dehors. On mit à ma disposition 300 conscrits de l'artillerie de marine, tous Brabançons et partageant alors
le mauvais esprit de leurs compatriotes ; j'avais remis
au directeur pour les corvées et travaux de l'arsenal,

300 garde-côtes qui ne valaient pas mieux. Je ne cessais de demander qu'on ouvrît les communications pour armer le fort Ferdinand dont j'appréciais toute l'importance, à cause du voisinage des bassins où nos vaisseaux étaient entassés et comme enchaînés par les glaces.

Le 13 janvier 1814, vers dix heures du matin, l'armée anglaise parut vers Merxem, à trois quarts de lieues de nos remparts et attaqua la faible division Ambert[1] qui s'y trouvait. Ce général se retira en combattant, jusqu'au village de Dam, sous le canon de la place qui fit taire celui des Anglais. Ceux-ci s'arrêtèrent près de la digue Ferdinand, au dessus de la jonction des chemins de Lillo et de Bréda. Dans cette affaire périt le jeune et brave général Avy ; j'y perdis plusieurs artilleurs de mon régiment. Pendant la nuit, la division Roguet tourna le village de Merxem par Borgerouth et Deurne, mais l'ennemi ne l'attendit pas.

Je fis armer de gros mortiers et de pièces de 48 en bronze, le haut et épais massif de déblais provenant des bassins auxquels il sert d'abri et de parapet, et je plaçai des obusiers et des pièces de 12 de campagne sur la hauteur de Dam, près le blockhaus qui était commencé. Tous les travaux de l'artillerie et du génie continuaient avec la plus grande activité, malgré les gelées qui ralentissaient singulièrement les déblaie-

---

1. Le 13 janvier 1814, à Merxem, le général Ambert auquel il ne restait que 3.000 combattants, résista à 12.000 hommes de l'armée anglaise et à un corps de 5.000 Prussiens. Pendant deux heures, les Français enveloppés combattirent avec l'énergie du désespoir ; enfin la ténacité du général Ambert l'emporta. (*L'Arc de Triomphe*, par S. de la Madelaine.)

ments. J'organisai avec plus de soins et de détails le service du personel et celui des remparts, des magasins, des transports, des travaux et des gardes, répartissant le tout par arrondissements distincts. Les remparts sans parapet n'en furent pas moins fortement armés, parce qu'ils donnent sur la partie qui semblait être la plus menacée.

Alors arriva à Anvers le colonel de mon régiment qui, rétabli de ses blessures, venait joindre son dépôt. Alors aussi, je reçus une lettre du ministre de la guerre, portant que, par décret du 8 de ce mois, l'Empereur m'avait nommé colonel; par une seconde lettre du 14, Son Excellence m'ordonnait de partir sans délai, pour être employé comme chef d'État-major, à l'équipage d'artillerie de l'armée du Nord qui se rassemblait à Douai, et de prendre dans cette ville les ordres du général d'Aboville, commandant de cette artillerie.

Après avoir passé quelques jours avec le colonel de mon ancien régiment, pour le mettre bien au courant du service que je lui avais remis, je me disposai à exécuter l'ordre du ministre de la guerre, représentant au gouverneur qui désirait me conserver et au général Maison qui, en passant à Anvers, m'engageait à y rester, que je n'y avais plus aucun emploi, puisque je ne pouvais être le commandant ou l'adjoint d'un colonel; qu'un lieutenant-colonel envoyé par le ministre, était directeur, et qu'enfin, Son Excellence m'appelait impérativement à une autre armée où m'attendait un emploi de mon grade.

Cependant un de mes supérieurs en grade, officier tout à fait étranger à la place et au service qui me concernait, le même qui m'avait déjà contrarié à propos de l'armement, voulait fort arbitrairement, suivant son habitude de mener les officiers à la baguette, m'empêcher de rejoindre ma destination. Je m'y rendis néanmoins, après que j'eus fait pour mon successeur, tout ce que commandait mon zèle bien connu pour le service. De là un surcroît de haines et des désirs de vengeance qui n'ont vu le jour que quelques années plus tard, quand la maladie et les circonstances ont paru favorables : comme on le verra ultérieurement[1].

1. Nous retrouvons dans les papiers du général Hulot une série d'ordres et de contr'ordres qui donnent bien la mesure du désarroi qui existait au Ministère et dans toutes les branches de l'administration de la guerre, au début de la campagne de France.

La première pièce est datée du Bureau du personnel, 18 janvier 1814 :

«Monsieur, je vous préviens que je vous ai désigné pour être employé en votre grade à l'équipage d'artillerie de l'armée du Nord qui se rassemble à Douay. Mon intention est, en conséquence, que vous vous rendiez *sans délai* à cette destination et que vous m'informiez de votre arrivée. Vous prendrez à Douay les ordres de M. le général de brigade d'Aboville aîné qui vous fera connaître le service que vous aurez à remplir.

Recevez, monsieur, etc.
Pour le ministre et par son ordre,
Le général de brigade, chef de la 6me division,
Baron ÉVAIN. »

— « M. le colonel Hulot restera à Douay jusqu'à nouvel ordre.
Douay, le 27 janvier 1814.
Le général commandant l'artillerie de l'armée du Nord,
A. G. D'ABOVILLE. »

Seconde pièce, datée de Paris, le 25 janvier 1814 :

«Bureau du personnel. — A M. Hulot, colonel commandant supérieur de l'artillerie, à Anvers.

« Le ministre me charge de vous prévenir, monsieur, que vous con-

A peine arrivé à Douay, je reçus le 30 janvier, dès le matin, par une estafette, deux lettres du ministre, qui me prescrivaient de retourner sur le champ à Anvers, pour y reprendre le commandement en chef de l'artillerie. Une de ces lettres ajoutait que c'était par inadvertance qu'on m'avait appelé ailleurs, et que l'on comptait sur moi pour la défense de cette place importante. Satisfait et pourvu de cet ordre qui me donnait titulairement un emploi et un commmandement que je n'avais reçus que des généraux, lorsque j'étais le premier officier de l'arme à Anvers, et qui avaient cessé depuis l'arrivée du colonel du 8e régiment d'artillerie, plus ancien que moi, je partis sur le champ de Douai. Je passai par Lille et Gand et tra-

linucrez à être employé à Anvers dans vos fonctions actuelles. Vous regarderez, en conséquence, comme non avenu, l'ordre qui vous a été expédié le 18 de ce mois de vous rendre à Douay.

J'ai l'honneur de vous saluer,
Baron ÉVAIN. »

Troisième pièce, datée du Ministère de la guerre, le 28 janvier 1814 :

« Monsieur, je vous préviens que mon intention est que vous retourniez sans délai à Anvers pour continuer à commander l'artillerie et où vous deviez attendre de nouveaux ordres d'après l'avis que vous en avait donné M. le duc de Plaisance, gouverneur général. Vous m'informerez de votre arrivée à Anvers.

Pour le ministre de la guerre et par son ordre,
Le général de brigade chef de la 6me division,
Baron ÉVAIN. »

« P. S. — Il est très essentiel, mon cher Hulot, que vous vous rendiez à Anvers. C'est par inadvertance que l'on vous a donné une autre destination. Le Ministre et moi comptons sur vous pour la défense de cette place importante.

L. ÉVAIN*. »

(*) Le général Évain était le compatriote et l'ami du colonel Hulot.

versai le lendemain l'Escaut à la Tête de Flandres,
vingt-quatre heures avant le général Carnot qui venait à Anvers comme gouverneur. Le colonel à qui
j'avais dû céder le commandement de l'artillerie, se
rendit aussitôt à Paris et y rejoignit le dépôt de son
régiment qui y avait été envoyé.

Enfin, je savais à quoi m'en tenir et je connaissais
mes fonctions : si j'avais le bonheur de bien faire, j'en
recueillerais la gloire, et le blâme, dans le cas contraire, retomberait justement sur moi.

Le général Carnot réorganisa et convoqua de suite
le conseil de défense, qu'il n'a point cessé de rassembler tous les jours, excellente mesure dans les cas
graves. Il prit connaissance exacte des besoins et de
l'état de tous les services, particulièrement de ceux de
l'artillerie, du génie et de l'administration, mit à ma
disposition une partie des ouvriers et des matelots de
la marine, que prêta avec la plus grande prévenance
M. le vice-amiral de Missiessy, lequel m'offrit également l'assistance et les services des officiers de tous
grades de son escadre. Avec ces secours et ces auxiliaires, le service de l'artillerie ne pouvait que bien
marcher. Aussi, malgré les gelées qui pétrifiaient la
terre, et malgré l'absence des matériaux les plus utiles, tels que gabions et fascines, malgré les retards
inévitables des travaux du génie qui devaient précé-
der les nôtres, tous les préparatifs, dans notre arme
comme dans les autres services de la place, reçurent
une nouvelle et énergique impulsion.

Nous avons dans l'artillerie une très bonne habitude : c'est de faire toujours travailler les canonniers
sans argent; ils regardent tous leurs travaux comme

faisant partie intégrante de leur service et par conséquent le manque d'argent ne les ralentit jamais. Parfois, quand c'est possible, les artilleurs reçoivent une
légère gratification, mais c'est une munificence et non
une dette; ils ne s'y attendent pas. Les marins, nos
auxiliaires, ne réclamaient, eux non plus, aucune récompense pécuniaire, mais il n'en était pas de même
des autres travailleurs employés dans les différents
services[1]. Il fallait aussi assurer la solde et les vivres;
malheureusement, les caisses et les magasins se trouvaient presque vides, et pour suppléer à cette désolante
lante pénurie, le gouverneur fut obligé de chercher
de l'argent chez les habitants et de déployer l'énergie
de son caractère pour effectuer les réquisitions indispensables. Il tira en outre de l'arsenal de la marine
des cuivres pour faire fabriquer une monnaie obsido-
niale et chercha autant qu'il était encore possible, des
vivres et des fourrages aux environs de la place, précautions trop négligées avant lui.

1. « Anvers, le 18 février 1814.
           Mon général,
J'ai l'honneur de vous prier de me dire si la gratification de 0 f. 40
que vous avez bien voulu accorder le 13 du courant, aux ouvriers
militaires, aux ouvriers et apprentis-ouvriers d'artillerie de marine,
peut leur être payée depuis le 7, époque où ils ont commencé à travailler à l'armement de la place.
                J'ai l'honneur d'être, mon général, etc,
                    Le colonel commandant l'artillerie,
                        J.-L. HULOT. »

«Le Gouverneur approuve que la gratification soit payée depuis le
7 de ce mois.
        Anvers, le 18 février.
                        Le gouverneur,
                        CARNOT. »

Ce général et, par suite, ses commandants de diverses armes à Anvers, avaient d'autres missions que cette place à conserver : ils devaient assurer en outre le cours de l'Escaut, approvisionner et surveiller sous tous les rapports, Berg-op-Zoom, les forts de Batz, Lillo, Liefkensoeck, etc., ce qui ajoutait beaucoup à notre sollicitude. Néanmoins, si Anvers eut été pourvue de vivres, comme toute place doit l'être avant son investissement, nous aurions désiré qu'une armée de 90,000 hommes s'obstinât à nous attaquer : cette armée ne se serait portée que bien plus tard et bien diminuée sur notre pays, l'ancienne France !

Comme beaucoup d'officiers ou adjoints placés sous mes ordres n'appartenaient pas au corps de l'artillerie, je travaillai dans l'intervalle de mes occupations de service à rassembler dans des cahiers, les extraits des meilleurs ouvrages sur la défense et l'attaque des places et j'en fis remettre des copies à chacun de ces Messieurs.

Les Anglais et les Hanovriens qui avaient disparu dans la nuit du 13 au 14 janvier, profitant de l'éloignement du général Maison, firent une nouvelle tentative contre le village de Merxem autour duquel on avait, dès le 15, avant l'arrivée de Carnot, commencé des travaux tardifs et trop étendus. J'avais proposé dans le temps comme une chose plus utile et plus expéditive, de couper largement la digue Ferdinand et la chaussée de Merxem, en deçà de la jonction de cette route avec celle de Lillo, et de répandre les eaux de l'Escaut dans ces coupures comme dans la campagne : ces dispositions auraient empêché l'ennemi d'approcher de l'escadre qu'il cherchait à incendier.

D'un autre côté le général Bülow et ses Prussiens attaquèrent Deurne et tâchèrent de pénétrer dans Borgerouth, long village attenant aux glacis d'Anvers. [1] Néanmoins, Carnot, gouverneur aussi généreux que bon ingénieur, ne voulut pas détruire ce faubourg et il en fit une ligne de contre-approche. Malgré cet acte d'humanité concilié avec les exigences de l'art militaire, les artilleurs éprouvèrent dans cette place, combien il est imprudent et nuisible de laisser élever en temps de paix, des bâtiments ou des bois, trop près d'une ville de guerre. Si on les laisse subsister pendant un siège, ils constituent un abri derrière lequel les assaillants fusillent impunément les canonniers frappés sur leurs pièces sans pouvoir découvrir ni l'ennemi, ni ses travaux. Si le gouverneur veut nettoyer et découvrir les abords de la place, il multiplie d'autant plus le nombre des mécontents qu'il y a plus de propriétés à détruire.

Les Anglais, les Prussiens et leurs auxiliaires se voyant en force devant notre garnison par trop insuffisante, le général Carnot fit replier ses généraux Roguet et Ambert sous le canon de la place. Bülow, aussitôt, occupa les premières maisons de Borgerouth et le général anglais Graham s'établit à Merxem et sur la tête de la digue Ferdinand.

Le 3 février, vers trois heures après midi, tandis que je faisais une ronde le long du Bas-Escaut, les Anglais ouvrirent un feu assez vif sur le bassin et sur les fortifications qui l'entourent. A la faveur des haies et

---

1. « L'artillerie de la division Roguet se distingua dans cette circonstance ; on remarqua particulièrement M. le lieutenant Mardochée. »
(*Journal du siège* tenu par le colonel Hulot.)

des bois qui couvrent les environs de Merxem, derrière
les maisons les plus rapprochées de notre côté et sur
le revers de la digue, ils avaient promptement élevé
avec des sacs-à-terre, des batteries de mortiers, de
canons et d'obusiers.

Quarante pièces de gros calibre, douze mortiers de
12 pouces et six obusiers de 8 pouces leur répondirent
sur-le-champ. Mais nos canons pouvaient bien peu de
chose contre ceux que l'ennemi avait placés de l'autre
côté de la digue. C'est alors qu'on eut à regretter de ne
m'avoir pas donné les moyens tant de fois réclamés,
d'armer le fort Ferdinand, situé en dedans de cette
digue. Heureusement, à son extrémité sur l'Escaut, il y
avait une forte batterie de canons de 24 en fer, destinés à battre le fleuve : je fis de suite retourner ces
pièces et élever un parapet avec des tonneaux de marine ; par ce moyen la digue fut battue et enfilée le soir
même. On ne tarda pas, du reste, à jeter un pont sur les
fossés du fort Ferdinand que l'artillerie put enfin
commencer à armer.

La position et les batteries de l'ennemi étant bien
connues le 4, nous fîmes sur lui, dès le point du jour,
un feu tellement vif et bien dirigé, qu'il en souffrit
considérablement. J'ai vu de nos boulets de 48 pénétrer et pratiquer de grandes brèches dans ses épaule-
ments de sacs-à-terre. Beaucoup de bombes des
Anglais dépassaient les bassins et tombaient sur la
ville ; mais partout régnait un ordre parfait et aucun
incendie ne put s'étendre ni dans les maisons ni
dans l'escadre.

L'attente, ou plutôt l'espoir d'un siège en règle a
subir, la distance encore assez consiérable des feux

de l'ennemi, les inondations qui couvraient en partie les autres points de la place, nous déterminèrent à ralentir notre feu pendant la seconde nuit, malgré des sollicitations puissantes et en dépit du désir que nous avions d'afficher une vigoureuse attitude. Le général Carnot m'honorait de toute sa confiance, et appréciait les circonstances et les motifs qui dictaient mes résolutions. [1]

Le 5 au matin, de part et d'autre, l'artillerie donna avec une nouvelle vigueur; nous eûmes trois officiers blessés, parmi lesquels se trouvait le brave capitaine de frégate Drouaut, commandant les batteries de la demi-lune Merxem. Vu l'opiniâtreté de l'ennemi, on craignit l'attaque de la hauteur de Dam; en conséquence, on l'arma davantage.

Le 6, un brouillard épais nous empêchait de voir devant nous et de tirer, et nous attribuions à la même cause le silence des assaillants; cependant, comme ils pouvaient profiter de notre inaction pour approcher le long de la digue, on mit en action les batteries qui la prolongeaient, et l'on envoya ensuite des éclaireurs sur la route de Merxem. Les Anglais avaient abandonné la partie et s'étaient retirés précipitamment en laissant dans leurs batteries des traces éloquentes de

1. Nous regrettons de ne pouvoir donner copie de quelqu'une des situations en personnel ou en matériel d'artillerie de la place d'Anvers figurant dans les archives de la famille du général Hulot ; nous craignons de fatiguer l'attention du lecteur. Nous nous contenterons de noter ici que le commandant de l'artillerie d'Anvers, utilisant le personnel des officiers de marine que l'amiral de Missiessy avait mis à sa disposition, sur la demande du général Carnot, avait arrangé son service de telle façon que chaque jour et à tour de rôle, un tiers du personnel était de batterie, de garde ou d'instruction, un tiers au travail et un tiers en repos.

leurs pertes.[1] Les pièces dont ils s'étaient servis
provenaient de Villemstadt et des forts évacués ; celles
de fer avaient éclaté en tirant à boulets rouges ; nous
retrouvâmes leurs débris arrosés de sang. A ce sujet,
je ferai observer qu'il n'est pas nécessaire de tirer les
pièces en fer à boulets rouges pour les faire éclater ;
elles sont d'un service si dangereux, à moins d'être
considérablement chargées de métal et très lourdes,
comme le sont les canons de vaisseaux, que les vieux
canonniers qui les servent les craignent plus que
celles dirigées contre eux. De grandes épreuves faites
depuis à l'Ecole de La Fère, m'ont bien prouvé qu'ils
n'avaient pas tort.

Cependant à Anvers, chacun servait avec la plus noble émulation. La désertion avait cessé ; elle avait été
si considérable que le gouverneur s'était vu obligé
pour l'arrêter, de faire fusiller trois hommes, devant
la garnison réunie sous les armes. Ce jour-là, une
forte colonne d'infanterie avec 100 chevaux et 2 pièces,
sortit d'Anvers, surprit les cantonnements des Saxons
à Santhoven, tua et blessa une cinquantaine d'hommes
et s'empara des bagages d'un régiment. Les Prussiens
relevèrent les Saxons et se tinrent plus éloignés. Ces
sorties étaient fréquentes et presque toujours heureuses sous le rapport des résultats militaires, mais non
sous le rapport des ravitaillements d'Anvers, quoique

---

1. « M. Vieillard, aspirant de marine, fut un des premiers qui rentra dans le village de Merxem avec ses marins ; il eut le bonheur de
retrouver et de ramener en ville les deux pièces de 6 en fer qu'il
avait dû abandonner après les avoir enclouées dans la retraite du
2 février. »

                    (*Journal du siège.*)

ce fut leur principal objet : les campagnes d'alentour étaient épuisées.

A la date du 27 février, nous avions 470 bouches à feu sur les remparts, et j'avais pour le service d'artillerie 60 officiers et 1200 canonniers, dont deux compagnies de la jeune garde, ouvriers et marins. Les Anglais ne quittèrent plus le Bas-Escaut ; ils avaient leur station ordinaire à Habruck, entre Pult et Lillo ; leur but était de nous fermer le cours du fleuve. A cet effet, ils avaient réparé et armé l'ancienne batterie de Frédéric-Henri sur la rive droite, au-dessous de Lillo.

Le vaisseau l'*Anversois* sorti d'Anvers et plusieurs pièces du fort Liefkensoek essayèrent vainement de la détruire ; néanmoins, pendant la nuit nous communiquions toujours avec le fort de Batz.

Le 7 mars, cinq péniches ennemies attaquèrent à l'abordage une de nos canonnières mouillées dans l'Escaut entre Lillo et Liefkensoek ; les assaillants furent reçus sur ces bords comme les Anglais l'ont été le lendemain sur un autre point beaucoup plus important, à Berg-op-Zoom, qu'ils escaladèrent par surprise pendant la nuit, et où, déjà maîtres de 11 bastions sur 15, ils laissèrent plus de 3,000 hommes tués ou pris par une jeune garnison bien moins forte en nombre.

D'un autre côté, le général Aymar sortait d'Anvers par la Tête-de-Flandre et saluait les cosaques cantonnés à Saint-Nicolas, Temsche et Hutz.

Le 25 mars, je comptai sur les fortifications, 575 bouches à feu prêtes à tirer. Pour couvrir plusieurs de ces batteries, trop exposées à cause des retards

inévitables de la part du génie, j'avais fait faire des
traverses, des parapets ou bonnettes, avec les plus
gros tonneaux à eau de la marine. La terre était tellement gelée qu'il fallait employer des coins et des
masses de fer pour l'ouvrir Cette gelée oblig ait aussi
à une plus grande surveillance, car les fossés glacés
étaient devenus une route solide dont l'ennemi pouvait profiter comme à Berg-op-Zoom, principalement
pour arriver à l'esplanade, la contrescarpe étant peu
élevée sur ce point.

Une nouvelle et forte sortie sur la route de Malines,
avait donné lieu à un engagement assez sérieux
dans lequel notre artillerie obligea les Prussiens à se
retirer avec pertes.[1] La division de la jeune garde
(général Roguet) donnait presque toujours dans ces
affaires.

La bonne contenance de la garnison et le bronze qui
couvrait nos remparts, tenaient les Anglais, les Hanovriens, les Prussiens, les Saxons et les Russes à une
distance respectueuse ; ils cherchèrent à nous vaincre
par d'autres moyens que celui des armes, mais les
défenseurs d'Anvers résistèrent à leurs séductions
comme à leurs attaques.

Le 27 mars, le général Maison qui dépassa Gand
en s'approchant de nous, nous priva de la division

---

1. « Le 17 mars, à 3 heures du matin, une nouvelle sortie eut lieu
par les portes de Malines et des Béguines et quelques canonnières
remontèrent l'Escaut. La colonne dirigée sur la route de Malines
avait avec elle trois bouches à feu. Elle rencontra l'ennemi sur la route
de Lierre et engagea une canonnade et une fusillade qui durèrent
quelque temps. Notre artillerie dut faire beaucoup de mal à l'ennemi.
De notre côté, nous perdîmes un lieutenant de lanciers et nous
eûmes quelques blessés. » (*Journal du siège.*)

Roguet, des deux compagnies et du train d'artillerie
de la jeune garde qu'il rappela à lui ; c'était en troupes
de ligne, notre principale force. Sans nous décourager,
cet affaiblissement[1] nous affligea et nous gêna beaucoup. Nous trouvant bloqués et aux prises avec l'ennemi depuis deux mois, nous avions à faire face à une
armée qui, chaque jour devenait plus forte et plus en-
treprenante, à contenir une population de 60,000 âmes,
mécontente et privée de ressources, de commerce et de
travail. Les marins, vu le dégel qui se déclarait, étaient
rappelés en partie sur leurs vaisseaux qu'il s'agissait de
prémunir contre ce danger. Cette même cause affais-
sait nos plates-formes, nos parapets et nos embrasures
construits pendant la rigueur du froid, obligeait l'artillerie et le génie à renouveler beaucoup de travaux.
L'ennemi mettait ces circonstances à profit et nous
resserrait chaque jour davantage. Les avant-postes se
fusillaient et les artilleurs ne quittaient plus leurs
pièces ; mais ce surcroît de difficultés ne faisait que
redoubler notre ardeur.

Dès le 4 avril, des bruits concernant l'entrée des

---

1. « Ce départ réduisit la garnison à environ 5 à 6,000 hommes don
seulement 160 canonniers de ligne et encore, tous conscrits. L'artillerie se vit par là privée de son meilleur personnel, entr'autres,
de MM. les capitaines Javerzat et Lafizelière qui commandaient
chacun un arrondissement. Cependant, il y avait alors en batterie
555 bouches à feu, sur un développement de fortifications de près de
trois lieues.

« La place d'Anvers bloquée depuis deux mois et dont les établissements et le matériel étaient évalués à plus de 130 millions, renfermait une population de 60,000 âmes au moins. Les marins étaient
tous occupés sur les vaisseaux et la flotille mouillés dans l'Escaut et
dans un espace de plus de 5 lieues, depuis Burcht jusqu'à Lillo. »

(Journal du siège.)

troupes étrangères à Paris, filtrèrent dans la place. Le
5, les Anglais et les Prussiens envoyèrent des parlementaires avec mission de confirmer ces bruits et de
chercher à gagner le gouverneur, les commandants de
forts et de la citadelle. De pareilles démarches étaient
accueillies par nous comme les meilleurs démentis de
ces bruits perfides. Cependant, le 10 avril, un contre-
amiral suédois, premier aide-de-camp de Bernadotte,
prince royal de Suède, apporta au général Carnot une
lettre de ce prince, avec l'avis que la France venait de
changer de gouvernement ; elle comportait en outre
des propositions inadmissibles. D'ailleurs, un étranger
ne pouvait être un organe à écouter dans notre position.

Le 11, un officier français, disant venir de Paris,
entra dans Anvers avec des journaux et une lettre
quelconque renfermant une clause particulière et des
détails déjà annoncés par l'ennemi ; seulement elle
ajoutait que l'Empereur Napoléon avait abdiqué. Cet
officier n'avait été reçu ni à Vincennes, ni à Soissons,
ni à Lille. Dans notre place, les étrangers redoublaient
leurs efforts en tous genres et la population mani-
festait des mouvements inquiétants. Nous ne ralentis-
sions ni notre surveillance ni nos travaux [1].

Dans une des séances du conseil de défense, il se
formula une proposition hâtive en désaccord avec

[1] A la date du 13 janvier, on trouve dans le journal du colonel
Hulot un renseignement sur la composition des effectifs de l'artillerie : « On mit à la disposition du commandant d'artillerie 300
conscrits du 4ᵐᵉ d'artillerie de marine, *tous brabançons*. Le commandant d'artillerie avait laissé à la disposition de M. le directeur
pour les approvisionnements et les corvées de l'arsenal, 300 garde-
côtes *hollandais*. »

nos devoirs accoutumés et avec des obligations que le
malheur seul ne pouvait altérer ; M. le vice-amiral et
moi, blamâmes hautement cette précipitation et ces
reproches intempestifs que chaque citoyen pouvait
adresser mentalement, mais non publiquement, surtout devant l'ennemi, à un souverain qui avait reçu
ses serments. D'ailleurs, puisqu'il était question de
son abdication volontaire, pourquoi prendre les devants par des propos ou des démarches si peu en
harmonie avec nos devoirs et notre service.

Bientôt la désertion devint effrayante et le découragement se répandit dans la troupe ; des courriers et
des lettres positivement arrivées de France et de
Paris, accréditèrent et confirmèrent les bruits connus ;
on convint d'un armistice avec le général anglais.
Le 18, le conseil de défense tint sa dernière séance ;
alors, officieusement prévenu et convaincu de l'abdication de Napoléon et du prochain retour de
Louis XVIII sur le trône de France, ce conseil jura de
défendre la place d'Anvers au nom du roi et de le
servir fidèlement et conformément au vœu de la
patrie. Le vote ne fut ni unanime, ni spontané. Dans
cette circonstance, comme dans bien d'autres malheureusement trop communes à cette époque, j'ai
eu lieu de remarquer que des calculateurs politiques affectent de parader à l'arrière-garde, par
dépit de n'avoir pu se faire distinguer dans les avant-
gardes.

CHAPITRE XXVIII

RENNES. — CHEVALIER DE SAINT-LOUIS. — DOUAY.
PARIS. — LILLE.

Par suite des ordres de S. M. Louis XVIII, la place d'Anvers dut être évacuée et, conformément à ceux du gouverneur, j'en sortis le 2 mai 1814[1] avec les canonniers de ligne et 26 bouches à feu que je conduisis à Douay en passant par Saint-Nicolas, Gand, Courtray et Lille.[2]

---

[1]. « A M. le colonel Hulot, commandant l'artillerie.
                        « Anvers le 2 mai 1814.
            « Monsieur le colonel,
    « Son Excellence le général de division gouverneur me charge de vous prévenir que l'effectif de la garnison étant de 9,144 hommes, ce nombre permet (d'après le texte de la capitulation) que l'on emmène 27 pièces de canon avec chacune un caisson de munitions...
                        Agréez, etc.
        « Le major de dragons, chef de l'Etat-Major-Général.
                        « BARON. »

[2]. Du 10 mai, à M. le général Evain :
    « Mon général. — J'ai l'honneur de vous rendre compte que je

Je reçus à Douay ma nomination (datée du 21 juin)
au commandement du 6ᵉ régiment d'artillerie à pied,
corps où j'avais pour ainsi dire, fait tous mes grades,
et j'allais le rejoindre à Rennes, une de mes garnisons
de lieutenant et de capitaine. Heureux de nous retrouver entre anciens camarades, notre réunion inau-
gura une série de fêtes cordiales qui répandaient
leurs charmes sur le service. Le meilleur esprit animait tous ces artilleurs qui, pour la plupart rentrant
des prisons d'Angleterre et d'Espagne, trouvaient
d'autant plus doux le séjour de la France.

Notre patriotisme affranchi par l'abdication de Napoléon, nous attachait désormais aussi sincèrement
que légitimement à la dynastie de nos pères, dynastie
dont le retour imprévu évitait à la France une longue
série de maux inévitables. Honneur, serments, devoir
et patrie, ne seriez-vous donc que de vains mots dont
le sens varie suivant les calculs de l'ambition! J'affirme cependant que la conception et le pressentiment
des troubles survenus depuis (en 1815) nous étaient

viens d'arriver dans cette place (Douay) avec le personnel et le matériel que j'ai ramenés d'Anvers et dont les situations sont ci-jointes :

« La 24ᵉ compagnie du 1ᵉʳ régiment d'artillerie, sortie de Lille, nous
a rejoints à Saint-Nicolas. C'est à Gand que notre direction sur Dunkerque a été changée. Plusieurs officiers et employés d'artillerie sont
restés à Anvers avec M. le major Bergier pour la remise de l'artillerie et ne sont pas encore arrivés à Douay.

« Par ordre de M. le général d'Herville, j'ai remis le train d'artillerie à M. le colonel Brouet, directeur du parc du 1ᵉʳ corps : ce général me dit d'attendre vos ordres pour la remise du matériel. Je les
attendrai aussi pour ma destination et pour celle du personnel
venant d'Anvers. J'ai eu l'honneur de vous adresser, il y a vingt jours,
les états, les plans et le rapport sur la place d'Anvers et sur ce qui
s'y est passé depuis le mois de janvier. »

(Tirée du registre-copie de la correspondance du colonel Hulot.)

absolument étrangers et je ne fus pas peu surpris quand le maréchal, gouverneur de la Bretagne, me convoquant chez lui avec les colonels des autres corps, nous dit à demi-voix, en présence d'officiers de l'émigration ou de la Vendée, que nos régiments et même nos officiers, ne donnaient pas assez de marques de leur dévouement. Sûr de mon corps, qui d'ailleurs n'avait jamais négligé de prouver son attachement au souverain, je crus pouvoir répondre de mes hommes au gouverneur, et j'ajoutai que mon régiment se montrerait autrement que par des démonstrations banales, si une occasion se présentait de servir plus efficacement Sa Majesté.

Le 18 octobre, Louis XVIII me nomma chevalier de Saint-Louis, titre que je reçus avec d'autant plus de satisfaction qu'il confirmait la promesse que le nouveau monarque avait faite d'apprécier et récompenser avec autant d'empressement que d'équité, les services rendus à la France ; il était évident pour moi que sous le règne de l'auteur de la Charte, on pouvait encore dire que *chaque soldat portait dans sa giberne le bâton de maréchal de France*. Je répète dans la sincérité de mon âme qu'à cette époque, il ne m'est jamais entré dans l'esprit que l'armée française entière et ses officiers pussent ne pas partager notre manière de voir et nos sentiments. Beaucoup de gens pourront me trouver crédule et innocent ; c'est possible, mais pourtant, comme on le verra plus loin, ma confiance n'était ni aveugle ni mal fondée en ce qui concernait le régiment que j'avais l'honneur de commander et ma conviction à ce sujet n'a pas varié depuis, quoique je n'ignore pas que beaucoup d'hommes ont refondu

leur opinion et leurs sentiments de la veille sur les
évènements du lendemain.

Je n'avais cependant jamais connu les Bourbons;
dans une province éloignée de la capitale et dans la
classe moyenne, à 17 ans, on ne connaît ses princes
que de nom; mais ceux-là étaient les enfants aînés de
la France, ils y rapportaient la Charte et y fixaient
cette paix toujours désirée et toujours fugitive depuis
ma première jeunesse, cette paix que dans les armées,
comme dans les sociétés de l'Europe continentale, un
seul homme repoussait, quelque nécessaire et raison-
nablement glorieuse qu'elle fût pour sa patrie. L'histoire impartiale dira un jour ce que la France avait
alors à attendre de ses ennemis du dehors et de l'intérieur, si elle n'eut point retrouvé ses anciens princes;
elle dira ce qui les a rendus nécessaires et ce qui serait
advenu sans leur intervention! Pour juger sainement
les hommes et les évènements, il faut les envisager
au point de vue des opinions et des mœurs de leur
époque; mais combien de Français, pour justifier leur
serment passager de 1814, diraient volontiers qu'ils
ne l'ont prêté que provisoirement!

A la fin de cette année 1814, j'appris que ma mère
était dangereusement malade et j'obtins la permission
d'aller la voir. Hélas! j'eus le malheur de la perdre
dans le mois de janvier 1815. A peine avais-je arrangé
nos affaires de famille, que le ministre m'écrivait de
retourner de suite au régiment qui allait recevoir
l'ordre de se rendre à Douay. Quel vide pour l'officier
non marié que la perte de son père et de sa mère! A
quel consolateur s'adressera-t-il désormais, dans les
jours de soucis et de misère de son existence? Du

moins, ma mère n'a-t-elle vu qu'une partie des nouveaux malheurs de la France ! Elle n'a pas eu le spectacle cruel de sa ville natale saccagée par des troupes
que nous avions si souvent battues et réduites à
merci ! [1]

En retournant à Rennes, on me dit à mon passage
au ministère, qu'une émeute populaire avait eu lieu
dans cette garnison, et qu'on n'avait pas eu à se plaindre de mon régiment, qu'il avait fait son devoir,
attendant dans son quartier les ordres des trois généraux qui commandaient dans cette ville, mais que, vu
le grand nombre de Bretons que ce corps renfermait
(son dépôt occupant Rennes depuis 14 ans), on avait
jugé convenable de l'envoyer à Douay.

De retour à ma garnison, trois jours avant la date
fixée pour la quitter, je préparai tout pour le départ du
régiment. La veille, étant prévenu que des parents et
amis de nos militaires se proposaient de régaler le
corps à la première halte, chose fort intempestive, je
consignai les canonniers, et fis publier un ordre pour
se mettre en marche le lendemain à huit heures du
matin; mais le soir même, à onze heures, j'ordonnai

---

1. Il s'agit ici des troupes prussiennes qui occupèrent Charleville en
1815 et y appliquèrent alors les mêmes maximes et les mêmes procédés qu'en 1870. C'est ainsi que l'escouade qui envahit la première
en qualité de garnisaire, l'habitation de l'aïeule paternelle du ré-
dacteur de cette note, enleva les bagues des doigts de cette dame
et lui arracha ses boucles d'oreilles, en présence de deux officiers
prussiens qui assistaient impassibles à cette scène de brutalité. En
1870, les petits-fils de ces soudards se montrèrent dignes de leurs
glorieux ancêtres. Après les scènes de sauvagerie de l'invasion et
de l'occupation, l'une des filles de la dame dont nous venons de
parler, mourait d'une maladie de cœur, tandis qu'une de ses sœurs
était atteinte d'une affection mentale.

à tous les officiers de se rendre sur-le-champ au quartier, en tenue de route, et deux heures après nous sortîmes de Rennes.

A la fin de février, nous arrivâmes à Douay et y remplaçâmes le 8ᵉ régiment qui s'y plaisait beaucoup. Son colonel, précisément celui que j'avais deux fois rencontré à Anvers, fut très mécontent, parce qu'il s'imagina que nous avions demandé à venir dans cette bonne garnison d'artillerie. Ces deux circonstances, rapprochées plus tard d'un acte d'obligance fort mal interprété, ont commencé à me convaincre qu'il est des temps où l'amitié peut tourner à l'injustice et même à la haine.

A Douay, comme à Rennes, nous vivions et nous faisions notre service dans l'union la plus fraternelle et dans la plus grande sécurité, lorsque un matin, je lus dans le *Moniteur* que Napoléon venait de débarquer sur les côtes de France. Quoique je n'eusse personnellement qu'à gagner à ce retour, j'en fus frappé comme de l'apparition d'une comète. Mon régiment partagea ces sombres pressentiments et nous renouvelâmes d'un commun accord le serment de fidélité sous le drapeau auquel la patrie et Napoléon lui-même nous avaient liés, il n'y avait pas encore un an.

Hélas! longtemps avant son abdication, les plus loyaux et les plus dévoués compagnons d'armes de l'Empereur[1] avaient osé, sinon lui dire, du moins lui

---

1. D'autres conseillers plus désintéressés que ses compagnons d'armes ne cessèrent de faire entendre à Napoléon le langage de la prudence et de la raison. Il en est un, le conseiller d'Etat J. Fiévée, qu'il avait autorisé à correspondre directement avec lui, en dehors des ministres. Il lui demandait fréquemment son avis sur les ques-

faire entendre que ses guerres n'avaient plus d'autre
objet ni d'autre motif que son insatiable ambition ;
qu'elles épuisaient et compromettaient tyranniquement
la nation et l'armée ; qu'elles minaient sa brillante

tions les plus délicates de l'administration ou du gouvernement
intérieur de l'Empire, et Fiévée exposait ses vues sur ces questions
posées par l'Empereur, dans des notes qui passaient aux mains de ce
dernier sans aucun intermédiaire.

Après l'incendie de Moscou et la conspiration de Mallet, ce loyal
et fidèle conseiller lui adressait la note XCIV (datée du mois de
novembre 1812) dans laquelle nous relevons cette phrase qui aurait
dû donner à réfléchir au vainqueur de la Moskowa, s'il n'eût été grisé
par son ambition et sa confiance illimitée dans son génie et dans
son étoile : « La gloire attachée aux exploits militaires, disait Fiévée
dans sa note confidentielle de 1812, pourra gagner dans tout ceci
auprès des connaisseurs, mais auprès d'eux seulement ; car *la gloire
ne paraît plus qu'un luxe à une nation qui, au milieu des plus beaux
faits d'armes, a tremblé pour sa propre existence....* Il ne faut pas
oublier que *ce n'est plus la France qui va donner le mouvement à
l'Europe*, ne se faire aucune illusion à cet égard, et prendre ses
résolutions en conséquence. »

Le passage suivant, extrait de la note CI (mars 1813) est encore
plus frappant : « S'il faut en croire les bruits publics, des tentatives
d'insurrection ont été faites dans le grand-duché de Berg, et de plus
sérieuses viennent d'éclater dans les départements anséatiques. Si
cette insurrection se soutient, elle s'étendra promptement dans la
Confédération du Rhin. Alors une nouvelle scène commence. Ou
nous voudrons garder tout ce que nous avons, protéger ce que nous
avons promis de protéger et nous épuiserons la France qui s'exas-
pérera à son tour, parce qu'il existe beaucoup de sujets de mécontent-
tement. La désobéissance y éclatera plus vite qu'on ne le soupçonne
aujourd'hui, parce que des extrémités au centre, on aura de
proche en proche appris qu'on peut désobéir avec impunité. A cette
époque les factions qu'on présente à l'Empereur comme n'existant
plus, se montreront puissantes et nous recommencerons de nouvelles
folies.... Au contraire, si l'Empereur n'affaiblit pas ses ressources en
les tenant disséminées ; s'il envisage de sang-froid la véritable position des choses ; s'il se dit d'une fois tout ce qu'il faut abandonner ;
s'il rassemble ses armées sur des points fixes et rapprochés des
frontières, pour les ramener à une bonne discipline avant de les
exposer, et qu'en ménageant la France il menace partout sans
avancer sur aucun point, il peut encore sauver son pouvoir. Pour
cela il faudrait beaucoup de sagesse et l'Empereur seul peut se de-

fortune personnelle. Tout en partageant ces sentiments, nous servions toujours avec la même ardeur.
Mais Napoléon, méprisant ces conseils de l'expérience
et du dévouement, consomma lui-même sa ruine. En
abdiquant à la suite des revers causés par l'abus de sa
fortune, et en acceptant une autre souveraineté, il
était devenu de sa propre volonté, étranger à la France,
et cela, avait-il dit lui-même, pour épargner de plus
grands malheurs à la nation. Et voilà qu'au mépris de
cette même France, au mépris des hommes, des serments et des traités, ce même prince, feignant de
croire les malheurs dissipés, sa parole et la nôtre dé-
gagées, profite du moment où le sol national n'est
plus occupé par les étrangers, reparait avec les mêmes
prétentions et les mêmes ambitions à l'intérieur et à
l'extérieur, et place l'armée française dans la cruelle
alternative de se parjurer ou d'abandonner le pays
aux horreurs d'une nouvelle invasion plus redoutable
que la première ![1]

mander s'il est possible de redevenir prudent, quand on a tenté et
manqué la conquête du monde. »
    On voit que les avertissements les plus sincères et les plus désin-
téressés n'ont pas manqué à Napoléon Ier, ce qui ne l'a pas empêché
de repartir pour Waterloo, le lendemain de son retour de l'île d'Elbe.
Les mêmes avertissements ont été prodigués à Napoléon III à l'occasion de la guerre du Mexique et il n'a pas plus tenu compte de ces avertissements que de l'expérience du premier Empire. L'expédition du
Tonkin a provoqué des critiques non moins vives, non moins sensées :
e gouvernement opportuniste a dédaigné ces critiques, montré
encore moins de souci de l'opinion publique que les deux Empires et
oulé au pieds les leçons de l'expérience. Si la sécurité de la France
était aujourd'hui subitement menacée par des armées européennes,
aurions-nous le droit d'accuser la fortune qui nous abandonnerait
de nouveau à notre imprévoyance et à notre incurable aveuglement?

1. « Dans la matinée du 13 (avril 1814), Napoléon se lève et s'habille

En dépit de l'ancienne et sincère reconnaissance que j'avais toujours vouée à l'illustre restaurateur de l'ordre et de la civilisation en France, en le voyant compromettre à son tour les plus chers intérêts du pays, ma conscience me dicta la conduite que je devais tenir pour rester dans la voie de l'honneur et du devoir : il fallait empêcher les armées étrangères de forcer de nouveau nos frontières et renvoyer Napoléon à l'île d'Elbe dont il avait accepté volontairement la souveraineté ; que de maux eussent été épargnés à la France si j'avais eu plus d'imitateurs !

Sur ces entrefaites, j'avais reçu l'ordre du roi de me rendre à Paris avec 800 hommes de mon régiment ; 200 autres me suivaient à deux journées de marche et 400 restaient à Douay ; sur toute notre route, à Arras, à Doulens, Amiens, Chantilly, Luzarches, Ecouen, etc., les préfets, sous-préfets, maires et tous les habitants peuvent attester de quels sentiments fidèles nous étions pénétrés. A Chantilly, le 19 mars, nous croisions des voitures de maîtres qui s'éloignaient de Paris ; toutes étaient très chargées et beaucoup étaient conduites par d'autres chevaux que ceux de la poste ; nous dûmes en conclure qu'elles fuyaient la capitale ; du reste, tous ces voyageurs effrayés éludaient nos questions.

---

comme à l'ordinaire. Son refus de ratifier le traité a cessé, il le revêt de sa signature. Ceux qui l'approchent apprennent de lui-même qu'il a cessé de régner. Il les engage à se soumettre au nouveau gouvernement, non pas au gouvernement provisoire, dans lequel il ne voit qu'un comité de traîtres et de factieux, mais aux Bourbons, dans lesquels il consent à reconnaître désormais le poin de ralliement des Français. » — *Manuscrit de* 1814, par le baron Fain. — Le supplément de cet ouvrage donne le texte complet du traité de Fontainebleau.

A Luzarches, on faisait circuler le bruit du départ
du roi ; mais ma destination et mon ordre de route
n'étant pas modifiés, aucune espèce d'avis ne m'étant
communiqué, je devais continuer à marcher vers
Paris. Le 20, avant le jour, nous quittions ce gîte
d'étape quand, à notre grande surprise et à notre
grand regret, nous vîmes en passant à Ecouen, des
divisions entières arborant d'autres couleurs que les
nôtres. Je traversai néanmoins ce bourg dans le plus
grand ordre ; notre silence n'était interrompu que
par nos tambours qui battaient le pas accéléré. A la tête
de ma fidèle colonne, j'attendais toujours un officier
porteur des ordres du roi ; lorsqu'à une lieue en deçà
de Saint-Denis, arriva au galop à ma rencontre, un
aide-de-camp qui me remit une lettre de son général,
un des maréchaux-de-camp de l'artillerie. Le roi, me
mandait-on dans cette lettre, est parti, l'empereur est
arrivé, toute l'armée l'a reconnu ; vous prendrez vos
cantonnements à ..... près de Saint-Denis.

Dès ce moment, je ne pouvais plus marcher sur Paris, ni rester dans ses environs, puisque je n'avais plus
que ma conscience pour me guider. Dans la crainte
que le général dont je recevais cette lettre et qui se
trouvait dans les cantonnements désignés, n'y voyant
pas arriver ma colonne, ne se portât à sa rencontre et
ne vînt la haranguer au milieu des troupes en défection, je fis part de sa lettre et de ma résolution de rétrograder, au chef de bataillon qui m'accompagnait et
fis faire une halte sur la route. En même temps, je
piquai des deux pour aller trouver ce général ; il sortait précisément à cheval et en grande tenue, se rendant à Paris. Je lui dis que j'étais porteur d'autres

ordres que ceux qu'il me communiquait et lui demandai où était le roi. Ce général me le dit et me montra en
même temps un ordre du duc de Tarente, ordre qui
était loin d'abonder dans le sens des troupes que je
venais de rencontrer et par conséquent dans les siens.
Mais déjà les traces du roi, sur la route de Beauvais,
étaient suivies et fermées !

Je vins rejoindre mes cannoniers, les rangeai en
bataille et leur adressai quelques paroles, puis je
commandai la contre-marche. Nous étions sur une
hauteur dominant la plaine de Paris et nous distin-
guions à la vue comme à l'oreille les coups de canon
qu'alors même on tirait aux Invalides. Je vivrais des
siècles que jamais ce moment solennel et ce spectacle
imposant de la discipline et de la fidélité militaire ne
sortiraient de ma mémoire ! Il fallait dépasser et traverser tous les cantonnements remplis de camarades
et d'amis contemplant avec surprise nos cocardes et
la direction de notre marche. Cependant, en arrivant
à Chantilly, il ne manquait pas un seul homme à l'appel ! Après avoir dépassé Ecouen, j'avais envoyé à
Paris le commandant Demetz, les capitaines Lamy et
Lesbaupin pour s'assurer si personne ne nous attendait pour nous donner des avis et des ordres confir-
mant ceux que j'avais reçus des ministres du roi, et
en même temps, pour prévenir ceux-ci de ma marche rétrograde.

A Chantilly, j'étais, faute de feuille de route, fort
embarrassé pour faire loger et nourrir mes mille canonniers. Bientôt des aide-de-camps, des officiers de
tous grades, étrangers au régiment, m'assiégèrent et
m'apportèrent des lettres dans lesquelles on me repré-

sentait que je desservais la patrie et *même le roi*, en croyant les servir !... J'en appelle à la conscience et à l'honneur des militaires impartiaux de tous les partis: de quel côté était la défection, de quel côté les serments respectés et les ordres légitimes exécutés ? J'en appelle à la France épuisée, énervée et ruinée, que l'on a voulu ressaisir pour la relancer contre les masses européennes et la rejeter sur le tapis vert de la fortune, au profit d'un guerrier héroïque, mais trop longtemps sourd au cri de la nation, aux conseils et même aux murmures de ses plus illustres et de ses plus dévoués compagnons; dites, de quel côté étaient l'erreur et la défection ? Ah ! si les passions cessaient d'obscurcir et même de trahir la vérité historique, il faudrait avouer que dès l'invasion de l'Espagne, et particulièrement au début de celle de la Russie, la France et l'armée française (nous parlons de la majorité réfléchie) criaient au grand homme : « *Assez de gloire pour vous et pour nous. La paix continentale épuisera l'Angleterre. Occupez-vous de la paix et de l'administration intérieure ; règnez enfin par les lois et ne compromettez plus inutilement votre ouvrage, votre nom, votre dynastie et le sort de la nation !* » Au surplus, Napoléon n'avait-il donc pas signé volontairement son abdication ?

Les officiers que j'avais envoyés à Paris me remirent à leur retour, une lettre du général en qui j'avais le plus de confiance et qui était resté dans cette capitale. Dès lors je cédai à la force des choses, à la nécessité. Répugnant à l'idée de jamais mettre l'étranger armé entre mon pays et moi, n'ayant pas d'ailleurs de moyens d'existence assez solides pour sacrifier à l'ambition d'un homme et à l'iniquité du sort, le fruit de mes longs et laborieux services, ainsi que l'avenir d'une partie de ma famille, constamment dévoué à ma patrie, je continuai pour elle la carrière militaire ; d'ailleurs l'étranger menaçait la France et je ne me ralliai qu'à elle.

La première parade ou revue à laquelle j'assistai à Paris, après le retour de Napoléon, confirma toutes mes appréhensions. Quel triste spectacle ! Quelle solitude significative sur ce Carrousel, où si souvent j'avais vu une foule joyeuse animer cette imposante cérémonie militaire ! La troupe seule souriait à la destinée impériale échappée de l'île d'Elbe.

Le général Bernard, aide de camp de Napoléon, que je connaissais, vint m'adresser quelques paroles amicales et flatteuses, mais j'y restai insensible. Je ne m'intéressais plus qu'à la situation où se trouvait la France ; la servir en fils dévoué et fidèle, consacrer tous mes efforts et tout mon dévouement à la garantir de l'invasion étrangère et de l'anarchie intérieure, telle était désormais mon unique ambition.

A la vérité, j'allais me trouver, si l'on m'eut imposé un nouveau serment, dans la dure nécessité de retourner sans fortune et sans position, sous le toit de mes pères. Mais, l'on nous épargna cette cruelle alternative : à Lille, on nous présenta simplement les *actes additionnels*; je ne leur donnai ni mon assentiment ni ma signature.

Nous retournâmes bientôt à Douay, sur cette frontière vers laquelle se portaient nos armées, en même temps que celles de l'Angleterre, de la Belgique, de la Hollande et de la Prusse. Ainsi, pour un prince

devenu de son fait, étranger à la France et reconnu
tel par toutes les nations et par lui-même dans ses
proclamations, la France troublée, divisée à l'intérieur, se voyait avec moins de chances que jamais, compromise dans une guerre contre l'Europe
entière [1].

1. Le témoignage désintéressé du vétéran des guerres de la Révolution et de l'Empire, dont nous publions les *Souvenirs*, mérite
d'autant plus d'être souligné que son opinion se trouve solidement
étayée par cette double constatation d'une France troublée, divisée
à l'intérieur, épuisée par des sacrifices formidables d'hommes et
d'argent depuis 23 ans, et luttant contre l'Europe entière représentée
par des armées aussi nombreuses que bien exercées et des états-
majors dont Napoléon avait fait l'éducation sur tous les champs de
bataille du vieux continent.

Nous voilà loin avec le : *moins de chances que jamais!* de la
légende de Thiers et nous rentrons, avec cette appréciation, dans les
conclusions du colonel Charras, ce qui ne veut pas dire que nous
trouvions le dernier mot de l'histoire dans les deux ouvrages de cet
écrivain militaire; mais c'est évidemment celui qui se rapproche le plus
de la vérité, en dépit des passages où il s'inspire trop visiblement de
ses rancunes personnelles contre le second Empire, comme dans celui
que nous copions au chapitre IV du premier volume : «Enrichis, systématiquement corrompus par les prodigalités de l'Empire, énervés
par le luxe, les jouissances, fatigués par 20 ans de guerre, plusieurs
parmi les généraux, auraient préféré le tranquille séjour de leurs châteaux aux labeurs des marches, aux intempéries des bivouacs. Ils
avaient goûté de la paix pendant une année; ils la regrettaient.
Quelques-uns avaient éprouvé de rudes défaites dans des commandements isolés et en gardaient la mémoire. D'autres, ébranlés
par les cruels souvenirs de 1813 et 1814, désespéraient de l'issue de la
guerre, à la vue des masses armées de la coalition et de la faiblesse
des moyens de défense. Il en était dont le moral n'était plus à
l'épreuve d'un revers... »

Il a fallu que le colonel Charras eut un fier télescope à sa disposition pour distinguer tant de choses dans l'attitude des généraux
français à Waterloo ! L'étude que nous avons faite des champs de
bataille de la Belgique ne nous a rien révélé de semblable. Il faut
reconnaître, néanmoins, que l'œuvre du colonel Charras constitue
aujourd'hui le document le plus exact qui ait paru en France sur les
dernières années de l'Empire. Le colonel se tient à égale distance
du monument fantaisiste et intéressé de M. Thiers, qui a valu à son

A cette époque, je fus chargé de la direction d'artillerie de Lille ; cet emploi et ce poste me convenaient beaucoup, car ils me mettaient à même de contribuer puissamment à fermer aux armées étrangères la plus importante barrière de la France. Bergues, Gravelines et Dunkerque formaient avec Lille mon arrondissement d'artillerie ; ces places constituent les quatre battants de la porte continentale Nord-Ouest de notre patrie. Je ne cessai de dire au maire et au commandant de la garde nationale de Lille : « Ne souffrons pas que l'étranger pénètre dans ce principal boulevard de la France, il ne l'évacuerait pas. Représentez bien aux Lillois qui se sont illustrés par leur belle défense de 1792, que si jamais l'ennemi mettait le pied dans leur place, le cordon français de la mer à la Meuse changerait de destination et de nom ; il serait tourné contre notre pays et formerait la barrière du nouveau royaume belge, qui est aujourd'hui une province de l'Angleterre et la place d'armes de tous les ennemis de notre nation. » Et plus tard, après la défaite et la retraite de Napoléon, j'ajoutais : « Le roi lui-même vous saura gré de n'avoir pas ouvert vos portes à des troupes qui se battent beaucoup moins

---

auteur le grand prix Gobert, l'Académie, le Ministère, et le titre d'historien national, et des relations systématiquement hostiles de Michelet, Lanfrey, Quinet et H. Martin. Au surplus, l'histoire véridique du premier Empire existe complète et authentique dans le dossier des Souvenirs et des Mémoires de nombreux acteurs et témoins oculaires et dans la correspondance de Napoléon Ier, celle de ses généraux et de ses fonctionnaires. Il ne nous reste plus qu'à attendre une édition *complète* et *intacte* de cette correspondance et un historien, *rara avis !* habile, désintéressé, patriote et affranchi de toute influence politique et de tout esprit de parti, pour trier et coordonner ces matériaux contradictoires.

pour lui, que pour obéir à leurs rancunes et satisfaire
leur ambition et leurs intérêts particuliers. »

La garde nationale et la population de Lille qui
avaient reçu les derniers adieux d'un monarque obligé
de fuir des sujets qu'il aimait, étaient montés au plus
haut degré d'impatience et d'exaltation pour lui, tandis que la garnison, composée de bataillons levés dans
le département de l'Aisne et de détachements de fédérés parisiens, était enthousiaste de Napoléon et
exaspérée dans le sens contraire. Il en résultait une
fermentation continuelle qui aigrissait ces deux partis
extrêmes et tous deux également bien armés. A chaque
instant, une explosion était à craindre, et ce n'a pas
été sans de grands soins et beaucoup de peine, que
j'ai puissamment contribué à prévenir un conflit
entre eux.

Tous les jours je voyais les chefs militaires et ceux
de la garde nationale, ainsi que les premières familles et les autorités de la ville, et je démontrais à
tous, que l'étranger ne manquerait pas de tirer parti
de nos dissensions, pour s'emparer de Lille et s'y établir définitivement. J'allai même jusqu'à faire prier
les princes par l'un des officiers qui s'étaient pré-
sentés à Lille en leur nom (M. le général Clouet peut
confirmer le fait), de ne pas approcher de cette place
avec leurs bannières, parce que ce spectacle donnerait le signal d'une lutte fratricide, dont les Anglais
et les Prussiens qui bombardaient Valenciennes et qui
rôdaient autour de nous, profiteraient seuls. En effet,
la garnison eut tiré sur le drapeau blanc et la garde
nationale eut riposté sur la garnison. Mes avis paraissent avoir été entendus, mais que de démarches et

d'efforts, je le répète, que d'assauts il m'a fallu soutenir, pendant plus de trois mois, pour contribuer à conserver dans la cité l'ordre et la paix intérieurs ! Et combien ceux-là apprécient mal mes services (contrariés du reste alors par plusieurs d'entre eux), qui se montrent jaloux des témoignages de reconnaissance que j'ai reçus depuis sans m'y attendre et sans les rechercher !

Le gouverneur de Lille[1] que je regardais comme

1. On sait que Napoléon Ier accepta, pendant les Cent-Jours, les services de généraux républicains tenus, plus ou moins, à l'écart pendant son règne : Jourdan fut nommé commandant de la 6e division militaire, Brune reçut le commandement de l'armée du Var et Lecourbe, celui du corps d'observation du Jura ; Carnot fut nommé par lui, gouverneur d'Anvers et Lapoype, gouverneur de Lille, en remplacement du général Macors, nommé pendant la première Restauration ; le préfet de Lille, sous le gouvernement du général Lapoype, était Dupont-Delporte.

On trouvera sur cette période de l'histoire des Cent-Jours, des renseignements détaillés dans l'*Histoire de Lille*, de Derode ; voici deux passages importants de cet ouvrage, concernant le général Hulot :

« Lors de la revue générale, les canonniers de la citadelle étaient à leurs pièces, en cas d'événements ; mais on m'a assuré que M. Hulot, e commandant de l'artillerie, avait fait mettre secrètement de la terre, au lieu de poudre, dans les gargousses... » (Tome 3, p. 364.)

« Pour remercier le colonel Hulot d'avoir, le premier, proposé de proclamer, de nouveau, Louis XVIII, la ville lui offrit une épée d'honneur. Sur la lame étaient gravés ces mots : « A M. le colonel Hulot, la ville de Lille reconnaissante (12 juillet). » — Une fois le danger passé, une foule de gens qui s'étaient tenus bien paisibles, firent parade de leur silence comme d'un dévouement admirable et qui méritait récompense. Talleyrand disait : « Nous étions 2.000 à Gand,... aujourd'hui, on en compte 40.000 ! » La décoration du Lis servit à satisfaire les plus empressés. » (Tome 3, p. 369.)

Quant au général Lapoype, voici un extrait de la *Biographie Michaud* qui le concerne :

« ..... Le retour de l'île d'Elbe trouva en lui, sinon un partisan déclaré, du moins un adhérent. Napoléon l'envoya commander à Lille ; aussi la seconde Restauration se hâta-t-elle de mettre le général à la retraite. » — Dans l'article biographique que Larousse

un républicain, n'aimait pas plus, je crois, Bonaparte que les Bourbons et était loin de me faire l'éloge des uns et des autres. Je le compare au dernier gouverneur d'Anvers ; peut-être se flattait-il intérieurement de remettre le dépôt qui lui avait été confié, à un gouvernement tout autre que ceux qui étaient l'objet des préférences de la garnison ou des habitants. Ses sentiments personnels le rendaient aussi abordable aux bourgeois qu'aux militaires ; mais la crainte de paraître faible le détournait souvent des mesures sages que commandaient les circonstances, et lui en dictait d'imprudentes. C'était alors surtout qu'il fallait veiller et agir.

Ce gouverneur n'avait point de conseil de défense et il différait en cela du général auquel je l'ai comparé ; il s'entourait habituellement de quelques officiers et d'autres personnages qui, s'ils ne partageaient pas ses intentions et ses opinions politiques, faisaient mine tout au moins de les approuver et de les caresser. Plusieurs ont heureusement quitté ce rôle au dernier moment. L'un d'eux me causa un jour beaucoup d'ennuis et de soucis par ses propos imprudents qui faillirent compromettre l'existence de trois officiers de l'armée royale, entrés prématurément dans Lille pour avertir que le roi était rendu à Paris. Le

consacre à ce général, il affirme de son autorité privée, un fait qui ne s'appuie sur aucun témoignage et dont nous ne trouvons pas la confirmation dans les *Souvenirs* du général Hulot : « Lapoype (Jean-François, marquis de), né en 1765, mort en 1851... Nommé gouverneur de Lille pendant les Cent-Jours, refusa de rendre cette place à Louis XVIII. Ce fut là que finit sa carrière militaire... »

L'épée d'honneur du général Hulot est aujourd'hui entre les mains de son unique neveu et héritier, le baron Hulot de Collart, fils du colonel Hulot dont il a été parlé dans la préface de cet ouvrage.

gouverneur qui ne manquait pas de générosité, les
renvoyait par la porte de secours de la citadelle, lorsqu'en traversant la place de la fortesse, ils la trouvèrent par hasard malencontreusement encombrée de
chauds fédérés de la garnison. Sans notre présence, il
eut suffi d'un mot pour nous donner à gémir sur le
sort de ces trois officiers français, comme la place de
Condé dont nous étions voisins, eut à le faire, dans le
même temps et les mêmes circonstances, sur la mort
tragique de l'infortuné colonel Gordon. Heureusement,
les propos dont je parle, ne furent entendus que
par moi.

La cocarde et le Lis que portaient ces trois officiers,
indignaient et exaspéraient les ardents fédérés de
Paris ; les choses n'auraient pas tardé à s'envenimer,
si nous n'eussions été là, le brave commandant de la
citadelle et moi ; au moment le plus critique, quand
M. Fiévet, l'un de ces trois officiers descendit de voiture, au milieu des mercenaires de la capitale, pour
rester en otage comme garant de son rapport, je le
pris par le bras et m'écriai au milieu des murmures et
des menaces des fédérés : « *Ne craignez rien,
Messieurs, les militaires français ne sont pas des
assassins.* » En même temps je donnai le conseil
dont j'ai parlé plus haut, au colonel Clouet et au capitaine Bayard que le commandant de la citadelle faisait sortir par la porte de secours. Pour plus de
sûreté, je conduisis M. Fiévet chez moi, jusqu'à ce
qu'il fût écroué comme prisonnier suivant sa demande.

Tous les jours je réunissais en conférence les officiers supérieurs et les capitaines de 1re classe d'artil-

lerie: les lieutenants-colonels Gerdi, Faybre et Bram,
les commandants Richard, Gosse de Seilay et Benzo
et les capitaines de Cazaux et Hamard. Avec le concours intègre et énergique de ces compagnons d'armes,
j'étais tranquille du côté de notre service. Entre nos
mains, le bronze n'était que l'*ultima ratio patriæ!*
Toute tentative du dehors, toute participation avec
l'étranger nous paraissait également hostile : malheur
à l'agresseur qui se serait trouvé à portée de nos batteries ! Dans cette défense de Lille, si quelqu'un pouvait avec justice réclamer une part de la recompense
que j'ai reçue, c'étaient surtout ces officiers et aucun
d'eux n'eut été oublié, si l'on m'avait écouté complètement.

Cependant, les armées étrangères circulaient autour
de Lille et bombardaient les places voisines, le roi
était dans Paris ou en approchait, et chaque jour notre
position devenait plus critique. Les habitants montraient plus d'impatience; ils avaient, disait-on, de
petits drapeaux dans leurs gibernes et voulaient les
déployer aux cris de : « Vive le roi! » Enfin, les
esprits s'aigrissaient. Le gouverneur m'avait fait
armer les fronts de la citadelle donnant sur la ville,
et m'avait prescrit d'y établir des mortiers. Il était
sage d'en imposer, mais il fallait craindre de semer
là méfiance et la révolte, car la garde nationale de
Lille était aussi militaire, mieux exercée et plus nombreuse que la troupe de ligne.

Dans cette conjoncture critique, le gouverneur mit
à l'ordre qu'une grande revue aurait lieu sur l'Esplanade et que toute la garde nationale urbaine y serait
réunie avec la garnison. Je représentai au général

combien cette réunion était inutile et intempestive,
combien elle pouvait être funeste à tous les points de
vue et en particulier à la conservation de sa place. Il
ne voulut point révoquer ses ordres et y ajouta même
celui de mettre des canonniers et des charges à mitraille aux batteries qui donnaient sur l'Esplanade.
Esclave de mes devoirs, j'obéis ponctuellement, mais
je ne négligeai pas les représentations qu'ils me dictaient. Le gouverneur ne recherchait évidemment
dans cette revue qu'un moyen d'assoupir les passions
et d'affirmer son autorité, mais dans cette mesure il
y avait plus d'imprudence que de sagesse et si par la
suite l'entêtement a étouffé chez son auteur toute vel-
léité de remords, c'est que la bonne fortune surpassa
son imprévoyance, c'est que, pour parler sans méta-
phore, ce gouverneur ne se trouva pas seul sur l'Esplanade avec ses maladroits conseillers. Ne pouvant
faire révoquer l'ordre, je courus chez les chefs de la
garde nationale et chez ceux de la garnison, pour leur
répéter ce que j'avais dit au gouverneur et leur recommander en même temps toute la prudence qu'exigeait l'exécution d'une pareille mesure.

Le lendemain, les forces armées se rassemblent et
prennent rang sur l'Esplanade, la garde nationale à
la droite; mes canonniers sont à leurs pièces sur le
rempart de la citadelle. Avec les commandants et
d'autres chefs de la garde nationale et de la garnison,
j'escorte le gouverneur. Enfin l'inspection est terminée à la satisfaction générale; la nombreuse garde
nationale a défilé, mais n'a pas encore quitté l'Esplanade. Les troupes suivent et tout à coup des cris de
« *Vive l'empereur!* » se font entendre; aussitôt, la

garde nationale se retourne et répond par des cris de
« *Vive le roi!* » De part et d'autre, on avait la baïonnette au canon. Le gouverneur dut en ce moment sentir le prix de l'expérience et de la résolution des officiers qui commandaient sous ses ordres; ils s'inter-
posèrent courageusement et parvinrent à faire évacuer
l'Esplanade.

Mais, dès lors, la pomme de discorde était lancée et
plus que jamais il était urgent, pour conserver Lille
et prévenir un conflit à l'intérieur [1], de ne pas laisser
cette place populeuse ainsi exposée à de nouvelles cri-
ses, en présence d'armées étrangères dont le canon
ne respectait même pas le pavillon royal qui flottait
sur des villes voisines. Plus que jamais il était urgent
que les officiers particulièrement responsables de la
défense de cet important boulevard de la France,
fussent entendus au moins autant que le groupe
de favoris complaisants qui circonvenaient le gouverneur.

---

1. Ce chapitre des *Souvenirs* est intéressant pour ceux qui n'ont
pas oublié le siège de Metz et qui peuvent le rapprocher d'un compte-
rendu des débats du procès du maréchal Bazaine.

Les États-majors ennemis comptaient beaucoup sur les complications qui pouvaient surgir à l'intérieur des places fortes et faciliter
leurs projets et leurs tentatives en divisant les défenseurs et en
diminuant l'énergie et la vigilance des gouverneurs des forteresses
et de leur conseil de défense.

En 1870, Bismarck et Frédéric-Charles durent au changement de
gouvernement et à l'inertie du commandement français, la neutrali-
sation de l'armée de Metz. En 1815, l'ennemi échoua sur toutes nos
frontières dans ses intrigues et ses espérances. Des faits analogues
à celui raconté par le colonel Hulot se produisirent à Hambourg en
1814 (Voir la brochure intitulée *M. le général baron Higonet*, par
H. de Lalaubie. Rodez, 1862), à Thionville, en 1815 (Voir les *Mémoires du général Hugo*, tome III, chap. XI) et à Strasbourg (Voir
les *Mémoires du général Rapp*).

Aussi peiné qu'humilié de ne point voir, malgré toutes mes demandes, de conseil de défense loyalement composé et convoqué, dans des circonstances aussi majeures, j'en parlai aux officiers d'artillerie et leur dis « que le gouverneur s'obstinant à refuser de réunir ce conseil où je devais siéger comme chef de notre **arme**, il me dépouillait tyranniquement par cela même de mes plus importantes fonctions et paralysait mon commandement ». Ces officiers me répondirent qu'ils approuvaient mes réclamations et qu'aucun d'eux ne me remplacerait si je cessais de commander leur arme à Lille. Plus fort de cette approbation, j'adressai au gouverneur de plus instantes représentations. Comme il montrait toujours le même entêtement, je me rendis chez le général commandant le personnel de la garnison et chez le commissaire ordonnateur qui me remercièrent de ma démarche et promirent d'appuyer mes réclamations. Cette fois, je ne me contentai plus de réclamer verbalement au gouverneur : je lui écrivis et le conseil de défense fut enfin convoqué pour le lendemain.

Dans ce conseil où n'auraient dû figurer que les principaux officiers et les premières autorités, le gouverneur avait appelé tous les chefs des bataillons de l'Aisne et des fédérés de Paris. Il ouvrit la séance en demandant :

1° Si Napoléon régnait encore ? — Personne ne répondit.

2° Si Napoléon II était reconnu ? — Même silence.

3° Enfin, si le gouvernement provisoire n'était pas établi à Paris et en France ?

A cette dernière question, plusieurs membres se

levèrent et demandèrent si, en d'aussi graves conjonctures, le conseil de défense de Lille ne devait pas,
dans l'intérêt de la place et de la France, autant que
pour l'acquit de sa conscience, poser à son tour les
deux questions suivantes :

1° Le roi est-il à Paris ?

2° Quel rôle y joue-t-il aux yeux de la France ?

Et l'on mettait en question l'envoi de commissaires
à Paris, lorsqu'on vit accourir le maire qui nous dit
tout ému : « Qu'attendez-vous encore, Messieurs ! Et
pourquoi vous compromettre inutilement ? Il est impossible de contenir plus longtemps le peuple et la
garde nationale : la population entière, informée du
retour de Louis XVIII, fait éclater partout le cri de
« Vive le roi ! » En effet, c'était comme l'explosion
d'un feu électrique longtemps comprimé; le mouvement se propagea instantanément dans tous les quartiers de la ville. Les portes s'ouvrirent pour recevoir
tous les Français qui s'y présentaient, restant plus
que jamais fermées aux étrangers et à leurs émissaires.
Il en fut bientôt de même à Bergues, à Dunkerque et
à Gravelines, les trois autres places de ma division
d'artillerie.

Le général nommé par le roi, gouverneur de la seizième division, voulut me charger du commandement
de l'artillerie dans ce vaste arrondissement militaire;
je l'en remerciai, m'appuyant sur ce qu'il s'y trouvait
des colonels plus anciens que moi. Il me confia alors
les fonctions de chef d'état-major de notre arme, car
on était alors comme en campagne, à cause du voisinage des troupes étrangères. Cette mission me procura
la bonne fortune d'entraver certaines tentatives de ré-

action, de protéger les officiers qui en étaient victimes
et de faire rentrer en eux-mêmes ou de calmer ceux
qui étaient en train de se compromettre.

Il est toujours difficile, surtout dans les temps trou-
blés comme ceux dont nous parlons, de faire son devoir
sans déplaire à personne ; néanmoins à cette époque
chacun semblait, dans la sphère de mon commandement, rendre justice à mes essais de conciliation. Mais
plus tard, quand les partis se furent reconstitués, j'eus
lieu de constater que l'opposition est souvent aussi injuste et ingrate qu'envieuse et rancunière. Ce fut alors
que reparut précisément à Douay le personnage ga-
lonné et désagréable auquel j'ai déjà fait allusion plus
haut et dont, fort heureusement, le caractère est apprécié dans son arme à sa juste valeur. Mais revenons
à Lille où m'attendait alors une consolante surprise.

Le duc de Berry y arriva pour présider le collège
électoral dont je faisais partie : son séjour dans cette
ville fut une fête générale et continuelle. Ce prince
qui me montra autant de bonté que les habitants me
témoignaient de sympathie, voulut voir mes canonniers
dans la cour de la résidence qu'il habitait, et, sur ma
demande, il en fit passer plusieurs dans la garde
royale où furent également admis les deux capitaines-
commandants et les deux sergents-majors ; moi-même
j'aurais pu y remplir un commandement important, si
je n'avais dû compter avec l'affaiblissement de ma
santé.

Mandé chez le prince, le jour de la Saint-Louis, je le
trouvai entouré des dignitaires et des officiers de sa
maison, de ceux de la place, du préfet, du maire et de
toutes les autorités civiles et militaires. Son Altesse

Royale vint à moi, me félicita sur les services que
j'avais rendus au pays dans le cours de ma carrière
militaire et en particulier sur ceux que je venais de
rendre à la place de Lille. En même temps, elle me
remit, *de la part de cette cité reconnaissante*, l'épée
d'honneur qui rappellera à ma famille, que dans les
temps où la France était menacée au dedans et au
dehors, j'ai contribué de tout mon pouvoir et de toute
mon autorité à lui garantir quatre de ses plus importantes forteresses et peut-être davantage, car la perte
de Lille pouvait avoir à un pareil moment des conséquences incalculables [1].

1. Extrait des registres de délibérations du Conseil Municipal de
la ville de Lille, département du Nord :

« Séance extraordinaire du Conseil Municipal de la ville de Lille,
département du Nord, du 9 août 1815. Présents, MM. Louis Huvino
premier adjoint faisant les fonctions de maire, etc. Le Conseil Municipal de la ville de Lille, département du Nord, considérant que M. le
colonel Hulot, commandant de l'artillerie de la place, est le premier
officier supérieur qui ait proposé le 12 juillet dernier, dans le Conseil de défense, de reconnaître l'autorité du Roi de France; — Que
d'autres faits honorables pour M. le colonel Hulot ont prouvé sa
fidélité au Roi légitime et préservé les habitants de Lille des
malheurs dont ils étaient menacés à cause de leur attachement au
Roi; — voulant exprimer à cet officier supérieur les sentiments de
gratitude que les habitants lui ont voués; — A pris la délibération
suivante : « 1° Une épée sera offerte à M. le colonel Hulot, comme
« un témoignage de la reconnaissance de la ville de Lille. — Cette
« épée portera sur la lame ces mots : *A M. le colonel Hulot, la ville*
« *de Lille reconnaissante.* 2° Une expédition de la présente délibé-
« ration sera remise avec l'épée à M. le colonel Hulot, par les soins
« de M. le maire, chargé de l'exécution de la présente délibération.
Signé : Louis Huvino, etc. » — Pour extrait conforme. Le maire de
Lille, *signé* : Le comte de Brigode. »

« L'an 1815, le 25 du mois d'août, jour de la Saint-Louis, nous
Louis-Marie-Joseph comte de Brigode, nommé pair de France, fai-
sant les fonctions de maire de la ville de Lille, nous sommes rendu
au palais de S. A. R. Monseigneur le duc de Berry, présent à
Lille pour présider le collège électoral du département du Nord. —
Où étant, nous avons eu l'honneur d'exposer à S. A. R. que M. Jac

Dans cette ville, à deux époques différentes, j'ai été
à même de voir et d'apprécier ce prince que la
France n'a pas eu le temps de connaître, et qui lui-
même rentrait dans une patrie qu'il ne connaissait
pas. Cependant, d'un caractère vif, loyal, généreux et
bienveillant, il était français par dessus tout. Un jour,
en ma présence, le commandant de place vint lui annoncer l'arivée à Lille d'un prince anglais, du duc
de Cumberland, je crois : « F.....! dit le neveu de
Louis XVIII, pourquoi laisser entrer dans la place un
général étranger ? Enfin, puisqu'il y est et qu'il est
le frère d'un roi, il faut bien, hélas ! que je lui fasse
une visite ! »

ques-Louis Hulot, chevalier de l'ordre royal et militaire de Saint-
Louis, officier de la Légion d'honneur, colonel du 6e régiment d'artillerie à pied, étant le premier officier supérieur qui, dans le Conseil de défense tenu le 12 juillet dernier, ait proposé de faire reconnaître à Lille l'autorité de notre bien-aimé souverain Louis XVIIIe
du nom, le Conseil Municipal a pris, le 9 du mois d'août, une délibération tendante à ce que, au nom de la ville et comme gage de
sa reconnaissance, il fût offert une épée à cet officier. — Et afin de
donner plus de prix au don que la ville fait à M. Hulot, nous avons
supplié S. A. R. de daigner le lui remettre de sa main. — S. A. R.
ayant bien voulu y consentir, M. le colonel Hulot a reçu l'épée qui
lui est offerte par la ville de Lille. — En foi de quoi nous avons
dressé le présent procès-verbal en double expédition, l'une pour
être remise à M. le colonel Hulot et l'autre déposée aux archives de
la ville. — Fait à Lille, au palais de S. A. R. Monseigneur le duc de
Berry, les jour, mois et an que dessus, en présence de Son Altesse
Royale, de M. le comte de la Ferronnaye, premier gentilhomme de la
chambre de S. A. R., de M. le comte de Nantouillet, premier
écuyer de S. A. R., de MM. le comte de Clermont-Lodève et le comte
de Chabot, gentilhommes d'honneur, de MM. le comte d'Astorg, le
prince de Bauffremont et le comte de Brissac, aides de camp de S.
A. R., de M. le comte de Bourmont, lieutenant-général, gouverneur
et commandant de la 16e division militaire, de M. le baron Leva-
vasseur, colonel-directeur d'artillerie, de M. Dupleix de Mézy, préfet
du département du Nord, et de MM. les adjoints et membres du
Conseil Municipal. *Signé* : Charles-Ferdinand. » Suivent les autres
signatures.

Comme je l'ai dit, le duc de Berry fut on ne peut plus aimable à l'égard des canonniers de ligne, qu'il passa en revue et dont il me permit de faire valoir les anciens services. A Douay, au contraire, prévenu par de malencontreux rapports, il accueillit mal des compagnies du même régiment, qui étaient pourtant animées d'un aussi bon esprit. Extrêmement vif et sensible, ce prince, quoique toujours aussi enthousiaste du soldat français, se laissait alors assez facilement induire en erreur; bien coupables étaient les conseillers qui cherchaient à l'égarer, car il ne demandait qu'à aimer et à se faire aimer! Je ne puis me défendre de citer ici une anecdote qui donne une juste idée de son caractère.

Un capitaine promu chef de bataillon pendant les Cent Jours, me pria de le présenter au prince pour la confirmation de ce grade. Je lui dis de se placer sur la ligne des troupes, quand Son Altesse les passerait en revue. En effet, je le recommandai au duc pour le grade d'officier supérieur; mais plus clairvoyant que moi, le prince remarqua que cet officier portait l'épaulette que je demandais pour lui et me dit :

« Je regrette, colonel, que vous ne m'ayez pas présenté cette personne en frac ou chez moi. » Cette inconséquence qui m'avait absolument échappé, ne diminua du reste en rien les bontés dont il m'honorait[1].

1. Comme beaucoup d'hommes semblent rougir aujourd'hui d'a voir fait leur devoir hier, j'ai cru, en repassant ces *Souvenirs*, depuis 1830, qu'il convenait d'en effacer plusieurs noms propres, surtout dans les derniers chapitres.   (Note du général Hulot).

CHAPITRE XXIX

PAIX DURABLE. — LA ROCHELLE. — DOUAY (BARON). —
LA FÈRE (COMMANDEUR DE LA LÉGION D'HONNEUR). —
STRASBOURG.

En vertu de l'ordonnance royale en date du 31 août
qui prescrivit le licenciement de l'armée, je reçus du
ministre, le 15 septembre 1815, l'ordre de me rendre
à La Rochelle, pour procéder au renvoi dans leurs
foyers, des compagnies de mon régiment rassemblées
sur ce point. Comme dans tous les autres corps de
cette arme, il n'y restait guère que des anciens et braves
artilleurs, presque tous gradés, qui regardent leur
corps comme une seconde famille et qui n'ont jamais
cessé de servir avec bravoure et obéissance.

C'était une mesure on ne peut plus préjudiciable
aux intérêts du roi et de la France que celle consistant à congédier ces militaires qui font bénéficier de

leur expérience un service qui en demande beaucoup et où elle ne s'acquiert qu'avec le temps et une grande variété de connaissances. C'était en outre une injustice, car ces militaires étaient aussi remplis d'honneur que de dévouement. Nous eûmes du reste la consolation de voir conserver ces artilleurs et même d'en voir désigner une cinquantaine par régiment pour former le régiment de la garde royale : tous, ils ont justifié la confiance et les bontés du roi. Mon corps conserva son ancien numéro 6 et prit le nom de régiment de Douay ; je redemandai et obtins presque tous mes anciens officiers.

A la fin de décembre je quittai La Rochelle et je vins avec mon dépôt, rejoindre notre garnison de Douay. Nous y arrivâmes le 16 janvier 1816, accueillis comme des frères par les autorités et les habitants, tous dévoués au roi et chez lesquels il y avait alors unanimité de sentiments et d'opinions pour le gouvernement. Là, nous étions comme dans un port, après avoir traversé une longue et cruelle tourmente dont les houles se faisaient encore sentir au large. Successivement, les officiers et les canonniers vinrent nous rejoindre et le régiment se reforma, recomposant peu à peu la famille dont je pouvais à bon droit me considérer comme un père assuré de l'amour et du respect des siens.

La politique qui occupait encore tant de têtes ardentes et inquiètes, restait étrangère à nos conversations et à nos occupations ; nous servions le roi sincèrement comme nous l'aimions, laissant à ceux qu'il jugeait dignes de sa confiance, le soin et les soucis du gouvernement. Mais il nous tardait de voir notre pays

calme et délivré des étrangers dont une partie nous
importunait de son voisinage. Cependant nous profi-
tions de cette circonstance pour étudier et expéri-
menter leurs divers systèmes d'artillerie, ce qui, grâce
surtout au général Tirlet, contribua à nous procurer
les premiers renseignements dont on a fait usage pour
améliorer notre matériel de campagne auquel la durée
et l'activité des guerres n'avaient pas permis de faire
le moindre changement.

A la fin de mars 1817, je reçus le titre de baron,
dont le roi avait daigné m'honorer le 19 de ce mois.
Je fus très reconnaissant de cette preuve inattendue
des bontés de Sa Majesté, mais il y a tant de personnes
qui obtiennent de ces titres par intrigue que je voudrais qu'il fût possible au gouvernement de les purger
de tous frais onéreux quand ils sont des récompenses
royales. Ma réception comme baron eut lieu en séance
publique à la cour royale de Douay dont un des orateurs
voulut bien relever mes services [1].

1. Nous reproduisons *in-extenso* le procès-verbal de la séance d'in-
vestiture, une des rares cérémonies de ce genre que nos archives
aient enrégistrées au xixe siècle :
« L'an 1818, le 22 avril, à midi, à l'audience publique de la 1re
Chambre de la cour royale de Douay, est comparu Jacques-Louis-
Hulot, colonel du régiment de Douai, artillerie à pied, officier de
notre ordre royal de la Légion d'honneur et chevalier de notre ordre
royal et militaire de St-Louis, né à Charleville, département des Ardennes, le 22 avril 1773, lequel a demandé à prêter le serment prescrit par les lettres patentes qui lui ont été conférées par le Roi, le
11 avril 1818, et qui rendent héréditaire dans sa famille le titre de
baron qui lui avait été antérieurement accordé; M. d'Haubersart, premier avocat général, portant la parole au nom du procureur général du Roi, s'exprime en ces termes : « Messieurs, — Nous nous
félicitons d'avoir l'avantage de vous présenter en cette audience
M. le colonel Hulot à qui le Roi, par des lettres patentes en date du
11 de ce mois, a cru de sa justice d'accorder le titre honorifique

Quelques mois après cette époque, le duc d'Angoulême passa à Douay. Ce prince montra beaucoup d'affabilité et de bontés pour le régiment et pour moi. Il se rendit à notre caserne et voulut remettre lui-même aux canonniers-élèves de l'école mutuelle, des prix de lecture, d'écriture et de calcul. En nous quittant, il ne cessait, comme il l'avait fait le jour où il m'avait invité à sa table, de me remercier du plaisir que je lui avais procuré, comme si Son Altesse Royale était notre obligée.

Hélas! déjà l'oubli du danger passé rappelait des souffles de discorde : trop de gens encore jugeaient des autres d'après leur dernière position, et chacun de part et d'autre la soutenait suivant son intérêt et

de baron pour le récompenser de ses bons et éminents services. — La probité et la prudence, la valeur et l'habileté de ce brave militaire sont connues de toute la France, ainsi que d'une grande partie des pays où nos armées triomphantes ont autrefois pénétré. — Nous avons d'ailleurs été les témoins oculaires de la loyauté avec laquelle il s'est conduit dans nos provinces pendant ces cent jours de douloureuse mémoire qui ont fait tant de mal à notre chère patrie... et qui de nous n'a applaudi avec enthousiasme au témoignage de reconnaissance que la plus importante de nos cités lui a décerné pour la sagesse avec laquelle il a contribué à maintenir la tranquillité dans son sein à une époque fort difficile, ainsi que pour le courage hardi avec lequel il a secondé le dévouement connu de nos nombreux habitants pour la dynastie bienfaisante que le ciel a enfin rendue à nos vœux!—Qu'il est noble et glorieux d'avoir obtenu et de porter des titres honorifiques, lorsqu'on les a mérités par des traits de sagesse et de bravoure aussi utiles à la cause sacrée de la légitimité et au bonheur de ses concitoyens ; et combien nous devons nous applaudir que nos institutions nouvelles aient conservé à la prérogative royale le droit d'accorder de si honorables distinctions, puisque pour des cœurs français qui jamais n'ont été sensibles qu'à l'honneur et aux marques d'estime, c'est l'unique moyen de les récompenser d'une manière qui puisse les flatter. — Mais nous nous apercevons qu'il tarde à M. le colonel Hulot de donner un nouveau gage de sa fidélité et de son dévouement au Roi et à la patrie, en

l'esprit de parti, *toujours agressif et ennemi du repos*. L'*ultracisme*, le *libéralisme* et le *modérantisme* étaient les injures à la mode. On ne pouvait aimer son roi et son pays, sans encourir l'une ou l'autre et même plusieurs de ces redoutables qualifications : d'un côté c'était par ambition, par *girouettisme* qu'on était royaliste, et de l'autre on ne l'était pas assez. Si on voulait repousser les erreurs et les manœuvres des partis exagérés, on tombait dans la disgrâce de ces extrêmes qui se touchent par les sottises qu'ils débitent et par les dangers qu'ils comportent.

Cependant le sage monarque qui nous guidait et dont la charte conciliante et opportune tendait à fondre toutes les opinions et à ramener les partis extrêmes, Louis XVIII, craignant d'avoir penché vers l'un

prêtant le serment que la loi exige de lui en sa qualité de baron. Nous nous empressons en conséquence de requérir qu'il soit donné lecture des lettres patentes qui accordent à M. Hulot le titre honorifique de baron, qu'ensuite il soit admis à prêter le serment prescrit en cette qualité, qu'il lui en soit donné acte, et que, ce fait, il soit ordonné que les dites lettres patentes seront enregistrées au greffe de la cour, pour être exécutées selon leur forme et teneur. » La cour faisant droit sur le réquisitoire du procureur général du Roi, etc... Ainsi fait, lu, publié et ordonné les jours, mois et an que dessus; présents MM. Dupont, faisant les fonctions de président; Delattre, Ducrer, Delesaulx, Dubrœucq, Taffin, Asselin et Raumal, conseillers; d'Haubersart, avocat général, et Duclerfays, commis greffier audiencier. *Signé* : Dupont et Duclerfays.» (*Feuilles d'audience de la première Chambre civile de la Cour Royale de Douay.*)

Les armes qui figurent aux lettres patentes sont : *d'or à une fasce crénelée de gueules, sommée d'une hulotte de sable, tenant une epée d'argent dans la patte dextre ; en pointe une bombe d'azur.* Ces armes reproduisent, avec de légères variantes emblématiques, celles octroyées à Jean Hulot, sieur de Braquis, clerc du diocèse de Reims, anobli « ainsi que toute sa famille » et créé comte palatin du St-Siège, par lettres du 3 mai 1525 données sous le pontificat de Clément VII : *d'azur à une fasce d'or, sommée d'un coq de même, tenant une épée dans la patte dextre.* (Charte en latin, conservée dans la famille.)

d'eux, s'appuya brusquement sur l'autre. A ce moment, des symptômes de désorganisation se manifestèrent : des mesures de haine et de réaction succédèrent au régime d'égoïsme et de prétentions exclusives des gens qui trouvaient le roi trop peu royaliste.

C'est précisément vers cette époque qu'arriva à Douay ce même chef dont, à mon grand regret, j'ai déjà eu plusieurs occasions de noter la malheureuse intervention : le moment lui convenait. Dès le début de son inspection, il montra combien peu il était digne d'un pareil mandat ! Cet inspecteur, dont la devise bien connue de ses familiers était : « Ni vu, ni connu je t'emb... », dans notre visite de corps, en présence de tous les officiers du régiment, prêcha la division et l'indiscipline, en humiliant et déconsidérant de parti pris l'un de nos chefs de bataillon, parce qu'il provenait de l'émigration. Je répondis au général : « Ce commandant a été nommé par le roi et nous a été envoyé par le ministre de la guerre, il se conduit bien et sert avec zèle. » N'importe, le coup était porté ! Toute l'inspection devait respirer le même esprit subversif, à l'abri duquel ne pouvaient me mettre mon impartialité et ma constante fidélité. Mieux inspiré que ce chef si imprudemment délégué pour notre inspection, je ne lui dis qu'en tête-à-tête, comme déjà j'avais été forcé de le faire à Anvers, tout ce que je pensais de sa déloyale conduite. Hélas ! malgré la parfaite et ancienne union du régiment, malgré le beau caractère de ses officiers et l'excellent esprit de tous les membres de cette famille militaire, ce malencontreux génie parvint à y jeter des germes qui, grâce à des permutations personnelles et à d'imprudentes correspondances, poussèrent de funestes racines [1].

Dès lors, je sollicitai une direction ; ma santé de plus en plus altérée, me dictait impérieusement cette résolution. Longtemps encore on me répondit que j'étais trop nécessaire à la tête de mon régiment, etc., etc., que l'on était autant fâché que surpris de mes dégoûts si injustement provoqués et que jamais je n'y serais plus exposé.

En effet, je ne revis plus leur artisan, mais ses œuvres fructifiaient et je n'aurais jamais pu croire alors que l'esprit de ce corps pût changer de manière à se montrer tel qu'il s'afficha à Metz, beaucoup plus tard à la vérité ; j'en ai été aussi étonné que peiné dans ma retraite. Cependant je devais être consolé de ces misérables manœuvres, si des preuves continuelles d'attachement et d'estime, et si les marques du plus vif intérêt de presque tous mes anciens camarades et compagnons d'armes, ainsi que des personnes les plus respectables de la société et de la garnison eussent pu effacer dans mon esprit les impressions de l'injustice et d'un vif et déloyal abus du pouvoir.

En 1819, j'allai tenir garnison à la Fère où, comme à Douay, j'eus la plupart du temps à commander l'école d'artillerie, en même temps que mon régiment. Dans cette ville et ce département (de l'Aisne), les esprits

---

1. Le lecteur comprendra le sentiment qui nous empêche de soulever le voile que la discrète générosité du général Hulot a placé sur la mémoire du personnage énigmatique qui a joué dans sa carrière le rôle de mauvais génie. Il lui est du reste facile de satisfaire sa curiosité en feuilletant les annuaires du commencement de la Restauration.

étaient divisés et s'exaltaient beaucoup plus encore
que dans le département du Nord. J'y reçus un jour
l'agréable visite d'un général qui allait se rendre encore plus célèbre à la tribune qu'il ne l'était aux armées,
où j'avais eu l'honneur de commander sous ses ordres
et de mériter son estime et son attachement.

Il venait, me disait-il, de faire une fatigante campagne, une campagne électorale. Comme nous nous rap-
pelions nos faits d'armes les plus remarquables, je
l'engageai à donner ses commentaires; il me répondit
qu'il ne faut pas écrire pour ses contemporains[1].

L'année suivante, ce général, membre de l'opposition
vive et remuante à cette époque, fut invité par ses collègues du département et plusieurs autres de la même
nuance politique, à un grand banquet donné par les
mandataires ultra-libéraux de La Fère.

C'était peu de temps après les rumeurs et agitations
occasionnées à Saumur et à Brest par des réceptions
analogues. Je fis dire aux officiers de mon régiment
de ne pas accepter d'invitation pour ce repas et je
m'abstins de toute visite dans cette occurrence. Ma
conduite indisposa plusieurs des amphytrions politiques et je ne tardai pas à devenir l'objet de leurs criti-

1. Le général Foy avait accepté les fonctions d'inspecteur général
d'infanterie sous la première Restauration. Il resta au service pendant les Cent-Jours et commanda une division à Waterloo. Rendu à
la vie privée par la seconde Restauration, il fut envoyé à la Chambre des députés en 1819, par les électeurs de l'Aisne et mourut en
1825. Sa veuve, la comtesse Foy, publia ses *Discours* en 2 volumes,
l'année suivante. En même temps, elle réunissait sous le titre populaire d'*Histoire de la guerre de la Péninsule sous Napoléon*, les
notes et fragments que le célèbre orateur avait écrits sur ses campagnes d'Espagne et qu'il n'avait pas eu le temps de terminer et de
coordonner. (4 vol. — Beaudoin frères, éditeurs.)

ques, ce qui m'occupait d'ailleurs fort peu. Cependant, comme on prêtait au général Foy, des mots qui auraient démenti ses sentiments pour moi, je m'empressai de lui en écrire à Paris, d'où je reçus bientôt une réponse franche et loyale, réponse telle que je l'attendais de mon ancien chef, homme si distingué et si bienveillant; elle confondit des gens aigris et aveuglés par la violence de leurs opinions[1].

Malgré ces dissidences, nous étions, à La Fère, à l'abri de toute inquiétude, et bien éloignés de soupçonner aucun danger de trouble ou de faction, quand un individu semi-militaire de mon régiment, homme venu d'un autre corps, et connu pour un ambitieux et un insigne flatteur, me poussa une de ses visites intéressées. Je le laissai débiter sa kyrielle ordinaire de compliments et sa provision de nouvelles intéressantes, entre autre celle-ci, que je transcris mot à mot : « il lui était revenu, par hasard, qu'il était question d'une conspiration à la Quiroga, etc., mais que sans doute ces bruit étaient des contes en l'air, comme on en faisait tant. » Je n'avais pas besoin du cadre de ce débit

1. « Paris, le 7 avril 1821.

« Mon cher colonel, — J'ignore complètement ce qu'ont pu dire à votre sujet des citoyens de La Fère. S'il m'est arrivé de parler dans cette ville de votre conduite à la guerre et pendant que nous avons servi ensemble, je n'ai pu que rendre justice à votre bravoure et à votre dévouement. Quant à l'infirmité que vous éprouvez, je ne sais pas si elle est augmentée ou diminuée, n'ayant pas eu le plaisir de vous voir pendant les deux jours que j'ai passés l'an dernier à La Fère. Tout ce que je désire, c'est qu'elle ne devienne pas assez forte pour priver l'Etat de la continuité de vos bons services.

« J'ai l'honneur d'être avec une considération distinguée, mon cher colonel, votre très humble et très obéissant serviteur. — Le lieutenant-général, membre de la Chambre des députés. »

« M. S. Foy. »

pour n'y point croire, et pour le regarder comme une fable officieuse du conteur. Aussi je me gardai bien de me mettre en avant auprès du ministre et des généraux éloignés. Comme je l'ai déjà dit, j'ai toujours été esclave de mes devoirs, dévoué à mon serment et à mon pays ; mais il m'a toujours répugné de capter la bienveillance, l'intérêt ou l'attention, par des démarches non motivées et non plausibles. Cependant, je demandai à l'individu qui causait avec moi, comment et par qui, il avait ouï parler de ces bruits. Je lui fis même entendre que je le soupçonnais de les inventer pour se rendre intéressant et me faire oublier une scène désagréable et récente qui le concernait. Je ne pus en tirer que la même réponse banale. Néanmoins, mis en éveil par cet incident qui pouvait toucher à une question d'honneur et de devoir, j'allai raconter ce que je venais d'apprendre, et comme je venais de l'apprendre, au maire, au commandant de place et à tous les officiers supérieurs de la garnison, excepté à deux que je connaissais, l'un pour ne pas manquer de ne voir là que du ridicule, et l'autre pour jeter feu et flammes en s'emparant de cette version afin de l'exploiter dans un but subversif. Je dus taire le nom du rapporteur, mais je ne dissimulai pas ce que je pensais de sa personne. Toutes ces autorités et moi, chacun de notre côté, fîmes les recherches les plus scrupuleuses pour savoir si, en effet, il y avait des tentatives, des dispositions, des ferments inquiétants. Tout étant parfaitement tranquille, et à l'abri de la séduction et de la surprise, je m'en tins à la même surveillance.

Quelques jours après, les journaux annoncèrent

qu'en effet il y avait eu à Cambrai et ailleurs, des troubles qui confirmaient les rapports recueillis par hasard; je rappelai et questionnai encore mon individu.
Plus courageux alors, il m'avoua que le sieur M....,
passant de Paris à La Fère pour se rendre à Cambrai
et dans d'autres localités du nord, avait été reconnu
par lui sur l'esplanade, qu'il avait conduit chez lui cet
étranger, lequel cherchant à le séduire, lui avait appris ce qu'il m'avait donné comme des *bruits recueillis
par hasard !* Mon indignation égala ma surprise, surtout lorsque cet individu eut ajouté qu'il avait craint
de se compromettre en me parlant de M...., parce que
je n'eusse pas manqué de le faire arrêter. De sorte que
d'un côté ce brave serviteur se déchargeait de toute
responsabilité sur moi, en me faisant un rapport quelconque, tandis qu'il évitait de l'autre les suites de ce
rapport, en l'arrangeant de manière à ce que je ne pusse
le croire, ni faire les poursuites qu'il était sûr que j'aurais faites au moindre indice de la vérité. Je rendis
compte au ministre, qui approuva mes mesures, en
me témoignant, cependant quelque regret au sujet de
mon incrédulité.

Comme le timide et fidèle rapporteur, m'avait aussi,
en dernier lieu, avoué que M.... s'était informé de la
demeure d'un capitaine nouvellement arrivé au régiment, et était allé chez lui, je demandai à ce capitaine
ce qu'il avait appris. Il me dit que, M. M.... qu'il ne
connaissait nullement, était venu lui parler d'une
connaissance commune, et que, sur quelques propos
qu'il avait rompus, il l'avait pris pour un espion. Tout
cela était plausible : « mais pourquoi, dis-je à ce capitaine, ne m'avez-vous pas parlé de votre entrevue

avec le sieur M...., depuis que les journaux que vous
lisez, vous ont appris qu'il était prévenu de conspiration ? » En même temps, je le mis aux arrêts, et j'en
informai le général Evain qui approuva cette puni-
tion.

Le capitaine, de son naturel, censeur et déclamateur,
ne manqua pas de pérorer et de se plaindre à sa manière.
Mais, ce qui me fit de la peine, et dissipa entièrement
le reste de l'attrait que je pouvais encore trouver dans
le commandement du régiment, ce fut d'apprendre
que la plupart des lieutenants avaient affecté de faire
une visite à cet officier, lorsqu'il était sorti des arrêts.
Jamais je n'avais changé de sentiments et de procédés
à l'égard de mon régiment ; mais dès lors, il ne fut
plus le même pour moi. Beaucoup de nouveaux venus
ne me connaissaient pas ; je ne retrouvai plus dans nos
cadres cette douce confiance de famille, cette ancienne
affection, graduellement altérée depuis l'apparition
malfaisante de Douay et pendant notre séjour à La
Fère. Néanmoins, beaucoup d'officiers et de canonniers
m'étaient restés attachés et m'étaient toujours bien
chers.

Parmi les officiers qui, ne me connaissant pas, ne
me jugeaient que par des préventions de partis, les
uns me trouvaient trop favorable aux camarades provenant de l'émigration, tandis que ceux-ci m'accu-
saient de préférer les services étrangers aux leurs. En
réalité, je mettais le service des uns et des autres sur
la même ligne et ne les pesais que dans la balance de
la justice et de la raison. Au reste dans tous les corps,
on souffrait à cette époque de ce défaut d'harmonie et
de l'impatience démesurée d'avancement, surtout chez

les jeunes militaires et chez les anciens émigrés. Les
uns envisageaient le retard imposé par les circonstances à cet avancement comme une injure faite à leur
instruction, les autres comme une dette trop arriérée.
Ces dégoûts et ces contrariétés ajoutèrent à mes souffrances physiques : j'étais décidément malade, quand
je reçus l'ordre d'aller déposer, comme témoin, à la
Chambre des Pairs, sur l'affaire de M...

La veille de mon départ, nous célébrions dans un
banquet la fête du baptême du duc de Bordeaux ; à
l'instant où je me levais pour porter un toast à ce jeune
prince, on posait à notre croisée un transparent où il
était représenté, couché sous la garde d'un canonnier
qui le couvrait du drapeau du régiment. J'avais la
veille fait observer qu'il fallait peindre la statue du roi
vis-à-vis le canonnier, car autrement quelques pas-
sants pourraient bien dire que ce tableau représentait
le roi de Rome[1]. Cette idée me revint quand j'ouvris
la bouche et la fatalité mit précisément sur mes lèvres
le nom de la personne que dans ma pensée on devait
éviter de désigner à la foule. Ce *lapsus linguæ* que je
n'avais pas besoin d'excuser (je n'y manquai cependant
pas), m'occasionna une douloureuse impression, et,
à cause d'elle seule, a fait peine à mes commensaux.

En arrivant à Paris, j'allai voir le jurisconsulte qui
faisait fonction de procureur général à la Chambre
des pairs, érigée en cour de justice, et je lui représentai, comme il le vit bien, que ma santé ne me permettait pas de paraître à cette Chambre. Il me dit que
j'avais eu tort de venir à Paris, étant aussi malade et

---

1. C'est cet incident qui fait le sujet d'un chapitre de la *Revue anecdotique* de M. Lorédan Larchey et dont nous avons parlé dans la préface.

que je pouvais retourner à ma résidence. Néanmoins,
je restai dans la capitale pour connaître et suivre, le
jour même de la déposition, les rapports des deux individus de mon régiment, également appelés en témoignage.

En attendant, je me promenai dans les environs de
Paris, et, sans m'en douter, je me trouvais (étant en
résidence à la campagne d'un de nos généraux) avec
un substitut de M. le procureur général de la Chambre. Cette personne devant laquelle je racontai l'affaire qui m'avait fait appeler, me crut sans doute
mieux portant que je ne l'étais en réalité, parce que
mes nerfs me laissaient quelques intervalles de calme,
surtout à la campagne et dans un milieu sympathique.
Il parla dans ce sens à M. le procureur général, et je
fus fort étonné et déconcerté, un jour en rentrant à
mon hôtel à midi, d'apprendre que deux fois déjà un
huissier de la Chambre des pairs était venu me prévenir d'avoir à m'y rendre sur-le-champ. Tel que j'é-
tais, j'y courus, et d'une voix souffrante, je m'excusai
le mieux que je pus de mon retard, ce qui n'était pas
difficile. Le président-chancelier me fit asseoir sur un
fauteuil, et, après m'avoir fait remise d'une amende
imposée par formalité et par ignorance des faits, il me
demanda mon rapport verbal sur l'apparition de M...
à La Fère. Je dis tout ce que j'avais appris, et par
quelles voies, exposant d'un côté les causes toutes naturelles de mon incrédulité, et d'un autre côté, cependant, les mesures que ma prudence et mon zèle m'a-
vaient fait prendre à tout hasard. Quelques pairs me
firent des questions claires et convenables, auxquelles
je répondis clairement. Mais il y en eut un qui m'en

fit d'autres. J'avoue alors que je souffris doublement de mon indisposition, parce qu'elle m'empêchait d'exprimer sans éclat ce que j'éprouvais, je me contins et éludai ces questions pour ne pas répondre trop laconiquement ou trop énergiquement. Les personnes qui ont une nature sensible et qui souffrent des nerfs, se feront une idée de ma position, et les pairs qui me connaissaient ont dû apprécier la cause de ma surexcitation.

En général, il m'a toujours répugné de voir, dans les tribunaux, questionner les témoins d'une manière indiscrète et indécente, comme pour vouloir extorquer par des détours, des sophismes et même par des soupçons offensants, quelque aveu ou quelque contradiction. Ce système est plus que déplacé, il est injurieux et inique, et, si devant la première Chambre de France j'avais eu la liberté de la parole, comme j'avais la conscience de cet abus, je l'eusse réprimé énergiquement, mais j'étais trop souffrant. Il est de toute rigueur dans un tribunal de chercher à s'éclairer, à mettre dans tout son jour, l'affaire qui y est soumise ; le témoin qui ne se livrerait point à cette exploration, à cette lucidité, serait lui-même criminel ; mais le juge qui, par ses procédés, offense la délicatesse du témoin sensible autant qu'intègre est bien coupable.

Cette affaire, fort simple par elle-même, du moins en ce qui me concerne, et la peinture fidèle que j'en ai faite dans ma déposition, m'ont cependant, j'ai eu lieu de m'en apercevoir, aliéné quelques personnes influentes de ma connaissance qui communiquèrent à d'autres leur impression défavorable.

En somme, mon seul tort dans cette affaire fut de
n'avoir pas puni l'individu qui m'avait fait un rapport hypocrite et me l'avait présenté de manière à ce
que je ne puisse y ajouter foi. Mais souvent l'indignation désarme, et c'est ce qui m'était arrivé en éprouvant la lâcheté de la conduite du rapporteur, que j'aurais dû stigmatiser devant la Chambre, si je n'avais
craint de paraître vouloir me défendre. L'année suivante, M... ayant été arrêté, je dus renouveler ma déposition, ce que je fis plus facilement étant moins
malade [1].

1. On trouvera le détail complet de la conspiration militaire
du 19 août 1820 dans le second volume de l'ouvrage intitulé : *La
police sous MM. le duc de Cazes, le comte Anglès et le baron Monnier
(Paris, avril* 1821). Le but du complot était la restauration de
l'Empire et du drapeau tricolore, l'avènement du roi de Rome sous
la régence du prince Eugène, etc.
Dans le rapport du marquis de Pastoret on voit que les promesses d'un avancement rapide constituaient le principal moyen de
propagande : les proclamations manuscrites annonçaient au peuple
l'abolition des droits réunis et de la conscription. Après avoir
répandu le bruit de la mort du roi (réminiscence de la conspiration
Mallet), les conjurés devaient s'emparer de Vincennes, par une
brèche pratiquée clandestinement ; ils comptaient sur le concours
des quatre légions qui tenaient garnison à Paris (ils s'étaient créé
des alliés jusque dans la garde royale), pour faire flotter le drapeau
tricolore sur les Tuileries, le 25 août. La province devait se soulever en même temps, grâce aux nombreux officiers et sous-officiers
mécontents, habilement excités et dirigés par des émissaires venus
de Paris. Parmi les prévenus, figurent des officiers supérieurs en
non-activité : un général Merlin, les colonels Sauset, Varlet, Fa-
bvier, Dentzel, Pailhès, etc. ; un aide-de-camp de Napoléon, Dumoulin ; une quinzaine d'officiers et sous-officiers de la légion des Côtes-
du-Nord, autant de la légion de la Meurthe (ces deux légions faisaient
partie de la garnison de Paris) ; quatorze officiers de la légion de la
Seine en garnison à Cambral, etc. En dehors du contingent militaire, figure un nombre plus restreint de prévenus civils, parmi
lesquels des avocats, des médecins, des étudiants, des instituteurs
et jusqu'à un clerc de notaire, nommé Poubelle.
Le prévenu *Maziau* remplissait un des rôles les plus actifs de la

C'est peu après la première déposition que je reçus
du roi ma promotion au grade de commandeur de la
Légion d'honneur ; l'ordonnance royale est datée du
1er mai 1821. Cette récompense me fit grand plaisir, et

conspiration ; nous détachons de l'ouvrage très rare, cité plus haut,
le passage le plus saillant de ceux qui le concernent dans l'acte
d'accusation : « Le 3 août, Maziau, ancien chef d'escadrons des
chasseurs à cheval de l'ex-garde, a épousé la demoiselle Barrachin
(de Reims), marchande lingère à Paris, rue des Petits-Champs. Au
nombre des témoins de son mariage, on voit le colonel Sauset et
l'ancien lieutenant-colonel Fontans-Dufresne qui a figuré comme
accusé dans le procès de la *Conspiration de l'épingle noire*, jugée
devant la Cour d'assises de Paris... Deux jours après son mariage,
il part en poste de Paris, avec sa femme, après s'être fait délivrer à
la préfecture de police un passeport de commis voyageur.
« Un jour lui suffit pour se rendre à La Fère. Aussitôt il se présente chez le sieur Savarin, chef de bataillon en retraite. Il lui
demande s'il connaît le sieur Géant, capitaine dans l'un des régiments d'artillerie en garnison dans la ville. Le sieur Savarin et lui
se mettent en vain à la recherche de cet officier. Sur la place publique, la femme Maziau reconnaît et accoste le sieur Guiraud, chirurgien-major du 6ᵉ régiment d'artillerie... Maziau et sa femme
montent chez le sieur Guiraud. Maziau sort pour tâcher de retrouver le sieur Géant, en disant qu'il est chargé de lui remettre une
lettre d'un officier d'artillerie en demi-solde... Le sieur Guiraud
aperçoit le sieur Géant sur l'esplanade et s'empresse d'aller le
chercher. Maziau dit au sieur Géant que la lettre qu'il doit lui
remettre est du sieur Evrard, lieutenant-colonel d'artillerie ; mais,
comme il voulait attirer le sieur Géant dans son auberge pour lui
parler sans témoin, il feint d'y avoir oublié sa lettre et emmène le
sieur Géant avec lui. Arrivé à son auberge, Maziau déclare au sieur
Géant qu'il n'a aucune lettre pour lui et qu'il s'agit d'autre chose.
Alors il le questionne sur l'esprit de son corps : « Une partie des
« Français, lui dit-il, est mécontente du gouvernement tel qu'il
« est ; on n'en obtiendra pas un vraiment constitutionnel de la part
« du Roi. — On ne peut, répond le sieur Géant, compter sur le
« 6ᵉ d'artillerie pour appuyer un mouvement ; les événements pas-
« sés ont éprouvé sa sagesse ; son esprit est ferme, invariable,
« tranquille et ennemi des révolutions. Jamais la malveillance ne
« doit compter sur ce corps pour recommencer des troubles qui
« feraient le malheur de la France, sans produire aucun résultat. Il
« n'y a que la famille des Bourbons et la Charte qui puissent assu-
« rer la tranquillité et le bonheur de la France. » Maziau paraît

j'éprouvai à la même époque, en rentrant au régiment
une bien vive satisfaction en rencontrant à une demi-
lieue de notre garnison de La Fère, tous les officiers

partager cette opinion ; la conversation finie, il retourne dans la
maison du sieur Guiraud...

« Maziau emmène sa femme ; il réfléchit que le sieur Guiraud
sera peut-être plus facile à séduire que le sieur Géant. Il l'envoie
prier par sa femme de venir lui parler à son auberge. Le sieur
Guiraud arrive et Maziau, resté seul avec lui, s'explique en ces
termes : « Il se prépare, lui dit-il, *un mouvement à la Quiroga*. On
« veut se porter aux Tuileries pour *forcer le Roi à la Constitution*
« et à la *suppression totale des lois d'exception et de privilèges*. On
« veut arborer le drapeau tricolore. Les couleurs de la nation iront
« de clocher en clocher. Les puissances étrangèrs reconnaîtront
« que c'est la volonté de la France, et qu'il faut la respecter », etc.
Maziau engage le sieur Guiraud *à parler de ses projets aux meilleures
têtes*, à celles qu'il croira les plus susceptibles d'accueillir de telles
idées et lui insinue qu'il faut répandre le bruit que *la santé du
Roi est désespérée*. — « Mais nos chefs, lui objecte le sieur Guiraud,
« le colonel, deux généraux, ce sont des obstacles ! — On les met
« sous clef, répond Maziau, et ils ne peuvent être compromis, etc.
« Des généraux marquants (et il en désigne un)... — On le dit en
« Angleterre, objecte le sieur Guiraud. — Sous peu il sera chez lui,
« réplique Maziau ; Lyon, Grenoble, la Savoie, vont participer au
« mouvement. Tout doit éclater du 15 au 20 août. »

« A cet instant, on annonce que les chevaux de poste sont à la
voiture, Guiraud ne dit plus à Maziau que des choses vagues et
Maziau quitte La Fère sans avoir pu s'y ménager les intelligences
qu'il avait espéré y nouer. Ce fut seulement après la découverte
de la conspiration que le sieur Géant parla à ses supérieurs de
l'entrevue qu'il avait eue avec Maziau. Ces deux officiers n'ont
point été considérés comme inculpés.

« De La Fère, Maziau se rend à Cambray... Il va trouver à la citadelle le capitaine Varlet de la 1re légion de la Seine. Il l'amène à
son auberge où il lui remet une lettre de son frère, le colonel
Varlet, et cherche à le sonder sur l'esprit de sa légion et sur ses
propres dispositions. Il lui annonce qu'un mouvement va éclater,
que le Piémont aura une Constitution ; que la Savoie sera réunie à
la France, que les Belges n'attendent que le moment ; que si le roi
de Prusse ne donne pas, le jour de sa fête, une Constitution à son
peuple, la Prusse sera révolutionnée ; le mouvement se fera à Lyon
en même temps qu'à Paris ; les caves des Tuileries regorgent
d'or..... »

du régiment, qui s'étaient portés au-devant de moi, pour m'exprimer plus tôt leurs sentiments d'estime et d'amitié. Cette démarche touchante me fit oublier bien des contrariétés, car je connaissais la sincérité de la grande majorité de ceux qui la faisaient ; ce jour là je retrouvai l'ancien 6e régiment d'artillerie.

Cette époque était celle des surprises consolantes ; j'appris à ce retour que pendant mon absence, Son Altesse Royale, Mme la duchesse de Berry, était venue exprès de Laon à La Fère pour voir ce régiment, qu'elle l'avait passé en revue, et qu'elle s'était éloignée très satisfaite. Cette princesse était descendue dans mon logement : on lui avait parlé du chagrin que m'avait causé ma récente distraction. Son Altesse Royale eut la bonté de m'écrire et de me dire, en me félicitant ainsi que mon régiment, qu'elle n'ignorait pas le très petit événement qui m'avait si fort affecté ; que pareille chose était arrivée vingt fois et pouvait arriver tous les jours, etc[1]. Sans doute Mme la du-

1. « A. M. le baron Hulot, colonel du régiment d'artillerie de La Fère : Paris, le 5 juin 1821. — Monsieur le colonel, — Je suis chargé par Madame la duchesse de Berri de vous dire qu'elle a vu, en passant à La Fère, le régiment d'artillerie que vous commandez, et qu'elle en a été parfaitement contente sous tous les rapports et notamment, sous celui du bon esprit et du dévouement que les officiers et soldats ont unanimement manifestés. Elle n'a point ignoré que c'est à vous, Monsieur, à vos soins et à votre bon exemple que sont dus ces honorables sentiments et S. A. R. a regretté de ne pas vous trouver à la tête de ce brave régiment pour vous le dire elle-même. — Madame la duchesse de Berri n'a point ignoré le très petit événement qui vous a affecté si fort. Pareille chose est arrivée vingt fois et n'a sûrement laissé aucun doute sur la bonne opinion de ceux qui avaient eu ce malheur, puisque vous appelez ainsi une pure et simple distraction. Votre conduite, Monsieur, vous met à l'abri de tout soupçon et vous en jugerez vous-même, puisque Madame la duchesse de Berri me charge de vous dire qu'elle verrait

chesse de Berry, quoiqu'elle ignorât peut-être les bontés dont son infortuné et généreux époux m'avait honoré, pensait bien que j'étais au-dessus de toute crainte et de tout soupçon, et que ce n'est pas là que gisait la cause des regrets d'une distraction insignifiante, même indépendamment des circonstances qui l'avaient occasionnée. Simple particulier ou officier retiré, je n'eusse pas un instant fait attention à cet incident; mais j'étais à la tête d'un corps où une distraction est chose moins inaperçue qu'à l'Académie. C'est pourquoi je demandai ma retraite; le ministre de la guerre et les comités supérieurs de l'arme me la refusèrent. Je dus servir encore trois ans, sans plaisir puisque j'étais malade, mais avec la reconnaissance du bienfait de ce refus. Quoique souffrant, je continuai à La Fère, les fonctions de mon double commandement et je concourus aussi aux travaux des grandes épreuves qui eurent lieu dans cette ville pendant les années 1821 et 1822.

Le 1er mai de cette dernière année, nous quittâmes cette école d'artillerie, et nous nous rendîmes dans celle de Strasbourg où je fus presque toujours malade, malgré les eaux de Niederbronn que j'allai prendre plusieurs fois. Les agitations et les tripotages politiques me minaient autant qu'ils me dégoûtaient: le

avec beaucoup de peine qu'un si petit événement fît perdre au Roi un fidèle serviteur et au régiment que vous avez formé avec tant de soin un aussi bon colonel, aimé et respecté comme il doit l'être de ses subordonnés. Cette preuve incontestable de la justice que vous rend S. A. R. calmera, j'espère, le chagrin que vous avez éprouvé et je me trouve heureux de remplir ses intentions. Je vous prie d'en être persuadé, ainsi que de la très parfaite considération avec laquelle j'ai l'honneur d'être, — Monsieur le colonel, — votre très humble et obéissant serviteur, — Le comte de Nantouillet, lieutenant-général. »

mauvais état de ma santé me détermina à solliciter de nouveau une direction. J'obtins celle de Valenciennes en juin 1823. Tout en éprouvant un grand soulagement et une réelle satisfaction, je ne pus retenir mes larmes, lorsque je quittai un régiment qui, pendant plus de vingt-cinq ans, avait été pour moi une seconde famille, et où je laissais encore beaucoup d'amis dans tous les grades.

Je supprime en me relisant les observations que, dans cette partie de mes souvenirs, j'avais écrites relativement à plusieurs objets du service qui m'ont paru abusifs et litigieux. Ces réflexions sont en effet consignées dans un mémoire dont je parlerai plus loin. D'ailleurs le gouvernement a, depuis quelques années, obvié à plusieurs des inconvénients que je signalais.

CHAPITRE XXX

Dans cette place où j'arrivai le 2 juillet 1823, j'étais tranquille; ma santé et mes finances se rétablissaient; aussi regrettais-je, en reportant et en concentrant mes souvenirs sur mes intérêts personnels, de n'avoir pas été quatre ou cinq ans plus tôt envoyé dans une Direction.

L'indépendance de ces sortes d'emploi, le peu de représentation qu'ils comportent, comparativement au service du personnel, et l'absence des tracasseries si multipliées dans les régiments, surtout au temps que j'ai mentionné, déterminèrent tous les officiers d'artillerie à demander des établissements. Encore aujourd'hui, cette différence est très prononcée et générale.

La pension de retraite était si faible pour tous les

grades, que le militaire sans fortune qui songeait
à l'avenir, était condamné à une sévère économie,
s'il voulait, comme on dit, *garder une poire pour
la soif.* Mais, malgré tous ses efforts de tenue et de
conduite, j'atteste, par suite d'une longue et sérieuse
expérience, qu'il est impossible à un officier de troupe
n'ayant que ses appointements (je parle de mon temps),
de mettre de côté par an plus de cent francs dans le
grade de lieutenant, plus de trois cents francs dans
celui de capitaine, et de cinq cents francs dans celui
d'officier supérieur, jusques et y compris l'emploi de
colonel, s'il ne reçoit pas de gratifications (lesquelles sont
très rares) et s'il veut tenir son rang. Encore doit-on
défalquer de ces légères économies, les pertes si multipliées en campagne, dont, par délicatesse, la majeure
partie des officiers ne réclament pas le remboursement.
Pour moi, sans compter mes pertes d'argent par accident, j'ai perdu trois porte-manteaux, deux malles, cinq
chevaux de prix et sept mille francs de traitement de
table composant mes seules gratifications, le tout avant
d'être colonel. Quant à ce grade, si on l'occupe dans
un régiment, on est heureux de pouvoir, avec tous ses
appointements, suffire aux dépenses qu'il impose, surtout dans des circonstances pareilles à celles où, avant
d'être directeur à Valenciennes, je l'ai rempli pendant
neuf ans à peu près, sans aucune gratification. En faisant entrer en ligne de compte les secours que l'on ne
peut guère se dispenser de distribuer à l'occasion, il
est facile de calculer mes économies.

Mais que fera donc l'officier sans fortune et dont les
parents sont dans le besoin? Il ne se mariera pas, à
moins de trouver une femme riche, et il servira de

manière à obtenir de l'avancement (récompense qui ne
devrait jamais être enlevée au mérite) qui lui donnera
droit à une plus forte retraite. Je sais que, malheureusement, le devoir exprimé ci-dessus est souvent mé-
connu, et que toujours, en temps de paix, l'avancement est lent. Mais espérons que le roi sera éclairé sur
les trop fréquentes injustices qui se glissent dans les
promotions et qu'un jour, les ressources du budget lui
permettront d'augmenter le traitement des officiers en
activité et en retraite. Alors ces derniers ne se cache-
ront plus dans leurs réduits, et les autres ayant dans
le service la perspective d'une aisance durable, on n'en
verra plus se tourmenter pour l'avenir, en faisant des
économies sordides[1]; on ne verra plus de *rapinats à*

1. Sous ce rapport, nous devons constater que nous n'avons fait
aucun progrès depuis le règne de Louis-Philippe, car, en dépit de
l'étiquette *Égalité* placée avec ostentation sur tous nos monuments,
il existe encore en France une nombreuse classe d'officiers retraités
qui en sont toujours réduits, pour ne pas mourir de faim et de
misère, à faire des *économies sordides.* Ce sont les officiers retraités
avant les 22 juin 1873 et 5 août 1879, c'est-à-dire les plus âgés et les
plus dignes d'intérêt, puisqu'ils sont couverts de blessures et d'infirmités contractées au service du pays pendant les guerres du
second Empire. Mais ces blessures et ces infirmités, au lieu d'être
pour eux un titre à la pitié et à la bienveillance de nos législateurs,
sont devenues le motif de leur condamnation : « Il ont servi sous
l'Empire : ils doivent être bonapartistes, ou tout au moins hostiles
au gouvernement actuel ! Qu'ils végètent et qu'ils meurent de faim,
c'est leur affaire; la République ne leur doit rien ! » C'est par cet
argument de Peaux-Rouges que des publicistes et des députés ennemis de l'armée ont accueilli les revendications de M. Paul Casimir-
Périer qui, à diverses reprises, a généreusement tenté de rappeler
ses collègues au sentiment de la justice et des convenances. Et c'est
tout juste si on ne rend pas ces malheureux officiers responsables
des guerres de Chine, du Mexique et d'Allemagne.
Chaque année, depuis le 17 novembre 1880, date de son premier
discours, M. le député Casimir-Perier lutte courageusement contre
l'inqualifiable parti-pris de la Chambre opportuniste qui n'a jamais

épaulettes, quoique malheureusement, dans le civil,
on juge trop généralement du mérite par l'argent, des
services militaires rendus et souvent de l'esprit d'ordre

voulu oublier la mauvaise volonté de son chef Gambetta à l'égard
des officiers déshérités. En 1881, ce fut le député Benjamin Raspail
qui eut le triste honneur d'obtenir le retrait de l'urgence proposée
pour la loi Casimir-Perier. Depuis lors, cet équitable projet d'unification des retraites d'officiers a toujours rencontré le même mauvais accueil de la majorité législative, quoique M. Casimir-Perier,
dans l'espoir de vaincre la mauvaise volonté de certains membres
de la majorité qui arguaient hypocritement des nécessités budgé-
taires, ait demandé d'échelonner sur cinq années la dépense applicable à cet acte de justice et d'humanité, ce qui représentait une
somme de 1,125,000 francs à voter pour la première année.

Cette année, l'approche des élections (septembre 1885) rendait ce
déni de justice plus délicat, à cause de l'opinion des électeurs dont
un grand nombre sont aujourd'hui au courant de la question et
savent que la Chambre qui, depuis six ans, refuse des moyens
d'existence à douze mille officiers retraités et à six mille veuves, est
la même qui a voté 16 millions d'accroissement pour les pensions
civiles et qui, le 15 juillet 1885, au moment où elle refusait le million et demi demandé par M. Casimir-Perier pour cette mesure répa-
ratrice, adoptait sans discussion un projet de loi portant répartition
d'un fonds de 4 millions destinés à venir en aide aux départements,
sans compter les milliards jetés dans le gouffre du Tonkin, de Mada-
gascar, des écoles et des chemins de fer électoraux.

Montrer que les vieux officiers blessés et infirmes pouvaient vivre
avec les anciennes pensions, jugées insuffisantes en 1878 pour leurs
conscrits, prouver que la loi du 18 août 1881, par les suppléments dé-
risoires qu'elle leur accordait, pourvoyait sérieusement à leurs
besoins, était une thèse désormais dangereuse à soutenir ; il y a une
limite à l'effronterie et à la mauvaise foi. Avec cette allocation,
avec cette aumône accordée de la plus méchante humeur aux vieux
serviteurs mutilés de la patrie, par des gens qui se sont votés à eux-
mêmes des appointements de généraux en chef et le parcours gratuit sur les chemins de fer, le général de division ancien reçoit
200 francs de moins que le général de brigade nouveau ; le général
de brigade ancien reçoit 800 francs de moins que le colonel nouveau... le capitaine ancien reçoit 80 francs de moins que le lieutenant nouveau et le lieutenant ancien reçoit 370 francs de moins que
le sous-lieutenant nouveau ; toute la faconde des avocats, toute
l'érudition des médecins qui dirigent nos destins au Corps législatif
ne pouvaient rien contre la funèbre loquence de ces chiffres. Voici

et de conduite, par le degré de fortune acquise. Cette
idée, qui n'est et ne peut être celle du souverain d'un

la comédie que l'on imagina pour tromper les électeurs et renvoyer
définitivement les officiers et les veuves à leurs *économies sordides*,
suivant le mot si juste du général Hulot.

A peine M. Paul Casimir-Perier avait-il remis son éternelle question sur le tapis législatif, que les députés Remoiville et Marmottan
proposaient l'unification de retraite des soldats et sous-officiers.
« Soit! objecte M. Casimir-Perier, nous sommes loin de nous opposer à cette proposition, mais nous demandons la priorité pour les officiers. » Aussitôt, le rapporteur général du budget, M. Jules Roche,
s'empressant de ne faire qu'un paquet de ces deux propositions pa-
rallèles sur les officiers et sur les soldats, s'écrie : « Vous le voyez,
tout le monde réclame des économies et l'on veut vous imposer
21 millions de dépenses nouvelles ! » Le ministre des finances, Sadi-
Carnot, feignant alors d'ignorer que la proposition Casimir-Perier
remonte à l'année précédente et a droit, par conséquent, à la priorité,
se hâte de conclure comme le rapporteur et ne fait qu'un bloc des
dépenses qu'entraînent les diverses propositions de loi s'appliquant
aux différentes pensions de retraite, y compris les caisses de retraite
pour la vieillesse, lancées dans la mêlée par Martin Nadaud pour
achever d'embrouiller la question. L'intrigue étant suffisamment
nouée, le rapporteur Roques de Filhol, chargé du dénouement,
demande le maintien de l'ordre du jour ; M. Paul Casimir-Perier
réclame, de son côté, le vote immédiat, mais la Chambre affectant
de croire au mensonge des 21 millions de dépenses nouvelles, accorde
au député Roques son ordre du jour et renvoie la question à la prochaine législature, et du même coup, les veuves et les officiers
retraités, à leurs *économies sordides*. Ainsi finit la comédie parlementaire de 1885 ; ainsi vient d'être enterrée l'unification des retraites d'officiers, en attendant que l'injustice et la haine de la
Chambre opportuniste aient fait mourir dans la misère et les privations la dernière de ces veuves et le dernier de ces officiers. Voilà
le progrès réalisé depuis cinquante ans ! C'est à dégoûter du suffrage
universel !

Voir à ce sujet les divers travaux publiés de 1878 à 1883 dans
le *Spectateur militaire* par le colonel Martin de Brettes, travaux qui
ont été réunis en brochures et distribués à profusion aux membres
des Chambres et aux journaux. Ces mémoires ont servi de base
aux discours de M. Casimir-Perier. La dernière brochure intitulée
*Dépenses probables pour l'unification des pensions en 1883 des offi-
ciers retraités et des veuves aux tarifs de 1878 et 1879* n'est pas
épuisée ; elle servira de guide dans la prochaine discussion législative, pour établir les calculs définitifs.

État où tous les sujets doivent trouver appui et protection suivant leur mérite et leur dévouement, n'empêchera pas le roi de pousser dans les grades de l'armée l'officier brave et capable, le plus digne en un mot, serait-il absolument privé de fortune. Catinat et Chevert, Suchet et Oudinot, et tant d'autres généraux, défenseurs du trône et du pays, n'avaient ni nom, ni richesses, au début de leur carrière.

Revenue à ses anciennes frontières, la France reconnut à regret l'abandon où elles étaient restées si longtemps; il lui tardait avec raison de voir l'ordre, la tranquillité et les finances assez solidement rétablis pour pouvoir enfin s'occuper de ses places, sous le rapport de la fortification et de l'artillerie. Celles de ma direction couvrent la principale porte du royaume sur le point où la nature l'a le moins défendue, vis-à-vis cette province alliée à l'Angleterre, la Hollande belge, qui, à grands frais (dont hélas! nous avons fourni une partie considérable), vient d'élever de vastes et excellentes forteresses, d'après les principes de nos meilleurs ingénieurs.

Je m'attachai à étudier le système défensif de cette partie de la France et les places qui y concourent. Mon travail a été remis au ministre qui a daigné l'encourager. J'indiquai les points vulnérables, les parties faibles et les trouées à renforcer, à surveiller et à fermer; en même temps, je présentai mes idées sur les moyens d'obtenir ces résultats. Valenciennes, comme la plupart de nos villes de guerre, manque d'abri contre les feux verticaux et contre les incendies. Toutes les places de cette direction souffrent du mauvais et dangereux emplacement de leurs établissements

militaires, même des magasins à poudre et du défaut
de communications et de protection, tant sur les remparts et les ouvrages que dans l'intérieur de la ville.
Cependant, les fortifications le plus savamment tracées
et élevées sont toujours inertes et bientôt nulles, si la
garnison et les canonniers qui doivent les utiliser et
les défendre ne trouvent pas d'abris assurés pour leurs
vivres, pour leur repos, pour la construction, pour la
réparation et pour la conservation du matériel d'artillerie et du génie. Faute de ces ressources, dans la
plupart des sièges, les arsenaux, établissements et magasins qui renferment le soutien des places, les casernes
même, sont incendiés, les canons ou leurs affûts détruits, et la garnison exténuée et très diminuée dès les
premiers jours de l'attaque[1].

Pourquoi, malgré l'expérience et les lumières répandues dans les corps royaux, tient-on encore à
construire ces arsenaux, ces casernes et ces autres
bâtiments militaires d'une manière aussi légère et
aussi combustible que les maisons des particuliers?
Pourquoi ne pas mieux choisir les emplacements
quand c'est possible, et ne pas adopter une architecture militaire, solide, saine et à l'épreuve du feu et
des coups évitables de l'ennemi? Qui empêche de bâ-
tir en voûte? Toujours la vieille routine. Pourquoi gratuitement laisser sur les remparts le matériel et le
personnel de l'artillerie exposés, sans protection, aux
ricochets, aux feux courbes, de revers et même à dos,
ainsi qu'aux meurtrières des habitations trop voisi-

---

1. L'absence de réduits casematés qui livra en 1870 toutes nos
places fortes à l'artillerie prussienne, avait donc été signalée dès
l'année 1824 à nos ministres de la guerre par le colonel Hulot.

nes? Pourquoi compromettre, sans plus de nécessité, leurs approvisionnements? Enfin, pourquoi attendre le dernier moment, celui où les besoins de toute espèce et l'urgence du service amènent trop souvent la confusion et le désordre, pour préparer et établir ce qui doit prévenir tous ces graves inconvénients et tous ces dangers, des traverses, bonnettes, parapets, magasins de remparts, etc., etc.? Cependant, par suite de cette incurie et de ces imprévoyances, la place se rend avant l'époque la plus favorable à la défense et l'on ne manque pas de s'écrier : « Cette place était pourtant bien forte, bien approvisionnée, elle avait une bonne garnison et beaucoup de bouches à feu... C'est la faute de l'artillerie! » Les débris de son matériel, les artilleurs morts sur ces débris ou emportés avec eux, répondront inutilement à ces calomnies. Honneur à l'artillerie française qui, naguère en un instant, a réduit et écrasé la forte citadelle de Pampelune ! Mais consultez les artilleurs espagnols qui ont survécu à leur malheureuse et impuissante défense : en rendant justice à l'attaque, ils diront ce qui devait et pouvait en retarder l'effet. Leurs propres pierres ont tué autant de leurs camarades que notre fer, dont rien d'ailleurs ne les préservait sur leurs flancs.

Pour que le matériel et le personnel d'artillerie puissent remplir l'objet qu'on doit en attendre dans une place opiniâtrément attaquée et défendue, il faut qu'ils soient couverts, ménagés et protégés, comme ils peuvent et doivent l'être, tant dans les batteries que dans les communications et les établissements; il faut qu'on ne remette pas à la veille ni même à l'approche du siège, des dispositions importantes et d'une

exécution plus ou moins lente; qu'on n'en laisse pas
le travail aux artilleurs, au moment où ils en ont tant
d'autres à exécuter plus directs et de leur ressort immédiat; mais si on ne veut pas, ou si on n'a pu s'en
occuper, qu'on n'empêche pas ces artilleurs, par des
prétextes et allégations aussi injustes que malveillantes, de chercher à conserver leurs armes et leurs munitions, *palladiums* de ces murs impuissants sans
elles. Que nos officiers épaulent à la hâte leurs batteries (si on n'a pas pourvu à ce besoin) par de forts et
hauts gabionnages et, dans tous les cas, qu'ils éta-
blissent un de ces gabions de deux en deux pièces à
hauteur du derrière des plates-formes, afin que les canonniers voisins de cet abri, puissent, sans distraction
ni perte de temps, voir pleuvoir les bombes et les obus
autour d'eux. C'est à chaque officier à chercher les
moyens de conserver ses soldats et ses armes. Négliger cette précaution, sans nécessité, n'est point bravoure : c'est ignorance et barbarie.

Si en France, il y avait comme en Prusse et dans la
plupart des autres États, à la tête de l'artillerie un
prince royal, ou un personnage illustre par son rang
autant que par son crédit, cette arme qui, on ne peut
en disconvenir, influe puissamment sur le résultat
des guerres, et par conséquent sur le sort des empires, n'éprouverait plus les injustices, les vexations,
les découragements, les entraves et les difficultés que
son service rencontre en paix comme en guerre, dans
les sièges comme dans le cours des campagnes, dans
son propre sein aussi bien que dans sa sphère exté-
rieure. Ce grand maître de l'artillerie mettrait tous
ses soins à bien connaître, activer, protéger, diriger

et perfectionner, au plus grand intérêt de l'armée et
du royaume, l'arme dont il serait le chef et le patron.
Parent ou ami du souverain, il préviendrait, ou dissi-
perait par sa justice aussi forte qu'éclairée, ces misérables prétentions d'amour-propre et cette inertie
dédaigneuse *inter pares*, qui, dans le] laboratoire supérieur du corps, étouffent les lumières montant des
rangs inférieurs, ou arrivant de l'étranger ; il ferait
évanouir chez des généraux de l'arme, ces abusives et
coupables préventions et animosités qui dégoûtent les
meilleurs officiers ; enfin il arrêterait ces funestes dé-
cisions bureaucratiques, trop souvent laissées à de
simples commis militaires ou civils, employés au ministère. Le grand maître d'artillerie ranimerait le
comité et encouragerait ceux de ses membres parfois
plus instruits qu'énergiques. Moins distrait, plus
écouté et plus intéressé que le ministre même, en ce
qui regarde ce corps, il le soutiendrait contre le dé-
laissement mortel où le mettent trop de généraux
d'armée et contre les exigences et les entreprises plus
que déplacées des autres armes. Voyageant avec prestige et facilité, pouvant tout voir et étudier avec fruit
en France comme chez l'étranger, aux armées comme
dans l'intérieur, ce prince vivifierait par sa présence,
les efforts et l'esprit des artilleurs français et leur rapporterait du dehors des améliorations que l'intolérance
de corps ou de nation empêche souvent d'admettre et
même de connaître. Chaque arme ayant un grand
maître ainsi choisi, serait dignement et efficacement
représentée et appuyée auprès du roi, et les grandes
difficultés fréquemment mal jugées, même au Conseil
d'État, faute d'avocats suffisants, auraient une solution

d'autant plus satisfaisante qu'elle serait plus solennel-
lement et plus attentivement émise[1].

A Valenciennes, indépendamment des travaux relatifs à la défense des sept places qui dépendent de cette
direction d'artillerie, j'avais à m'occuper des constructions et réparations de bâtiments, entre autres de
l'achèvement de l'arsenal neuf de cette ville (malheureusement on en a mal choisi l'emplacement), des
détails concernant l'entretien et la conservation des
immenses attirails de l'arme qu'on ne peut vérifier
trop souvent; enfin, j'avais à gérer l'administration et
la comptabilité, matière et finances.

Je crois avoir encore eu le bonheur de bien remplir
ces dernières tâches; j'en ai même reçu la certitude
par des témoignages flatteurs. Alors, ayant droit à la
retraite de maréchal-de-camp, je la demandai, vu la
faiblesse de ma santé. Le ministre me l'accorda le
7 avril 1824, et le roi daigna, par ordonnance du 21 du
même mois, couronner mes services par le grade
honorifique de maréchal-de-camp, titre qui n'est pas,
comme beaucoup de personnes le croient, une conséquence nécessaire ni même ordinaire de ce cas de
retraite : les appointements de la retraite de ce grade
sont seuls acquis de droit dans ce cas, mais ce titre et
le brevet sont une récompense particulière, à la volonté
du roi.

1. Au moment de la déclaration de guerre, en 1870, le prince
Charles, frère du roi Guillaume, était feld-zeugmestre-général et
chef de l'artillerie prussienne, et son fils, Frédéric-Charles, était
inspecteur-général de la cavalerie ; le prince Adalbert, cousin-ger-
main du roi Guillaume, était commandant en chef de la marine
prussienne.

CHAPITRE XXXI

MARÉCHAL-DE-CAMP. — RETOUR DANS MON PAYS.

A l'âge de 51 ans, après un nombre égal d'années de service, y compris mes campagnes, je rentre sous le toit paternel. Demi-siècle qui me paraissait jadis une éternité, te voilà donc dépassé! Combien ai-je retrouvé de mes contemporains et en les voyant tous plus valides que moi, ne suis-je pas amené à me dire : « Combien me reste-t-il de jours d'existence ? » Qu'importe? Je crois avoir rempli ma tâche et c'est avec calme et satisfaction que je mesure la route parcourue. Ma barque n'a pas toujours été poussée par des vents favorables, mais elle a échappé aux bourrasques et à la tempête; elle a accompli sa traversée dans des conditions moyennes.

Rendu à la vie civile et affranchi des soucis du commandement, le tableau des étapes de ma carrière

qui m'apparaissait hier comme noyé dans un horizon
nuageux, se déroule aujourd'hui clair et distinct dans
le panorama de mes souvenirs. Puisqu'on a bien voulu
me citer honorablement dans une *Biographie Ardennaise*, je regrette qu'on n'ait pas connu quelques-uns
des faits que j'aime le plus à me rappeler [1].

Il y avait déjà quelque temps que j'étais rentré dans
ma famille, quand le roi, en récompense de mes longs
services, me fit parvenir le brevet du grade honorifique
de maréchal-de-camp, avec l'ordre à l'armée de me
reconnaître en cette qualité et de m'en rendre les honneurs [2].

1. Il s'agit sans nul doute ici de l'excellente biographie de l'abbé
Boulliot : les deux généraux Hulot figurent, en effet, dans le *Supplément*, spécial aux *Contemporains* ; mais l'auteur ne leur a consacré que des notices sommaires. La biographie militaire est la partie faible de ce recueil, d'ailleurs très exact et justement apprécié. Les
actes de sa carrière militaire que le général a pris soin de résumer
lui-même en vue d'un article biographique, dans une note particulière annexée à ses manuscrits, sont au nombre de cinq : 1° L'étape
d'Idanha-Nova à Castel-Branco, dans la marche sur Lisbonne, en
novembre 1807 ; 2° la traversée à bord d'un navire anglais, après la
convention de Cintra ; 3° le contre-ordre sollicité et obtenu au sujet
de l'occupation de Berg-op-Zoom ; 4° le commandement de l'artillerie
à Anvers, et 5° l'épisode du siège de Lille, ayant donné lieu à la
remise d'une épée d'honneur.

2. Le brevet de cette nomination ne fut expédié que le 14 avril 1826.
Voici la lettre ministérielle qui l'avait annoncé :
« Paris, le 1er mai 1824. — Monsieur, j'ai l'honneur de vous prévenir que, par une ordonnance du Roi en date du 21 avril, Sa Majesté
a bien voulu vous accorder le grade honorifique de maréchal-de-
camp, en récompense de vos bons et loyaux services. — Vous êtes
en conséquence autorisé à porter les marques distinctives de ce
grade. — Je me félicite, monsieur, d'avoir à vous transmettre ce
témoignage honorable de la satisfaction de Sa Majesté qui s'est plu
à reconnaître que, dans le cours de votre longue carrière militaire,
vous avez toujours rempli vos devoirs avec distinction et que vous
vous êtes acquis l'estime et la considération de tous les officiers du
corps royal de l'artillerie. — Le brevet de votre nouveau grade vous

C'est quand on rentre pour toujours au gîte après
une longue et laborieuse absence, lorsque surtout la
mémoire a survécu au délabrement des forces et de
l'imagination, que l'âme apprécie l'action du temps
sur les personnes et les objets; l'effet est d'autant plus
frappant pour le voyageur, qu'il a lui-même plus souffert de cette action.

Je vous retrouve donc enfin, paysages si longtemps
regrettés, sol et foyer de mes pères, berceau chéri de
mon enfance; ruisseaux, prairies, bosquets, toits hospitaliers, vous n'avez perdu aucun de vos charmes, je
le sais, mais quel désenchantement pour mes sens,
prismes affaiblis d'une âme fatiguée! Dans ces bois
ombreux, retraites riantes et parfumées de mon adolescence, je ne retrouve plus que de noirs et insipides
massifs; ma vue et mon odorat ne recueillent que des
déceptions, et mes oreilles si longtemps énervées par
les détonations du bronze, restent sourdes aux mélo-
dies des messagers du printemps; les ruisseaux eux-
mêmes ont perdu leur charme poétique, je n'entends
plus leur joyeux murmure et la prairie durcie et flé-
trie n'offre plus qu'un tapis banal à mon pied lourd et
fatigué!

Quelles métamorphoses amères! Partout où je cherche des parents et des amis que j'ai laissés pleins de
vie et d'affection, je ne vois plus que des visages inconnus, presque tous étrangers ou indifférents! Joyeux
compagnons de mon enfance et vous, mon second
frère, vous aussi, mon père et ma mère, où êtes-vous?

sera incessamment expédié. — J'ai l'honneur d'être avec considération, monsieur, votre très humble et très obéissant serviteur. — Le
Ministre secrétaire d'État et de la guerre, — Le baron de Damas. »

Nature, amitié, famille, tout manque à la fois au pauvre retraité, isolé et abandonné dans son célibat!
Hélas! Plus de voix amies m'appellent de l'autre côté
du redoutable fleuve que du côté des vivants! Mais je
serais injuste et ingrat si les regrets des parents et
amis que je ne retrouve plus dans mon pays natal, me
faisaient oublier ceux qui leur ont survécu ou qui les
y ont remplacés!

Loin de là, le sentiment de ma famille et de mon
pays continuait à absorber mes pensées, je ne cessais
de rêver pour mes proches et mes concitoyens la tranquillité et le bonheur. Mais, hélas! ce calme et ce bien-
être me paraissaient encore bien éloignés et bien incertains. Pour les obtenir et les conserver, il faudrait
qu'en France, l'amour et l'exercice de la liberté fussent
intimement liés à ceux de la morale et de la religion,
car l'opposition de ces sentiments pratiques est aussi
contraire à la société qu'à la nature. Si l'homme jouit
de la faculté du libre arbitre, il n'en doit pas moins
obéir aux inspirations de sa conscience qui le guidera
dans l'usage qu'il doit faire de la première, tant pour
lui-même que pour les autres, selon le plan du Créateur
auquel nous devrons tous rendre compte un jour de
nos actions. Neutraliser l'un de ces deux facteurs au
profit de l'autre, c'est, je le répète, rompre de parti
pris l'équilibre naturel de notre société.

La faiblesse de ma santé et les dispositions de mon
âme et de mon esprit attristés m'avaient rendu indifférent à ce qu'on est convenu d'appeler « le monde »;
je renonçai de moi-même à ces emplois civils honorifiques auxquels un vieil officier attache toujours un
grain d'amour-propre et auxquels il peut satisfaire

honorablement. Mes parents et quelques amis intimes formaient toute ma société; ma bibliothèque et mon jardin, toutes mes récréations. J'aimais toujours la campagne, quoiqu'elle n'eût plus pour moi, comme je le montrais tout à l'heure, les brillantes couleurs et l'admirable harmonie de mes années printanières. En revanche, mes souvenirs, fruits de l'automne de ma laborieuse carrière, animaient pour moi et agrandissaient les temps et les lieux.

Dans l'horizon lointain, je scrutais les siècles et j'étudiais les bienfaiteurs de l'humanité qui les ont illustrés. Le sort de la plupart d'entre eux me confirmait dans cette opinion que la justice et le bonheur ne sont pas de ce monde; qu'il faut les chercher plus haut et qu'on n'en a la perspective et l'avant-goût qu'en remontant à la source et en considérant le passage de l'humanité sur la terre comme une préparation à la vie future. O religieux et immortel Newton! avec quel ravissement surhumain, mais en même temps avec quel dégoût pour cette terre, tu dus aspirer vers les régions inconnues de l'avenir, lorsque tu entrevis l'un des mystères de la création en mesurant l'atome qui règne dans l'espace, atome à peine visible dans l'immensité offerte à ton admiration! Et toi, noble et mystique Chateaubriand, quelle vérité profonde n'as-tu pas émise en écrivant cette phrase : « Le malheureux qui nie l'existence de Dieu, n'a donc jamais levé les yeux vers le ciel, cet admirable pavillon de l'homme! »

Pour moi, les astres nocturnes sont, comme celui du jour, les lustres naturels de la vérité divine, les phares éclatants du port éternel préparé par Dieu à ses créatures et vers lequel la religion révélée à nos pères nous conduit par l'itinéraire des Vincent de Paul et des Fénelon. Avec d'aussi lumineux flambeaux et avec de pareils guides, il est facile de trouver et de suivre la bonne voie, quand bien même l'orgueilleuse ambition des philosophes, les écarts plus ou moins scandaleux de quelques ministres de notre religion, jetteraient une ombre passagère sur cette route si généreusement tracée et si merveilleusement illuminée [1]. Tous les hommes naissent sociables et perfectibles, pour remplir et atteindre en vivant et en se perfectionnant entre eux, leur destination privilégiée; ils naissent conséquemment avec l'instinct et le besoin de la religion qui est le seul et véritable lien des âmes avec l'arbitre de nos destinées. Sans religion, la sociabilité et la perfectibilité seraient des attributs inutiles, aussi n'y a-t-il jamais et n'y aura-t-il jamais de société sans religion [2].

Plus de trente années de service actif dans l'état militaire, presque autant de campagnes ou de sièges auxquels j'ai participé dans tous les coins de l'Europe, m'avaient procuré une expérience qui, fortifiée par l'étude et la réflexion, pouvait me suggérer quelques idées progressives d'une application pratique et opportune. A l'aide de ces souvenirs, fécondés par la

1. Allusion à l'abbé Châtel et à l'abbé de Lamennais, les Père Hyacinthe et les Dollinger de ce temps-là.

2. «Lorsque l'âme reste sans principe, les ténèbres et les *désordres* semblent croître avec notre intelligence... Si la plupart de nos vices naissent de la société, nous lui devons aussi la plupart de nos vertus... C'est la pensée de Dieu qui les rend attrayantes et sublimes.» (*Examen critique des Maximes de La Rochefoucauld.*—Citation du général Hulot.)

méditation, je composai un *Mémoire sur les armées en temps de paix et en temps de guerre*, dans lequel je m'appliquai, autant qu'il dépendait de mes faibles moyens, à préparer la défense nationale de la France, de manière que l'armée, la garde nationale, le gouvernement et les défenses matérielles du pays forment un faisceau compact aussi solide au dedans que respectable au dehors. Ce manuscrit, malgré ses imperfections, a été déposé par moi, à diverses époques, dans les mains de personnes compétentes qui me semblaient disposées à contribuer efficacement à la prospérité et à la gloire de ma belle patrie [1].

Je dis « à des époques diverses », car notre cher et malheureux pays paraît encore voué de nos jours aux mêmes incertitudes et aux mêmes périls, puisque chaque secousse politique continue de lui désaffectionner une nouvelle fraction de ses enfants. A l'exemple du philosophe libéral de Königsberg [2], je redoute les

[1]. Tels qu'i's étaient alors et tels qu'ils sont restés, puisque la maladie et une mort prématurée ont empêché leur auteur d'y mettre la dernière main, ces manuscrits offrent une lecture aussi instructive qu'attrayante ; ils nous révèlent dans le général Hulot un nouvel exemple de ces existences militaires vouées, en dehors des travaux spéciaux du métier, à l'étude opiniâtre de tous les problèmes civiques et scientifiques. La solidité de ses principes et la variété de ses connaissances, résultat d'une éducation première parfaitement soignée, le profit tiré de lectures nombreuses et choisies, et, par-dessus tout, l'expérience rapportée de ses campagnes lui ont dicté des remarques pratiques et des observations dont plusieurs n'ont rien perdu de leur valeur et de leur actualité. Il juge sévèrement le caractère de la nation, mais non pas injustement, puisque ses prévisions pessimistes ont été réalisées et parfois même dépassées. Ses résumés historiques sont remplis d'aperçus ingénieux et de jugements équitables ; les enseignements qu'il tire des faits et des caractères sont marqués au coin d'une saine philosophie et du patriotisme le plus sincère.

[2]. Kant.

révolutions et les révolutionnaires, et plus mon pays souffre, plus je voudrais lui être utile.

Du fond de ma retraite je vois monter le flot de la corruption, et la fermentation politique reste toujours menaçante, malgré bientôt un demi-siècle de luttes intestines, de guerres extérieures et de révolutions.

Hélas! Puisque de tous ces gouvernements contradictoires que nous avons vus se succéder en si peu de temps, sur notre sol ébranlé, aucun n'a perdu de ses partisans et qu'un nouveau régime ne ferait qu'augmenter les germes de division et le nombre des mécontents, la raison et l'intérêt public nous commandent de nous rallier sur le terrain commun de la charte que nous possédons aujourd'hui au moins virtuellement, quoique le gouvernement de qui nous la tenons tire son origine d'une contre-révolution [1]. Si l'accord n'arrive pas à se réaliser sur ce terrain, nous manquerons encore une fois la liberté en courant après son fantôme sanglant, ou bien nous dériverons à travers de nouveaux écueils jusqu'au gouffre de la terreur et de l'anarchie où une fois déjà nous nous sommes brisé les membres. Nous avons vu le monstre au gouvernail, nous connaissons ses œuvres et parce qu'un Hercule seul a pu le terrasser et l'enchaîner, nous faut-il donc encore, cherchant vainement un sauveur, un héros qui ne se retrouvera plus, nous jeter en aveugles dans les bras du despotisme militaire [2]?

J'aperçois au milieu de cette lutte des opinions et

1. Allusion à la Révolution et au coup d'État de 1830.
2. Allusion aux deux tentatives avortées de Louis-Napoléon.

des intérêts, les dangers et les désordres croître avec les progrès de l'instruction et du libéralisme, et quand j'envisage d'un autre côté les maux que l'ignorance, la superstition et la servitude ont causés chez nous dans des temps plus reculés, j'acquiers de plus en plus la conviction que toutes ces perturbations sociales ont une même cause et dérivent du même vice organique, du divorce de la conscience et de l'intelligence, ces essences constitutives de l'âme et de la raison[1].

1. On voit que l'esprit du général Hulot était toujours hanté par les mêmes préoccupations patriotiques et qu'il sentait courir dans l'air, les symptômes de la Révolution de 1848. Si l'on veut nous permettre de résumer sa pensée et de la dégager des formules métaphysiques dont il a cru devoir l'envelopper par un excès de scrupule ou de réserve parlementaire, nous dirons qu'il plaçait le salut de la nation dans l'alliance des devoirs sociaux avec les devoirs de la morale et de la religion. Il semble reprocher au gouvernement de 1830 d'avoir séparé son pouvoir et son autorité des pouvoirs et de l'autorité de Dieu. Pour lui, le frein religieux des commandements de Dieu et de l'Église est l'auxiliaire indispensable des lois civiles et militaires ; la conscience chrétienne, le respect de Dieu, la perspective de l'immortalité de l'âme, tout cela constitue la meilleure sauvegarde des familles et des sociétés ; pour lui, enfin, l'individu sans religion s'abandonne fatalement à la paresse et au vice et les sociétés qui renient Dieu sont vouées à la corruption et à la désorganisation.

Depuis l'époque où le baron Hulot écrivait ce chapitre, nous avons fait du chemin dans la voie des transformations politiques et religieuses et notre équilibre civique et moral est plus instable que jamais. En ce temps-là, on en était encore à Voltaire et aux philosophes qui *écrasaient l'infâme* sous le regard bienveillant et protecteur du Prussien Frédéric II, à Jean-Jacques, l'inventeur de la *religion naturelle*, et à Béranger, le créateur de la caricature *Le Dieu des bonnes gens*. De nos jours, au signal donné par le chancelier de Bismarck qui a cependant la faiblesse de protéger une religion, ses temples et ses ministres, celle du luthéranisme, dont le roi de Prusse est le prophète, la croisade antireligieuse a été reprise avec acharnement par les publicistes en vogue et les hommes d'Etat français. L'Italien Gambetta, inspiré par ses amis Paul Bert, Strauss,

C'est pour faire ressortir cette vérité que je me suis livré à des recherches bibliographiques qui m'ont permis de fixer la *Concordance des institutions sociales et de la sociabilité naturelle de l'homme*. Des sommets de l'étude et de la réflexion, je redescendis sur notre sol et recherchai dans quelle mesure cette concordance naturelle-sociale, une et universelle dans ses principes mais relative dans sa pratique, est applicable au tem-

Ranc, Roche et Spuller, a relevé l'étendard de la libre-pensée en poussant le cri de guerre : *Le cléricalisme, voilà l'ennemi !* Louis Blanc qui avait répudié tout culte religieux, a cependant réclamé un pasteur protestant pour ses obsèques, en haine de l'ancienne religion de nos pères, et Victor Hugo qui a tenu à se ménager au-delà de la tombe un nouveau regain de popularité, s'est écrié dans son testament : *Je refuse l'oraison de toutes les Églises !*

Ces exemples et ces prédications ont porté leurs fruits, et l'éternel mouton de Panurge, l'électeur français, heureux de pouvoir donner carrière à l'instinct qui le pousse à satisfaire ses jalousies, ses passions et ses appétits, en brisant tous les freins religieux et moraux et toutes les entraves politiques, n'envoie plus aux Chambres que des candidats athées et autonomistes.

Dans quelques jours, la lutte électorale sera circonscrite entre les opportunistes, héritiers de Gambetta, petits-fils de Voltaire et de Diderot, qui se sont contentés de laïciser les écoles, les tribunaux et les hôpitaux, d'enseigner à la jeunesse à confondre *superstition* avec *culte catholique* et de jeter sainte Geneviève et le Christ à la porte du Panthéon, qui ont créé les bataillons scolaires, accepté les communards comme des belligérants et poussé la France à la conquête de l'Indo-Chine, entre les opportunistes, disons-nous, et les intransigeants qui nous imposeront, le lendemain de leur avènement, la séparation de l'Église et de l'État, la suppression de l'armée permanente et de la police et le socialisme d'État.

L'expédition du Tonkin, les déficits annuels du budget et l'augmentation progressive de la dette et des impôts paraissent avoir ruiné les chances des premiers, et les seconds annoncent bruyamment leur succès futur. Il reste bien l'éventualité du sauveur dont parle le général Hulot, mais la nation n'a pas oublié le Mexique et elle se rappelle juste assez la guerre de 1870 pour maudire le souverain qu'elle plébiscitait la même année et qui se laissa prendre aux pièges de Bismarck ; elle se méfie des sauveurs et les sauveurs,

pérament et à la virilité actuelle de la France. A l'appui
de ce travail, j'entrepris de joindre un *Résumé de l'histoire de la société française*; mais ce résumé et même
une grande partie de la tâche que je m'étais imposée,
ne sont encore aujourd'hui (1842) qu'esquissés et préparés. Je regretterais d'autant plus de ne pouvoir achever ce travail qu'il doit m'offrir le moyen de témoigner
ma reconnaissance à l'Académie de Reims et de lui
marquer le prix que j'attache au suffrage dont elle m'a
honoré en m'offrant (1841) le titre de *Membre correspondant*.

Mes études sur ce sujet ont achevé de me convaincre que la Charte qui sert de base à nos institutions et
à nos lois, se rapprocherait pratiquement de cette
charte naturelle sociale, objet de mes désirs, et qu'elle
s'en rapprocherait autant que le comporte notre âge
et notre perfectionnement, si nos législateurs n'avaient
pas laissé dans l'obscurité et dans le vague, le sens
religieux de cette œuvre constitutionnelle [1] . Cette né-

devenus eux-mêmes prudents et méfiants, demeurent jusqu'ici dans
la coulisse. Il semble donc que nous soyons à la veille d'éprouver le
degré de sagacité des prédictions du général Hulot et de vérifier si
l'athéisme, inculqué à la jeunesse française et à notre corps social,
va nous conduire prochainement à l'anarchisme et au nihilisme. La
solution du problème est d'autant plus redoutable que les intran-
sigeants-socialistes, qui sont à la veille d'enlever le pouvoir aux
opportunistes, sont décidés à supprimer les fortifications de Paris et
l'armée permanente pour confier la défense du sol français à la
garde nationale, ce qui nous jetterait de nouveau dans les bras ou
plutôt sous la botte de l'armée allemande ! (Août 1885.)

1. Charte constitutionnelle du 9 août 1830 : « Article 5. Chacun
professe sa religion avec une égale liberté et obtient pour son culte
la même protection. — Article 6. Les ministres de la religion catholique, apostolique et romaine professée par la majorité des Français-
et ceux des autres cultes chrétiens reçoivent des traitements du

gligence tend à priver de plus en plus la France de
son atmosphère morale dont la base vitale est la religion, cette religion à laquelle notre antique et puissant empire doit sa durée et ses progrès en dépit des
erreurs temporaires et des défaillances personnelles.
Aussi peut-on déjà juger des funestes résultats de ce
déplorable oubli et tout homme impartial est-il juste-
tement effrayé des vices et des désordres croissants
que produit cette profonde lacune ! Ne voit-on pas, en
effet, toutes les passions déréglées s'agiter, toutes les
ambitions se ruer sur la société avec d'autant plus
d'ardeur qu'elles se ménagent en cas d'insuccès, un
dernier refuge dans le suicide ? N'est-il pas également
vrai que la loi civile devient plus que jamais impuissante ? Pour échapper plus sûrement à ses rigueurs,
on voit, par exemple, le voleur empoisonner ou poi-
gnarder les victimes de sa cupidité et même les témoins de son crime, et si quelques-uns de ces témoins
survivent, on les voit, redoutant la libération des criminels, se mettre, eux et leur famille, à l'abri de
leurs vengeances, en restant muets devant les tribunaux ! [1] . Si nous avions, du moins, comme les Iles
Britanniques, une garantie efficace contre les excès

Trésor public. — Serment du Roi : *En présence de Dieu*, je jure
d'observer fidèlement la Charte... » Ce sont les seuls passages où il
soit fait mention de Dieu et de la religion dans ce monument législatif.

1. Que dirait aujourd'hui le général Hulot, en voyant l'inépui-
sable mansuétude du chef de l'Etat et le parti pris des jury; dans
l'admission obligatoire des circonstances atténuantes ? Il était donné
à notre époque de voir un juré envoyer sa carte à un condamné,
pour le prévenir qu'il n'avait pas pris part à sa condamnation ; le
courage civique n'est pas en hausse chez nous pour le moment !

de la liberté, dans une puissante aristocratie, ou dans
le salutaire déversoir d'un Botany-Bay transatlanti-
que [1].

Puisque cette double ressource nous manque, que
nos Chambres et notre gouvernement comblent la
lacune morale de la Charte, en conciliant la faveur et
la protection dues au catholicisme qui est la religion
de la très grande majorité des Français, avec la tolé-
rance que requièrent la raison et les nécessités du
temps : notre Charte se trouvera alors en parfait accord
avec les progrès réels de notre perfectibilité sociale et
avec l'état actuel de notre civilisation. Secondons et
développons de notre mieux les deux principales
facultés de l'espèce et de la société humaines, l'intelligence et la conscience. Nous ne pouvons le faire
qu'en maintenant celle-là dans la saine morale, son
élément naturel, et celle-ci dans la religion, source et
but de cette morale ; car, enrichir l'esprit sans avoir
discipliné le cœur, c'est fournir des armes aux passions.
Le concours providentiel de l'intelligence et de la
conscience, agissant sur l'homme dès l'enfance, par
l'éducation et l'enseignement et ensuite par les insti-

---

1. L'auteur des *Souvenirs* avait devancé, comme on voit, l'opinion
publique, en réclamant, dès l'année 1842, la loi sur les récidivistes,
que le pouvoir législatif de 1881-85 a fini par voter après des années
de discussion ; il est vrai que ce même pouvoir législatif paraît absolument décidé à ne pas appliquer cette loi que la pression de ses
électeurs l'a forcé de voter à son corps défendant. Ajoutons qu'en
1842 les tribunaux français n'avaient pas à juger le quart des délits
et des attentats qu'enregistre aujourd'hui la statistique criminelle.
Dans ces deux dernières années surtout, il semble que la France, et
Paris en particulier, soient devenus l'égout collecteur des vices et
des fureurs criminelles de l'Europe entière, car la statistique nous
montre que le quart des voleurs et des assassins qui terrorisent
Paris et sa banlieue, appartiennent à des nationalités étrangères.

tutions et par les lois, formera et règlera le jugement
et la conduite des individus, l'opinion et les mœurs
des peuples. Notons en passant qu'il n'appartient qu'à
la religion d'inspirer le dévouement nécessaire à l'in-
stituteur, parce que seule elle peut payer ce dévouement bien supérieur aux avantages matériels dont peut
disposer le gouvernement.

Pour ne pas interrompre l'analyse de la thèse historique, fruit de mes études et de mes méditations, j'ai
rejeté à la fin de mes *Souvenirs*, l'acte personnel qui
a complété et couronné ma carrière. L'air natal avait
ranimé en moi les forces physiques et morales; le
repos, l'indépendance et le commerce de l'amitié, en
me rendant à la santé, et assurant le prolongement
inespéré de mon existence, avaient éveillé en moi un
nouveau souci, une nouvelle préoccupation. Plus âgés
que moi, mon frère[1], ma sœur et mon beau-frère
étaient tout entiers à leur foyer ; qui donc se charge-
rait de protéger et de récréer ce supplément d'années
que m'accordait la Providence? Serais-je donc obligé
de me confier à des mains mercenaires, dans des circonstances où l'on a un besoin urgent de soins dévoués
et attentifs? Faudrait-il recourir à l'expédient d'une
union vénale, comme en contractent tant de malheureux officiers retraités, pour se décharger des soucis
de la vie matérielle : l'un et l'autre parti me répugnaient également.

---

1. Le plus jeune frère du général était encore au service, comme
officier supérieur d'artillerie.

J'avais retrouvé dans mon pays plusieurs nièces parmi lesquelles il s'en trouvait une qui, depuis l'enfance, m'avait voué une affection particulière et un dévouement qui étaient loin de m'avoir laissé insensible. Des amis communs, des dames respectables de ma connaissance m'encourageaient à épouser cette parente qui désirait cette union autant que moi. Mais nous habitions une petite ville de province où ces sortes d'alliances effarouchent parfois l'opinion. J'hésitai donc longtemps et il fallut pour vaincre mes scrupules que ces amis m'aient cité, à l'appui de leurs conseils, des exemples nombreux et concluants de mariages analogues. Ils se chargèrent eux-mêmes de demander en mon nom les dispenses de Paris et de Rome et le succès de cette double démarche fit évanouir mes dernières hésitations.

Le 27 février 1827, j'unis[1] enfin mon sort à celui de

1. Au moment même où nous corrigions les dernieres épreuves de ces *Souvenirs*, nous parvenait la nouvelle du décès de Madame la baronne Hulot, née Louise-Victoire Courtois. Elle s'est éteinte, âgée de 83 ans, dans le refuge qu'elle s'était choisi, au couvent des Sœurs de l'Espérance, à Mézières. C'était vraisemblablement la dernière des veuves de colonels ou généraux de la Grande-Armée, et surtout de volontaires de 1792.

Consignons, en terminant, un détail historique qui présente un certain intérêt au point de vue de la question des pensions militaires.

Le 9 septembre 1871, le général de Cissey adressait la lettre suivante à Mᵐᵉ la baronne Hulot qui lui avait demandé de donner des ordres pour qu'on lui continuât l'allocation qui lui avait été attribuée sur le chapitre des pensions militaires, pendant toute la durée du second Empire : « Madame la baronne, — Je m'empresse de vous annoncer que vous allez, d'après mes ordres, recevoir prochainement votre mandat. Je me félicite d'avoir trouvé cette occasion de vous témoigner ma sympathie pour le nom honorable que vous portez. — Veuillez agréer, madame la baronne, l'hommage de mon respect. — Le Ministre de la guerre, — Général de Cissey.

la jeune parente dont les vertus et l'inaltérable dévouement ont embelli et prolongé mes jours, et aujourd'hui,
octobre 1842, jour où je relis mes Mémoires, c'est avec
un sentiment de douce consolation et d'une profonde
gratitude pour la compagne de ma vie, que je repasse
dans mon esprit et que je fais ici mention de cette
période de repos, d'étude et d'un bonheur sans nuage,
qui s'est écoulée avec la rapidité d'un songe !

Cette pension fut supprimée en 1875 sans phrase et sans explication. Nous n'ignorons pas que la loi n'accorde rien aux veuves d'officiers mariés après leur temps de service ou dans les deux dernières années de leur carrière militaire, mais il s'agit ici d'un cas
particulier qui avait, à juste titre, attiré l'attention du général de
Cissey et qui paraitra à tout esprit impartial militer en faveur d'une
modification de cette loi peu généreuse. Voilà, en effet, une veuve
d'officier général, qui a uni son sort à celui d'un vétéran des guerres
de la Révolution et de l'Empire, rentré dans ses foyers après une
soixantaine d'années de service (campagnes comprises), fatigué, usé
prématurément par des blessures et des infirmités conquises sur
tous les champs de bataille de l'Europe. Cette veuve est restée
fidèle à la mémoire de son mari, après lui avoir prodigué pendant
seize ans son affection et son dévouement : elle lui survit au delà
de quarante ans et la loi française, implacable, lui répète pendant
ce demi-siècle : « Nous ne vous devons rien, absolument rien, pas
même un bureau de tabac! » On conviendra que c'est une singulière façon d'encourager les vocations militaires. Il y a mieux ; c'est
pousser, selon nous, l'officier retraité à choisir l'un des deux partis
répudiés par le général Hulot : se confier à des mains mercenaires,
ou rechercher in extremis, la chance d'un mariage d'argent ; mais on
devine ce que cette chance lui rapportera.

Avouons tout de suite que si le législateur français s'intéresse
très peu à l'officier retraité qui ne constitue jamais un électeur bien
influent, il s'intéresse bien moins encore à sa veuve qui ne dispose
même pas d'un maigre bulletin de vote. Sic vos non vobis!

POST-SCRIPTUM DE L'AUTEUR DES SOUVENIRS.

Je désire : 1° qu'un exemplaire de ces Mémoires soit remis au maire de ma ville natale pour être, suivant le désir que ce magistrat a bien voulu m'exprimer, déposé à la bibliothèque de cette ville; 2° qu'un second exemplaire soit envoyé à l'Académie de Reims; 3° enfin, que ma femme en conserve un pour elle.

Après la mort du Général, survenue le 3 mai 1843, les desiderata contenus dans le post-scriptum du manuscrit furent ponctuellement exécutés par la veuve de l'auteur.

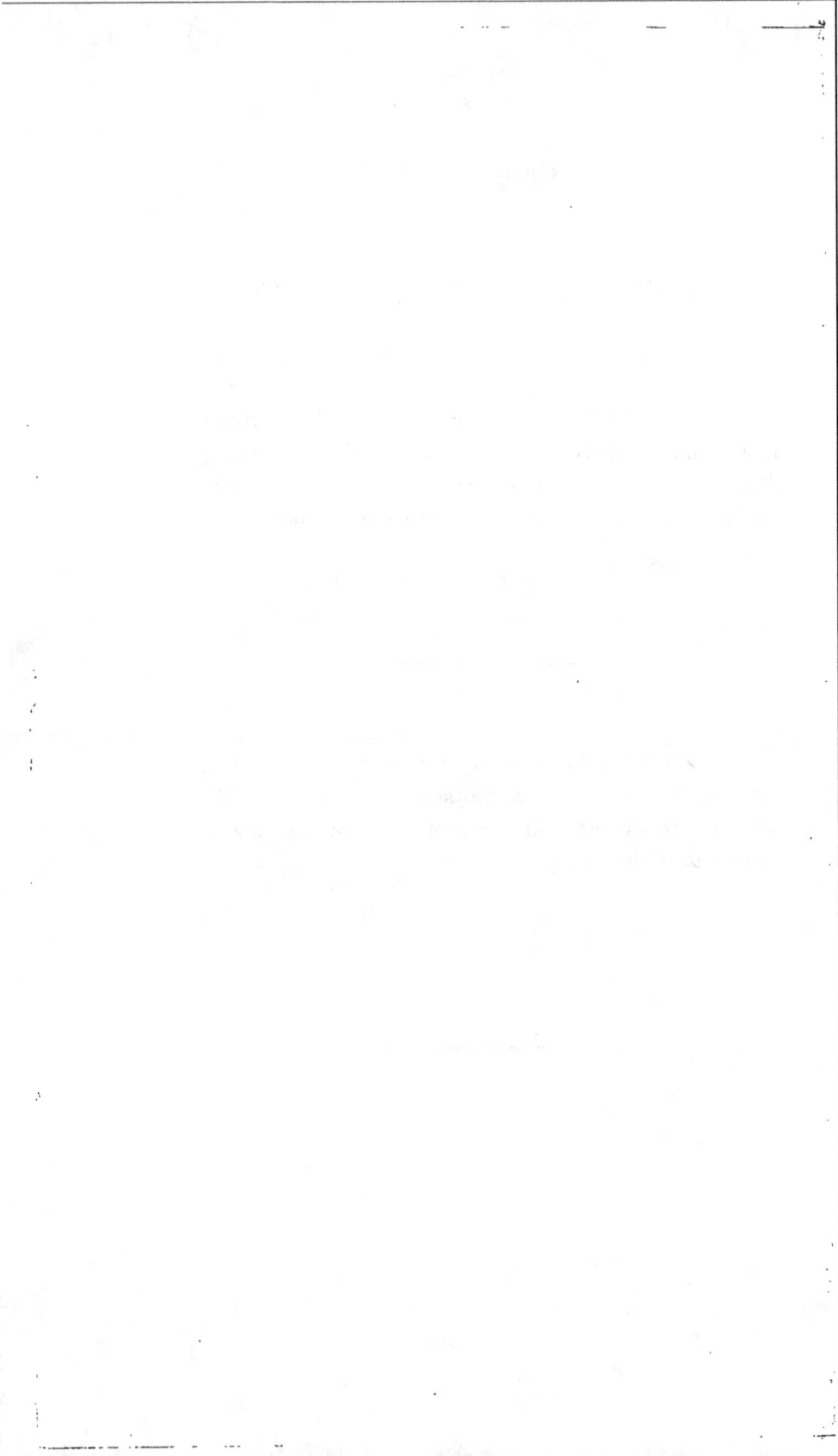

NOTES ET ADDITIONS

L'excellent crayon noir reproduit en tête du volume est dû au talent obligeant de M. Henri-Joseph Rasquin, de Charleville.

Page 1, ligne 14. — Ajoutez en note : Moreau (Victor) avait épousé Alexandrine-Louise-Eugénie Hulot, née le 5 juillet 1781, à Port-Louis (Ile-de-France), du mariage contracté à Pamplemousse, le 16 août 1774, entre M. Gurit Hulot, trésorier principal de la colonie, né à Metz en 1731, et demoiselle Perrine-Jeanne Lory des Landes. La maréchale Moreau mourut en 1821.

Page XXXVI, ligne 22. — Lisez : Charlotte-Julie-Elisabeth de Collart de Sainte-Marthe.

Page XXXIX, ligne 9. — Ajoutez : Cet officier supérieur, né en 1758, mourut à Cherbourg en 1816; il était frère d'Henri-Louis Hulot cité plus bas.

Même page, ligne 24. — Lisez : C'était un cousin germain du père du général Hulot de Mazerny.

Page XL, ligne 7. — Lisez : M. Auguste-Anatole Hulot.

Page 4, lignes 17 et 22.—Dubois de Crancé était seul natif des Ardennes. Pache était natif du canton de Neufchâtel où ses ancêtres s'étaient réfugiés pour fuir la persécution dirigée contre la secte vaudoise à laquelle ils appartenaient.

Page 5, ligne 31. — D'après des renseignements ultérieurs, cet engourdissement des mobilisés de Thin pendant l'invasion de 1870 doit être attribué à l'inertie de la municipalité. Plusieurs jeunes gens de la commune avaient même pris les devants, en s'engageant volontairement, dès le début de la guerre.

Page 6, ligne 26. — Lisez : 1766, au lieu de 1866.

Même page, ligne 32. — Lisez : Antoine-Simon, au lieu d'Antoine Simon.

Même page, ligne 38. — Ajoutez : Voyez la note de la page 451, relativement au blason de la famille et à son origine.

Page 181, ligne 11. — Lisez : Sous les ordres.

Page 342, ligne 2. — Ajoutez en note : Nous croyons savoir que cet ami était M. Simonnet, de Charleville, dont la nièce Mlle Hallays-Dabot, a récemment épousé M. Gaston de Pellerin de Latouche.

Page 418, ligne 22. — Lisez : 6,000 hommes dont...

Page 447, ligne 30. — Lisez : de la Ferronnays.

Page 464, ligne 14. — Lisez : duc Decazes.

INDEX

B

508 INDEX

D

E

F

G

H

I

J

K

L

M

N

O

P

T

U

V W

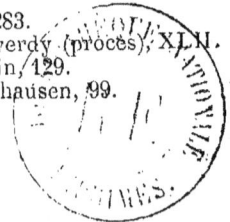

TABLE DES MATIÈRES

534 TABLE DES MATIÈRES

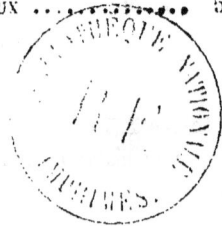